HEYNE <

Von Peter V. Brett sind im
WILHELM HEYNE VERLAG
erschienen:

DIE DÄMONENSAGA

DIE ROMANE

Das Lied der Dunkelheit
Das Flüstern der Nacht
Die Flammen der Dämmerung
Der Thron der Finsternis
Das Leuchten der Magie
Die Stimmen des Abgrunds

DIE NOVELLEN

Der große Basar
Das Erbe des Kuriers
Selias Geheimnis
Das Feuer der Dämonen

PETER V. BRETT

Das Feuer der Dämonen

Alle Novellen der Dämonensaga
erstmals in einem Band,
mit exklusivem Bonusmaterial und
ausführlichem Anhang

WILHELM HEYNE VERLAG
MÜNCHEN

Aus dem Amerikanischen von Ingrid Herrmann-Nytko

Sollte diese Publikation Links auf Webseiten Dritter enthalten,
so übernehmen wir für deren Inhalte keine Haftung,
da wir uns diese nicht zu eigen machen, sondern lediglich auf
deren Stand zum Zeitpunkt der Erstveröffentlichung verweisen.

MIX
Papier aus verantwortungsvollen Quellen
FSC® C083411

Verlagsgruppe Random House FSC® N001967

Deutsche Erstausgabe 01/2020
Redaktion: Charlotte Lungstrass

Printed in Germany
Grafiken: Lauren K. Cannon
Karte: Andreas Hancock
Umschlaggestaltung: Nele Schütz Design, München,
unter Verwendung von shutterstock
(ZHU JIAN ZHONG, Slava Gerj, Dmitrijs Bindemanis)
Satz: Schaber Datentechnik, Austria
Druck und Bindung: CPI books GmbH, Leck

ISBN: 978-3-453-32053-6

twitter.com/HeyneFantasySF

Inhalt

Vorwort

Im Laufe der Jahre habe ich beim Schreiben gern das Format einer Novelle benutzt. Es verschafft mir die Gelegenheit, kurze Abenteuergeschichten zu erzählen, die in den umfangreicheren Romanen keinen Platz finden. Neueinsteigern wird die Möglichkeit geboten, sich in die Serie einzulesen und einige der Charaktere kennenzulernen. Leser, die von Anfang an dabei waren, erhalten einen tieferen Einblick in die Welt der Dämonensaga, und ungeduldige Fans kriegen ein »Häppchen Horcling zwischendurch«, um die lange Wartezeit zwischen den Veröffentlichungen der einzelnen Bände zu überbrücken.

Jede Novelle stellt für den Autor einen Lernprozess dar. Meine größte Herausforderung beim Verfassen von *Das Lied der Dunkelheit* bestand darin, den Spannungsbogen der Story aufrechtzuerhalten, einen Page-Turner zu kreieren, obwohl das Buch doppelt so lang ist wie die meisten Romane und einen Zeitraum von vierzehn Jahren im Leben dreier unterschiedlicher Charaktere umfasst.

Anhand einiger der gestrichenen Szenen, die in dieser Ausgabe erscheinen, werden Sie feststellen, dass es auch zu dem bereits erwähnten Lernprozess gehörte, bereits geschriebene Szenen wieder zu streichen, wenn dadurch dem Gesamtwerk gedient war – obwohl ich diese Szenen liebte. Der Prolog zu dem Buch *Das Lied der Dunkelheit* und die Story um Brianne sind gute Beispiele für Szenen, die beim Redigieren die letzte Hürde nicht geschafft haben.

Ein ebenfalls wichtiger Teil des Lernprozesses war, vorausschauend zu planen und nicht zu viele solcher Szenen vorab zu schreiben.

Die zeitliche Lücke von drei Jahren zwischen den Kapiteln 16 und 17 im Roman *Das Lied der Dunkelheit* beinhaltet eine Phase in Arlens Leben, die angefüllt ist mit aufregenden Abenteuern. Diese Zeitspanne eignet sich perfekt für Geschichten, die schildern, wie er von einer Stadt zur anderen reist und mit den unterschiedlichsten Menschen zusammenkommt, die hinter den Schutzsiegeln leben. Während dieser drei Jahre arbeitet Arlen als Kurier, bereist die Freien Städte, durchstöbert Ruinen und sammelt alle nur erdenklichen Erfahrungen.

Ich hatte massenhaft Ideen, was ihm innerhalb dieses Zeitraums alles hätte widerfahren können, aber so viele Abenteuer hätten im *Lied der Dunkelheit* keinen Platz gefunden. Und selbst wenn dem so gewesen wäre, hätte diese Fülle an Einzelerlebnissen Arlens Weg hin zu seiner schicksalhaften Bestimmung nur ungebührlich verzögert. Die Folge davon wäre ein gedrosseltes Tempo und ein Mangel an Spontaneität gewesen. Also beschloss ich, diese Nebenhandlungen wegzulassen und sie irgendwann später einmal zu verwenden. Zu Beginn des Kapitels 17, das die Überschrift »Ruinen« trägt, hat Arlen bereits eine Reihe von tollkühnen Eskapaden hinter sich, die lediglich angedeutet werden, um dem Leser einen Eindruck zu vermitteln, wie er die letzten drei Jahre verbracht hat. Die abenteuerlichen Ereignisse gipfeln darin, dass er die verlorene Stadt Anochs Sonne entdeckt, wobei dies den nächsten bedeutsamen Wendepunkt in seinem Leben darstellt.

Doch eine dieser Geschichten durfte nicht unterschlagen werden. *Der große Basar* ist im Wesentlichen das Kapitel 16,5 im *Lied der Dunkelheit*. Ich schrieb die Erzählung vor der Veröffentlichung des Bands *Das Flüstern der Nacht*, als Brücke zwischen diesen beiden doch sehr unterschiedlichen Romanen. Obendrein wollte ich die Grundlagen schaffen, um den Konflikt zwischen Arlen und Jardir verständlicher zu machen, die ja schließlich aus sehr verschiedenen Welten stammen. Dem Leser einen tieferen Einblick in diese prägenden Milieus zu geben, erschien mir angebracht. *Der große Basar* ist eine spannende, actionreiche Episode, in der erzählt wird, wie Arlen in den Besitz der Karte kommt, die ihm den Weg zu der uralten Stadt Anochs Sonne weist.

Die Novelle *Brayans Gold* spielt zu einem noch früheren Zeitpunkt. Sie handelt von Arlens erster eigenständiger Mission als Kurier. Allein auf sich gestellt transportiert er eine gefährliche Fracht hoch hinein ins Gebirge. Diese Geschichte erwuchs aus einem Kommentar, den Arlen in der Geschichte *Der Große Basar* fallen lässt. Die Bemerkung hatte beiläufig sein sollen, nebensächlich, aber das Bild der Schneedämonen und wie man sie sich vorstellen konnte, wollte mir nicht aus dem Kopf gehen, und bald ließ ich den armen Arlen in der Kälte des Hochgebirges mit den Zähnen klappern.

In den Bänden der Dämonensaga, wo Tag und Nacht häufig den Unterschied zwischen Leben und Tod ausmachen, ist die Sonnenwende sowohl ein religiöser als auch ein weltlicher Feiertag. *Ein Feiertag in Tibbets Bach*, eine Kurzgeschichte aus Arlens früher Kindheit, spielt ein Jahr vor den Ereignissen, mit denen *Das Lied der Dunkelheit* beginnt. Sie diente dazu, die Erinnerung an ein paar Charaktere aufzufrischen, mit denen ich noch einiges vorhatte.

Das erste Kapitel der Novelle *Das Erbe des Kuriers*, »Ein Feuer, das brennt lichterloh«, sollte ursprünglich den Anfang meines dritten Romans, *Die Flammen der Dämmerung*, darstellen. Doch da die Geschichte des Knaben Dorn Damaj immer weiter an Umfang zunahm, wurde mir sehr schnell klar, dass sie viel mehr Raum einnehmen würde, als in einer Reihe vorhanden war, in der es bereits von perspektivgebenden Charakteren nur so wimmelte. Das

Kapitel wurde gestrichen, aber ich wusste, dass ich zu gegebener Zeit wieder darauf zurückgreifen würde.

Später erschien das Kapitel unter dem Titel *Mudboy* in Shawn Speakmans Benefiz-Anthologie *Unfettered*. Trotzdem war es immer noch lediglich ein kleiner Teil von Dorns Geschichte, die erst in *Das Erbe des Kuriers* in voller Länge erzählt wird. Sie spielt zu der Zeit, als die Krasianer Lakton einnehmen, wie in dem Band *Der Thron der Finsternis* geschildert wird. Insofern sind die Novelle und der Roman eng miteinander verknüpft.

Selias Geheimnis war der Gipfelpunkt der Pläne, die ich mir für die Charaktere jener kleinen, isolierten Ansiedlung Tibbets Bach ausgedacht hatte. Jedes Jahr töten die Dämonen dort Menschen, und es ist einfach überlebensnotwendig, von jedem einzelnen Bewohner der Gemeinde zu verlangen, dass er früh heiratet und möglichst viele Kinder in die Welt setzt.

Selia, die Stadtsprecherin von Tibbets Bach, eine kinderlos gebliebene Witwe mittleren Alters, wurde von den Gemeindemitgliedern schließlich als »unfruchtbar« bezeichnet. Dieses Wort wurde nur im Flüsterton ausgesprochen und drückte Entsetzen, Mitleid und gelegentlich auch Spott aus. Doch im Lauf der Jahre, nachdem Selia sich immer wieder als Fels in der Brandung entpuppt hatte, wenn es in Tibbets Bach drunter und drüber ging und die Menschen bei ihr Halt und Trost suchten und auch fanden, änderte sich ihre Einstellung. Sie nannten ihre unerschrockene Sprecherin »Selia die Unfruchtbare« – jedenfalls solange sie nicht in Hörweite war – »die Frau, welche die gesamte Gemeinde als ihre Kinder betrachtet«. Wobei sie ihr Anerkennung und Hochachtung zollten.

Viele der Charaktere, mit denen ich Tibbets Bach bevölkerte, hatten ihre ganz persönlichen Geheimnisse. Die Sippschaft der Torfstecher konnte den Fischer-Klan nicht ausstehen. Stam Tailor war ein Trunkenbold. Rusco Vielfraß hatte man aus den Freien

Städten vertrieben, und er ließ sich nur gezwungenermaßen in Tibbets Bach nieder. Die Bewohner von Südwache und aus dem Sumpfland wollten ihre Kinder partout nicht mit den übrigen Gemeindebewohnern zusammenkommen lassen. Auf der Familie Gerber lastete ein ganz besonders düsteres Geheimnis. Und Selia war keineswegs unfruchtbar.

Selias Geheimnis schildert die Geschichte dieser bemerkenswerten Frau und enthüllt eine Seite an ihr, die ich länger als ein Jahrzehnt für mich behalten habe. Es ist eine Geschichte, die mir ganz besonders am Herzen liegt, und ich hoffe, meine Leser werden sie genauso anrührend finden.

Chronologische Reihenfolge der Geschichten:

Ein Feiertag in Tibbets Bach
Prolog zu *Das Lied der Dunkelheit*
Brianne
Brayans Gold
Der große Basar
Das Erbe des Kuriers
Die Höhlendämonen
Selias Geheimnis
Epilog zu *Die Stimmen des Abgrunds*

DIE NOVELLEN

DER GROSSE BASAR

328 NR

Die Wüste zitterte unter der Hitze. Wie ein schweres Gewicht lasteten die grellen Sonnenstrahlen auf dem Land, und Arlen ertappte sich dabei, wie er sich vornüberbeugte, als gäben seine Schultern unter dieser Bürde nach.

Er ritt durch die Randgebiete der krasianischen Wüste, und so weit das Auge reichte, erstreckte sich in jede Himmelsrichtung nichts als die trostlose Ebene mit ihrem ausgedorrten, von Rissen durchzogenen Lehmboden. Nirgendwo gab es etwas, das Schatten spenden oder wovon die grausame Hitze abprallen konnte.

Kein Mensch, der bei Verstand ist, hat einen Grund, hier herumzuwandern, schalt sich Arlen, der dennoch seinen Rücken straffte, um der Sonne zu trotzen. Über seiner Kleidung trug er ein dünnes weißes Gewand, die Kapuze tief in die Stirn gezogen, und Mund und Nase hatte er mit einem Schleier verhüllt. Der Stoff warf ein wenig von dem

gleißenden Licht zurück, bot jedoch nur einen geringen Schutz. Sogar über sein Pferd Morgenröte, einen braunen Renner mit schwarzer Mähne, hatte er ein weißes Tuch gebreitet.

Das Tier hustete trocken in dem Versuch, den allgegenwärtigen Staub aus seiner Kehle zu entfernen.

»Ich bin auch durstig, Morgenröte«, redete Arlen beruhigend auf das Pferd ein und streichelte seinen Hals. »Aber unseren Wasservorrat für diesen Morgen haben wir schon verbraucht, deshalb bleibt uns gar nichts anderes übrig, als zu warten.«

Wieder einmal zog Arlen Abbans Landkarte zurate. Der Kompass, den er an einer Schnur um den Hals trug, verriet ihm, dass sie immer noch in Richtung Osten unterwegs waren, doch von der Schlucht war keine Spur zu entdecken. Schon vor einem Tag hätte sie in Sichtweite kommen müssen. Egal, wie stark er den Proviant rationierte, wenn sie noch einen Tag weiterzögen, ohne den Fluss und somit Wasser zu finden, musste er diesen Ausflug abbrechen und nach Fort Krasia zurückreiten.

Du könntest dir diese Tortur natürlich auch ersparen und gleich umkehren, meldete sich die Stimme in seinem Kopf.

Diese Stimme riet ihm unentwegt, seinen Plan aufzugeben. Arlen hörte aus ihr seinen Vater heraus, sie hielt die Erinnerung an einen Mann wach, den er fast ein Jahrzehnt lang nicht gesehen hatte. Und was sie ihm einflüsterte, waren stets die strengen Ermahnungen und Weisheiten, die sein Vater so gern von sich zu geben pflegte. Jeph Strohballen war ein anständiger, rechtschaffener Mann gewesen, aber seine ernste Besonnenheit und seine Vernunft hatten ihn sein ganzes Leben lang davon abgehalten, sich weiter als ein paar Wegstunden von zu Hause zu entfernen.

Denn wenn man es nicht mehr schaffte, vor Einbruch der Dunkelheit einen sicheren Zufluchtsort zu finden, musste man die Nacht im Freien bei den Horclingen verbringen. Nicht einmal Arlen nahm dies auf die leichte Schulter, aber er war besessen von dem Wunsch, Dinge zu sehen, die vor ihm noch kein anderer Mensch erblickt hatte, und an Orte zu reisen, an denen noch niemand gewesen war. Mit elf Jahren war er von zu Hause weggelaufen. Nun war er zwanzig und hatte mehr von der Welt gesehen als die meisten Männer, bis auf wenige Ausnahmen, die man an einer Hand abzählen konnte.

Die warnende Stimme in seinem Kopf gehörte zu den Prüfungen, die man einfach ertragen musste, fand Arlen, so wie eine vor Durst brennende Kehle. Die Dämonen hatten die Welt schon klein genug gemacht. Er wollte nicht zulassen, dass die Erinnerung an seinen ewig nörgelnden Vater die Grenzen noch enger zog.

Dieses Mal suchte er nach Baha kad'Everam, einem krasianischen Weiler, dessen Name übersetzt »Kelch des Everam« hieß; Everam nannten die Krasianer ihren Schöpfer. Laut Abbans Landkarten lag dieses Dorf in einer natürlichen Bodensenke, die von einem ausgetrockneten See in einer Schlucht stammte, durch die früher einmal ein breiter Fluss geströmt war. Der Ort war einst für seine herrlichen Töpferwaren berühmt gewesen, doch vor über zwanzig Jahren hatten die Keramikhändler plötzlich ihre Besuche eingestellt, und eine nach Baha kad'Everam entsandte *dal'Sharum*-Expedition war zu dem Schluss gelangt, die Bahavaner seien von den Horclingen getötet worden. Seitdem hatte sich nie wieder jemand dorthin begeben.

»Ich war bei dieser Expedition dabei«, hatte Abban behauptet, worauf Arlen den feisten Händler zweifelnd ansah.

»Es ist wahr«, beteuerte Abban. »Damals war ich noch ein Junge und sollte erst zum Krieger ausgebildet werden. Ich trug Speere für die *dal'Sharum*. Aber an diese Reise erinnere ich mich noch gut. Von den Bahavanern war keine Spur zu sehen, aber das Dorf war völlig unversehrt. Die Krieger interessierten sich nicht für Töpferwaren und hätten eine Plünderung ohnehin als unehrenhaft empfunden. Bis zum heutigen Tag lagern in den Ruinen die schönsten Keramiken und warten nur darauf, von einem unerschrockenen Reisenden geborgen zu werden.« An dieser Stelle hatte er sich dicht zu Arlen vorgebeugt. »Die Stücke eines bahavanischen Töpfermeisters ließen sich im Basar zu einem sehr hohen Preis verkaufen«, murmelte er bedeutungsvoll.

Und jetzt streifte Arlen durch die glutheiße Wüste und fragte sich, ob Abban die ganze Geschichte nicht vielleicht frei erfunden hatte.

Er musste noch mehrere Stunden reiten, ehe er einen Schatten entdeckte, der sich über die Lehmebene vor ihm wellte. Sein Herz hämmerte in der Brust, während Morgenröte müde einen Huf vor den anderen setzte und die Schlucht langsam näher kam. Arlen stieß einen Seufzer der Erleichterung aus und sagte sich wieder einmal, dass er die zur Vorsicht mahnende Stimme in seinem Kopf aus einem guten Grund ignorierte. Er wendete sein Pferd nach Süden, und schon bald rückte die Senke in sein Blickfeld.

Morgenröte schnaubte zufrieden, als sie in den Schatten der Mulde hinunterritten. Um sich vor der sengenden Hitze zu schützen, hatten die Gründer des Dorfes ihre Behausungen in die uralten Schluchtwände hineingebaut, indem sie die mächtigen Lehmschichten tief aushöhlten und ihre Heimstätten nach außen durch Lehmziegelbauten erweiterten, die farblich mit der Umgebung verschmolzen und aus der Ferne nicht zu entdecken waren. Eine perfekte Tarnung vor den Winddämonen, die auf der Suche nach Beute über der Ebene kreisten.

Aber trotz dieses Schutzes waren die Bahavaner ausgemerzt worden. Der Fluss war versiegt, und Krankheit und Durst hatten die Menschen anfällig gemacht für die Übergriffe der Horclinge. Vielleicht hatten ein paar Leute sogar versucht, sich durch die Wüste nach Fort Krasia durchzuschlagen, doch wenn dem so war, hatte man nie wieder etwas von diesen Verzweifelten gehört.

Arlens erstes Hochgefühl erhielt einen Dämpfer, als er sich vergegenwärtigte, dass er in einen Friedhof hineinritt. Wieder einmal.

Während er an Häusern vorbeikam, zeichnete er Schutzsiegel in die Luft und rief: »Ay, Bahavaner!«, in der vergeblichen Hoffnung, es könnte doch noch ein paar Überlebende geben.

Doch als Antwort hörte er lediglich das Echo seiner eigenen Stimme. Die Tücher, die man als Sonnenschutz vor Fenster und Türeingänge gehängt hatte, waren, sofern sie sich überhaupt noch an ihrem Platz befanden, schmutzig und zerrissen. Die in die Lehmziegel eingeritzten Siegel hatte der scharfe, mit Sand befrachtete Wüstenwind im Laufe der Jahre abgeschmirgelt und ihre Konturen verwischt. Die Wände wiesen Kratzspuren von Dämonenkrallen auf. Hier lebte niemand mehr.

Im Zentrum des Dorfes stieß er auf Fallgruben, um Horclinge einzufangen und bis zum Sonnenaufgang festzuhalten. Die steilen Treppenaufgänge und Gässchen, die sich im Zickzack die Schluchtwände hinaufzogen und die einzelnen, terrassenförmig angelegten Häuser miteinander verbanden, waren mit Sperren verbarrikadiert. Es handelte sich um hastig zusammengeschusterte Verteidigungsanlagen, erstellt von den *dal'Sharum* – jedoch nicht, um die Bahavaner zu beschützen, sondern eher um ihnen eine Ehre zu erweisen. Baha kad'Everam war eine Siedlung von *khaffit* gewesen, Männern, die aufgrund ihrer Kaste nicht würdig waren, einen Speer in der Hand zu halten oder in den Himmel zu kommen; doch selbst sie verdienten es, in geweihtem Boden zu ruhen, auf dass ihre Seelen in einer höheren Kaste wiedergeboren würden, sofern ihnen dieses Privileg zustand.

Und die *dal'Sharum* kannten nur einen einzigen Weg, um einen Ort zu weihen. Sie tränkten ihn mit ihrem Blut und dem schwarzen, eitrigen Sekret, das durch die Adern der Horclinge floss. Sie nannten diesen Kampf den *alagai'sharak*, den »Dämonenkrieg«, und diese Schlacht tobte jede Nacht in Fort Krasia, ein ewiges Gemetzel, das weitergehen würde, bis sämtliche Horclinge tot waren oder es keine Männer mehr gab, die sie bekämpfen konnten. Eine

Nacht lang hatten die Krieger in Baha kad'Everam den *alagai'sharak* geführt, um die Grabstätte der Bahavaner zu segnen.

Arlen ritt um die Barrikaden und Fallgruben herum und weiter zum Flussbett hinab, einem breiten Tal, durch das jetzt nur noch ein schlammiges, mit allerlei Kleingetier verseuchtes Rinnsal tröpfelte. Eine karge Vegetation klammerte sich hartnäckig an den Rand des Bächleins, doch bereits ein wenig weiter ragten die Stängel toter Pflanzen aus dem von der Sonne hartgebackenen Boden, halberstickt im Staub und zu trocken, um zu verfaulen.

In ein paar kleinen Tümpeln sammelte sich das Wasser, eine braune, stinkende Brühe. Arlen filterte es durch Holzkohle und Stoff, doch selbst danach blieb er skeptisch und beschloss, es zusätzlich abzukochen. Während er beschäftigt war, knabberte Morgenröte an irgendwelchen verkümmerten Kräutern und stacheligen Gräsern.

Langsam wurde es spät, und Arlen warf einen bedauernden Blick auf die tief stehende Sonne. »Auf geht's, Mädchen«, sprach er das Pferd an. »Es wird Zeit, dass wir uns für die Nacht rüsten.«

Er führte Morgenröte die Uferböschung hinauf und in den Haupthof des Dorfes. Durch den Mangel an Regen und Erosion waren die zwanzig Fuß tiefen und zehn Fuß breiten Fallgruben weitgehend intakt geblieben, doch die Siegel, die man in die umgebenden Steine gemeißelt hatte, waren mit Dreck verkrustet und kaum noch zu erkennen. Jeder Dämon, der in eine dieser Gruben geworfen würde, könnte nun sofort wieder hinausklettern.

Trotzdem boten die Gruben einen gewissen Schutz. Arlen legte seine tragbaren Bannzirkel zwischen den Lehmziegelwänden der Behausungen und einer Fallgrube aus, um den Zugang zu seinem Lager zu erschweren.

Arlens tragbare Bannzirkel besaßen einen Durchmesser von zehn Fuß und bestanden aus lackierten Holztafeln, die durch kräftige Schnüre miteinander verbunden waren. Jede Tafel war mit uralten Abwehrsymbolen bemalt, die ausreichten, um ihn vor jeder bekannten Sorte von Horclingen zu schützen. Mit akribischer Präzision breitete er die Zirkel aus und vergewisserte sich, dass die Siegel so angeordnet waren, dass sie ein lückenloses Netz bildeten.

In einem Zirkel trieb er einen Pfahl in den Lehmboden und fesselte Morgenrötes Vorderbeine mit einem Seil, dessen freies Ende er dann mit einem komplizierten Knoten an dem Pflock befestigte. Falls das Pferd an dem Seil zerrte oder wegzulaufen versuchte, wenn die Dämonen heranrückten, würde sich der Strick spannen und die Fesseln noch enger schnüren. Arlen jedoch konnte notfalls den Knoten sowie die Seilschlingen um Morgenrötes Beine mit einem einzigen Ruck lösen und das Pferd augenblicklich befreien.

Sein eigenes Lager schlug Arlen in dem zweiten Zirkel auf. Er bereitete alles für ein kleines Feuer vor, zündete es aber noch nicht an, denn in dieser Gegend gab es nur wenig Holz, und die Nächte in der Wüste konnten bitterkalt werden.

Während Arlen arbeitete, wanderte sein Blick immer wieder die Steintreppen hinauf, die zu den in die Schluchtwände eingebauten Lehmziegelhäusern führten. Irgendwo dort oben befand sich die Werkstatt von Meister Dravazi, einem Kunsthandwerker, dessen bemalte Keramiken noch zu seinen Lebzeiten mit Gold aufgewogen wurden und jetzt einen unschätzbar hohen Wert haben mussten. Mit dem Verkauf auch nur eines einzigen Originalstücks von Dravazi, das vergessen auf der Töpferscheibe lag, konnte er vermutlich seine gesamte Exkursion hierher finanzieren. Weitere Fundstücke würden ihm ein Vermögen einbringen.

Anhand der Karten hatte Arlen sogar eine ziemlich genaue Vorstellung davon, wo er nach der Werkstatt des Meisters suchen sollte, doch egal wie erpicht er darauf war, mit den Nachforschungen zu beginnen, er musste sich bis zum nächsten Tag gedulden, denn der Sonnenuntergang stand kurz bevor.

Als die große, rotglühende Scheibe unter dem Horizont versank, verflüchtigte sich die in der Lehmwüste gespeicherte Hitze, stieg himmelwärts und gab den Dämonen den Weg aus dem Horc frei. Außerhalb der Bannzirkel driftete ein bösartig aussehender Nebel aus dem Boden und verdichtete sich allmählich zu dämonischen Gestalten.

Als die Dunstschwaden aufstiegen, überkam Arlen ein klaustrophobisches Gefühl; ihm kam es so vor, als sei sein Zirkel von gläsernen Wänden umgeben, die ihn vom Rest der Welt abschnitten. In dem Zirkel fiel ihm das Atmen schwer, obwohl die Siegel nur die Magie der Dämonen abwehrten und just in diesem Moment eine frische Brise über sein Gesicht strich. Er starrte die sich langsam verfestigenden Horclinge an, die die Nacht über seine Kerkermeister sein würden, und fletschte wütend die Zähne.

Zuerst formten sich die Winddämonen aus den Nebelschleiern. Einem groß gewachsenen Mann hätten sie bloß bis zu den Schultern gereicht, aber die aus dem Kopf sprießenden rippenähnlichen Fortsätze waren noch einmal acht bis neun Fuß lang. Ihre kräftigen, langen Schnauzen glichen scharfen Schnäbeln, in denen sich obendrein Reihen von fingerdicken Zähnen verbargen. Eine zähe, elastische Haut schützte ihre Leiber wie ein Panzer, von dem jede Speer- oder Pfeilspitze abprallte. Diese widerstandsfähige Schwarte dehnte sich als dünne Membran von den Seiten bis unter die Armknochen aus und bildete die Schwingen, deren Spannweite mitunter die dreifache Körpergröße erreichte. An den Gelenken der Flügel saßen starke, gebogene Krallen, mit denen die Winddämonen im Sturzflug mühelos den Kopf eines Menschen abreißen konnten.

Die Winddämonen nahmen keine Notiz von Arlen, der mit dem Rücken gegen die Lehmziegelwand gelehnt dasaß und sich noch Zeit ließ, das Feuer zu entzünden. Nachdem ihre Körper sich verfestigt hatten, rannten sie los in Richtung Fluss. Auf dem Boden wirkten sie mit ihren verkümmerten Beinen unbeholfen, doch als sie unter misstönendem Kreischen von der Uferböschung sprangen, zeigte sich die grausige Eleganz ihrer Erscheinung und ihrer Bewegungen. Unter lautem Klatschen entfalteten sie ihre enormen Schwingen und schossen in die Höhe; nach nur wenigen machtvollen Flügelschlägen gingen sie in einen Schwebeflug über und hielten in der aufziehenden Abenddämmerung Ausschau nach Beute.

Arlen hatte erwartet, dass als Nächstes die Sanddämonen eintreffen würden, die die Dünenfelder der Krasianischen Wüste heimsuchten, doch im Zwielicht sah er, wie sich die Nebelfetzen auflösten und nur noch einige wenige Winddämonen formten.

Diese Beobachtung hob Arlens Stimmung. Obwohl Horclinge auf fast alle Lebewesen Jagd machten und ihre Opfer töteten, richtete sich ihr größter Hass gegen die Menschen. Manchmal lungerten sie noch sehr lange in Ruinen herum, auch wenn die ehemaligen Bewohner dieser Bauten längst tot waren, nur für den Fall, dass andere Menschen eines Tages diese Stätte aufsuchen könnten. Die Dämonen, die nicht alterten, denen die Zeit nichts anhaben konnte, verfügten über eine schier unendliche Geduld, und es machte ihnen nichts aus, jahrzehntelang an ein und demselben Ort zu verharren.

Es war nur natürlich, dass die Winddämonen sich weiterhin in dieser Gegend herumtrieben. Die steilen Wände der Schlucht boten eine ideale Möglichkeit, um sich in die Lüfte zu schwingen, und während der Nacht konnten sie in weiten Schleifen über die Wüste kreisen und nach Beute spähen. Die an den Boden gebundenen Sanddämonen fanden hier keine derart günstigen Jagdgründe vor, und so sehr Arlen sich auch anstrengte, er konnte nirgends Spuren von ihnen entdecken. Sanddämonen jagten in Rudeln, und es schien, als sei das hiesige Rudel im Laufe der letzten zwanzig Jahre auf der Suche nach einem ergiebigeren Beuterevier weitergezogen.

Arlen stand auf und begann rastlos auf und ab zu gehen, während er beobachtete, wie die letzten Winddämonen zum Fluss hin verschwanden. Dann sah er kritisch zu den Terrassen aus Lehmziegelbauten hinauf und legte sich einen Plan zurecht. Wenn er sich vorsichtig bewegte und sich nicht zu hoch hinaufwagte, würde ein Winddämon, der auf den Klippen der Schlucht Posten bezogen hatte, ihn aller Wahrscheinlichkeit nach nicht entdecken. Und falls doch ein Horcling auf ihn aufmerksam würde, konnte er sich schnell in eines der Häuser zurückziehen. Die Fenster und Türeingänge waren zu schmal, um Winddämonen durchzulassen, es sei denn, sie landeten und versuchten erst dann, sich durch die Öffnungen zu zwängen. Doch Winddämonen entwickelten nur im Flug imponierende Eigenschaften, auf dem Boden konnte man sie mühelos zu Fall bringen oder vor ihnen davonlaufen. Sanddämonen waren immer noch nicht an die Oberfläche gekommen, und mit ihrer Gestalt und Färbung wären sie in diesem ganz aus Lehm gebauten Dorf nicht zu übersehen.

Und bis Einarm hier aufkreuzte, würden noch Stunden vergehen. Wenn er sich beeilte …

Sei kein Narr! Warte, bis die Sonne aufgeht!, schnauzte die Stimme seines Vaters, aber selbst früher hatte Arlen nur selten auf sie gehört. Wenn er sich für ein Leben in Sicherheit entschieden hätte, wäre er in den Freien Städten geblieben, deren Einwohner bis auf wenige Ausnahmen von der Wiege bis zur Bahre ihr Dasein innerhalb eines Schutzwalls verbrachten, ohne sich ein einziges Mal vor das Netz aus Siegeln zu wagen.

Arlen hatte sich schon häufig schutzlos den Gefahren der Nacht ausgesetzt, vor allen Dingen in Fort Krasia, wo er der einzige Fremde war, der jemals am *alagai'sharak* teilgenommen hatte. Dieses Mal jedoch kämpften keine *dal'Sharum*-Krieger an seiner Seite, die ihm beistehen würden, sollte ihm etwas zustoßen. Hier war er ganz auf sich allein gestellt.

Daran bin ich gewöhnt, dachte er.

Mitten in seinem Zirkel entzündete er ein langsam glosendes Feuer, damit er im Dunkeln leicht den Rückweg fand, und am Ende seines Speeres befestigte er eine Halterung mit einer Fackel. Auf dem Rücken trug er Ersatzfackeln in einem Beutel, den er hoffentlich bald mit bahavanischen Töpferwaren füllen konnte. Zum Schluss griff er nach seinem runden Schild, der mit den gleichen Abwehrsymbolen bemalt war wie die Tafeln seines Zirkels, und trat aus dem Bannbereich heraus.

Als Arlen den Zirkel verließ, hatte er das Gefühl, zum ersten Mal seit Sonnenuntergang wieder tief durchatmen zu können. Er wusste, dass er es sich nur einbildete, aber ihm schien, als schmecke die Luft außerhalb des Bannkreises viel besser, kühler und lieblicher. Es tat gut, ein bisschen von der Welt zurückzuerobern, die die Horclinge den Menschen Nacht für Nacht raubten.

Behutsam pirschte er sich zu den Treppenaufgängen, stets auf der Hut vor Dämonen, jederzeit bereit, sich zu verteidigen oder zu fliehen.

Der Aufstieg gestaltete sich schwierig. Die einzelnen Stufen hatten eine unregelmäßige Form, manche waren so schmal, dass nicht einmal sein ganzer Fuß darauf passte, andere wiederum bildeten regelrechte kleine Plattformen, die man mit mehreren Schritten überqueren musste, ehe man zur nächsten Stufe gelangte. Gelegentlich verlief der Weg beinahe eben, um dann wieder fast senkrecht anzusteigen. Die Bahavaner mussten sehr kräftige Beinmuskeln entwickelt haben, wenn sie tagein tagaus diese Treppen bewältigten.

Erschwerend kam hinzu, dass die *dal'Sharum* die meisten der tiefer liegenden Etagen nach Material für die Blockaden durchwühlt hatten. Die Zimmer dort waren wie leergefegt, für die Errichtung der Sperren kam offenbar alles infrage. Zerbrochene

Töpferwaren, Möbel, Kleidung; alles, was nicht in die Wände eingebaut war, türmte sich auf den Straßen, um den Ansturm der Dämonen auf die von den Krasianern angelegten Hinterhalte zu stören. Gelangte dann ein Horcling in die Reichweite der Krieger, wurde er über die niedrigen Wälle gestoßen und landete in den darunter klaffenden Gruben.

In geduckter Haltung, die Deckung der Wand ausnutzend, kletterte Arlen nach oben, während er mit argwöhnischen Blicken den Nachthimmel absuchte. Winddämonen konnten sich aus einer Höhe von über einer Meile völlig geräuschlos wie ein Stein herabfallen lassen, um erst im allerletzten Moment die Schwingen zu spreizen; im Nu hatten sie den Kopf eines Mannes vom Rumpf getrennt, den verstümmelten Körper mit dem hinteren Klauenpaar gepackt und sich wieder in die Höhe geschwungen, ohne auch nur ein einziges Mal den Boden zu berühren. Arlen zweifelte nicht daran, dass ein Winddämon ihn von der Wand pflücken konnte, wenn er den Angriff zu spät bemerkte.

Im fünften Stockwerk endeten die Sperren, und die Häuser wirkten, als seien sie niemals angetastet worden, doch Arlen kämpfte sich weiter in die Höhe, obwohl die Muskeln in seinen Oberschenkeln brannten wie Feuer. Angeblich befand sich Meister Dravazis Werkstatt auf der siebten Ebene, denn es gab sieben Säulen des Himmels, und sieben Schichten führten hinab in Nies Abgrund.

Arlen konnte sich ein albernes Grinsen nicht verkneifen, als er das siebte Geschoss erreichte und am Bogengang eines großen Gebäudes den Namen des Töpfermeisters entdeckte. Noch einmal suchte er mit Blicken gründlich die Umgebung ab, doch von Sanddämonen war immer noch nichts zu sehen, und die Winddämonen schienen weit in die Nacht hinausgeflogen zu sein.

In der Tür hing ein zerfetzter Vorhang, der wohl eher dazu dienen sollte, den allgegenwärtigen orangefarbenen Staub fernzuhalten als die Privatsphäre zu wahren oder gar Schutz vor Eindringlingen zu bieten. In einem so kleinen und abgeschiedenen Weiler wie Baha benötigte man nichts, um Außenseiter von sich fernzuhalten.

Arlen hievte sich zu dem Torbogen hinauf, schob mit der Kante seines Schildes den Vorhang zur Seite und hielt den Speer in die finstere Öffnung. Der züngelnde Schein der Fackel tanzte durch einen Raum, der vollgestopft war mit Keramiken.

Verblüfft schnappte Arlen nach Luft; er wagte es kaum, seinen Augen zu trauen. Die Töpferwaren waren zu ordentlichen Stapeln aufgetürmt, verpackt für eine Reise zu einem Markt, die vor zwanzig Jahren hätte stattfinden sollen, aber nie zustande kam. Die Waren lagen unter einer dicken Staubschicht und hatten dadurch die Farbe der Wände und Böden des Hauses angenommen, doch selbst nach so langer Zeit schienen die Sachen unbeschädigt zu sein. Zögernd streckte Arlen eine Hand aus und zog mit den Fingern Linien durch den Staub; darunter kamen glatter Lackfirnis und in kräftigen Farben gemalte Muster zum Vorschein, die im Fackellicht glänzten. Ein einziger Raum, und der enthielt mehr Schätze, als er überhaupt tragen konnte!

Er ließ sich auf ein Knie nieder, legte Schild und Speer auf den Boden und nahm den Rucksack ab. Prüfend musterte er die kleineren Vasen, Lampen und Schüsseln, um zu entscheiden, was er mitnehmen sollte. Ein paar ausgewählte Stücke wollte er gleich in den Rucksack stecken und sie dann später in seinem Zirkel begutachten. Um zurückkehren und den Rest abholen zu können, musste er bis zum nächsten Morgen warten.

Gerade als er vorsichtig eine zierliche Vase in seinem Rucksack verstaute, hörte er ein Poltern. In der Annahme, er hätte einen verkehrten Griff getan und irgendein Turm von Keramiken könnte jeden Moment umkippen, schnappte er sich den Speer und hielt die Fackel in die Höhe.

Doch die Stapel standen voll im Gleichgewicht, und das seltsame Geräusch ertönte wieder; dieses Mal klang es eher wie ein Knurren, heisere, grollende Laute durchdrangen die Dunkelheit.

Ohne sich weiter um die Keramiken zu kümmern, schnappte er sich seinen Schild und wandte sich langsam in die Richtung, aus der das Grummeln kam. Ein Sanddämon musste ihm in den Raum gefolgt sein und schlich sich nun wohl möglichst leise an ihn heran, ohne jedoch die Laute, die sich instinktiv aus seiner Kehle lösten, unterdrücken zu können.

Langsam drehte Arlen sich im Kreis, hielt die Fackel weit von sich und durchsuchte den Raum, doch nirgends fand sich ein Anzeichen für einen Dämon. Dann zuckte er zusammen und blickte rasch nach oben, doch auch an der Decke klebte kein Horcling, der nur einen günstigen Moment abwartete, um sich auf ihn zu stürzen. Ihn schauderte, doch er zwang sich dazu, weiterzuforschen.

Um ein Haar hätte er die Kreatur übersehen. Er wurde nur auf sie aufmerksam, weil sie just in dem Augenblick, als er die Fackel an die richtige Stelle hielt, ein schwaches Fauchen von sich gab. Zuerst fiel ihm an der schlichten Lehmziegelwand nichts Ungewöhnliches auf, bis sich ein Teil des Mauerwerks ... *bewegte*!

Dort versteckte sich ein Dämon. Selbst wenn man ihn direkt im Blickfeld hatte, war der Horcling fast nicht zu erkennen. Seine Panzerung besaß exakt die gleiche orangegelbe Tönung wie der Lehm und war von derselben körnigen Beschaffenheit. Das Wesen war klein und ähnelte von der Statur her einem mittelgroßen Hund, doch der stabile Körper strotzte vor Muskeln, und die Krallen gruben tiefe Furchen in die Lehmwände. Noch nie zuvor hatte Arlen eine solche Kreatur gesehen.

Der Horcling zappelte ein bisschen und trat mit den Pfoten auf der Stelle, dann stieß er ein fürchterliches Gebrüll aus, schnellte in die Höhe und sprang ihn an.

»Bei der Nacht!«, schrie Arlen, während er seinen Schild hochriss und sich fragte, ob die Abwehrsiegel auch bei dieser neuen Art Horcling wirkten. Siegel waren ziemlich heikel, und für jeden Dämonentyp gab es ein ganz spezielles Abschreckungssymbol. Manche konnte man gegen verschiedene Sorten von Horclingen einsetzen, doch eine hundertprozentige Garantie gab es nicht.

Magie flackerte auf, als der Dämon gegen den Schild prallte und Arlen zu Boden warf; doch obwohl die Siegel ihre Macht entfalteten, war Arlen sich bewusst, dass sie nur einen vorübergehenden Schutz boten. Kein Dämon hätte imstande sein dürfen, überhaupt mit diesem Schild in Berührung zu kommen, aber dieser klammerte sich verbissen daran fest, trotz der magischen Energie, die versuchte, ihn zurückzutreiben.

Der Dämon war schwerer als er aussah, doch unter Aufbietung aller Kräfte gelang es Arlen, den Schild hochzustemmen und mit voller Wucht gegen die Wand zu schmettern. Bei dem Aufprall lösten sich die Krallen des Horclings vom Schild, und die Magie, die immer noch dabei war, den mittlerweile am Boden liegenden Dämon abzuwehren, schleuderte nun Arlen nach hinten. Er landete zwischen Keramiken, wobei etliche der unbezahlbaren Kunstwerke zu Bruch gingen.

»Beim Horc!«, fluchte er, doch zum Lamentieren war jetzt keine Zeit, denn mit einem gewaltigen Satz sprang der Dämon in den Stapel hinein, wobei er Tonscherben in alle Richtungen schleuderte. Ein Schauer aus scharfkantigen Scherben hagelte auf Arlen nieder, während er sich verzweifelt bemühte, wieder auf die Füße zu kommen.

Gerade noch rechtzeitig duckte er sich hinter seinen Schild, als der Lehmdämon sich erneut auf ihn stürzte. Dieses Mal schlug die Kreatur ihre Krallen tief in das Holz hinein und zerrte so heftig daran, dass die Lederriemen um Arlens Unterarm rissen und er den Schild verlor. Hastig stolperte er zurück und versuchte, vor dem Dämon zu fliehen, ehe dieser sich von dem Schild löste und zur nächsten Attacke ansetzte. Ohne Schild war es ein langer Weg bis zu seinen tragbaren Bannzirkeln, und nach dem, was er gerade erlebt hatte, konnte er sich nicht einmal darauf verlassen, dass die Zirkel ihn vor den Angriffen dieser Bestie überhaupt schützen würden.

Wieder warf sich der Dämon auf ihn. Geistesgegenwärtig fing Arlen ihn mit seinem Speer ab und traf das Wesen mitten an der Brust. Es war ein kräftiger Stoß mit einer ausgezeichneten Waffe, doch selbst der schwächste Horcling besaß einen Panzer, an dem eine Speerspitze einfach abglitt. Die Klinge konnte den Dämon nicht durchbohren, doch er bekam die Fackel ins Gesicht, die durch den Schlag aus der Halterung fiel. Arlen stieß noch einmal heftig zu und drängte den Horcling zurück. Im zuckenden Schein der Fackel sah er, wie das Scheusal, momentan geblendet durch das Licht, hilflos taumelte.

»Komm schon!«, brüllte Arlen, während er sich langsam in Richtung des Ausgangs bewegte. Noch halb benommen, griff der Horcling ein letztes Mal an, doch darauf hatte Arlen nur gewartet. Er packte den Türvorhang, fing den Lehmdämon in den verkrusteten, staubigen Falten ein und hielt den Stoff fest in den Händen, während der Horcling sich wand und krümmte. Der Vorhang wurde von der Stange gerissen, als Arlen durch die Tür auf den Treppenabsatz stürmte und den Dämon über das Sims nach unten warf. Der Vorhang, in dem die Bestie sich verheddert hatte, dämpfte das zornige Kreischen, das den Sturz in die Tiefe begleitete.

Arlen rannte noch einmal ins Haus zurück, um seine Fackel zu holen. Den Rucksack ließ er liegen, wo er gerade war, zusammen mit dem ramponierten Schild und dem Speer, und hetzte dann wieder zu den Treppen. Er wollte gerade nach unten rennen, als ein scharrendes Geräusch die Luft vibrieren ließ. Verdutzt spähte er die Lehmziegelwände hinauf, die sich längs der Klippe in die Höhe zogen, und ihm drehte sich der Magen um, als es in dem Mauerwerk plötzlich vor Lehmdämonen wimmelte.

Eines Tages wirst du durch deinen Leichtsinn zu Tode kommen, hörte Arlen seinen Vater unken, doch in diesem Moment hatte er weder Zeit noch Lust, ihm zu widersprechen. Er wirbelte herum und hetzte so schnell er konnte die Treppen hinunter.

Er rannte so schnell, dass er in dem unruhig flackernden Licht der Fackel den Weg nicht richtig sehen konnte, trotzdem übersprang er mitunter mehrere Stufen. Doch selbst das nützte ihm nichts. Nicht nur hinter ihm, auch vor ihm tauchten Dämonen auf. Auf dem Weg nach oben musste er nichtsahnend einfach an ihnen vorbeigeklettert sein. Als er einen Absatz erreichte, bogen gerade zwei Lehmdämonen um die Ecke des darunterliegenden Stockwerks; die Krallen fest in den Boden gestemmt, spannten sie ihre Muskeln an, um sich auf ihn zu stürzen.

Als die Horclinge auftauchten, war es für Arlen zu spät, um seinen Schwung zu bremsen, deshalb tat er das Einzige, was ihm in diesem Moment in den Sinn kam, und hechtete über den niedrigen Wall, der das Sims begrenzte.

Gute zehn Fuß tiefer landete er auf der Treppe der nächsten Etage, wobei er unglücklich mit der Hüfte aufprallte. Die Dämonen nahmen sofort die Verfolgung auf, aber Arlen unterdrückte die Schmerzen, sprang auf die Füße und jagte wieder los.

Die Dämonen legten ein ziemliches Tempo vor, aber Arlen hatte die längeren Beine, und die schiere Verzweiflung trieb ihn zu einer halsbrecherischen Geschwindigkeit. Er rannte um die Blockaden der Krasianer herum, wobei er sich mehr auf sein Gedächtnis als auf seine Augen verließ, und in diesem Moment war er plötzlich dankbar, dass die *dal'Sharum* die unteren Geschosse auf ihrer Suche nach Baumaterial buchstäblich ausgeschlachtet hatten.

Von oben ließ sich ein Dämon auf ihn herabfallen, bohrte seine Krallen tief in seinen Rücken und verbiss sich mit den Zähnen in seiner Schulter, aber Arlen verlangsamte kaum seinen Lauf. Er stieß dem Horcling die Fackel ins Gesicht und warf sich nach hinten gegen die Klippenwand, so dass der Bestie der Atem aus den Lungen gepresst wurde und sie Arlen unversehens losließ. Der packte den Dämon und schleuderte ihn gegen zwei weitere Monster, die die Treppe hinunterwieselten, um sich auf ihn zu stürzen.

Dann trieb er mit der brennenden Fackel die Dämonen ein Stück zurück und rannte weiter. Zweimal stolperte er und fiel hin, wobei er sich böse den Knöchel verrenkte, aber im Nu war er wieder auf den Beinen und jagte wieder los, bevor er die Schmerzen überhaupt spürte. Hinter ihm schien sich die gesamte Klippe in einen Schwarm aus brüllenden Dämonen zu verwandeln.

Wieder sprang er über einen Wall, um den letzten von Dämonen eroberten Treppenabsatz zu vermeiden, und legte dann einen Endspurt zu seinem sachte vor sich hinglimmenden Lagerfeuer hin. Noch ehe er dort ankam, stellte er fest, dass der Lehmdämon, den er in den Vorhang eingewickelt und die Klippenwand hinuntergeworfen hatte, mitten in seinem Zirkel gefangen war. Die große Höhe und der Stoff, in den er eingerollt war, hatten ihn beim Abtauchen in den Wirkungsbereich der Siegel offenbar geschützt, doch nun versuchte die Kreatur vergeblich, den Zirkel wieder zu verlassen. Wie wahnsinnig bearbeitete der Horcling mit den Krallen das Siegelnetz, und Blitze aus weißer Magie sprühten wie ein flirrendes Spinnengewebe durch die Luft.

Da Arlen sich nicht in seinen eigenen Zirkel flüchten konnte, schlug er einen Haken und steuerte auf den Kreis zu, in dem Morgenröte angepflockt stand. Ein Lehmdämon versperrte ihm den Weg, doch als er ihn ansprang, ließ Arlen die Fackel fallen und schnappte sich das Vieh mit beiden Händen. Die scharfkantigen Schuppen zerschnitten seine Haut, und er bekam einen Schwall faulig stinkenden Atem ins Gesicht, doch er drehte sich geschickt auf dem Absatz herum und nutzte den Schwung der angreifenden Bestie aus, um sie in eine der Dämonengruben im Hof zu schleudern.

Ein grelles Kreischen ertönte, als Arlen sich mit einem Hechtsprung in den Zirkel des Pferdes rettete, und die Siegel flammten auf, weil ein Winddämon gegen das Netz prallte. Der Horcling wurde zurückgeworfen und wäre in derselben Grube gelandet wie der Lehmdämon, hätte er nicht im letzten Moment die Schwingen gespreizt und sich in der Luft gefangen. Der Winddämon zischte Arlen wütend an und entblößte im Licht der funkensprühenden Siegel seine entsetzlichen Zähne.

Aber noch war Arlen nicht in Sicherheit. Die Lehmdämonen brandeten wie eine Welle gegen den Zirkel an und versuchten zu Dutzenden, den Schutzwall zu durchbrechen. Die Siegel loderten in magischem Feuer, wenn die Horclinge mit dem Netz in Berührung kamen, und der Ausbruch an Energie ließ sie abrupt innehalten, aber die Lehmdämonen wurden nicht nach hinten geschleudert, wie es eigentlich hätte sein müssen. Die Magie durchzuckte ihre gedrungenen Leiber, und sie heulten vor Schmerzen, dennoch gruben sie ihre Klauen in den Boden und stemmten sich gegen das Siegelnetz. Arlen hetzte am Rand des Zirkels entlang und scheuchte die Dämonen mit Fußtritten von dem Netz weg, aber lange konnte er diese Taktik nicht anwenden, und die Nacht war noch jung. Früher oder später würden die Lehmdämonen in den Kreis eindringen. Instinktiv witterte Morgenröte die Gefahr und zerrte nervös an den Stricken.

Doch dann erscholl ein Brüllen, das selbst die Kakophonie der Lehmdämonen übertönte, und Einarm kam in den Hof gedonnert. Von den Hornspitzen bis zu den Zehen maß der Felsendämon gute fünfzehn Fuß, und durch seinen dicken schwarzen Körperpanzer war er gegen fast jeden Angriff gefeit; lediglich die stärksten Siegel konnten ihn abwehren.

Eifersüchtig wie immer fegte der riesige Horcling mit seinem verbliebenen Arm die Lehmdämonen beiseite, wie ein Mann welkes Herbstlaub wegkehren würde, und bahnte sich einen Weg zu Arlens Zirkel. Mit zornigem Knurren verjagte er jeden Lehmdämon, der so dumm war, sich ihm zu nähern, und tötete nicht wenige seiner kleineren Vettern, ehe sie ihre Lektion lernten.

Bei ihrer ersten Begegnung vor fast zehn Jahren hatte Arlen Einarm verstümmelt. Damals war er noch ein Junge gewesen, und mehr zufällig als mit bewusster Absicht hatte er dem Giganten den Arm abgetrennt, doch der Felsendämon war unsterblich und konnte nicht vergessen, geschweige denn vergeben.

Jede Nacht stieg Einarm an der Stelle aus dem Boden, an der er Arlen das letzte Mal gesehen hatte, und folgte seiner Spur. Egal, wie viele Flüsse Arlen durchschwamm oder auf wie viele Bäume er kletterte, der hünenhafte Dämon holte ihn stets nach wenigen Stunden ein, wobei er schneller rennen konnte als das beste Pferd. Er kannte weder Erschöpfung noch Durst, sein ganzes Sinnen und Trachten war nur darauf gerichtet, sich an Arlen zu rächen.

Der Felsendämon hämmerte mit seinen wuchtigen Pranken gegen die Siegel, und in seiner Besessenheit, endlich Vergeltung zu üben, beleuchtete er die gesamte Flussniederung mit Magie. Aber Arlen beherrschte das Zeichnen der Schutzzeichen gegen Felsendämonen mit geradezu traumwandlerischer Sicherheit, und er schätzte die Chance, dass Einarm gewinnen könnte, als denkbar gering ein. Und dennoch, als er sich auf den Boden hockte und zurücklehnte, verspürte er keinen Anflug von Triumph, weil Einarms Auftauchen ihn unverhofft vor den Lehmdämonen gerettet hatte. Er wusste sehr wohl, dass der gewaltige Felsendämon ihn eines Tages auf der falschen Seite der Schutzsiegel erwischen würde, und dann wünschte er sich wahrscheinlich, die Lehmdämonen hätten ihn gekriegt.

Doch vorerst grüßte er Einarm mit einer obszönen Geste und kramte dann in Morgenrötes Satteltaschen nach dem zweiten Kräuterbeutel, den er für Notfälle wie diesen aufbewahrte, und nach Verbandszeug.

Er hatte ein beachtliches Geschick darin entwickelt, seine Wunden selbst zu versorgen.

Kurz vor der Morgendämmerung, als der Himmel allmählich heller wurde, riss ein irrsinniges Kreischen Arlen aus dem Schlummer. Da er notgedrungen einen leichten Schlaf hatte, sprang er sofort auf die Füße und schüttelte die Müdigkeit ab wie eine lästige Decke. Einarm war bereits wieder in den Horc abgetaucht, so wie sämtliche Wind- und Lehmdämonen – bis auf einen.

Der Horcling, der in Arlens Hauptzirkel gefangen war, versuchte verzweifelt, sich daraus zu befreien; mit den Krallen schlug er auf das Siegelnetz ein, doch es gelang ihm nicht, die Barriere aus Magie zu durchbrechen. Die Siegel waren vielleicht nicht präzise auf Lehmdämonen abgestimmt, aber wenn ein Horcling in einem geschlossenen Bannkreis steckte, verstärkte sich die Energie des Netzes um ein Vielfaches.

Der Horizont hellte sich immer mehr auf, und mit großem Interesse beobachtete Arlen den dem Tode geweihten Dämon. Im zunehmenden Tageslicht glich die Kreatur ein wenig einem Gürteltier; über den Rücken verlief ein orangefarbener, in Platten gegliederter Panzer, die kräftigen Stummelbeine waren mit dicken, scharfkantigen Schuppen bedeckt und endeten in gekrümmten Klauen. Der stumpfnasige Kopf besaß die Form eines Zylinders und konnte als kräftiger Rammbock eingesetzt werden, was der Horcling demonstrierte, indem er immer wieder vergeblich gegen die magische Schranke seines Gefängnisses anrannte.

Die ersten Sonnenstrahlen strichen über das trockene Flussbett, und der Horcling schrie gequält auf, obwohl die Wände der Schlucht noch im Schatten lagen. Doch das würde sich schon bald ändern.

In seiner höchsten Not verlor der Dämon seine Stofflichkeit und verwandelte sich in einen orangegelben Nebel, der den Zirkel füllte. Doch selbst in seinem körperlosen Zustand gelang es dem Horcling nicht, aus dem Bannkreis zu entkommen. Im Lehmboden innerhalb des Siegelnetzes existierte kein Fluchtweg in den Horc, und die nebelhafte Form schlängelte sich zu den Rändern des Zirkels hin, aber knisternde magische Entladungen drängten sie immer wieder zurück und zuckten fiebrig durch den Nebel wie Blitze, die in einer Gewitterwolke tanzen.

Der Dunstschleier floss an der Innenseite des Zirkels entlang und forschte unablässig nach einer Bresche in Arlens dicht gewebtem Netz. Obwohl der Horcling keinen festen Körper mehr besaß, konnte Arlen seine Angst und Verzweiflung schmecken, und vor lauter Aufregung verkrampfte er sich. Dämonen waren gegen Waffen immun, mit denen man jedes andere Lebewesen zur Strecke bringen konnte. Der einzige sichere Weg, einen Horcling zu töten, bestand darin, ihn in einen Bannzirkel einzusperren und auf die Sonne zu warten, ein Vorgehen, bei dem oft genauso viele Menschen ums Leben kamen wie Dämonen.

Endlich stand die Sonne so hoch, dass ihre Strahlen die andere Seite des Flusses erreichten, und in dem orangefarbenen Nebel flackerten Funken auf als würde ein Feuer entfacht. Plötzlich entlud sich ein gleißender Blitz, begleitet von einer unglaublichen Hitze, als sich der Nebel entzündete und sogar die Luft in Brand steckte. Arlen spürte, wie ein starker Wind an ihm vorbeirauschte, als das plötzlich entstandene Vakuum die Atmosphäre ansaugte; seine Augen trockneten aus und seine Wangen glühten, doch er hätte den Blick nicht von dem Spektakel abwenden können, selbst wenn es um sein Leben gegangen wäre. Nach allem, was die Dämonen der Welt angetan hatten, wurde Arlen es nie leid, mitanzusehen, wie ein Horcling den höchsten Preis für seine Bösartigkeit zahlte.

Nachdem der Dämon verbrannt und der letzte Funke erloschen war, untersuchte Arlen seine Lagerstätte, doch das meiste von seiner Ausrüstung hatte er verloren. Einen Teil hatte der Dämon durch sein Toben zerstört, und der Rest war verschmort, als die von dem Nebel ausgehende Stichflamme die Luft zum Brennen brachte. In dem Zirkel, in dem Morgenröte stand, bewahrte er Ersatz für die wichtigsten Dinge auf, doch dieser eine tote Dämon verursachte ihm Kosten, die er selbst durch den Verkauf der Töpferwaren kaum abdecken konnte.

Wenn überhaupt noch Keramiken übrig waren, die sich versilbern ließen. Der Gedanke erschreckte Arlen so sehr, dass er sofort die Treppen zu Meister Dravazis Werkstatt hinaufhetzte. Und seine schlimmsten Befürchtungen bestätigten sich, als er sah, dass fast jedes Stück beschädigt oder total zerschmettert war. Hastig durchkämmte er die anderen Häuser und fand dort auch eine Menge Töpferwaren, allerdings handelte es sich um robustes Geschirr für den alltäglichen Gebrauch. Die Bahavaner, die auf Handel angewiesen waren, um ihren Lebensunterhalt zu bestreiten, hatten keine Zeit darauf verwendet, die Sachen, die sie selbst benutzten, mit kunstvollen Ornamenten zu versehen. Er konnte sich schon glücklich schätzen, wenn der Erlös für seine Ausbeute den entstandenen Schaden ausglich und sein Verlust sich so in Grenzen hielt.

Doch trotz seiner immer noch schmerzenden Wunden und obwohl die Exkursion nicht den erhofften Profit einbrachte, ritt Arlen hoch erhobenen Kopfes und in glänzender Laune aus der Schlucht heraus. Er hatte einen Ort gesehen, den seit über zwanzig Jahren niemand mehr aufgesucht hatte, sich gegen die dort hausenden Dämonen behauptet und überlebt, so dass er zurückkehren und anderen von seinen Abenteuern berichten konnte.

Eines Tages wird dich dein Glück verlassen, ermahnte ihn die Stimme seines Vaters.

Das mag ja sein, erwiderte er in Gedanken, *aber nicht heute.*

Sich schwer auf seine Krücke stützend, humpelte Abban durch den Großen Basar von Fort Krasia, der Stadt, die den Beinamen »Der Wüstenspeer« trug. Abban schob einen gewaltigen Bauch vor sich her, doch selbst wenn er nicht so ein Fettwanst gewesen wäre, hätte sein lahmes Bein ihn nicht tragen können.

Auf dem Kopf trug er einen Turban aus gelber Seide, der von einer gelbbraunen Stoffmütze gekrönt wurde. Das weit geschnittene, leuchtend blaue Seidenhemd unter der gelbbraunen Wildlederweste war mit einem aufwendigen, verschnörkelten Muster aus Goldfäden verziert, und an seinen Fingern glitzerten Ringe. Seine Pluderhosen, die aus der gleichen Seide bestanden wie der Turban, wurden von einem mit Juwelen besetzten Gürtel gehalten, und das obere Ende der Krücke war aus glattem weißem Elfenbein geschnitzt. Die Schnitzerei stellte das erste Kamel dar, das Abban je gekauft hatte, und seine Achselhöhle ruhte zwischen den beiden Höckern.

Der Basar erstreckte sich meilenweit entlang der Innenseite der Stadtmauern. Scheinbar endlose Reihen von Buden, Zelten und Tierpferchen säumten die heißen, staubigen Straßen, man verhökerte Nahrungsmittel, Gewürze, Parfüms, Kleidung, Schmuck, Möbel, Vieh, Lasttiere – einfach alles, was das Herz eines Käufers begehrte.

So wie das Labyrinth außerhalb der Mauern in einer Weise angelegt war, die es den *dal'Sharum* ermöglichte, jeden Dämon, der versuchte, in die Stadt einzudringen, einzufangen und zu töten, so gestaltete sich der Basar nach einem ähnlichen Prinzip, um Käufer anzulocken und zu verwirren, damit sich die Händler auf sie stürzen konnten. Die beeindruckende Zurschaustellung von Waren und die Aufdringlichkeit der Verkäufer ließen selbst die schwierigsten, anspruchsvollsten Kunden schwachwerden, so dass sie bereitwilliger als sonst ihre Geldbörsen zückten. Und vermeintliche Ausgänge, von denen man annahm, sie führten aus dem Bezirk heraus, entpuppten sich häufig als Sackgassen, weil die ständig umgestellten Buden die Passage versperrten. Sogar jemand, der sich in dem unübersichtlichen, verwinkelten Basar gut auskannte, verirrte sich von Zeit zu Zeit.

Aber nicht Abban. Der Basar war sein Zuhause, und der Lärm, den die in höchster Lautstärke geführte Feilscherei verursachte, war die Luft, die er zum Atmen brauchte. Er konnte sich genauso wenig in dem Basar verlaufen, wie der Erste Krieger im Labyrinth die Orientierung verlieren würde.

Abban war im Zelt seiner Familie geboren worden, direkt im Zentrum des Basars. Seine Großmutter hatte die Hebamme ersetzt, und Abbans Vater, Chabin, hielt den Laden für Kunden geöffnet, selbst als seine Frau im hinteren Bereich vor Schmerzen schrie. Er konnte es sich nicht leisten, das Geschäft lasch zu führen, zumal es jetzt noch ein weiteres Maul zu füttern gab.

Abban hatte Chabin als einen guten Menschen in Erinnerung. Er arbeitete fleißig, um für seine Familie zu sorgen, obwohl er zu feige war, um ein Krieger zu werden, und die Geistlichen ihm einen Mangel an Glauben vorwarfen.

Da ihm diese beiden Berufsstände verwehrt waren, die einzigen Beschäftigungen, die man eines krasianischen Mannes für würdig erachtete, sah Abbans Vater sich gezwungen, jeden Tag den Buckel krummzumachen und zu schuften wie eine Frau. Er war ein *khaffit*, ein Mann ohne Ehre, und infolgedessen würde ihm das Paradies des Everam für immer verschlossen bleiben.

Aber Chabin hatte seine Bürde klaglos geschultert und einen winzigen Verkaufsstand, an dem minderwertige Kinkerlitzchen verhökert wurden, in ein blühendes Geschäft verwandelt, das sogar Kunden in so weit entlegenen Gebieten wie den Grünen Ländern im Norden bediente. Er hatte Abban in Mathematik und Geografie unterwiesen, ihm gezeigt, wie man Worte schreibt, und ihn in der Sprache der Leute aus den Grünen Ländern unterrichtet, damit er mit ihren Kurieren in deren eigener Zunge um die Güter, die sie transportierten und feilboten, feilschen konnte. Er brachte Abban vieles bei, doch in erster Linie hatte er ihn gelehrt, die *dama* zu fürchten. Eine Lektion, für die Chabin mit seinem Leben bezahlt hatte.

Die *dama*, Heilige Männer des Everam, die gleichzeitig als weltliche Führer fungierten, nahmen in der Krasianischen Gesellschaft den höchsten sozialen Rang ein. Sie trugen strahlend weiße Gewänder, die man schon von weitem sah, und dienten als Brücke zwischen den Menschen und ihrem Schöpfer. *Dama* hatten das Recht, jeden beliebigen Stammesangehörigen, der im Rang unter ihnen stand, auf der Stelle und ohne Furcht vor Bestrafung zu töten, wenn sie glaubten, dieser Mann entböte ihnen oder den heiligen Gesetzen, die sie erließen, nicht den gebührenden Respekt.

Abban war acht Jahre alt gewesen, als sein Vater umgebracht wurde. Cob, ein Kurier aus dem Norden, war an ihren Verkaufsstand gekommen, um Vorräte für seine Rückreise einzukaufen. Er galt als hochgeschätzter Kunde, auf den sie überdies angewiesen waren, damit der Warenstrom aus den Grünen Ländern nicht versiegte. Abban behandelte diesen Mann als sei er ein Prinz.

»Auf dem Weg hierher wurde einer meiner Bannzirkel beschädigt«, erklärte Cob, der hinkte und sich beim Gehen auf seinen Speer stützen musste. »Ich benötige Schnüre und Farbe.«

Chabin schnippte mit den Fingern, Abban reichte seinem Vater einen kleinen Topf mit Farbe und sprintete gleich darauf los, um Schnüre zu holen.

»Ein verfluchter Sanddämon hat mir den halben Fuß abgebissen, ehe ich mich in meinen Ersatzzirkel flüchten konnte«, erzählte Cob und hob sein bandagiertes Bein.

Abgelenkt von diesem Anblick, bemerkten weder Chabin noch Cob, dass ein *dama* an ihrem Stand vorbeiging.

Doch der *dama* hatte sie gesehen; vor allen Dingen war ihm übel aufgestoßen, dass Abbans Vater sich nicht unterwürfig verbeugt hatte, wie es sich für einen *khaffit* gehörte, wenn ihm ein Geistlicher begegnete.

»Nieder mit dir, du dreckiger *khaffit*!«, schnauzte der *dal'Sharum*, der den *dama* begleitete.

Vor lauter Schreck über das donnernde Gebrüll wirbelte Chabin herum und verschüttete Farbe auf die blütenweiße Robe des *dama*.

Einen Moment lang schien die Zeit stillzustehen, dann fasste der empörte *dama* über den Verkaufstresen, packte Chabin bei seinem Haupthaar und beim Kinn und drehte seinen Kopf mit einem scharfen Ruck herum. Ein knackendes Geräusch wie von zerbrechendem Holz hallte durch das Zelt, und Abbans Vater fiel tot um.

Seit jenem Tag war über ein Vierteljahrhundert vergangen, doch an diesen entsetzlichen Laut konnte Abban sich noch immer lebhaft erinnern.

Als Abban alt genug war, hatte man gewaltsam versucht, einen Krieger aus ihm zu machen, damit er die Schande seines Vaters tilgte. Doch obwohl die Zugehörigkeit zu seiner Kaste nicht erblich war, erwies sich Abban als genauso feige und schwach wie sein Vater. Er diente immer noch als Novize, als er durch den brutalen Drill zum Krüppel wurde und ihm gar nichts anderes übrigblieb, als ebenfalls die ehrlose Laufbahn eines *khaffit* einzuschlagen.

Abban nickte ein paar Händlern zu, an deren Buden er vorbeikam. Die meisten Verkäufer waren Frauen, von Kopf bis zu den Füßen in schwere schwarze Tücher gehüllt, obwohl es auch noch andere *khaffit* wie ihn gab. Genau wie Abban konnte man sie leicht an ihrer farbenfrohen Tracht erkennen, doch alle trugen die schlichte gelbbraune Kappe und Weste ihres Standes. Außer den *khaffit* kleideten sich nur die Frauen in bunte, prächtige Sachen, aber auch nur dann, wenn sie entweder mit ihren Männern allein waren oder sich in rein weiblicher Gesellschaft befanden.

Falls die Händlerinnen auf Abban, den *khaffit*, verächtlich herabschauten, so hüteten sie sich, es offen zu zeigen. Wie Abban die Schwächen seines Vaters geerbt hatte, so hatte er auch dessen Stärken als Veranlagung mitbekommen, und seit Abban geschäftlich die Zügel übernommen hatte, war der Familienbetrieb mit jedem Jahr gewachsen. Wer ihn beleidigte, riskierte unweigerlich einen Rückgang seiner Gewinne, denn der fette *khaffit* hatte Kontakte und laufende Transaktionen nicht nur im ganzen Basar, sondern er trieb auch Handel mit Städten, die Hunderte von Meilen weit im Norden lagen. Die meisten Geschäfte mit den Grünen Ländern liefen über Abban, und jeder, der Zugang zu den kostbaren exotischen Gütern haben wollte, ließ sich seine Geringschätzung nicht anmerken.

Doch eine Ausnahme gab es. Als Abban seinen eigenen Pavillon erreichte, hallte ein Ruf über die Straße. Angewidert fasste er den Konkurrenten ins Auge, der auf ihn zuhoppelte.

»Abban, mein Freund!«, trompetete der Mann, der ihm in Wahrheit alles andere als wohlgesonnen war. »Dachte ich mir doch, dass ich deine schrillen, weibischen Klamotten gesehen habe, als du die Straße hochgekommen bist! Wie laufen deine Geschäfte heute?«

In Abban brodelte es, doch er hütete sich, eine ruppige Antwort zu geben. Amit asu Samere am'Rajith am'Majah war ein *dal'Sharum*-Krieger und stand so hoch über Abban dem *khaffit* wie ein Mann über eine Frau erhaben war; und obwohl es eigentlich gegen das Gesetz verstieß, wenn ein *dal'Sharum* einen *khaffit* ohne einen triftigen Grund tötete, so würde derjenige, der es trotzdem tat, nur milde oder gar nicht bestraft werden.

Und deshalb musste Abban beide Augen zudrücken, wenn gelegentlich ein Karren mit Gütern, der ihm gehörte, verschwand, und so tun, als sei dieser Vorfall nie passiert. Er durfte nicht einmal über diesen Verlust reden, geschweige denn einen Diebstahl vermuten, selbst wenn er genau wusste, dass Amits Leute die Sachen geraubt hatten.

Amit war erst seit kurzem auf dem Markt tätig. Ein Sanddämon hatte ihm in einer Schlacht ein Stück aus der Wade herausgebissen, und die Wunde hatte angefangen zu eitern. Zum Schluss blieb den *dama'ting* gar keine andere Wahl, als zu amputieren. Es galt als große Schmach, im Kampf verkrüppelt zu werden und nicht zu sterben, doch da er es geschafft hatte, den Dämon bis zum Sonnenaufgang festzuhalten, war Amit ein Platz im Paradies nach dem Tode sicher.

Im Gegensatz zu Abban trug Amit ausschließlich schwarze Gewänder, wie es sich für einen Krieger geziemte, und der Schleier, mit dem sich die *dal'Sharum* nachts die Gesichter verhüllten, war locker um seinen Hals drapiert. Seinen Speer schleppte er immer noch mit sich herum, obwohl er ihn inzwischen mehr als Gehhilfe denn als Waffe einsetzte, aber er schärfte regelmäßig die Spitze und war schnell bereit, damit zu drohen, wenn jemand seinen Zorn erregte.

Ein Mann in der schwarzen Kriegerkluft zog im Basar die Aufmerksamkeit auf sich, denn hier traf man im Allgemeinen nur Frauen und *khaffit*. Die Leute neigten dazu, wie auf Zehenspitzen um einen Krieger herumzuschleichen, aus Angst, ihm zu nahe zu treten, und deshalb hatte Amit oben an seinen Speer einen grell orangefarbenen Stofffetzen gebunden, um auf seinen Händlerstatus hinzuweisen und das Interesse möglicher Kunden zu wecken.

»Ach, Amit, mein teurer Freund!«, entgegnete Abban und legte einen Ausdruck aufrichtiger Wärme in seine Züge, wie er es bei Tausenden von Kunden geübt hatte. »Bei Everam, ist das schön, dich zu sehen. Wenn du in der Nähe bist, scheint die Sonne gleich heller. Die Geschäfte gehen in der Tat gut. Danke für die Nachfrage. Vermutlich laufen die Dinge in deinem Pavillon auch bestens?«

»Natürlich, natürlich«, versetzte Amit, während er Abban mit Blicken durchbohrte. Er schien noch mehr sagen zu wollen, doch dann bemerkte er zwei Frauen, die stehen blieben und die Waren auf einem von Abbans Obstkarren prüften.

»Kommt, kommt, verehrte Mütter, da drüben in meinem Pavillon findet ihr Obst von viel besserer Qualität!«, rief Amit. »Wollt ihr lieber bei einem seelenlosen *khaffit* kaufen oder bei einem Krieger, der nächtens todesmutig gegen Dämonenhorden gekämpft hat?«

Nur wenige konnten seine Aufforderung ausschlagen, wenn er sie so formulierte. Die Frauen wandten sich von Abbans Karren ab und steuerten auf Amits Pavillon zu. Amit grinste Abban höhnisch an. Es war nicht das erste Mal, dass er Abban auf diese schäbige Weise ein Geschäft verdorben hatte, und es würde vermutlich auch nicht das letzte Mal sein.

Ein Zischen überlagerte den allgemeinen Radau auf dem Markt, und beide Männer blickten hoch. Mit diesem Laut warnten die Händler sich gegenseitig, wenn *dama* im Anmarsch waren. Überall versteckten die Verkäufer Artikel, deren Besitz das evejanische Gesetz verbot, zum Beispiel Spirituosen oder Musikinstrumente. Selbst Amit schaute schnell an sich hinab, um sich zu vergewissern, dass er keine geächteten Waren bei sich trug.

Wenige Minuten später war der Grund für die Warnung in Sichtweite. Angeführt von einem jungen Geistlichen in vollständigem weißem Habit sammelte eine Gruppe von *nie'dama*, Novizen in weißen Lendentüchern, von denen ein Ende über der Schulter getragen wurde, Brot, Früchte und Fleisch vom Markt ein. Für das, was sie mitnahmen, boten sie keine Bezahlung an, und kein Verkäufer hätte es gewagt, etwas zu fordern. Die *dama* grasten alles ab wie gefräßige Ziegen, und ein Händler, dem sein Leben lieb war, ließ sie widerspruchslos gewähren.

Abban, der aus der Lektion, die man seinem Vater erteilt hatte, seine Lehren gezogen hatte, verbeugte sich beim Erscheinen des *dama* so tief, dass er befürchtete, er könnte vornüberkippen. Amit bemerkte dies, schlug mit dem Schaft seines Speers gegen Abbans Krücke und wieherte vor Lachen, als Abban in den Dreck stürzte. Bei dem Geräusch drehte sich der *dama* zu ihnen um, und Abban, der spürte, wie dessen Blick auf ihm lastete, drückte die Stirn in den Staub und duckte sich wie ein geprügelter Hund. Amit hingegen nickte dem *dama* lediglich respektvoll zu, und der Geistliche erwiderte die Geste.

Nach einer Weile setzte der *dama* seinen Weg fort, doch Abban fing den Blick eines der *nie'dama* auf, eines mageren Jungen von höchstens zwölf Jahren. Der Junge sah Amit an, dann bedachte er den am Boden knienden Abban mit einem hämischen Lächeln, doch ehe er zu seinen Brüdern aufschloss, zwinkerte er Abban verschwörerisch zu.

Und um alles noch schlimmer zu machen, traf ausgerechnet in diesem Moment der *Par'chin* ein.

Wenn man dabei überrascht wurde, wie man am Boden herumkroch, war das ein denkbar schlechter Auftakt für Verhandlungen.

Traurig betrachtete Arlen den am Boden knienden Händler. Er wusste, dass der Gesichtsverlust seinen Freund schmerzhafter treffen würde als jeder Peitschenhieb eines *dama*. Das krasianische Volk besaß viele Eigenschaften, die Arlen bewunderte, doch wie man in dieser Gesellschaft Frauen und *khaffit* behandelte, fand er verabscheuungswürdig. Kein Mensch verdiente es, so gedemütigt zu werden.

Deshalb sah er absichtlich weg, als Abban sich mit Hilfe seiner Krücke wieder hochrappelte, und starrte wie fasziniert auf einen Karren voller Plunder, mit dem er gar nichts anfangen konnte. Erst nachdem Abban wieder auf den Beinen stand und sich den Staub aus der Kleidung geschüttelt hatte, führte Arlen Morgenröte zu ihm hin und tat so, als sei er gerade erst angekommen.

»*Par'chin!*«, rief Abban, den Überraschten mimend. »Ich freue mich, dich zu sehen, Sohn des Jeph! Wenn ich mir dein schwer bepacktes Pferd ansehe, scheint deine Reise ja ein Erfolg gewesen zu sein.«

Arlen kramte eine Dravazi-Vase hervor und reichte sie Abban zur Begutachtung. Wie immer setzte Abban eine angewiderte Miene auf, noch ehe er sich das Stück richtig angesehen hatte. Dabei erinnerte er Arlen immer an den alten Vielfraß, den Besitzer des Gemischtwarenladens in Tibbets Bach, wo er aufgewachsen war. Er ließ niemals durchblicken, ob er sich für ein Teil interessierte, solange noch gefeilscht wurde.

»Schade, ich hatte mir mehr versprochen«, meinte Abban, obwohl die Vase schöner war als jeder andere Artikel, den Arlen in seinem Pavillon je gesehen hatte. »Ich glaube nicht, dass du viel dafür kriegen wirst.«

»Erspar mir die Dämonenscheiße«, fauchte Arlen. »Wegen dieser Sachen bin ich um ein Haar von Horclingen getötet worden, und wenn du nicht bereit bist, sie mir zu einem guten Preis abzukaufen, biete ich sie woanders an!«

»Du kränkst mich, Sohn des Jeph«, lamentierte Abban. »Mich, der dir die Karten und die Ratschläge gegeben hat, die dich überhaupt erst zu diesen Schätzen führten!«

»An dem Ort wimmelt es von seltsamen Dämonen«, beschwerte sich Arlen. »Das treibt den Preis in die Höhe.«

»Seltsame Dämonen?«, wunderte sich Abban.

Arlen nickte. »Sie haben stumpfe Schnauzen und dieselbe Farbe wie die Klippen«, berichtete er. »Die Biester sind nicht größer als ein Hund, aber sie wuselten dort zu Hunderten herum.«

Abban nickte. »Lehmdämonen«, klärte er Arlen auf. »Baha kad'Everam ist buchstäblich mit ihnen verseucht.«

»Bei der Nacht, das wusstest du?!«, brüllte Arlen. »Du hast es gewusst und mich trotzdem ohne ein Wort der Warnung dort hingeschickt?«

»Was, ich hatte dir nichts von den Lehmdämonen erzählt?«, staunte Abban.

»Nein, du Ausgeburt des Horc, das hast du nicht! Ich hatte nicht einmal wirksame Siegel dabei, um mich vor ihnen zu schützen!«

Abban wurde blass. »Und wieso nicht, *Par'chin*? Jedes dumme Kind kennt doch Lehmdämonen.«

»Ja, wenn es in einer verdammten Wüste geboren wurde!«, knurrte Arlen. »Dasselbe habe ich schon zu hören gekriegt, als ich in den verfluchten Minen des Herzogs von einem Rudel Schneedämonen angegriffen wurde. Ich sollte meine gesamte Ausbeute in den Norden nach Fort Rizon bringen, einfach um es dir heimzuzahlen!«

»Oh, das wird nicht nötig sein, *Par'chin*!«, rief jemand. Arlen blickte in die Richtung und sah einen *dal'Sharum*, der über die Straße auf sie zuhumpelte. Er hatte den Mann noch nie zuvor gesehen, war jedoch nicht überrascht, dass der ihn erkannte. Die meisten *dal'Sharum* hatten zumindest von dem *Par'chin* gehört, falls sie ihm noch nicht persönlich begegnet waren.

Das Wort *chin* bedeutete dem Sinn nach »Fremder«, aber so, wie es üblicherweise angewandt wurde, sollte es eine Beleidigung sein und galt als Synonym für »Feigling« und »Schwächling«. Ein *chin* war noch geringer als ein *khaffit. »Par'chin«* hieß jedoch »tapferer Fremder«, und diese Anrede beschränkte sich ausschließlich auf Arlen, den einzigen Mann aus der Region der Grünen Länder, der jemals die Sitten und Gebräuche des Wüstenspeers gelernt und im *alagai'sharak* Seite an Seite mit den *dal'Sharum* gekämpft hatte.

»Erlaube mir, dass ich mich vorstelle«, begann der Fremde auf Krasianisch und griff in der Geste, mit der Krieger einander begrüßten, nach Arlens Unterarm. Er sprach nicht die Sprache des Nordens, wie Abban es tat, doch im Gegensatz zu den meisten anderen Kurieren beherrschte Arlen fließend Krasianisch. »Ich bin Amit asu Samere am'Rajith am'Majah«, fuhr der Mann fort. »Verrate mir, in welcher Weise dieser jämmerliche *khaffit* dich enttäuscht hat, und ich überbiete jedes seiner Angebote.«

Abban packte Arlen beim Arm. »Wenn du ihm erzählst, dass du Keramiken aus einer geweihten Stätte gestohlen hast, *Par'chin*«, warnte er ihn im nördlichen Zungenschlag, »dann werden wir beide noch vor Einbruch der Nacht vor das Stadttor geschleift und an Pfähle gebunden.«

»*Khaffit!*«, donnerte Amit. »Es ist der Gipfel an Unkultiviertheit, in der Gesellschaft von Männern irgendeine barbarische Sprache zu benutzen!«

»Ich bitte tausendmal um Entschuldigung, edler *dal'Sharum*«, winselte Abban, verneigte sich tief und wich ein Stück zurück, damit Amit ihn nicht noch einmal zu Fall bringen konnte.

»Du wirst doch wohl keinen Handel mit einem wie dem da treiben, diesem schweinefressenden halben Mann«, wandte sich Amit an Arlen. »Du hast in der Nacht gegen die Horclinge gekämpft! Es ist unter deiner Würde, dich mit einem *khaffit* zu befassen. Ich hingegen habe meine Hände in Dämonenblut getaucht, so wie du. Bevor ich mein Bein verlor, habe ich dafür gesorgt, dass zwölf dieser Ausgeburten die Sonne sehen konnten!«

»Nanu«, murmelte Abban in Arlens Sprache, »als er das letzte Mal damit prahlte, waren es nur ein halbes Dutzend. Offenbar werden es immer mehr.«

»Hey, was hast du gesagt, *khaffit*?«, herrschte der Händler, der kein Wort verstanden hatte, sich aber denken konnte, dass es sich um eine Beleidigung handelte, Abban an.

»Ach, gar nichts, verehrter *dal'Sharum*«, erwiderte Abban und verbeugte sich geschmeidig.

Amit versetzte ihm einen Schlag ins Gesicht. »Ich sagte bereits, dass es vulgär ist, diese primitiven Grunzlaute von sich zu geben!«, schnauzte er. »Entschuldige dich bei dem *Par'chin*!«

Arlen verlor die Geduld. Er stampfte mit seinem Speer auf den Boden und fuhr wütend zu dem Händler herum. »Du verlangst von einem Mann, dass er sich entschuldigt, weil er sich mit mir in meiner eigenen Sprache unterhalten hat?«, schrie er und verpasste Amit einen so heftigen Stoß, dass er zu Boden ging. Einen Moment lang flackerte eine unbändige Wut in Amits Augen auf, und er hielt seinen Speer, als wollte er Arlen damit angreifen, doch dann wanderte sein Blick zu Arlens kräftigen Beinen und gleich darauf zu seinem eigenen Stumpf, und er besann sich eines Besseren. Anstatt aufzubrausen, neigte er leicht den Kopf.

»Verzeih mir, *Par'chin*«, stieß er zwischen zusammengebissenen Zähnen hervor, als hätten die Worte einen faulen Geschmack, »ich wollte dich nicht beleidigen.«

Das Kastensystem schrieb ihm genau vor, wie er sich zu verhalten hatte. Amit hatte Arlen als einen Kriegerkameraden begrüßt, und unter den Kriegern herrschte eine ganz bestimmte Hackordnung. Der Schwache unterwarf sich dem Starken. Wegen seines

Holzbeins stand Amit auf der untersten Stufe dieser Rangfolge. In den Augen eines starken Kriegers galt er auch nicht viel mehr als ein *khaffit*. Kein Wunder, dass Amit sich entschieden hatte, den Basar zu seiner neuen Heimstatt zu machen.

Arlen zielte mit seinem Speer auf Amit. »Wage es nicht noch einmal, so über meine Heimat zu sprechen«, knurrte er drohend. »Denn dann wird dein Blut den Staub der Straße tränken!«

Natürlich meinte er es nicht ernst, aber das brauchte Amit nicht zu wissen. Wer von den *dal'Sharum* respektiert werden wollte, musste Härte demonstrieren.

Abban umklammerte Arlens Arm und bugsierte ihn hastig in seinen Pavillon hinein, bevor dieser Zwischenfall noch weiter eskalieren konnte.

»Hah!«, triumphierte er, als sie drinnen standen und die schwere Zeltklappe sich hinter ihnen schloss. »Dafür, dass ich das mitangesehen habe, wird Amit mich einen ganzen Monat lang schikanieren, aber auf diese Szene hätte ich um keinen Preis der Welt verzichten wollen, sie ist mir jede Beleidigung und jeden Hieb wert!«

»Es ist nicht richtig, dass du dir eine solche Behandlung gefallen lassen musst«, protestierte Arlen zum vielleicht tausendsten Mal.

Doch Abban winkte nur ab. »Ob falsch oder richtig, so läuft das hier nun mal, *Par'chin*«, erwiderte er. »Es mag ja sein, dass man in deiner Heimat mit Leuten wie mir anders umgeht, aber hier im Wüstenspeer kann man solche Forderungen nicht stellen. Genauso gut könnte man von der Sonne verlangen, nicht so heiß zu brennen.«

In Abbans Zelt herrschte eine angenehme Kühle. Sofort eilten seine Frauen herbei, um Arlen das staubige Übergewand und die Stiefel auszuziehen und ihm ein sauberes Kleidungsstück zu reichen, damit er es sich gemütlich machen konnte. Sie stapelten Kissen für die Männer auf, brachten Krüge mit Wasser und Schalen voller Obst oder Fleisch und servierten Tassen mit dampfendem Tee. Nachdem die Männer die Erfrischungen zu sich genommen hatten, holte Abban eine kleine Flasche und zwei winzige Tonbecher.

»Komm, *Par'chin*, trink mit mir«, schlug er vor. »Wir wollen unsere Nerven beruhigen und unserem Wiedersehen einen neuen Anfang geben.« Zweifelnd blickte Arlen auf seinen winzigen Becher, dann zuckte er mit den Schultern und nippte daran.

Im nächsten Moment spuckte er den Schluck wieder aus und griff hektisch nach dem Wasserkrug. Abban lachte und strampelte vor Vergnügen mit den Beinen.

»Hast du vor, mich zu vergiften?«, krächzte Arlen, aber sein Groll verflog, als Abban seinen eigenen Becher an den Mund führte und ihn in einem Zug leertrank.

»Was zum Horc ist dieses fürchterliche Gesöff?«, fragte er.

»Couzi«, erklärte Abban. »Er wird aus destilliertem, gegorenem Getreide und Zimt hergestellt. Bei Everam, *Par'chin*, wie viele Fässchen Couzi hast du schon durch die Wüste transportiert, ohne je davon gekostet zu haben?«

»Meine Waren rühre ich nicht an«, entgegnete Arlen. »Und ich finde, das Zeug schmeckt eher wie die Spucke eines Flammendämons, nicht nach Zimt.«

»Couzi kann man auch als Ersatz für Lampenöl benutzen«, pflichtete Abban ihm lächelnd bei. Er füllte Arlens Becher nach und reichte ihn an ihn weiter. »Den ersten kippt man am besten schnell runter«, riet er und füllte seinen eigenen Becher auf. »Und wenn du beim dritten angelangt bist, schmeckst du den Zimt heraus.«

Arlen stürzte den Inhalt des Bechers herunter und wäre beinahe erstickt. Seine Kehle brannte, als hätte er gerade siedendes Wasser getrunken.

»Das Gesöff scheint direkt aus dem Horc zu stammen«, würgte er hervor, aber er erlaubte, dass Abban ihm einen zweiten Becher einschenkte.

»Darin stimmen die *Damaji* mit dir überein«, versetzte Abban schmunzelnd. »Das evejanische Gesetz verbietet den Genuss von Couzi, aber wir *khaffit* dürfen ihn herstellen und an die *chin* verkaufen.«

»Und ein bisschen behältst du für deinen eigenen Bedarf«, meinte Arlen.

Abban schnaubte durch die Nase. »Ich verkaufe mehr Couzi an Einheimische als an Kunden aus den Grünen Ländern, *Par'chin*. Eine kleine Flasche genügt, um selbst einen großen Mann zu beduseln, deshalb kann man ihn problemlos direkt vor den Augen der *dama* schmuggeln. *Khaffit* trinken ihn fassweise, und *dal'Sharum* nehmen ihn ins Labyrinth mit, um sich für die Nacht Mut anzutrinken. Sogar ein paar *dama* sind auf den Geschmack gekommen.«

»Und du hast keine Angst, dass du in deinem nächsten Leben dafür büßen musst, wenn du verbotene Getränke an Geistliche verkaufst?«, erkundigte sich Arlen, bevor er den nächsten Becher leerte. Dieses Mal rann der Couzi schon viel glatter die Kehle herunter.

»Wenn ich an solchen Blödsinn glauben würde, hätte ich ganz sicher Angst, *Par'chin*«, erwiderte Abban. »Deshalb ist es gut, dass ich es nicht tue.«

Arlen schlürfte bereits den dritten Becher; mittlerweile war sein Gaumen viel zu taub, um noch ein Brennen zu spüren. Er genoss den Zimtgeschmack und staunte, dass er ihm nicht schon vorher aufgefallen war. Er fühlte sich, als schwebte sein Körper über den bestickten Seidenkissen, auf denen er ruhte. Abban wirkte gleichermaßen entspannt, und als die kleine Flasche leer war, lachten sie ohne Grund und klopften sich gegenseitig auf den Rücken.

»Können wir jetzt, da wir wieder Freunde sind, noch einmal zum Geschäftlichen zurückkehren?«, fragte Abban.

Arlen nickte und sah zu, wie Abban sich schwankend auf die Beine stellte und zu den bahavanischen Töpferwaren stolperte, die seine Frauen von Morgenröte abgeladen und ins Zelt geschleppt hatten. Selbstverständlich setzte Abban sofort wieder seine einstudierte gleichgültige Miene auf, als er sich zum Feilschen rüstete.

»Die meisten dieser Stücke stammen aber nicht von Dravazi«, stellte er fest.

»In der Werkstatt des Meisters war nicht viel zu holen«, log Arlen. »Außerdem sollten wir zuerst über deinen Mangel an Aufrichtigkeit sprechen, ehe wir über Geld reden. Immerhin hast du mich auf diese Reise geschickt, ohne mich vor den Gefahren zu warnen.«

»Was spielt das für eine Rolle?«, hielt ihm Abban entgegen. »Du bist mit heiler Haut davongekommen, wie immer.«

»Es spielt eine Rolle, weil ich gar nicht erst zu dieser Exkursion aufgebrochen wäre, wenn ich gewusst hätte, dass es dort von Dämonen wimmelt, gegen die ich mich nicht einmal wehren kann, weil ich nicht die richtigen Schutzsiegel besitze«, beharrte Arlen.

Doch Abban lächelte nur spöttisch und wedelte lässig mit der Hand. »Welchen Grund könnte ich haben, dich zu belügen, Sohn des Jeph?«, fragte er. »Du bist der *Par'chin*, der Tapfere, der es wagt, überall hinzugehen! Hätte ich dir von den Lehmdämonen erzählt, hätte es dich umso mehr gereizt, diesen Ort aufzusuchen und ihnen in die Augen zu spucken!«

»Durch Schmeicheleien kannst du dich nicht aus der Affäre ziehen, Abban«, warnte Arlen, obwohl das Kompliment seinen von Couzi benebelten Geist erwärmte. »Da musst du dir schon etwas Besseres einfallen lassen.«

»Was verlangt der *Par'chin* von mir?«, wollte Abban wissen.

»Ich will ein Grimoire mit Siegeln, die einen vor Lehmdämonen schützen«, erklärte Arlen.

»Abgemacht«, stimmte Abban zu, »und es kostet dich gar nichts. Ich schenke es dir, mein Freund.« Arlen lupfte verwundert die Augenbrauen. Siegel waren ein kostbares Gut, und Abban war nicht gerade freigiebig mit Geschenken.

»Betrachte es als eine Investition«, erklärte Abban. »Sogar schlichte bahavanische Keramiken sind wertvoll. Ein Hauch von Gefahr umgibt sie, und der Käufer hat den Eindruck, dass er eine Rarität ersteht.« Er sah Arlen prüfend an. »Gibt es in dem Dorf noch mehr Töpferwaren?«, fragte er.

Arlen nickte.

»Nun«, fuhr Abban fort, »was würde es mir nützen, wenn du zu Tode kämest, bevor du das Zeug da rausholen kannst?«

»Klingt plausibel«, räumte Arlen ein. »Trotzdem wundere ich mich, wieso du mir solch ein Geschenk anbieten kannst. Ist es dir nicht verboten, Bücher mit Abbildungen von Siegeln auch nur anzurühren?«

Abban gluckste vergnügt in sich hinein. »Für einen *khaffit* ist fast alles tabu, *Par'chin*. Aber du hast Recht, die *dama* betrachten die Kunst des Bannzeichnens als etwas Heiliges und sind die Hüter der Bücher, in denen die Siegel aufgeführt sind.«

»Und dennoch kannst du mir ein Grimoire mit Siegeln gegen Lehmdämonen besorgen«, sinnierte Arlen.

»Und zwar direkt unter den Augen der *dama*!« Abban lachte und schnippte vor Arlens Nase mit den Fingern. Arlen torkelte betrunken zurück, fiel auf die aufgetürmten Kissen, und beide Männer schüttelten sich wieder vor Lachen.

»Und wie willst du das bewerkstelligen?«, hakte Arlen nach.

»Ach, mein Freund«, seufzte Abban und drohte Arlen mit dem Finger, »du kannst nicht von mir verlangen, dass ich dir meine Geschäftsgeheimnisse verrate.«

»Dämonenscheiße!«, schimpfte Arlen. »Deine Karte von Baha wich um einen Tagesritt von der Realität ab. Wenn mein Leben von diesen Karten und Siegeln abhängt, die du mir verschaffen willst, dann muss ich wissen, ob ich mich auf die Angaben auch wirklich verlassen kann.«

Abban sah ihn eine geraume Zeit an, zuckte schließlich mit den Schultern und setzte sich wieder neben Arlen. Dann schnippte er mit den Fingern, und eine seiner schwarz gekleideten Frauen brachte noch eine Flasche Couzi. Sie kniete nieder, um die Becher zu füllen, ehe sie sich nach einer tiefen Verbeugung entfernte. Die Männer stießen mit den Bechern an und tranken.

Abban beugte sich dicht an Arlen heran. »Nun gut, ich werde es dir erzählen, *Par'chin*«, wisperte er. »Aber nicht, weil du ein gerngesehener Kunde bist, sondern weil ich dich als meinen aufrichtigen Freund betrachte. Der *Par'chin* hat mich ehrlosen *khaffit* immer behandelt wie einen vollwertigen Mann.«

Arlen schniefte spöttisch und füllte ihre Becher auf. »Du *bist* ein vollwertiger Mann«, betonte er mit Nachdruck.

Dankbar neigte Abban sein Haupt und lehnt sich wieder nach vorn. »Ich lasse mir von Jamere helfen, meinem Neffen«, vertraute er Arlen an. »Sein Vater war ein *dal'Sharum*, aber er starb, als der Junge noch in den Windeln lag. Die Familie des Vaters war nicht vermögend, deshalb kehrte meine Schwester in meinen Pavillon zurück und zog den Jungen hier im Basar groß. Vor kurzem erreichte er die Volljährigkeit und wurde mitgenommen, um seinen Lebensweg zu finden, aber er ist dünn und schmächtig, und die Exerziermeister der *dal'Sharum* konnten nichts mit ihm anfangen. Dafür waren die *dama* von seinem Verstand beeindruckt, und sie nahmen ihn als Schüler auf.«

»War er einer der *nie'dama*, die heute über den Markt gingen?«, fragte Arlen, und Abban nickte.

»Jamere mag zwar ein angehender Geistlicher sein«, erklärte Abban, »aber der Junge ist durch und durch verdorben und hat noch weniger Glauben als ich. Er wird ohne eine Spur von Bedenken jede beliebige Schriftrolle, die sich im Tempel befindet, kopieren oder auch stehlen, wenn ich ihm sage, ich hätte einen Käufer dafür und würde den Profit mit ihm teilen.«

»Ganz gleich, um welche Schriftrolle es sich handelt?«, vergewisserte sich Arlen.

»Es wäre ihm völlig egal!«, bekräftigte Abban und schnippte erneut mit den Fingern. »Er würde sogar die Karten stehlen, auf denen der Weg zu der verlorenen Stadt Anochs Sonne eingezeichnet ist!«

Arlen glaubte, ihm bliebe das Herz stehen. Anochs Sonne war das uralte Machtzentrum von Kaji, dem Mann, den die Krasianer als ihren ersten Erlöser verehrten. Vor ungefähr dreitausend Jahren hatte Kaji die damals bekannte Welt erobert; die Wüste und die dahinter liegenden Grünen Länder, und die gesamte Menschheit in einem Krieg gegen die Horclinge geeint. Mit Hilfe von Waffen, die mit magischen Schutzzeichen versehen waren, schlachteten sie so viele Dämonen ab, dass man Jahrhunderte lang annahm, die Menschen hätten gesiegt, die Horclinge seien ausgerottet und die Gefahren der Nacht gebannt.

Doch wie man mittlerweile wusste, war dieser Sieg nicht von langer Dauer gewesen. Die Dämonen hatten sich in den Horc zurückgezogen, wohin ihnen niemand folgen konnte, und dort abgewartet. Sie hatten darauf gelauert, dass ihre Feinde alt wurden und starben. Und dass deren Kinder und Kindeskinder verschieden. Selbst unsterblich, harrten die Horclinge aus, bis man oben, an der Oberfläche der Welt, ihre Existenz beinahe vergaß. Verborgen im Horc hielten die Dämonen still, bis man sie nur noch für einen Mythos hielt und die alten Symbole der Macht, die die Menschen im Kampf gegen sie eingesetzt hatten, als volkstümliches, ohnehin nur bruchstückhaft überliefertes Brauchtum gänzlich in Vergessenheit gerieten.

Und während die Dämonen auf günstigere Zeiten warteten, hatten sie sich vermehrt. Als sie dann wieder auftauchten, holten sie sich alles zurück, was sie eingebüßt hatten, und noch viel mehr.

Die grundlegenden Siegel der Abschreckung und des Schutzes fand man gerade noch rechtzeitig, um ein paar Überreste der Menschheit zu retten, doch die alten Kampfsiegel des Kaji, Symbole, die einer Waffe die Kraft verliehen, einen Horcling zu töten, waren verlorengegangen. Seit Jahren durchkämmte Arlen Ruinen, in der Hoffnung, irgendwo eine Spur von ihnen zu finden, doch bis jetzt hatte er noch nicht mal einen Anhaltspunkt entdeckt, der darauf hindeutete, dass es diese magischen Zeichen tatsächlich gegeben hatte, geschweige denn die Siegel selbst.

Wenn er überhaupt fündig werden wollte, dann musste er in Anochs Sonne nach diesen Kampfsiegeln suchen, so viel stand für ihn fest. Die Krasianer beteten, indem sie sich hinknieten und das Gesicht nach Nordwesten wandten, wo die verlorene Stadt angeblich lag. Schon zweimal hatte Arlen nach Kajis ehemaligem Wohnsitz geforscht, aber der Ort befand sich irgendwo in einem Umkreis von mehreren Tausend Quadratmeilen Wüste, und bei seinen Erkundungen war er sich vorgekommen, als hielte er inmitten eines Sandsturms Ausschau nach einem ganz bestimmten Sandkorn.

»Besorge mir die Karte mit dem Lageplan von Anochs Sonne«, schlug Arlen vor, »und du bekommst die gesamte Ausbeute an bahavanischer Keramik umsonst. Ich kehre sogar mit einem Karren zurück, auf eigene Rechnung, um noch eine Fuhre hierherzuschaffen.«

Abbans Augen weiteten sich vor Überraschung, dann prustete er belustigt los und schüttelte den Kopf. »Hast du nicht gemerkt, dass das ein Scherz sein sollte, *Par'chin*?«, wunderte er sich. »Die verlorene Stadt des Kaji ist ein Mythos.«

»Nein, das stimmt nicht«, widersprach Arlen. »Sie wird in den historischen Aufzeichnungen erwähnt, die in der herzoglichen Bibliothek von Fort Miln aufbewahrt werden. Ich habe die Textstellen selbst gelesen. Diese Stadt existierte wirklich.«

Abban fixierte ihn mit leicht zusammengekniffenen Augen. »Angenommen, du hast Recht und ich könnte die Karte beschaffen«, begann er. »Die Heilige Stadt ist sakrosankt. Wenn die *dama* jemals erfahren, dass du dort warst, verlieren wir beide unser Leben.«

»Worin liegt der Unterschied zu Baha kad'Everam?«, hielt Arlen dagegen. »Sagtest du nicht, du und ich würden zum Tode verurteilt, falls herauskäme, dass ich Keramiken aus den Ruinen geplündert hätte?«

»Diese beiden Städte unterscheiden sich wie Tag und Nacht«, legte Abban dar. »Baha ist so unbedeutend wie Kamelpisse, ein Nest, in dem nur *khaffit* hausten. Einzig und allein weil das Gesetz des Evejah es gebietet, tanzten die *dal'Sharum* dort den *alagai'sharak*, um die Gräber der Bahavaner zu weihen, damit die Toten die Gelegenheit erhalten, in einer höheren Kaste wiedergeboren zu werden. Außerdem gibt es in jedem krasianischen Palast Keramiken von Dravazi. Ein paar neue Stücke auf dem Markt finden nur Beachtung bei Käufern, die erpicht darauf sind, ihre Sammlung zu erweitern.

Anochs Sonne hingegen ist der heiligste Ort der Welt«, fuhr Abban fort. »Wenn du, ein *chin*, ihn schändest, fordert jeder Mann, jede Frau und jedes Kind deinen Kopf. Und jedes Teil, das du eventuell mitbringst, zieht viele Fragen nach sich.«

»Ich würde niemals einen Frevel begehen«, verteidigte sich Arlen. »Mein Leben lang habe ich die altertümliche Welt studiert. Jedes einzelne Fundstück würde ich mit der allergrößten Ehrerbietung behandeln.«

»Allein die Tatsache, dass du einen Fuß in diese hochheilige Stätte gesetzt hast, gälte bereits als ein Sakrileg, *Par'chin*«, klärte Abban ihn auf.

»Dämonenscheiße!«, fluchte Arlen. »Seit Jahrtausenden war niemand mehr da, und als Kaji noch lebte, herrschte er nicht nur über dein Volk, sondern sein Imperium umfasste auch meine Heimat. Ich habe dasselbe Recht, dort hinzugehen, wie jeder andere.«

»Das mag ja sein, *Par'chin*«, gab Abban zu. »Aber in Krasia wirst du kaum jemanden finden, der deine Meinung teilt.«

»Das stört mich nicht«, versetzte Arlen und sah Abban fest in die Augen. »Entweder du beschaffst mir die Karte, oder ich nehme Dravazis Keramiken mit nach Hause und verkaufe die Waren, die ich für meine Auftraggeber im Norden hier veräußern soll, an die anderen Händler im Basar.«

Abban starrte eine Weile zurück, und Arlen konnte beinahe die Kugeln des Abakus im Kopf seines Freundes klicken hören, als der sich die Höhe seines Verlustes ausrechnete, sollte Arlen seine Drohung wahrmachen. Nur wenige Kuriere waren bereit, sich den Gefahren der krasianischen Wüste und der Bedrohung durch ihre Bewohner auszusetzen. Arlen kam dreimal häufiger als die anderen Kuriere in den Wüstenspeer, und er beherrschte die krasianische Sprache gut genug, um überall im Basar seine Geschäfte tätigen zu können.

»Na schön, *Par'chin*«, lenkte Abban schließlich ein. »Aber für alles, was aus dieser Angelegenheit entsteht, musst du den Kopf hinhalten. Ich weiß von gar nichts. Und auf gar keinen Fall werde ich mit Artefakten aus Anochs Sonne Handel treiben.«

Arlen war verblüfft, denn bisher kannte er Abban als einen Mann, der sich keine Chance auf Profit entgehen ließ.

Ein Narr ist jemand, der es besser weiß und sich trotzdem nicht davon abhalten lässt, eine Torheit zu begehen, hörte er die Stimme seines Vaters in seinem Kopf.

Arlen verdrängte jeden Gedanken daran, dass Jeph Recht haben könnte. Der Lockruf der verlorenen Stadt übte eine unwiderstehliche Wirkung auf ihn aus, und er fand, dieses Abenteuer sei jedes Risiko wert.

»Ich werde niemandem ein Sterbenswörtchen von unserer Abmachung verraten«, gelobte er.

»Noch heute lasse ich meinem Neffen eine Nachricht zukommen«, überlegte Abban. »Jeden Abend findet sich ein rangniederer *dama* bei mir ein, um Couzi abzuholen, und als Gegenleistung überbringt er dem Jungen Botschaften. In seiner morgigen Antwort wird Jamere uns mitteilen, wie lange er braucht, um die gewünschten Texte zu kopieren, und wo und wann wir uns mit ihm für die Übergabe treffen. Du musst mich begleiten, *Par'chin*, denn eine Karte, auf der die Lage von Anochs Sonne verzeichnet ist, schmuggle ich nicht in mein Zelt.«

Arlen nickte. »Mir soll alles recht sein, mein Freund. Von mir bekommst du jede Hilfe, die du brauchst.«

»Ich hoffe, du meinst, was du sagst, *Par'chin*«, entgegnete Abban.

»Wir müssen diese Sachen hier anziehen«, erklärte Abban und hielt schwarze *dal'Sharum*-Gewänder in die Höhe. Verdutzt starrte Arlen ihn an. Obwohl er manchmal zusammen mit den *dal'Sharum* im Labyrinth kämpfte, erlaubte man ihm nicht, die schwarze Tracht anzulegen, während Abban …

»Was passiert, wenn man uns in diesem Aufzug erwischt?«, wollte er wissen.

Abban stärkte sich mit einem großen Schluck Couzi direkt aus der Flasche, die er gleich darauf an Arlen weiterreichte. »Das sollten wir uns lieber nicht ausmalen«, erwiderte er. »Die Übergabe findet bei Nacht statt, und in der Dunkelheit fallen wir in diesen Gewändern nicht so auf. Selbst wenn man uns sieht, bieten die Nachtschleier eine zusätzliche Tarnung, solange wir vor jedem davonlaufen, der uns entdeckt.«

Arlen blickte skeptisch auf Abbans lahmes Bein, verkniff sich jedoch jeden Kommentar. »Wir gehen nachts nach draußen?«, fragte er. »Verbietet das nicht euer evejanisches Gesetz?«

»Was an diesem von Nie ausgeheckten Plan ist *nicht* verboten, *Par'chin*?«, schnauzte Abban, schnappte sich die Couziflasche und trank. »Die Stadt ist durch Siegel gut geschützt. Seit Menschengedenken hat man auf den Straßen von Krasia keinen Horcling mehr gesehen.«

Arlen zuckte die Achseln. »Und wenn schon. Mir wäre das ohnehin egal.«

»Das dachte ich mir«, grummelte Abban und gönnte sich den nächsten Schluck Couzi. »Der *Par'chin* fürchtet sich vor nichts.«

Sie warteten bis zum Sonnenuntergang, dann schlüpften sie in die schwarze Kriegerkluft. Arlen bewunderte sich in einem von Abbans vielen Spiegeln, und zu seiner Überraschung entdeckte er, dass er mit ein wenig Schminke um die Augen und dem hochgezogenen Nachtschleier wie ein typischer krasianischer Krieger aussah, nur dass die echten Krasianer ihn um ein paar Zoll überragten.

Abban hingegen hielt keiner näheren Betrachtung stand. Er war groß gewachsen wie ein Krieger, aber ohne seine Krücke musste er sich schwer auf den Speer stützen, und mit dem vorgewölbten Bauch, über den sich die Kleidung spannte, glich er ganz und gar nicht den schlanken, sehnigen *dal'Sharum*.

Die Nacht hatte sich herabgesenkt, als sie die Zeltklappe hochschlugen und hinausspähten. Aus der Ferne hörte Arlen die Signalhörner der *dal'Sharum* und die gebrüllten Meldungen der Artillerie und hätte sich am liebsten in den Kampf gestürzt.

Eine größere Gefahr gibt es nicht, warnte die Stimme in seinem Kopf, und ausnahmsweise pflichtete Arlen seinem Vater bei. *Alagai'sharak* war ein herrlicher Wahnsinn, doch ohne die Kampfsiegel aus der alten Zeit blieb der Krieg gegen die Horclinge ein im Grunde sinnloses, aberwitziges Wagnis. Allerdings fand er die Art und Weise, wie die Leute im Norden sich jede Nacht hinter Siegeln verschanzten, auch nicht vernünftiger. Im offenen Kampf verloren die Menschen ihr Leben, und durch das feige Versteckspiel starben ihre Seelen ab. Es musste einen dritten Weg geben, um dem Bösen zu trotzen, doch nur die alten Siegel konnten ihnen dabei helfen, ihn zu beschreiten.

Mit einem kleinen, von einem Kamel gezogenen Karren fuhren sie an ihren Bestimmungsort. Um den Lärm möglichst gering zu halten, waren die Hufe des Kamels und die Wagenräder mit Lederpolstern umwickelt und verursachten so auf den staubigen, mit Sandstein gepflasterten Straßen nur ein leises, knirschendes Geräusch. Während sie den Stadtkern durchquerten, wagten sie es nicht, ein Licht anzuzünden, aber über der Wüste glitzerte ein Sternenmeer, und das Flackern der Siegel im Labyrinth erinnerte an Blitze in einem Unwetter, die in unregelmäßigen Abständen aufflammten und ihre Umgebung in einen grellen Schein tauchten.

»Wir treffen Jamere am Sharik Hora, dem Tempel der Gebeine der Helden«, flüsterte Abban. »Weit kann er sich von den Zellen der Schüler nicht entfernen.«

Arlen verspürte einen vorübergehenden Anflug von schlechtem Gewissen. Der gigantische Sharik Hora war Tempel und Begräbnisstätte zugleich, die gesamte Konstruktion bestand aus *dal'Sharum*, die im *alagai'sharak* gefallen waren. Der Mörtel war mit ihrem Blut vermischt. Aus ihren Knochen und ihrer Haut hatte man die Einrichtung gefertigt. Hunderttausende, vielleicht sogar Millionen von Kriegern hatten ihr Leben für das Ideal geopfert, das der Tempel versinnbildlichte, und ihre Körper gegeben, damit man aus ihnen die Wände und die gewaltige Dachkuppel baute.

In Fort Krasia gab es keinen heiligeren Ort als den Sharik Hora, und er, Arlen, schlich sich im Schutz der Nacht dorthin, um etwas daraus zu stehlen. Mit dem Ziel, Anochs Sonne zu finden und auszurauben, wie er bereits Baha kad'Everam geplündert hatte.

Ist das alles, was ich bin?, fragte sich Arlen. *Ein Grabschänder? Ein Mann ohne Ehre?*

Fast hätte er Abban gebeten, umzukehren. Doch dann dachte er an den riesigen Tempel, und daran, dass die *dal'Sharum* mittlerweile nicht einmal mehr alle Plätze dort füllen konnten, weil sie dabei waren, sich in einem endlosen Zermürbungskrieg zu verzetteln. Und das nur, weil eine Gruppe Heiliger Männer wertvolles Wissen zurückhielt. Die Fürsorger im Norden waren nicht viel besser, und Arlen hatte niemals Bedenken gehabt, ihre Vorschriften zu brechen.

Es sind ja nur Kopien, beruhigte er sich selbst. *Ich stehle nicht, ich zwinge diese Leute nur, ihre Kenntnisse mit mir zu teilen.*

Trotzdem begehst du ein Unrecht, beharrte die Stimme in seinem Kopf.

Sie ließen den Karren in einer zwei Block entfernten Gasse stehen und legten den Rest des Weges zu Fuß zurück. Die Straßen waren menschenleer. Als sie sich dem Tempel näherten, band Abban ein helles Stück Tuch an das Ende seines Speers und schwenkte es hin und her. Nicht lange, und aus einem Fenster im zweiten Stock winkte jemand mit einem ähnlichen Stofffetzen.

»Hier entlang, schnell«, wisperte Abban und hinkte auf das Fenster zu, so schnell es sein lahmes Bein erlaubte. »Wenn sie Jamere außerhalb seiner Zelle aufgreifen ...« Er sprach den Satz nicht zu Ende, aber Arlen konnte sich den Rest auch ohne viel Fantasie vorstellen.

Als sie sich mit dem Rücken gegen die Tempelwand pressten, wurde aus dem Fenster ein dünnes seidenes Seil heruntergelassen. Der Junge, der daran nach unten glitt, mochte zwar mager sein, aber er bewegte sich mit der geschmeidigen Anmut eines Kriegers. Die *dama* beherrschten meisterhaft die brutale krasianische Kunst des waffenlosen Nahkampfs, der als *sharusahk* bezeichnet wurde. Arlen hatte diese Technik bei den bedeutendsten Lehrern unter den *dal'Sharum* studiert, doch während *sharusahk* bei den Kriegern nur einen Teil der Ausbildung darstellte, widmeten die *dama* sich ihr ganzes Leben lang seiner Vervollkommnung. Noch nie hatte Arlen einen *dama* tatsächlich kämpfen sehen – keiner war so töricht, einen Geistlichen anzugreifen –, aber er sah, wie sie sich mit absoluter Körperbeherrschung bewegten. Er zweifelte nicht daran, dass sie meisterhaft töten konnten.

»Ich habe nur einen Moment Zeit, Onkel«, erklärte der Junge und drückte Abban eine Ledertasche in die Hand. »Kann sein, dass mich jemand gehört hat. Ich muss zurück, bevor man mich sieht, sonst fangen sie an, die Bidos zu zählen.«

Abban zückte einen Beutel, in dem eine Menge Münzen klirrten, doch der Junge winkte ab. »Später«, meinte er. »Für den Fall, dass man mich erwischt, will ich kein Geld bei mir haben.«

»Bei Nies schwarzem Herzen«, murmelte Abban. »Mach dich bereit zur Flucht«, wandte er sich an Arlen und reichte die Tasche an ihn weiter.

»Ich gebe das Geld deiner Mutter«, raunte er Jamere ins Ohr.

»Untersteh dich!«, zischte der Junge. »Die Hexe wird es mir wegnehmen. Ich hole es mir später bei dir ab, und du bist gut beraten, wenn du es dann griffbereit hast!«

Er drehte sich um und griff nach dem Seil, doch bevor er losklettern konnte, erhellte ein flackernder Lichtschein das Fenster, aus dem er sich nach draußen geschmuggelt hatte, und ein überraschter Ausruf verriet, dass das Seil entdeckt worden war.

»Lauf«, flüsterte Abban mit scharfer Stimme, und seinen Speer zu Hilfe nehmend, hoppelte er in beeindruckendem Tempo los. Arlen folgte ihm, und als ein weiß gewandeter *dama* eine Laterne aus dem Fenster hielt und sie erspähte, hetzte der Junge ihnen hinterher, wobei er unentwegt mit verhaltener Stimme krasianische Flüche ausstieß. Doch er sprach so schnell, dass Arlen sie nicht verstehen konnte.

»Ihr da! Halt!«, brüllte der Geistliche. In den Fenstern des Tempels flammten Lichter auf, und der *dama* sprang kurzerhand aus dem Fenster. Federnd landete er auf dem Sandsteinpflaster der Straße, machte eine Rolle und nahm die Verfolgung auf.

»Bleibt stehen und stellt euch Everams Gerechtigkeit!«, kreischte er.

Doch alle drei wussten, dass »Everams Gerechtigkeit« nichts weiter bedeutete als einen schnellen Tod und rannten weiter. Sie flitzten um eine Ecke, so dass der Geistliche sie vorübergehend aus den Augen verlor.

Abban, der sich mit seinem Speer am Boden abstützte und mühsam hinterherhechelte, behinderte ihre Flucht. Plötzlich stolperte er, sackte auf die Knie und ließ den Speer fallen. Verzweifelt starrte er Arlen an.

»Lass mich nicht im Stich!«, flehte er.

»Sei kein Idiot«, fauchte Arlen, packte den fetten Händler beim Arm und hievte ihn wieder hoch.

»Bring Abban zum Karren«, befahl Arlen Jamere. »Ich halte den *dama* auf.«

»Nein, das übernehme ich«, widersprach Jamere. »Ich kann …«

»Älteren hast du zu gehorchen, Junge!«, schnauzte Arlen, erschrocken, dass plötzlich eine Floskel seines Vaters über seine Lippen kam. Ohne viel Federlesens packte er Jamere und bugsierte ihn zu seinem Onkel. Der Junge glotzte Arlen an, als hätte er einen Verrückten vor sich, doch nachdem Arlen ihn zornig angefunkelt hatte, nickte er stumm und schlang sich Abbans Arm über die Schultern.

Arlen huschte in den Schatten, wobei seine schwarze Kleidung ihn beinahe unsichtbar machte, und hängte sich die Tasche um. Wenn jemand mit den Beweisstücken gefasst würde, dann wollte er es sein.

Da hast du dich ja mal wieder in einen schönen Schlamassel gebracht, bemerkte die Stimme in seinem Kopf.

In vollem Lauf kam der *dama* um die Ecke gesaust, ließ sich aber dennoch nicht von Arlen überrumpeln. Geschickt duckte er sich unter einem Fußtritt weg, der sonst in seiner Magengrube gelandet wäre. Der *dama* hechtete an Arlen vorbei, dann schnellte er jählings in die Höhe und bohrte seine ausgestreckten Finger in Arlens Handgelenk.

Sofort wurde die Hand taub, und der Speer glitt aus Arlens empfindungslosen Fingern, während der *dama* eine gebückte Haltung einnahm und sich drehte, um Arlen die Beine unter dem Körper wegzufegen. Arlen warf sich nach hinten und schwankte kurz, ehe er wieder Tritt fasste. Wie ein weiß gekleidetes, Tod bringendes Gespenst sprang der *dama* ihn an.

Die Ausgangsposition war für beide gleich, und sie traktierten einander mit heftigen Schlägen. Anfangs glaubte Arlen kurz, er hätte eine Chance, den *dama* zu besiegen, doch rasch wurde ihm klar, dass der lediglich noch dabei war, die Stärken und Schwächen seines Gegners einzuschätzen. Mit einer jähen Wendung wich er einem von Arlens Tritten aus, wirbelte blitzschnell herum und verpasste ihm einen Boxhieb gegen den Hals.

Es war nicht so, als würde ihm die Luft aus den Lungen gepresst, dieses Gefühl hatte Arlen schon häufiger erlebt. Dieses Mal kam es ihm vor, als sei seine Brust völlig gelähmt, denn er konnte weder ein- noch ausatmen. Er würgte, taumelte, und beinahe lässig vollführte der *dama* eine Drehung, die mit einem Fußtritt in seinen Bauch endete. Die Wucht des Stoßes trieb Arlen den Atem in einem schmerzhaften Schwall aus der verletzten Luftröhre, und er landete rücklings auf der Straße.

Arlen hörte, wie sich vom Sharik Hora andere *dama* näherten, und dann sah er auch schon die tanzenden Lichtpunkte ihrer Laternen. Während er versuchte, sich aufzurappeln, baute der *dama* sich ungerührt vor ihm auf.

»Wer sind deine Komplizen, Diener der Nie?«, fragte der *dama*. »Nenne mir die Namen des Hinkenden und des Jungen, und ich verspreche dir einen schnellen Tod.«

Arlen spannte seine Muskeln zu einem neuen Angriff an, doch der *dama* lachte nur. »Dein *sharusahk* ist jämmerlich, du Narr. Du verlängerst nur deine Qualen.«

Arlen wusste, dass der Mann Recht hatte – als Kämpfer war er ihm bei weitem überlegen. Aber bei einem Zweikampf kam es nicht nur darauf an, wie perfekt man eine bestimmte Technik beherrschte, sondern man musste zu jedem Mittel greifen, um sich einen Vorteil zu verschaffen.

Er krallte sich eine Handvoll Sand von der Straße und schleuderte sie dem *dama* in die Augen; dann trat er mit aller Kraft gegen dessen Knie, obwohl der Geistliche vor Schmerzen heulte und sich die Hände vors Gesicht schlug. Arlen hörte ein Knacken, dann wälzte sich der *dama* schreiend auf dem Boden.

Torkelnd kam Arlen auf die Füße und jagte Abban und dem Jungen hinterher. Die saßen bereits auf dem Karren, und gerade als Abban mit der Peitsche auf das Kamel eindrosch und das Tier verschreckt losgaloppierte, sprang Arlen mit einem gewaltigen Satz auf die Ladefläche.

Ein halbes Dutzend Geistliche verfolgte den Karren. Alle trugen Laternen und bewegten sich mit einer ungeheuren Leichtfüßigkeit und Gelenkigkeit, wobei sie ein enormes Tempo vorlegten.

Arlen peitschte das arme Kamel blutig, und allmählich vergrößerte sich der Abstand zu ihren Verfolgern, als das Vieh eine Geschwindigkeit erreichte, der kein Mensch gewachsen war. Kaum wagte Arlen zu hoffen, ihnen könne allen Widrigkeiten zum Trotz doch noch die Flucht gelingen, da fuhren sie über ein Loch in der Straße, und eines der beiden Wagenräder brach. Die beiden Männer und der Junge wurden auf den Boden geschleudert, und das abgekämpfte Kamel blieb schnaufend und prustend stehen.

»In den Abgrund mit euch beiden!«, zeterte Jamere. »Ich sterbe nicht für einen *chin* und einen *khaffit*!« Er sprang auf die Füße und eilte den *dama* entgegen.

»Habt Erbarmen, Meister!«, rief der Junge und sank vor ihnen auf die Knie. »Ich wurde als Geisel genommen!«

Arlen nahm sich nicht die Zeit, die bizarre Szene zu beobachten. »Steig auf!«, brüllte er, während er Abban zu dem Kamel schubste, ein scharfes Messer zog und das lederne Geschirr zerschnitt, das das Tier mit dem zerbrochenen Karren verband. Kaum war das Kamel befreit, da schob er auch schon einen Fuß in den Steigbügel, umklammerte das Sattelhorn und knallte dem Tier die flache Klinge auf die Kruppe. Das Kamel gab einen blökenden Schrei von sich und fiel in einen rasenden Galopp, so dass die Rufe der *dama* hinter ihnen verhallten.

»Nimm die Bücher und reise beim ersten Tageslicht ab, *Par'chin*«, riet Abban. »Verlasse die Stadt. Wenn ich die Torwächter besteche, werden sie schwören, du seist schon vor einer Woche fortgeritten.«

»Und was wird aus dir?«, fragte Arlen.

»Für mich verringert sich das Risiko, wenn du und die verräterische Ware möglichst weit weg sind«, meinte Abban. »Jamere wird ihnen sagen, wegen der hochgezogenen Nachtschleier hätte er unsere Gesichter nicht erkannt, und ohne Beweise gibt es keine Untersuchung, vorausgesetzt natürlich, es gehen ein paar Geschenke an die richtigen Leute.«

Arlen nickte und verneigte sich. »Ich danke dir, mein Freund. Es tut mir leid, dass ich dir so viele Unannehmlichkeiten bereitet habe.«

Abban klopfte ihm auf die Schulter. »Mir tut es auch leid, *Par'chin*. Ich hätte dich eingehender vor den Gefahren in Baha kad'Everam warnen sollen. Sagen wir einfach, jetzt sind wir quitt.« Noch ein kräftiger Händedruck, dann schlüpfte Arlen hinaus in die Nacht.

Im Morgengrauen kehrte er in seine Herberge zurück und benahm sich so, als hätte er am *alagai'sharak* teilgenommen. Niemand stellte dies infrage, und er konnte unbehelligt seine Besitztümer einpacken und aus Fort Krasia verschwinden, ehe sich die ersten Einwohner aus der Unteren Stadt hervorwagten. Die *dal'Sharum*, die die Tore bewachten, hoben sogar grüßend ihre Speere, als er sie passierte.

Beim Reiten hielt er das kostbare Rohr mit den Landkarten fest umklammert. Zuerst wollte er Fort Rizon aufsuchen und sich dort mit Proviant eindecken, und dann würde er nach Anochs Sonne suchen, der verlorenen Stadt.

Ein Zischen lief durch den Basar, als die Händler einander vor den nahenden *dama* warnten.

Eilig zog sich Abban in sein Zelt zurück und linste durch den schmalen Spalt zwischen den Zeltklappen, während eine Eskorte schwarz gekleideter *dal'Sharum*-Krieger erschien und rücksichtslos die Leute beiseitestieß, um Platz zu machen für eine Gruppe äußerst empört dreinblickender *dama* und einen jungen, mageren Schüler. Abbans Finger verkrampften sich in der Leinwand, als die Prozession die Straße hochmarschierte und vor seinem Pavillon stehen blieb.

Beflissen humpelte Amit herbei. Der verkrüppelte *dal'sharum* deutete ein Nicken an und erkundigte sich bei einem der Krieger: »Seid ihr endlich gekommen, um den *khaffit* abzuholen? Was immer ihr ihm zur Last legt, ich versichere euch, er hat noch viel schlimmere Verbrechen begangen …«

Das Wort blieb ihm im Halse stecken, als der *dal'Sharum* ihm das stumpfe Ende seines Speers ins Gesicht knallte. Blut und Zähne spritzten aus dem Mund des Händlers, der in den Staub fiel. Er wollte wieder aufstehen, doch der Krieger, der ihn geschlagen hatte, trat rasch hinter ihn, presste seinen Speer unter Amits Kinn und rammte ihm ein Knie in den Rücken; in diesem Würgegriff hebelte er Amits Kopf nach oben, bis er den *dama* und den Jungen ansehen musste.

»Ist das der Mann?«, fragte der *dama*, der die Gruppe anführte, den Knaben.

»Ja«, antwortete Jamere. »Er drohte, meine Mutter zu töten, wenn ich nicht gehorche.«

»Was?!«, keuchte Amit. »Ich habe dich noch nie in meinem Leben gesehen …!« Wieder drückte der Krieger mit dem Speer zu, und Amits Worte gingen in einem Gurgeln unter.

»Erkennst du das hier?«, brüllte der *dama* und hielt den Speer hoch, den Abban auf der Straße hatte fallen lassen, und an den der grell orangefarbene Stofffetzen gebunden war, den er dazu benutzt hatte, Jamere das Zeichen zu geben. »Hältst du uns für dumm? Jeder weiß, dass du ein weibisches orangefarbenes Taschentuch an deiner kümmerlichen Waffe befestigst, du Krüppel!«

»*Dama*, seht!«, rief ein Krieger, der ein Kamel aus Amits Pferch führte. »Das Tier wurde vor kurzem mit einer Peitsche geschlagen, und die Hufe sind mit Leder umwickelt!«

Amit traten die Augen aus den Höhlen, doch es war schwer zu sagen, ob vor Verblüffung oder weil der ständige Druck des Speers an seiner Kehle ihn zu ersticken drohte. »Das ist nicht mein …«, war alles, was er hervorhusten konnte.

»Verrate uns, wie dein Komplize heißt!«, forderte der *dama* ihn auf. Der Krieger hinter Amits Rücken lockerte ein klein wenig den Speer, damit der Händler antworten konnte.

In Amits Stimme fand sich keine Spur mehr von seinem früheren selbstgefälligen Gehabe, verflogen war seine Überzeugung, seine Position in dieser wie in der nächsten Welt sei gesichert. Gebannt lauschend, ergötzte sich Abban an der mitleiderregenden Verzweiflung seines Rivalen, der immer wieder seine Unschuld beteuerte und um sein Leben bettelte.

»Reißt ihm die schwarzen Gewänder vom Leib!«, befahl der *dama*, und Amit kreischte in höchsten Tönen, als die Krieger ihre Fäuste in seine Gewänder krallten und solange daran zerrten, bis der verkrüppelte Mann nackt auf der Straße lag. Die *dal'Sharum* packten ihn bei den Armen und zogen seinen Kopf an den Haaren nach hinten, um sicherzugehen, dass er dem vor ihm knienden *dama* in die Augen blicken konnte.

»Jetzt bist du ein *khaffit*, Amit, ohne Abstammung, die es wert wäre, erwähnt zu werden«, fauchte der *dama*. »Vergiss das nicht während der kurzen, qualvollen Zeit, die du noch zu leben hast. Denn wenn dein Geist diese Welt verlässt, wird er auf ewig vor die Tore des Himmels verbannt bleiben.«

»Neeeiiin!«, quäkte Amit. »Es ist ein Komplott!«

Der *dama* hob seinen Blick zu den Kriegern. »Beschlagnahmt sämtliche Wertgegenstände in seinem Pavillon«, ordnete er an, »und bringt sie in den Tempel. Tobt euch an seinen Frauen aus, wenn ihr Lust darauf habt, anschließend werden sie verkauft. Alle seine Söhne bringt ihr um.« Amit heulte auf und wehrte sich gegen die Männer, die seine Arme festhielten, bis einer der Krieger ihm mit seinem Speer einen Schlag auf den Hinterkopf versetzte und er bewusstlos zu Boden sank.

Angewidert starrte der *dama* auf Amit hinab. »Schafft dieses Stück Dreck in die Kammer der Unendlichen Qualen«, wies er die *dal'Sharum* an, »damit die *Damaji* sich genügend Zeit lassen können, ihm die Haut von seinen ekelhaften Knochen zu ziehen!«

Abban ließ die Zeltklappe los und verkroch sich in seinem Pavillon, um sich mit einem Becher Couzi zu beruhigen.

Kurz darauf wurde die Zeltklappe gelupft und fiel wieder zu.

»Der *Par'chin* hätte fast *dama* Kaveres Knie gebrochen«, erzählte Jamere. »Als Wiedergutmachung verlangt er mehr als nur Couzi.«

Abban nickte, da er mit einer solchen Forderung gerechnet hatte. »Eigentlich hättest du dich anbieten müssen, Kavere aufzuhalten, als ich stolperte, und nicht der *Par'chin*«, erinnerte Abban seinen Neffen.

Jamere zuckte mit den Schultern. »Er war schneller als ich«, erwiderte er, »und ließ sich auch nicht davon abbringen.«

»Dass das ja nicht wieder passiert!«, schimpfte Abban. »Der *Par'chin* ist für mich sehr wertvoll, und ich möchte ihn auf gar keinen Fall verlieren.«

»Glaubst du, dass er Anochs Sonne findet?«, fragte Jamere.

Abban lachte. »Sei nicht töricht, Junge«, meinte er. »Diese Karten werden seit dreitausend Jahren kopiert, und dann stellt man Kopien von den Kopien her. Und selbst wenn sie trotzdem korrekt genug sind, um ihm den richtigen Weg zu weisen, liegt die verlorene Stadt – falls es sie überhaupt je gegeben hat – tief unter dem Sand begraben. Der *Par'chin* ist ein gutherziger Narr, aber ein Narr ist er dennoch.«

»Er wird wütend sein, wenn er zurückkommt«, bemerkte Jamere.

Abban zuckte mit den Schultern. »Anfangs vielleicht«, begann er.

»Doch dann wedelst du mit einer anderen alten Schriftrolle vor seiner Nase herum, und er wird seinen Groll vergessen«, mutmaßte Jamere und stibitzte einen kräftigen Schluck aus Abbans Couziflasche, ohne sich mit einem Becher aufzuhalten.

Abban schmunzelte und versorgte den Jungen mit den verschiedenen Bestechungsgeschenken, die er brauchen würde, wenn er in den Sharik Hora zurückkehrte. Als Jamere dann ging, sah er ihm mit einer Mischung aus Stolz und tiefem Bedauern hinterher.

Aus dem Jungen hätte wirklich etwas werden können, wenn er nicht dazu bestimmt worden wäre, sein Leben als *dama* zu vergeuden.

BRAYANS GOLD

324 NR

Halt still«, knurrte Cob, während er die Rüstung anpasste.

»Ist gar nicht so einfach, wenn einem eine Stahlplatte in den Schenkel drückt«, verteidigte sich Arlen.

Der Morgen war kühl, und erst in einer Stunde würde die Dämmerung einsetzen, aber Arlen schwitzte bereits mächtig in seiner neuen Rüstung – solide Platten aus getriebenem Stahl, die an den Stoßstellen durch Nieten und dünne, ineinander verhakte Ringe zusammengehalten wurden. Darunter trug er eine wattierte, gesteppte Jacke und gepolsterte Hosen, damit die Platten nicht in seine Haut schnitten, doch diese Untergewänder boten nur wenig Schutz, als Cob die Ringe fest anzog.

»Umso wichtiger ist es, dass ich das ganze Zeug richte«, entgegnete Cob. »Je besser die Rüstung sitzt, umso geringer ist das Risiko, dass so etwas passiert, wenn du auf der Straße vor einem Horcling wegrennst. Ein Kurier muss schnell sein.«

»Ich weiß nicht, wie ich auch nur halbwegs flott sein kann, wenn ich in eine Bettdecke gewickelt bin und siebzig Pfund Stahl auf dem Rücken herumschleppe«,

murrte Arlen. »Und dieses verdammte Ding ist heiß wie Feuerspucke.«

»Wenn du erst einmal auf den windigen Pfaden unterwegs bist, die zu den Minen des Herzogs führen, wirst du noch froh sein, dass du so warm eingepackt bist«, prophezeite Cob.

Arlen schüttelte den Kopf und hob den schweren Arm, um sich die Platten anzusehen, in die er mit einem winzigen Hammer und Meißel akribisch Siegel eingeritzt hatte. Die Schutzsymbole waren kraftvoll genug, um die meisten Dämonen abzuwehren, doch auch wenn er sich durch die Rüstung gut geschützt fühlte, gleichzeitig kam er sich vor, als sei er in ihr eingesperrt wie in einem Gefängnis.

»Fünfhundert Sonnen«, bedauerte er. So viel hatte der Harnischer ihm für die Rüstung berechnet – und Monate für die Anfertigung gebraucht. Mit so viel Gold war Arlen der zweitreichste Mann in Tibbets Bach, dem Ort, in dem er aufgewachsen war.

»Man spart nicht an Dingen, von denen das eigene Überleben abhängt«, mahnte Cob. Er war ein ehemaliger Kurier und sprach aus Erfahrung. »Wenn es um die Rüstung geht, dann sucht man sich den besten Waffenschmied in der Stadt, bestellt die stärkste, die es gibt, und berappt ohne mit der Wimper zu zucken die Kosten.«

Mit dem Finger stach er auf Arlen ein. »Und versäume nie …«

»… die Siegel selbst anzubringen«, beendete Arlen den Satz unisono mit seinem Meister und nickte geduldig. »Ich weiß. Das hast du mir schon tausendmal unter die Nase gerieben.«

»Und ich werde es noch zehntausend Mal wiederholen, damit es sich in deinen dicken Schädel einprägt.« Cob hob den schweren Helm auf und stülpte ihn über Arlens Kopf. Die Innenseite war ebenfalls gepolstert, und er saß wie angegossen. Mit den Fingerknöcheln trommelte Cob kräftig gegen das Metall, aber Arlen hörte das Klopfen mehr, als dass er eine Erschütterung spürte.

»Hat Curk dir gesagt, zu welcher Mine es geht?«, erkundigte sich Cob. Als Lehrling durfte Arlen nur für die Gilde reisen, wenn ein lizensierter Meister ihn begleitete. Die Gilde hatte ihn Curk zugeteilt, einem alternden und oftmals betrunkenen Kurier, der im Allgemeinen nur auf kurzen Routen arbeitete.

»Zu Euchors Kohlemine«, antwortete Arlen. »Zwei Übernachtungen im Freien.« Bis jetzt hatte er mit Curk lediglich Tagesreisen unternommen. Dies sollte seine erste Tour werden, auf der sie ihre tragbaren Bannzirkel auslegen mussten, um sich vor den Horclingen zu schützen, wenn sie am Straßenrand ihr Nachtlager aufschlugen.

»Zwei Nächte unter freiem Himmel sind viel für das erste Mal«, gab Cob zu bedenken.

Arlen schnaubte durch die Nase. »Ich bin schon länger nachts draußen gewesen, da war ich erst zwölf.«

»Und bist von diesem Ausflug mit Verletzungen zurückgekommen, die Ragen mit einem ganzen Yard Faden nähen musste, wenn ich mich recht entsinne«, bemerkte Cob. »Plustere dich bloß nicht auf, nur weil du einmal Glück hattest. Jeder Kurier wird dir sagen, dass man nur draußen übernachtet, wenn es gar nicht anders geht, und nicht etwa aus freien Stücken. Diejenigen, die im Dunkeln draußen bleiben *wollen*, werden über kurz oder lang von den Horclingen geholt.«

Arlen nickte, obwohl es ihm ein bisschen unehrlich vorkam, denn sie beide wussten, dass er den Gefahren der Nacht trotzen *wollte*. Selbst nach so vielen Jahren hatte er immer noch das Gefühl, etwas beweisen zu müssen. Sich selbst und auch der Nacht.

»Ich möchte gern die hoch gelegenen Minen sehen«, erklärte er wahrheitsgemäß. »Angeblich hat man von dort oben einen Ausblick über die ganze Welt.«

Cob nickte. »Ich will dich nicht belügen, Arlen. Wenn es ein noch schöneres Panorama gibt, dann war es mir nicht vergönnt, es zu sehen. Daneben verblassen selbst die Paläste der Damaji von Krasia.«

»Es heißt, in den höheren Minen gäbe es Schneedämonen«, fuhr Arlen fort. »Ihre Schuppen sind so kalt, dass der Speichel gefriert und splittert, wenn man sie anspuckt.«

Cob gab einen Grunzlaut von sich. »Die dünne Luft da oben verwirrt den Geist. Als Kurier war ich mindestens ein Dutzend Mal bei den Minen, aber ich habe weder einen Schneedämon gesehen noch einen einzigen Bericht gehört, der einer genaueren Prüfung standhielt.«

Arlen zuckte mit den Schultern. »Das bedeutet noch lange nicht, dass es dort keine Schneedämonen gibt. In der Bibliothek habe ich gelesen, dass sie sich in den Gipfelregionen aufhalten, wo der Schnee das ganze Jahr über liegenbleibt.«

»Ich habe dich davor gewarnt, zu sehr der Bibliothek zu vertrauen, Arlen«, erwiderte Cob. »Die meisten dieser Bücher wurden vor der Rückkehr geschrieben, als die Leute glaubten, Dämonen seien nichts weiter als Schauermärchen, die sich jemand mit beduseltem Kopf ausgedacht hat, und jeder, der Lust hatte, steuerte noch seinen Teil Blödsinn dazu bei.«

»Egal, ob Schauermärchen oder nicht, ohne diese Geschichten hätten wir die Siegel niemals wiederentdeckt und die Rückkehr überlebt«, hielt Arlen dagegen. »Es kann doch nicht schaden, wenn ich Ausschau nach Schneedämonen halte, oder?«

»Auf der Hut sein ist immer das Beste«, stimmte Cob zu. »Aber vergiss darüber nicht, auch nach Nachtwölfen und Töpfchen von Elfen Ausschau zu halten.«

Arlen verzog wütend das Gesicht, aber Cobs Lachen wirkte ansteckend, und bald stimmte er ein.

Als der letzte Gurt der Rüstung festgezurrt war, drehte Arlen sich um und betrachtete sich in dem Spiegel aus poliertem Metall, der an einer Wand des Ladens hing. In der neuen Rüstung war er zweifellos eine imposante Erscheinung, doch anstatt schneidig auszusehen, wie er gehofft hatte, glich er eher einem ungeschlachten Metalldämon. Die Ähnlichkeit wurde nur leicht abgemildert, als Cob ihm einen dicken Umhang über die Schultern warf.

»Halte ihn immer fest geschlossen, wenn du durch das Gebirge reitest«, riet ihm der alte Bannzeichner. »Dann spiegelt sich das Licht nicht auf dem Stahl, und der Wind kann nicht durch die Fugen blasen.«

Arlen nickte.

»Und hör auf das, was der Kurier Curk dir sagt«, mahnte Cob. Arlen lächelte ergeben.

»Außer er verzapft etwas, von dem ich dir beigebracht habe, dass es Unsinn ist«, ergänzte Cob. Arlen stieß ein glucksendes Lachen aus.

»Ich verspreche es«, betonte er.

Eine geraume Weile blickten sie einander an, unschlüssig, ob sie sich die Hand geben oder sich umarmen sollten. Schließlich brummelten beide etwas vor sich hin und wandten sich ab; Arlen marschierte zur Tür, Cob zu seiner Werkbank. An der Tür schaute Arlen noch einmal zurück und begegnete wieder Cobs Blick.

»Komm gesund heim«, befahl Cob.

»Ja, Meister«, erwiderte Arlen und trat hinaus in das Licht des frühen Morgengrauens.

Arlen beobachtete den großen Platz vor dem Gildehaus der Kuriere, auf dem Männer mit Händlern stritten und Wagen beluden. Dazwischen bewegten sich Mütter mit Schiefertafeln, die mit Kreide beschrieben waren, um die Transaktionen zu beaufsichtigen und darüber Buch zu führen. Der Ort pulsierte vor Leben und Betriebsamkeit, und das gefiel Arlen.

Er warf einen Blick auf die große Uhr über dem Portal des Gildehauses, deren Zeiger das Jahr, den Monat, den Tag und die Stunde auf die Minute genau angaben. Am Gildehaus einer jeden Freien Stadt gab es noch eine zweite große Uhr, die jedoch war nach dem Almanach des Fürsorgers gestellt und zeigte die Zeiten des Sonnenaufgangs und Sonnenuntergangs für die kommende Woche an, die mit Kreide unter dem Zifferblatt festgehalten wurden. Den Kurieren brachte man bei, ihr Leben nach diesen Uhren auszurichten. Pünktlichkeit, oder besser noch eine verfrühte Ankunft, galt als Ehrensache.

Aber Curk kam immer zu spät. Geduld hatte noch nie zu Arlens Tugenden gehört, nun jedoch, da die offene Straße lockte, kam es ihm vor, als würde er eine Ewigkeit warten. Sein Herz hämmerte in der Brust, und seine Muskeln verspannten sich vor Aufregung. Es war Jahre her, dass er zum letzten Mal nicht im Schutz von mit Siegeln befestigten Wänden geschlafen hatte, aber dieses Gefühl war ihm unvergesslich geblieben. Nie hatte die Luft besser geschmeckt als auf der offenen Straße, und noch nie zuvor hatte er sich so lebendig gefühlt. So frei.

Endlich hörte er das schleppende Poltern von Stiefeln, und die Bierfahne verriet ihm, dass Curk eingetrudelt war, noch ehe er sich zu dem Mann umgedreht hatte.

Kurier Curk trug einen Panzer aus Leder, das durch Kochen in Wasser gehärtet und mit halbwegs frisch aufgemalten Siegeln versehen war. Dieser Harnisch war nicht so stark wie Arlens ziselierter Stahl, aber dafür wesentlich leichter und biegsamer. Curks Stirnglatze ging über in einen Kranz aus langen, blonden, grau gesträhnten Haaren, die in fettigen Zotteln sein wettergegerbtes Gesicht einrahmten. Der struppige Bart war unsauber gestutzt und genauso verfilzt wie sein Haupthaar. Auf den Rücken hatte er einen eingebeulten Schild geschnallt, und in der Hand wog er einen abgenutzten Speer.

Curk blieb stehen, um Arlens glänzende neue Rüstung und den Schild zu betrachten, und sofort glomm in seinen Augen ein begehrlicher Funke auf. Er überspielte seinen Neid mit einem spöttischen Schnauben.

»Feiner Aufzug für einen Lehrling.« Er stieß Arlen den Speer gegen die Brustplatte. »Die meisten Kuriere müssen sich ihre Rüstung erst *verdienen*, aber Meister Cobs Lehrling hat das anscheinend nicht nötig.«

Arlen schlug die Speerspitze zur Seite, doch vorher hörte er noch, wie sie die Fläche zerkratzte, die er stundenlang auf Hochglanz poliert hatte. Unwillkommene Erinnerungen stiegen in ihm hoch: Der Flammendämon, den er als Junge vom Rücken seiner Mutter gerissen hatte, und die lange, kalte Nacht, die sie im Schlamm eines Tierpferchs verbrachten, während die Dämonen herumtanzten und die Siegel auf Schwachstellen prüften. Erinnerungen an die Nacht, als er aus Versehen einem fünfzehn Fuß großen Felsendämon den Arm abschlug, der ihn seither mit seinem Hass verfolgte.

Er ballte die Faust und hielt sie dicht unter Curks Hakennase. »Was ich geleistet habe oder nicht, geht dich nichts an, Curk. Fass noch einmal meine Rüstung an, und du spuckst Zähne, die Sonne sei mein Zeuge!«

Curk kniff die Augen zu schmalen Schlitzen zusammen. Er war größer als Arlen, aber der war jung, kräftig und nüchtern. Vielleicht rückte er deshalb nach einer Weile von ihm ab und nickte entschuldigend mit dem Kopf. Es konnte auch sein, dass er in erster Linie nicht auf den starken Rücken eines Kurierlehrlings verzichten wollte, wenn es an der Zeit war, die Karren zu be- und entladen.

»Hab mir nichts Böses dabei gedacht«, grummelte Curk, »aber als Kurier wirst du es nicht weit bringen, wenn du Angst hast, dir deine schöne Rüstung zu zerschrammen. Und jetzt schwing die

Füße. Der Gildemeister will uns noch sehen, bevor wir aufbrechen. Je früher wir das hinter uns haben, umso schneller können wir auf der Straße sein.«

Sofort vergaß Arlen seinen Unmut und folgte Curk in das Gildehaus. Ein Sekretär lotste sie in das Büro des Gildemeisters Malcum, einen weitläufigen Raum, vollgestopft mit Tischen, Landkarten und Schiefertafeln. Der Gildemeister, selbst ein ehemaliger Kurier, hatte durch die Horclinge ein Auge und einen Teil seines Gesichts verloren, doch nach der Verwundung versah er noch jahrelang seinen Dienst als Kurier. Mittlerweile war sein Haar angegraut, aber er schien immer noch vor Kraft zu strotzen, und man legte sich nicht leichtfertig mit ihm an. Mit einem einzigen Federstrich konnte er die Karriere eines Kuriers fördern oder beenden, oder den Niedergang eines bedeutenden Hauses bewirken. Der Gildemeister saß an seinem Schreibtisch und schien damit beschäftigt zu sein, einen riesigen Haufen von Formularen zu unterschreiben.

»Ihr müsst schon entschuldigen, wenn ich weiterarbeite, während wir uns unterhalten«, hob Malcum an. »Aber wenn ich nur einen kurzen Augenblick aufhöre, verdoppelt sich der Stapel. Setzt euch. Möchtet ihr etwas trinken?« Er deutete auf eine Kristallkaraffe am Rand des Schreibtischs. Sie enthielt eine bernsteingelbe Flüssigkeit, und daneben standen Gläser.

Curks Augen funkelten. »Ich könnt schon was vertragen.« Er schenkte sich ein Glas ein und kippte es herunter; Grimassen schneidend, füllte er es fast bis zum Rand nach und nahm erst dann Platz.

»Deine Tour zu der Kohlemine des Herzogs wurde verschoben«, eröffnete Malcum ihm. »Ich erteile dir einen dringenderen Auftrag.«

Curk blickte auf das Kristallglas in seiner Hand und verengte die Augen. »Wohin?«

»Graf Brayans Gold«, antwortete Malcum, ohne den Blick von den Papieren zu heben. Arlens Herz tat einen Sprung. Brayans Gold war die abgelegenste Minenstadt im Herzogtum. Von Fort Miln bis dorthin war man zehn Nächte unterwegs, es war die einzige Mine auf dem dritten Berg im Westen und lag höher als alle anderen.

»Das ist doch Sandars Route«, protestierte Curk.

Malcum löschte die Tinte auf einem Formular und legte dieses auf einen stetig wachsenden Stoß Blätter. Flink tunkte er seine Feder in das Tintenfass. »Richtig, aber gestern ist Sandar von seinem verdammten Pferd gefallen. Hat sich ein Bein gebrochen.«

»Zum Horc, verflucht nochmal«, murmelte Curk. In einem einzigen Zug leerte er sein Glas bis zur Hälfte und schüttelte dann den Kopf. »Schick jemand anders. Ich bin zu alt, um mir wochenlang den Arsch abzufrieren und in der dünnen Luft Atemnot zu kriegen.«

»So kurzfristig steht aber kein anderer zur Verfügung«, wandte Malcum ein, während er fortfuhr zu unterschreiben und die Tinte zu löschen.

Curk zuckte die Achseln. »Dann wird Graf Brayan eben warten müssen.«

»Der Graf bietet für den Auftrag tausend Goldsonnen«, erklärte Malcum.

Sowohl Curk als auch Arlen sperrten Mund und Augen auf. Tausend Sonnen waren für jede Kuriertour ein Vermögen.

»Wo steckt der Haken?«, fragte Curk argwöhnisch. »Was wird so dringend gebraucht, dass diese Reise keinen Aufschub duldet?«

Nun hielt Malcum endlich die Hand still und blickte von seinem Schreibtisch hoch. »Donnerstöcke. Eine ganze Fuhre.«

Curk schüttelte den Kopf. »Ohhh nein!« Er schüttete den Rest des Getränks in sich hinein und stellte das Glas energisch auf dem Schreibtisch des Gildemeisters ab.

Donnerstöcke, dachte Arlen und ließ das Wort in sich einsinken. In der Bibliothek des Herzogs hatte er davon gelesen, obwohl die Bücher, in denen die exakte Zusammensetzung aufgeführt war, auf der Liste der verbotenen Lektüre standen. Im Gegensatz zu den meisten anderen Feuerwerkskörpern konnten Donnerstöcke nicht nur durch Funken, sondern auch durch Erschütterungen explodieren, und in den Bergen konnte eine versehentliche Detonation eine Lawine auslösen, die einen umbrachte, selbst wenn man die Explosion überlebte.

»Du willst tatsächlich in aller Eile Donnerstöcke transportieren?«, wunderte sich Curk. »Warum diese verfluchte Hast?«

»Die Frühlingskarawane kam mit einer Nachricht von Baron Schneyder zurück, in der es hieß, man hätte eine neue Ader entdeckt; aber um das Gold abbauen zu können, muss man sprengen«, erklärte Malcum. »Seitdem hat Brayan seine Kräutersammlerinnen Tag und Nacht schuften lassen, um Donnerstöcke herzustellen. An jedem Tag, der vergeht, ohne dass die Ader ausgebeutet wird, berechnen Brayans Sekretäre, wie viel Gold er verliert, und er kriegt einen Anfall nach dem anderen.«

»Also schickt er einen einzelnen Mann auf einen Weg, an dem massenhaft Banditen lauern, die vor fast nichts zurückschrecken, um eine Fuhre Donnerstöcke zu ergattern.« Abermals schüttelte Curk den Kopf. »Entweder man wird in Stücke gesprengt oder ausgeraubt und den Horclingen vorgeworfen. Ich weiß wirklich nicht, was schlimmer ist.«

»Unsinn«, widersprach Malcum. »Sandar transportiert dauernd Donnerstöcke. Niemand wird wissen, was du beförderst, außer uns dreien und Brayan selbst. Ohne Männer, die die Ladung bewachen, kommt keiner, der dich unterwegs sieht, auf den Gedanken, dass du eine wertvolle Fracht geladen hast, die sich zu stehlen lohnt.«

Curks finstere Miene glättete sich nicht. »Zwölfhundert Sonnen«, legte Malcum nach. »Hast du jemals so viel Gold auf einem

Haufen gesehen, Curk? Ich bin versucht, mich in meine alte Rüstung zu quetschen und den Transport selbst zu übernehmen.«

»Ich setze mich gern an deinen Schreibtisch und unterzeichne Papiere, wenn du noch einmal auf eine letzte Tour gehen willst«, bot Curk an.

Malcum lächelte, aber er sah aus, als würde er gleich die Geduld verlieren. »Fünfzehn, und keinen Kupferheller mehr. Ich weiß, dass du das Geld brauchst, Curk. In der Hälfte der Tavernen der Stadt wirst du nicht mehr bedient, wenn du keine Münzen bar auf der Hand hast, und in den anderen Schenken nimmt man dein Geld und sagt dir, du sollst noch hundert Münzen drauflegen, ehe man für dich den Zapfhahn aufdreht. Du bist ein Narr, wenn du diesen Auftrag ablehnst.«

»Ein Narr, ja, aber ich bleibe am Leben«, wehrte sich Curk. »Der Transport von Donnerstöcken wird immer gut bezahlt, denn manchmal werden die Kuriere in Fetzen gerissen. Für solche Dämonenscheiße bin ich zu alt.«

»Zu alt bist du wirklich«, räumte Malcum ein, und Curk fuhr überrascht zusammen. »Wie viele Kuriertouren kannst du noch durchstehen, Curk? Ich habe gesehen, wie du dir bei schlechtem Wetter die Gelenke massierst. Denk mal darüber nach. Fünfzehnhundert Sonnen auf deinem Konto, noch ehe du die Stadt verlässt. Halte dich von den Huren und den Würfeln fern, die Sandars Geldbörse leeren, und du kannst dich mit dieser Summe zur Ruhe setzen. Dich bis zur Bewusstlosigkeit besaufen.«

Curk stieß ein Knurren aus, und Arlen dachte schon, der Händler sei zu weit gegangen, aber Malcum hatte den Ausdruck eines Raubtiers, das spürt, dass es sein Opfer zur Strecke gebracht hat. Er fischte einen Schlüssel aus seiner Tasche, schloss ein Schubfach in seinem Schreibtisch auf und zog einen satt klirrenden Lederbeutel heraus.

»Fünfzehnhundert in der Bank«, erläuterte er, »zusätzlich fünfzig in Gold, um deine Schulden bei den Gläubigern zu begleichen, die heute bei deinem Pferd herumlungern und dich kaschen wollen, ehe du aufbrichst.«

Curk stöhnte, aber er nahm den Beutel an.

Sie spannten ihre Pferde vor Brayans Karren, aber nach Art der Kuriere ließen sie sie gesattelt und bepackt im Joch gehen. Sollte kurz vor der Abenddämmerung ein Rad brechen, mussten sie sich schnell in Sicherheit bringen können.

Der Karren sah ganz gewöhnlich aus, verfügte jedoch über eine verdeckte Stahlaufhängung, die die Höcker und Löcher der Straße so wirkungsvoll abfederte, dass die Passagiere und die Fracht kaum ein Holpern spürten und die empfindlichen Donnerstöcke nicht gerüttelt wurden. Während der Fahrt streckte Arlen den Kopf über die Seitenwand, um sich den Mechanismus anzusehen.

»Lass das!«, schnauzte Curk ihn an. »Genauso gut könntest du ein Schild schwenken, auf dem steht, dass wir Donnerstöcke befördern.«

»Tut mir leid«, entschuldigte sich Arlen und setzte sich wieder gerade hin. »Ich war bloß neugierig.«

Curk grunzte. »Alle Adligen gondeln in so gut gefederten Luxuskarossen durch die Stadt. Es darf schließlich nicht sein, dass die seidenen Unterröcke irgend so einer hochwohlgeborenen Dame zerknittern, wenn die Kutsche einen Hüpfer macht, weil die Räder über einen Huckel in der Straße rollen, oder?«

Arlen nickte und lehnte sich zurück; in tiefen Zügen sog er die Bergluft ein, während er den Blick über die Milneser Ebene schweifen ließ, die sich tief unten ausbreitete. Selbst seine schwere Rüstung fühlte sich leichter an, als die Stadtmauern hinter ihnen in der Ferne zurückblieben. Curk hingegen wurde zunehmend nervöser, maß jeden, der ihnen begegnete, mit misstrauischen Blicken und strich dauernd mit der Hand über den Schaft seines Speers, den er sich griffbereit zurechtgelegt hatte.

»Gibt es in diesen Bergen wirklich Banditen?«, erkundigte sich Arlen.

Curk zuckte mit den Schultern. »Manchmal handeln Bewohner aus Minenstädten aus purer Verzweiflung, weil es ihnen an diesem und jenem mangelt, und an Donnerstöcken sind *alle* knapp. Nur eines dieser verfluchten Dinger kann einem Mann eine Woche Schwerstarbeit ersparen und kostet mehr als ein Städter in einem Jahr verdient. Wenn sich herumspricht, womit unser Karren beladen ist, gerät jeder Minenarbeiter in den Bergen in Versuchung, sich ein Tuch vor die Nase zu binden und sich zu vermummen.«

»Gut, dass niemand Bescheid weiß«, meinte Arlen und legte eine Hand auf seinen eigenen Speer.

Doch trotz ihrer plötzlich erwachten Bedenken verging der erste Tag ohne Zwischenfälle. Arlen fing an, sich zu entspannen, als sie die von Minenarbeitern benutzten Hauptwege hinter sich ließen und in weniger stark bereistes Gebiet gelangten. Als die Sonne sich dem Horizont zuneigte, erreichten sie einen allgemeinen Lagerplatz; ein Ring aus mit großen Siegeln bemalten Steinblöcken umgab ein Areal, in dem eine Karawane Platz gefunden hätte. Sie hielten den Karren an, schirrten die Pferde aus und fesselten ihre Vorderbeine. Dann prüften sie die Siegel, säuberten die Steine von Schmutz und Gesteinsschutt und frischten, wo es notwendig war, die Farbe auf.

Nachdem ihre Siegel gesichert waren, ging Arlen zu einer der Feuergruben und schichtete Brennholz auf. Er holte ein Streichholz aus dem wasserdichten Kästchen in seiner Gürteltasche, riss die weiße Spitze mit seinem Daumennagel an und brachte es mit einem leisen, ploppenden Geräusch zum Brennen.

Streichhölzer waren teuer, aber in Miln nichts Außergewöhnliches, und gehörten zur Standardausrüstung der Kuriere. In Tibbets Bach hingegen, wo Arlen groß geworden war, hatten sie einen Seltenheitswert, waren hoch begehrt und wurden nur für Notfälle aufbewahrt. Lediglich der alte Vielfraß, dem der Gemischtwarenladen gehörte – und die Hälfte des Ortes obendrein –, konnte es sich leisten, seine Pfeife mit Streichhölzern anzuzünden. Jedesmal, wenn Arlen ein Streichholz entflammte, durchrieselte ihn deswegen immer noch ein leiser, ehrfürchtiger Schauer.

Bald flackerte ein munteres Feuer, auf dem er in einer Pfanne Gemüse und Würste briet; derweil saß Curk mit dem Kopf gegen seinen Sattel gestützt da und nuckelte an einer Tonkrucke, deren Inhalt mehr nach dem Desinfektionsmittel einer Kräutersammlerin stank als nach etwas, das sich für den menschlichen Verzehr eignete. Als sie ihre Mahlzeit beendet hatten, war es stockfinster geworden, und die ersten Dämonen tauchten auf.

Nebel drang aus unsichtbaren Poren im Boden, verbreitete einen ranzigen Gestank und verdichtete sich langsam zu scheußlichen, dämonischen Gestalten. Im kalten Hochgebirge gab es keine Flammendämonen, aber Winddämonen erschienen zuhauf, auch ein paar gedrungene Felsendämonen – nicht größer als ein hochgewachsener Mann, aber dreimal so schwer, schiere Muskelpakete unter einem dicken Plattenpanzer. Ihre breiten Schnauzen beherbergten Hunderte von Zähnen, die dicht an dicht zusammengeballt waren wie Nägel in einer Schachtel. Baumdämonen pirschten ebenfalls durch die Nacht. Mit ihrer Größe von zehn Fuß überragten sie die Felsendämonen, doch sie waren schmaler gebaut und besaßen eine borkenähnliche Panzerung und Arme wie Zweige.

Rasch bemerkten die Dämonen das Lagerfeuer, kreischten vor Entzücken und stürzten sich auf die Männer und die Pferde. Silberne Magie zuckte wie Spinnweben durch die Luft, als die Horclinge die Siegel erreichten, und die Wucht des Angriffs prallte auf die Dämonen zurück und schleuderte eine ganze Reihe von ihnen zu Boden.

Aber die Horclinge gaben noch lange nicht auf. Sie umkreisten das Lager und attackierten immer wieder die Bannzone, um nach einer Lücke in der schützenden Barriere zu forschen.

Ohne Schild und Speer stand Arlen nahe bei den Siegeln, auf deren magische Kraft er voll vertraute. In den Händen hielt er einen Graphitstift und sein Journal, machte sich Notizen und fertigte Skizzen an, während er die Horclinge in dem wild zuckenden Licht der Siegel studierte.

Schließlich wurden die Horclinge die fruchtlosen Versuche leid und trollten sich, auf der Suche nach leichterer Beute. Die Winddämonen spreizten ihre gewaltigen, ledrigen Schwingen und schraubten sich in den Himmel hinauf, und die Baumdämonen verschwanden in den Bäumen. Die Felsendämonen donnerten davon wie lebende Lawinen. Danach kehrte Stille ein, und ohne das flirrende Licht der Siegel umhüllte eine undurchdringliche Dunkelheit das Lagerfeuer.

»Endlich kriegen wir eine Mütze Schlaf«, brummte Curk. Er hatte sich bereits in seine Decken gewickelt, und nun verkorkte er seine Krucke und schloss die Augen.

»Da wäre ich mir nicht so sicher«, meinte Arlen, der am Rand des vom Feuer ausgehenden Lichtscheins stand und in die Richtung spähte, aus der sie gekommen waren. Er spitzte die Ohren und hörte schließlich einen fernen Schrei, den er nur allzu gut kannte.

Curk blinzelte ihn mit einem Auge an. »Was soll das heißen?«

»Ein Felsendämon ist hierher unterwegs«, erklärte Arlen. »Ein großer. Ich kann ihn hören.«

Curk legte den Kopf schräg und lauschte, als der Dämon abermals ein schrilles Geheul ausstieß. Verächtlich schnaubte er durch die Nase. »Der Dämon ist meilenweit weg, Junge.« Er legte den Kopf zurück und verkroch sich tiefer in seine Decken.

»Das spielt keine Rolle«, meinte Arlen. »Er ist mir auf der Spur.«

Curk prustete, ohne die Augen zu öffnen. »So, so, er ist dir auf der *Spur*? Schuldest du ihm vielleicht Geld?«

Arlen kicherte. »Etwas in der Art.«

Bald fing der Boden an zu zittern, dann bebte er richtig, als der gigantische, einarmige Dämon in ihr Blickfeld sprang.

Curk riss die Augen auf. »Das ist wirklich ein verdammt großer Brocken.« In der Tat war Einarm dreimal so groß wie die Felsendämonen, die sie vorher gesehen hatten. Selbst der Stumpf seines rechten Arms, der am Ellenbogen abgetrennt war, war noch länger als der Arm eines ausgewachsenen Mannes. Einarm verfolgte Arlen, seit dieser ihn verkrüppelt hatte, und Arlen wusste, dass das so weitergehen würde, bis einer von ihnen tot war.

Aber ich werde derjenige sein, der überlebt, drohte er dem Dämon in Gedanken, als ihre Blicke sich kreuzten. *Ehe ich sterbe, werde ich einen Weg finden, dich zu töten, und wenn ich in meinem ganzen Leben nichts anderes tue.*

Er klatschte in die erhobenen Hände, ihre übliche Begrüßung. Das Brüllen des Dämons hallte durch die Nacht, und die Dunkelheit verschwand, als der ungeheuer starke Dämon mit seine Krallen gegen das Siegelnetz schlug. Gleißende, kräftige Magie flammte auf und warf den Dämon zurück, doch der drehte sich nur um und schmetterte seinen wuchtigen, gepanzerten Schwanz in die Siegel. Wieder ließ die Magie den Schlag zurückprallen. Arlen wusste, dass die Magie dem Dämon fürchterliche Schmerzen bereitete, aber ohne zu zögern senkte Einarm seine speerähnlichen Hörner und rannte gegen die Siegel an, worauf ein greller magischer Blitz durch die Dunkelheit zuckte.

Der Dämon kreischte vor Wut und Enttäuschung und griff von neuem an; er kreiste um das Lager, attackierte auf der Suche nach Lücken mit Krallen, Hörnern und dem massigen Schwanz das Siegelnetz, donnerte sogar den Stumpf seines verkrüppelten Arms gegen die magische Barriere.

»Nicht mehr lange, und er ist so abgekämpft, dass er mit diesem Rabatz von selbst aufhört«, grunzte Curk, rollte sich auf die Seite und zog sich die Decke über den Kopf.

Aber Einarm fuhr fort, um das Lager herumzuschleichen, und hämmerte ohne Unterlass auf die Siegel ein, bis es schien, als würden ihre Funken gar nicht mehr erlöschen, und die dazwischen eintretenden Phasen der Dunkelheit nur einen Wimpernschlag dauern. Arlen betrachtete den Dämon in der schaurigen Beleuchtung und suchte nach Schwächen, aber er fand keine.

Schließlich richtete Curk sich auf. »Was zum Horc ist los mit diesem verrückten …« Seine Augen weiteten sich, als er einen deutlichen Blick auf Einarm erhaschte. »Das ist doch der Dämon von der Bresche, die letztes Jahr in die Stadtmauer gerissen wurde. Der einarmige Felsendämon, der sich an dem Jongleur Keerin rächen will, weil der ihn verstümmelt hat.«

»Er ist nicht hinter Keerin her«, berichtigte Arlen. »Er will mich.«

»Warum sollte er …«, hob Curk an, dann zeigte sich Verständnis in seinen Augen.

»Du bist es«, staunte er. »Der Junge aus Keerins Lied. Den er in jener Nacht gerettet hat.«

Arlen stieß ein Schnauben aus. »Keerin würde sich in die Hose scheißen, wenn er eine Nacht im Freien verbringen müsste.«

Curk gluckste in sich hinein. »Erwartest du von mir, dass ich glaube, du hättest der Bestie den Arm abgeschlagen? Dämonenscheiße!«

Arlen wusste, dass es ihm einerlei sein sollte, was Curk dachte, aber selbst nach so vielen Jahren wurmte es ihn, dass Keerin, ein erwiesener Feigling, den Ruhm für diese Tat eingeheimst hatte. Er drehte sich wieder zu dem Dämon um und spuckte aus, wobei sein Rotzfladen auf dem Schenkel das Horclings landete. Einarms Wut vervierfachte sich. Er grölte in ohnmächtiger Wut und prügelte noch wilder auf die Siegel ein.

Aus Curks Gesicht wich jede Farbe. »Bist du von Sinnen, Junge? Wie kannst du einen Felsendämon reizen?«

»Der hier war schon vorher gereizt«, stellte Arlen klar. »Ich zeige nur, dass das eine persönliche Angelegenheit ist.«

Curk fluchte, schlug mit einem Ruck seine Decken zurück und langte nach der Krucke. »Das ist die letzte Tour, die ich mit dir unternehme, du blöder Bengel! Jetzt ist an Schlaf gar nicht mehr zu denken!«

Arlen achtete nicht auf ihn, sondern fuhr fort, Einarm anzustarren. Hass und Ekel umgaben ihn wie eine Wolke aus Gestank, als er sich einen Weg ausmalte, wie er den Dämon töten konnte. Er hatte noch nie eine Waffe gesehen oder von einer gehört, die stark genug war, den Panzer eines Felsendämons zu durchdringen. Nur eine zufällige Laune der Magie hatte den Arm abgetrennt, und Arlen hätte nicht sein Leben darauf verwettet, dass dieser Vorgang sich wiederholen ließe.

Sein Blick wanderte zu dem Karren. »Was denkst du, könnte ein Donnerstock ihn umbringen? Damit sprengt man immerhin festes Gestein.«

»Donnerstöcke sind kein Spielzeug, du dämlicher Bengel!«, schnappte Curk. »Was passiert, wenn man sie gegen einen Felsendämon einsetzt, weiß ich nicht, womöglich machen sie ihn noch wütender, wenn sie ihn nicht umbringen. Und falls du selbstmörderische Absichten hegst und es trotzdem ausprobieren willst, vergiss nicht, dass die Dinger nicht uns gehören. Wenn die Donnerstöcke bei Ablieferung gezählt werden und die Fracht nicht vollständig ist – auch wenn nur ein einziges Stück fehlt –, dann schadet das unserem Ruf mehr, als wenn wir die gesamte Fuhre verlieren würden.«

»Ich hab ja nur gefragt«, wiegelte Arlen ab, obwohl er mit einem sehnsüchtigen Blick nach dem Karren schielte.

Der nächste Tag verlief ruhig, während sie an der Südflanke des Mount Royal vorbeifuhren – der im Westen gelegenen Schwester von Mount Miln –, an dessen Ostseite es von kleinen Minenstädten nur so wimmelte. Doch die Anzahl der Wegweiser verringerte sich, während sie auf die Westseite zusteuerten, und die Straße bestand eigentlich nur noch aus tief in den Boden eingegrabenen Radfurchen, die einen Pfad durch die Wildnis bahnten, von dem kaum eine Abzweigung wegführte.

Spät am Tage erreichten sie die Stelle, an der der Mount Royal an den nächsten Berg in der Gebirgskette stieß; dort stand auf einer großen Lichtung ein massiger, zwanzig Fuß hoher Siegelpfosten aus Zement. Die Siegel waren so groß, dass eine ganze Karawane in ihrem Bannbereich Schutz fand.

»Erstaunlich«, hauchte Arlen. »Es muss ein Vermögen gekostet haben, diesen Brocken zu gießen und hierherzuschaffen.«

»Was für uns ein Vermögen bedeutet, ist für Graf Brayan nicht mehr als ein Kupferheller«, meinte Curk.

Arlen sprang von dem Karren und trat an den gewaltigen Siegelpfosten heran, um ihn zu inspizieren. Ihm fiel auf, wie festgestampft der Boden der Lichtung war, und an den Löchern und Dellen erkannte er, dass im Laufe der Jahre die hier lagernden Kuriere, Karawanenbegleiter und Siedler Hunderte von Feuergruben angelegt und massenhaft Pfähle in den Grund getrieben hatten. Auch jetzt war der Platz erst kürzlich benutzt worden, der

Geruch von dem Lagerfeuer der letzten Nacht schwebte noch in der Luft.

Während Arlen den Siegelpfosten untersuchte, bemerkte er ein am Sockel befestigtes Messingschild. Darauf stand: *Mount Brayan.*

»Graf Brayan besitzt den ganzen Berg?«, fragte er.

Curk nickte. »Als Brayan um Erlaubnis bat, hier oben Minen betreiben zu dürfen, lachte der Herzog ihn aus und überließ ihm den verdammten Berg vom Fuß bis zur Spitze für ein Jongleurlied. Euchor wusste nicht, dass die Gräfin Mutter Cera, Brayans Ehefrau, in einem alten Geschichtsbuch einen Vermerk gefunden hatte, in dem von einer Goldmine auf dem Gipfel die Rede war.«

»Mittlerweile dürfte ihm das Lachen wohl vergangen sein«, vermutete Arlen.

Curk prustete durch die Nase. »Jetzt ist die Krone bei Brayan hoch verschuldet, und Mutter Ceras Arsch ist der einzige in der Stadt, in den Euchor sich nicht zu kneifen traut.« Beide lachten, und Arlen schickte sich an, den Pfosten hochzuklettern, um vom Wind angewehte Blätter und sogar ein frisches Vogelnest von den Siegeln zu kratzen.

Es war eine kalte Frühlingsnacht, aber der Pfosten strahlte Hitze ab, die er den Dämonen entzog, die versuchten, seinen Schutzkreis zu durchbrechen. Die Wirkung der Bannzone schwächte sich ab, je weiter man sich von dem Pfosten entfernte, aber sie dehnte sich mindestens fünfzig Schritt in jede Richtung aus. Nicht einmal Einarm konnte ihnen etwas anhaben.

Am nächsten Morgen quälten sie sich die gewundene Straße hoch, die sich dreimal um den gesamten Berg herumzog und immer schmaler, felsiger und kälter wurde, bevor sie Brayans Mine erreichte. Als sie sich um die Mittagsstunde einem großen Felsvorsprung näherten, durchschnitt ein schriller Pfiff die Luft. In dem Moment, in dem Arlen überrascht den Kopf hob, prallte genau zwischen ihm und Curk etwas gegen den Kutschbock und bohrte sich durch das Holz wie die Kralle eines Felsendämons.

»Das war nur ein Signal, um euch zu zeigen, dass wir es ernst meinen«, rief ein Mann und trat hinter dem Felssporn hervor. Er trug derbe Arbeitskluft und auf seinem Kopf saß ein Schutzhelm mit einer Fassung für eine Kerze, wie Minenarbeiter ihn benutzten. Ein über Mund und Nase gebundenes Tuch verdeckte die untere Hälfte seines Gesichts. »Der Bursche, der auf den Felsen dort hockt, kann mit seiner Armbrust einen Faden durch ein Nadelöhr schießen.«

Arlen und Curk spähten nach oben und entdeckten tatsächlich einen Mann, der auf den Felsen kniete; sein Gesicht war ähnlich vermummt wie das seines Kameraden, und er zielte mit einer wuchtigen Armbrust auf sie. Eine zweite, gerade abgeschossene Waffe lag neben ihm.

»Beim Horc!« Curk spuckte aus. »Ich wusste, dass so etwas passieren würde!« Er riss beide Hände hoch.

»Er hat nur noch einen Schuss«, murmelte Arlen.

»Mehr braucht er auch nicht«, brummte Curk zurück. »Aus dieser Nähe durchschlägt ein Armbrustbolzen selbst deine schicke Rüstung, als bestünde sie aus Schnee.«

Sie konzentrierten sich wieder auf den Mann, der ihnen den Weg verstellte. Er war nicht bewaffnet, doch ihm folgten zwei Kerle mit gespannten Jagdbögen, und hinter ihnen marschierte ein halbes Dutzend kräftige Burschen mit Spitzhacken. Alle trugen Helme mit Kerzen und hatten sich Tücher vor die Gesichter geknotet.

»Wir wollen euch nicht töten«, erklärte der Anführer der Banditen. »Wir sind keine Horclinge, nur Familienväter, die viele Mäuler stopfen müssen. Jeder weiß, dass ihr Kuriere im Voraus bezahlt werdet und eure eigenen Sachen auf euren Pferden festbindet. Ihr schirrt einfach nur eure Gäule ab, lasst den Karren stehen und zieht eures Weges. Wir nehmen nichts, was euch persönlich gehört.«

»Ich weiß nicht«, krächzte einer der Spitzhackenträger und ging zu Arlen hin. »Vielleicht verzichte ich doch nicht auf diese polierte, mit Siegeln geschmückte Rüstung.« Er klopfte mit seiner Waffe gegen Arlens Brustplatte und zog eine zweite Schramme in den Stahl, direkt neben der, die Curk eingeritzt hatte.

»Eher kriegt dich der Horc!«, versetzte Arlen und packte die Spitzhacke unmittelbar hinter dem Kopf. Er riss daran und rammte dem Mann seinen stählernen Stiefel ins Gesicht, als der nach vorn gezerrt wurde. In hohem Bogen Zähne und Blut spuckend, landete der Kerl krachend auf dem Boden.

Arlen schleuderte die Spitzhacke den Berghang hinunter, und im nächsten Moment schnappte er sich seinen Schild und Speer. »Jedem, der dem Karren zu nahe kommt, stoße ich diesen Speer ins Auge.«

»Bist du irre, Junge?«, schimpfte Curk, die Arme immer noch in die Höhe gereckt. »Willst du dich wegen eines Karrens umbringen lassen?«

»Wir haben versprochen, diesen Karren zu Brayans Mine zu bringen«, entgegnete Arlen mit lauter Stimme, ohne die Banditen auch nur eine Sekunde lang aus den Augen zu lassen. »Und genau das werden wir tun.«

»Das hier ist kein Spiel, Junge«, rief der Anführer der Bande. »Ein Armbrustbolzen durchschlägt diesen Schild, kein Problem.«

»Darauf kann dein Schütze auch nur hoffen«, brüllte Arlen so laut, dass der Kerl mit der Armbrust ihn hören musste. »Andernfalls werden wir ja sehen, ob er einem Speer ausweichen kann, ohne von den Felsen zu stürzen und sich das Genick zu brechen.«

Der Anführer trat vor, griff nach dem Arm des Banditen, den Arlen getreten hatte, zog ihn auf die Füße und schubste ihn zu seinen Spießgesellen zurück; das alles geschah in einer einzigen, fließenden Bewegung.

»Der hier ist ein Idiot«, wandte er sich an Arlen, »und er spricht nicht für uns alle. Du behältst deine Rüstung. Wir brauchen nicht mal den Karren. Bloß ein paar Kisten von der Fracht, dann lassen wir euch in Frieden weiterziehen.«

Arlen schwang sich auf die Ladefläche des Wagens und stellte seinen Stiefel mit einem dumpfen Knall auf eine Kiste mit Donnerstöcken. »Diese Kisten? Soll ich sie vom Wagen schmeißen?« Curk stieß einen Schrei aus, seine Arme ruderten nach hinten, und er kippte von seinem Sitz. Sämtliche Männer zuckten vor Schreck zusammen.

Der Anführer hob eine Hand und winkte ab. »Das hat keiner gesagt. Weißt du überhaupt, was da drin ist, Junge?«

»Selbstverständlich weiß ich Bescheid«, betonte Arlen. Dann ging er in die Hocke, legte den Speer ab und förderte aus einer der Kisten einen Donnerstock zutage. Er war zwei Zoll dick und zehn Zoll lang, und eingewickelt in ein mattgraues, unscheinbares Papier, das nichts von der ungeheuren Kraft verriet, die sich darin verbarg. An einem Ende der Stange baumelte eine dünne Lunte aus langsam brennendem Zwirn.

»Ich habe auch ein Streichholz zur Hand, um die Lunte anzuzünden«, drohte Arlen und hielt den Donnerstock in die Höhe, damit jeder ihn sehen konnte.

Wie ein Mann wichen die Banditen ein paar Schritte zurück. »Sei ja vorsichtig, Junge«, warnte ihn der Anführer. »Diese Dinger gehen manchmal auch ohne einen Funken los. Man sollte lieber nicht damit herumfuchteln.«

»Dann bleibt ihr wohl besser auf Abstand«, entgegnete Arlen. Eine Weile herrschte Schweigen, während er und der Bandenführer einander anstarrten. Plötzlich ertönte ein schnappendes Geräusch, und alle prallten entsetzt zurück.

Aus dem Augenwinkel sah Arlen, dass Curk die Lederriemen durchgeschnitten hatte, die sein Pferd mit dem Wagengeschirr verbanden, und bereits aufsaß. Er griff nach Speer und Schild und vollführte mit dem Ross eine Wendung, bis er die Banditen im Blickfeld hatte. Arlen sah, wie sich ein zweifelnder Ausdruck in die Miene des Anführers schlich, und er schmunzelte.

Aber Curk senkte die Speerspitze, und Arlen begriff, dass er keineswegs vorhatte, ihren momentanen Vorteil zu nutzen.

»Ich lasse mich nicht von Donnerstöcken zerreißen!«, schrie Curk. »Ich will mich noch ein paar Jahre lang besaufen können, so lange meine fünfzehnhundert Sonnen reichen!«

Der Anführer schaute verdattert drein, dann nickte er. »Du bist ein kluger Mann.« Er gab den anderen einen Wink; sie sollten zur Seite treten und Curk unbehelligt bergab reiten lassen. »Bleib so schlau und reite einfach weiter, wenn du den Siegelpfosten siehst.«

Curk schaute zu Arlen. »Über einen Kratzer auf deiner Rüstung regst du dich auf, aber wegen eines Karrens willst du dich in Stücke sprengen lassen? Du kannst nicht ganz richtig im Kopf sein, Bengel.« Er drückte seinem Pferd die Hacken in die Seiten, und wenig später waren Ross und Reiter auf dem bergab führenden Pfad verschwunden. Selbst das Trommeln der galoppierenden Hufe verhallte bald.

»Es ist noch nicht zu spät, um seinem Beispiel zu folgen«, schlug der Anführer Arlen vor. »Hast du schon mal gesehen, wie ein Donnerstock einen Menschen zurichten kann? Das Ding, das du da in der Hand hältst, zerfetzt dich, dass nichts mehr von dir übrig bleibt, um bei deiner Beerdigung verbrannt zu werden. Deine schmucke Rüstung mit den feinen Siegeln würde von der Explosion zerrissen werden wie altes Papier.«

Mit einer Handbewegung deutete er auf den Pfad, den Curk genommen hatte. »Schwing dich auf dein Ross und mach, dass du fortkommst. Wenn du Angst hast, wir könnten dir was antun, behalte von mir aus diesen Donnerstock in der Hand.«

Aber Arlen hatte nicht vor, den Karren im Stich zu lassen. »Wer hat euch verraten, dass wir hier vorbeikommen würden? War es Sandar? Wenn ich rauskriege, dass er gar kein gebrochenes Bein hat, werde ich es ihm brechen.«

»Es spielt keine Rolle, wer uns den Wink gegeben hat«, meinte der Bandit. »Keiner wird dir unterstellen, dass du deine Pflicht nicht erfüllt hast. Die Kuriergilde kann stolz auf dich sein, aber du hast das Spiel verloren. Was kümmert es dich, ob Graf Brayan einen Verlust einstecken muss? Er kann es sich leisten.«

»Graf Brayan interessiert mich nicht«, gab Arlen zu. »Aber ich halte meine Versprechen, und ich habe mich verpflichtet, diesen Karren mitsamt der kompletten Fracht zu einer seiner Minen zu bringen.«

Die Männer schwärmten aus, jeweils ein Bogenschütze und drei Kerle mit Spitzhacken postierten sich in beiden Richtungen auf der Straße. »Das werden wir aber nicht zulassen«, erklärte der Anführer der Bande. »Sobald du versuchst, den Karren in Bewegung zu setzen, erschießen wir dein Pferd.«

Arlen funkelte die Bogenschützen wütend an. »Wer auf mein Pferd schießt, ist tot. Verlasst euch drauf«, drohte er.

Der Bandit stieß einen langgezogenen Seufzer aus. »Was bringt uns dieses ganze Hin- und Hergezerre, außer, dass die Dunkelheit immer näher rückt?«

»Wie lange wollt ihr es hier draußen aushalten?«, fragte Arlen. Mit seinem Panzerhandschuh klopfte er gegen die zerschrammte Brustplatte. »Ich kann es in meiner ›schmucken Rüstung mit den feinen Siegeln‹ riskieren, auf die Dämonen zu warten.«

Er musterte die Banditen, die alle zu Fuß waren und nicht mal einen Rucksack bei sich hatten. »Ich denke, ihr müsst in den sicheren Bereich von Brayans Siegelpfosten zurückkehren, ehe es dunkel wird. Deshalb habt ihr Curk geraten, einfach weiterzureiten anstatt dort Rast zu machen, und auf diesem Weg braucht man zu Fuß bis dorthin mindestens fünf Stunden. Wenn ihr nicht früh genug aufbrecht, kommt ihr nicht mehr rechtzeitig an. Ist es das wert, sich für ein paar Kisten mit Donnerstöcken von den Horclingen töten zu lassen, wo ihr doch alle Familien zu versorgen habt?«

»Also gut, wir haben versucht, es dir leichtzumachen«, ächzte der Anführer. »Fed, erschieß ihn.« Rasch duckte sich Arlen hinter seinen Schild, aber der erwartete Aufprall blieb aus.

»Du hast gesagt, es werden keine Namen genannt, Sandar!«, brüllte der Armbrustschütze.

»Ist doch ohnehin egal, du Volltrottel, wenn du ihm einen Bolzen durch den Schädel jagst!«, schnauzte Sandar.

Arlen erschrak. Natürlich. Er hatte Sandar nie persönlich kennengelernt, aber jetzt ergab alles einen Sinn. Er nahm den Schild ein Stück zur Seite, damit er den Banditen sehen konnte. »Du hast den Beinbruch nur vorgetäuscht, damit du einen Tag früher losreiten und deine eigene Fuhre aus dem Hinterhalt überfallen konntest.«

Sandar zuckte gleichmütig mit den Schultern. »Du wirst nicht mehr lange genug leben, um es jemandem auf die Nase binden zu können.«

Doch von oben kam immer noch kein Armbrustbolzen. Arlen wagte es, über den Rand seines Schilds zu peilen. Feds Hände zitterten, die Armbrust schwankte heftig hin und her, und schließlich ließ er die Waffe sinken.

»Verdammt nochmal, Fed!«, donnerte Sandar. »Nun schieß doch endlich!«

»Nuckel an einer Dämonentitte!«, brüllte Fed zurück. »Ich bin nicht hier, um einen Jungen zu erschießen. Mein Sohn ist ja älter als er!«

»Der Junge hätte doch abhauen können!«, fauchte Sandar. Ein paar der anderen Männer gaben zustimmende Grunzlaute von sich, einschließlich der Kerl, dem Arlen die Zähne ausgetreten hatte.

»Ist mir egal!«, schrie Fed. »›Kein Mensch kommt zu Schaden‹, hast du gesagt. ›Wir knapsen nur ein bisschen von dem ab, was irgend so ein Adliger im Überfluss besitzt.‹« Er zog den Bolzen aus der Armbrust, schlang sich die Waffe über die Schulter und hob auch seinen Speer auf. »Mir reicht's!« Dann schickte er sich an, die Felsnase herunterzuklettern.

Einer der anderen Bogenschützen nahm ebenfalls den Pfeil aus der Rinne. »Fed hat Recht. Ich bin es genauso leid wie jeder andere, immer nur Schleimsuppe zu essen, aber deswegen werde ich nicht zum Mörder.«

Arlen war gespannt, wie der letzte Bogenschütze reagieren würde; doch der Mann stieß nur einen Seufzer aus und schoss den Pfeil ab.

Er konnte den Schild rechtzeitig hochreißen, aber es war ein wuchtiger Bogen mit einer großen Durchschlagkraft, und Arlens Schild bestand lediglich aus Holz, auf das eine dünne Schicht gehämmerter Stahl genietet war, mehr dazu gedacht, ihn vor Horclingen und Nachtwölfen zu schützen als vor Pfeilen. Die Pfeilspitze durchbohrte den Schild, ehe der Schaft steckenblieb, und verwundete Arlen an der Wange. Er taumelte zurück und verlor beinahe die Balance; unwillkürlich drückte die Hand, in der er den Donnerstock hielt, so fest zu, dass er schon befürchtete, er würde zwischen seinen Fingern explodieren. Alle hielten den Atem an.

Doch Arlen fing sich wieder und richtete sich auf; flink drehte er sich um und zeigte das Streichholz, das er in seiner Schildhand verbarg. Mit dem Daumennagel riss er es an, und mit einem leisen *Plopp* züngelte eine kleine Flamme hoch.

»Ich werde die Lunte anzünden, bevor das Streichholz meine Finger verbrennt«, kündigte er an und schwenkte den Donnerstock. »Und dann werfe ich dieses Ding hier auf jeden, der sich noch in meiner Nähe herumtreibt!«

Zwei Männer machten kehrt und rannten davon. Sandar kniff leicht die Augen zusammen, doch dann lüftete er ein wenig das Tuch vor seiner Nase und spuckte geräuschvoll aus. Während er sich eiligen Schrittes die Straße hinuntertrollte, bedeutete er seinen Kumpanen mit einem schrillen Pfiff, ihm zu folgen.

Das Zündholz brannte herunter und versengte Arlens Finger, aber er musste nicht die Lunte anzünden. Wenige Minuten später setzte er seinen Weg den Berg hinauf fort. Morgenröte war nicht erfreut darüber, den Karren ganz allein ziehen zu müssen, aber es ließ sich nun mal nicht ändern. Er glaubte nicht, dass die Banditen imstande wären, zu Fuß die Verfolgung aufzunehmen, trotzdem hielt er den Donnerstock und das Kästchen mit den Streichhölzern griffbereit – nur für alle Fälle. Als er den nächsten Siegelpfosten erreichte, war es fast dunkel.

Dort lauerte Sandar ihm auf.

Der Kurier hatte seine Verkleidung als Minenarbeiter gegen einen ramponierten Kettenpanzer aus Stahl, einen wuchtigen Speer und einen Schild eingetauscht. Er saß auf einem kräftigen Streitross, das viel größer war als ein schlanker Renner wie Morgenröte. Mit einem solchen Pferd und ohne einen Karren, der ihn langsamer machte und mit dem er sich an den vorgegebenen Weg halten musste, war es kein Wunder, dass er Arlen überholt hatte.

»Musstest den braven Jungen rauskehren, was?«, zischte Sandar. »Konntest du nicht mal ein Auge zudrücken und den Dingen ihren Lauf lassen? Die Gilde ist versichert. Du bist versichert. Du hättest mit Curk türmen können. Der einzige Verlierer wäre Graf Brayan gewesen, und dieser Dreckskerl ist so reich, dass ihm das Gold zum Arsch rausquillt.«

Arlen sah ihn nur an.

»Und jetzt …« Sandar hob seinen Speer. »Jetzt *muss* ich dich töten. Nur so kann ich sicher sein, dass du den Mund hältst.«

»Gäbe es für mich einen Grund, dich nicht anzuzeigen?«, fragte Arlen. »Ich mag es nämlich nicht, wenn man mit einer Armbrust oder einem Bogen auf mich zielt.« Er griff nach dem Donnerstock, der neben ihm auf dem Kutschbock lag.

Sandar trieb sein Pferd näher an den Karren heran. »Nur zu, tu es!«, forderte er ihn heraus. »Wenn das Ding jetzt explodiert, fliegen die Kisten auf dem Wagen mit in die Luft. Wir beide werden getötet, und unsere Pferde auch. So oder so, die Donnerstöcke werden Brayans Gold niemals erreichen.«

Arlen musterte ihn scharf, aber er wusste, dass Sandar Recht hatte. Was immer Curk von ihm denken mochte, er war weder verrückt, noch wollte er an diesem Tag sterben.

»Dann steig von deinem Pferd«, forderte Arlen. »Tritt in einem fairen Kampf gegen mich an, dann sollen unsere Speere entscheiden, wer von uns beiden überlebt.«

»Eines muss man dir lassen – du hast Mut, Junge.« Sandar lachte. »Wenn du danach schreist, dass ich dir eine gehörige Tracht Prügel verpasse, bevor ich dich töte, dann will ich dir diesen Gefallen gern tun.« Er ritt auf die Lichtung vor dem Siegelpfosten, saß ab und band sein Pferd fest. Arlen folgte ihm und legte den Donnerstock weg. Dann schnappte er sich seinen Speer und den Schild, ehe er vom Karren sprang.

Mit gespreizten Beinen nahm er eine bequeme Kampfstellung ein, Schild und Speer bereit. Mit Cob und Ragen hatte er unzählige Stunden lang den Speerkampf trainiert, aber diesmal war es Ernst. Dieses Mal würde Blut fließen.

Wie die meisten Kuriere, glich Sandar von seiner Statur her eher einem Bären als einem Mann. Seine Arme und Schultern waren muskulös, er besaß einen breiten Brustkorb und hatte mehr Mumm als die meisten Menschen. Er hielt seine Waffen als seien sie ein Teil seines Körpers, und in seinen kalten Augen lag derselbe starre, raubtierhafte Blick, den Arlen bei Einarm gesehen hatte. Er machte sich keine Illusionen – Sandar würde nicht zögern, ihm den Todesstoß zu versetzen.

Sie fingen an, sich in entgegengesetzter Richtung zu umkreisen, nach einer Schwäche des Gegners suchend. Probehalber stieß Sandar mit seinem Speer zu, aber Arlen schlug ihn mit Leichtigkeit zur Seite, nahm sogleich wieder Verteidigungshaltung ein und ließ sich nicht aus der Deckung locken. Dann konterte er mit einem mäßig stark geführten Stoß. Wie erwartet, flog Sandars Schild hoch, um ihn abzuwehren.

Wieder ging Sandar zum Angriff über, dieses Mal energischer, aber er wandte nur eine sehr simple Kampftechnik an. Arlen beherrschte sämtliche Paraden und Verteidigungsschläge und führte sie rein mechanisch aus, während er auf die richtige Attacke wartete, den Ausfall, der ihn überrumpeln sollte, wenn er mit einer völlig anderen Taktik rechnete.

Doch dieser Angriff kam nicht. Sandar war massig gebaut, und in seinen Augen glühte die Mordlust, aber er kämpfte wie ein Anfänger. Nachdem sie minutenlang um den Siegelpfosten herumgetanzt waren, hatte Arlen das Spiel satt und lief in die nächste vorhersehbare Attacke hinein. Er duckte sich, hakte seinen Schild in den von Sandar, hob beide an, um sich Deckung zu geben, und knallte seinen Speerschaft seitlich gegen Sandars Knie.

Man hörte einen scharfen Knall, der in der kühlen Luft widerhallte, als würde der Zweig eines kahlen Baums durch den Wind vom Stamm gerissen. Schreiend brach Sandar auf dem Boden zusammen.

»Du Sohn des Horc! Du hast mir das Bein gebrochen, verdammt nochmal!«, jaulte er.

»Das hatte ich dir doch versprochen«, entgegnete Arlen.

»Ich bring dich um!«, kreischte Sandar, der sich vor Schmerzen wand.

Arlen trat einen Schritt zurück und klappte sein Visier hoch. »Das kommt mir sehr unwahrscheinlich vor. Der Kampf ist vorbei, Sandar. Je eher du das einsiehst, umso schneller kann ich zu dir kommen und dein Bein richten.«

Sandar stierte ihn mit mörderischen Blicken an, aber nach einer Weile warf er seinen Speer und den Schild außer Reichweite. Arlen legte seine eigenen Waffen ab und bückte sich nach Sandars Speer. Er stemmte ihn auf den Boden und zerbrach ihn mit einem heftigen Tritt seiner von Stahl umschlossenen Ferse. Die beiden Hälften legte er neben Sandar auf den Boden und kniete nieder, um das Bein zu untersuchen.

In diesem Moment schleuderte Sandar ihm eine Handvoll losen Dreck direkt in die Augen.

Arlen schrie auf und taumelte zurück, aber sofort warf sich Sandar über ihn und drückte ihn zu Boden. Flach auf dem Rücken, unbeweglich durch die schwere Stahlrüstung und mit einem Mann, der rittlings auf ihm hockte, hatte Arlen keine Chance, aufzustehen.

»Ich mach dich kalt, du verfluchter Scheißkerl!«, grölte Sandar und ließ seine schwer gepanzerten Fäuste auf Arlens Kopf niedersausen. Anstatt ihn zu behindern, schienen die Schmerzen in seinem Bein ihm Wahnsinnskräfte zu verleihen, wie einem in die Enge getriebenen Nachtwolf.

Arlens Kopf fühlte sich an wie der Klöppel in einer Glocke, und er konnte keinen klaren Gedanken fassen. Halbblind von dem Sand in den Augen, sah er kaum das lange Messer, das Sandar plötzlich in einer Faust hielt, aber er konnte es instinktiv spüren. Beim ersten Stoß glitt die Klinge an seiner Brustplatte ab, doch beim zweiten Mal fraß sich die Spitze durch die Ringe, die das Schultergelenk miteinander verbanden.

Arlen warf den Kopf zurück und schrie. Die Rüstung verbog die Klinge, aber die Schmerzen waren entsetzlich, und er wusste, dass seine Schulter tagelang wehtun würde.

Vorausgesetzt, er überlebte die nächsten Minuten.

Sandar gab den Versuch auf, die Rüstung durchbohren zu wollen, und stach mit dem Messer auf Arlens Hals ein. Doch Arlen gelang es, den Stoß abzufangen; er umklammerte Sandars Handgelenk, und eine Zeit lang rangen sie stumm miteinander. Arlen spannte jeden Muskel seines Körpers an, aber Sandar war ein Schwergewicht, befand sich in der günstigeren Position und kämpfte mit der ungeheuren Kraft eines Wahnsinnigen. Die Klinge näherte sich immer mehr der schmalen aber ungeschützten Rille zwischen Arlens Halsbeuge und Helm, an der Arlen am verwundbarsten war.

»Fast geschafft«, flüsterte Sandar heiser.

»Freu dich nicht zu früh«, ächzte Arlen und schmetterte eine gepanzerte Faust gegen Sandars gebrochenes Knie. Der Kurier stieß ein beinahe tierisches Geheul aus und bäumte sich gequält auf. Arlen verpasste ihm einen Boxhieb gegen das Kinn. Als Sandar umkippte, rollte er sich über ihn und presste nun ihn zu Boden. Er drückte sein Knie auf den Arm mit dem Messer und traktierte ihn solange mit schweren Schlägen, bis die Waffe aus Sandars kraftlosen Fingern rutschte.

Lange nach Einbruch der Nacht saß Arlen am Rand des Siegelnetzes, beobachte Einarms Toben und wog den Donnerstock nachdenklich in einer Hand. In der anderen hielt er ein Streichholz mit weißem Kopf. Es juckte ihn in den Fingern, es anzuzünden, und die Armmuskeln spannten sich, bereit, den Donnerstock zu werfen. Er stellte sich vor, wie Einarm ihn mit seinen Kiefern schnappen und die Explosion den Kopf des Horclings zerplatzen lassen würde. In Gedanken sah er den verstümmelten Körper in einer Lache aus schwarzem Dämonenblut am Boden liegen.

Doch ständig hörte er Curks Stimme in seinem Kopf. *Vergiss nicht, dass die Dinger nicht uns gehören.* Am Ende mochte sich Curk als Feigling entpuppt haben, aber was die Donnerstöcke betraf, hatte er Recht. Arlen war kein Dieb. Er schaute zu Sandar und merkte zu seiner Überraschung, dass der Mann wach war und ihn anstarrte.

»Ich weiß, was du gerade denkst«, meinte Sandar, »aber weiter oben auf dem Berg liegt eine ganze Menge loses Geröll herum. Ein Donnerstock würde wahrscheinlich eher eine Steinlawine auslösen als diesen Dämon töten.«

»Du hast keinen blassen Schimmer, was ich denke«, widersprach Arlen.

Sandar knurrte. »Nein, natürlich nicht«, räumte er ein. »Ich grüble schon die ganze Zeit darüber nach, warum du mein Bein geschient und mir ein kaltes Tuch auf den Kopf gelegt hast. Wäre der Kampf anders ausgegangen, hätte ich dich getötet und eine Steilwand hinuntergeworfen.«

»Ich will nicht, dass du stirbst«, erklärte Arlen. »Du kannst auch mit dieser Schiene auf einem Pferd sitzen. Reite in aller Ruhe zurück, und ich werde Malcum nur so viel erzählen, dass du nur deine Lizenz verlieren wirst, weiter nichts.«

Aus Sandars Kehle löste sich ein raues Lachen. »Wegen Malcum mache ich mir keine Sorgen, sondern wegen Graf Brayan. Wenn er Wind davon kriegt, dass ich versucht habe, ihn zu berauben, steckt mein Kopf noch vor Sonnenuntergang auf einer Pike.«

»Wenn die Fracht heil ankommt, sorge ich dafür, dass du deinen Kopf behältst«, versprach Arlen.

»Verzeih mir meine Skepsis, aber darauf möchte ich mich nicht verlassen«, entgegnete Sandar.

Arlen zuckte mit den Schultern. »Heute Nacht kannst du ja noch einmal versuchen, mich umzubringen, aber ich warne dich, ich habe einen leichten Schlaf. Wenn du mich noch ein einziges Mal angreifst, breche ich dir so viele Knochen, dass du nie wieder auf einem Pferd sitzen kannst. Dann schleife ich dich mit zu Brayans Gold, damit du den Leuten, die du bestehlen wolltest, in die Augen siehst.«

Sandar nickte. »Du kannst beruhigt schlafen, ich reite ganz friedlich zurück. Curk hatte Recht. Du sehnst dich danach, zu sterben, Junge. So was gibt's. Die Chancen stehen hoch, dass du nicht lange genug leben wirst, um irgendjemandem irgendetwas erzählen zu können.«

Als die Dämonen im fahlen Licht der Morgendämmerung wieder in den Horc zurücksanken, hatte Arlen das Lager bereits abgebrochen. Er und Sandar verließen den Schutz des Siegelpfostens und trennten sich, als die Sonne über den Berggipfeln aufging.

Während Arlen den Karren über den serpentinenreichen Weg lenkte, spürte er ganz deutlich, wie die Luft immer kälter wurde. Auf der Milneser Ebene hatte der Frühling bereits seine volle Pracht entfaltet, aber so weit oben hielten sich noch Reste von Schnee, und nun, da der schneidende Wind den Stahl kühlte, kam ihm seine Rüstung längst nicht mehr so warm vor. Er ging dazu über, jeden Tag eine ziemlich lange Strecke neben dem Karren zu marschieren, nicht nur, um seinen Blutkreislauf in Schwung zu halten, sondern auch, um Morgenröte zu entlasten, die tapfer die

Arbeit von zwei Pferden verrichtete. Sie kamen nur langsam voran, aber als Arlen den nächsten von Brayans großen Siegelpfosten erreichte, blieben ihm bis zum Einbruch der Dunkelheit immer noch ein paar Stunden Tageslicht. Also zog er weiter und kampierte in der Abenddämmerung in seinen eigenen Bannzirkeln. Am nächsten Tag kam er ebenfalls zu früh an dem Siegelpfosten an, dafür tauchte der vierte gerade rechtzeitig auf, bevor die Dunkelheit einsetzte, so dass er in seinem Schutz lagerte.

Der Pfad wurde steiler, die Bäume kleiner und verkrüppelter, und zwischen den Felsen und dem Schnee gedieh nur eine verkümmerte Vegetation. In zahlreichen Windungen und Kehren schlängelte sich der Weg bergan, die nicht endenden Radfurchen führten mitunter in meilenweiten Umwegen um Hindernisse herum, deren Größe so gewaltig war, dass man sie beim Anlegen der Trasse nicht hatte entfernen oder durchstoßen können. Aber es ging stetig bergan, und das Klima wurde zunehmend rauer. Aus den Furchen wurden Rinnen im Schnee, Bäume wuchsen hier überhaupt nicht mehr.

Er versuchte nicht mehr, Brayans Siegelpfosten zu ignorieren; am Ende eines jeden Tages fühlte er sich so erschöpft, dass er froh war, in ihrem Schutz rasten zu können, obwohl er oft den daran klebenden Schnee abkratzen musste, um die volle Kraft der Siegel wiederherzustellen.

Am siebten Tag nach seinem Aufbruch von Miln erspähte Arlen hoch oben an der Bergflanke die Zwischenstation, die Malcum angekündigt hatte. Es war ein kleines Gebäude, kaum mehr als eine Hütte, doch nachdem er tagelang eisige Kälte, beißenden Wind und Einsamkeit ertragen hatte, sehnte sich Arlen nach einem Dach über dem Kopf und menschlicher Gesellschaft.

»Ay, Station!«, brüllte er, und sein Schrei brach sich als Echo an der hochgelegenen Felswand.

»Ay, Kurier!«, ertönte wenig später die hallende Antwort.

Es dauerte noch fast eine Stunde, bis Arlen die in den Berg hinein gebaute Station erreichte. Die Siegel an dem Gebäude wirkten plump, aber sie waren akkurat ausgeführt, und er entdeckte viele Schutzzeichen, die er noch gar nicht kannte. Sofort zückte er sein Journal und zeichnete sie ab.

Der Hüter der Station, ein Mann mit einem gelben Bart, eingemummelt in eine dicke, mit dem Fell von Nachtwölfen gefütterte Jacke, auf der Graf Brayans Wappen prangte, kam heraus, um ihn zu begrüßen. Er war noch jung, vielleicht zwanzig Winter alt, und trug keine Waffe. Eine behandschuhte Hand ausgestreckt, stapfte er auf Arlen zu.

»Du bist nicht Sandar«, lächelte er.

»Sandar hat ein gebrochenes Bein«, erklärte Arlen.

»Es gibt also doch einen Schöpfer!« Der Bursche lachte schallend. »Ich bin Derek von den Goldmännern.«

»Arlen Strohballen, aus Tibbets Bach«, stellte Arlen sich vor und drückte fest die dargebotene Hand.

»Dann weißt du also, wie es ist, am Ende der Welt zu wohnen«, meinte Derek. »Ich will alles über dein Zuhause hören.« Er schlug mit der Hand auf Arlens Schulter. »Drinnen gibt es heißen Kaffee, wenn du dich aufwärmen möchtest. Ich bringe dein Pferd in den Stall und verstaue den Karren.« Es war erst gegen Mittag, aber es war ganz klar, dass Arlen in der Station übernachten würde. Derek schien genauso erpicht darauf zu sein, sich mit jemandem unterhalten zu können, wie Arlen.

»So kalt ist mir nicht, dass ich die Fuhre nicht selbst verstauen könnte«, behauptete Arlen, obwohl seine Hände und Füße vor Kälte schmerzten und sein Gesicht sich taub anfühlte. Nach allem, was er mit Sandar erlebt hatte, wollte er die Kisten mit den Donnerstöcken nicht aus den Augen lassen, bis er sie sicher weggesperrt wusste.

Derek zuckte die Achseln. »Von mir aus kannst du dich mit dem Karren abquälen, wenn dir danach ist.« Er griff nach Morgenrötes Zügeln und ging voraus zu einem zweiflügeligen hölzernen Scheunentor, das tief in die felsige Bergflanke eingelassen war.

»Und jetzt beeil dich!«, rief Derek Arlen zu, als er seine Hand auf den wuchtigen Eisenring legte, der von einem der Torflügel herabhing. »Damit die Wärme nicht nach draußen entweicht.« Er öffnete das Tor gerade mal so weit, dass der Karren hindurchpasste, und Arlen lenkte Morgenröte schnell in den dahinter liegenden Raum. Im ersten Moment umfing ihn eine wohlige Wärme, doch ehe Derek das Tor wieder schließen konnte, fauchte ein eisiger Windstoß an ihm vorbei, und mit der Gemütlichkeit war es aus.

Fröstelnd fand Arlen sich in einem kleinen Gelass wieder, an dessen hinterem Ende ein Vorhang aus dicken, zotteligen Fellen hing. Öllampen an den beiden Seitenwänden verströmten ein flackerndes Licht.

Derek schnappte sich eine der Lampen und zog den Vorhang zur Seite, um den Weg freizumachen. Arlen staunte nicht schlecht. Der enge Raum hinter dem Tor war lediglich der Eingang zu einer riesigen Kaverne, die sich tief in den Berg hineinzog. Hier gab es Pferche für die Unterbringung der Gespanne, Kornspeicher, in denen das Viehfutter aufbewahrt wurde, und ausreichend Stellplätze für ein Dutzend Karren. Zurzeit war die Grotte so gut wie leer, aber Arlen konnte sich vorstellen, wie hektisch und betriebsam es in der riesigen Halle zugehen musste, wenn eine Karawane hier lagerte.

Nachdem der Karren und das Pferd versorgt waren, schwitzte Arlen schon wieder in seiner Rüstung. Er sah sich in der Kaverne um, entdeckte aber nirgends Anzeichen für eine Ofenheizung oder ein Feuer.

»Warum ist es hier drin so warm?«, erkundigte er sich.

Derek führte ihn an die Felswand, ging in die Hocke und zeigte ihm ein verschlungenes Muster aus Siegeln, das ungefähr in Kniehöhe in einem Streifen auf die Wand gemalt war.

Arlen studierte das Muster. Es war nicht besonders kompliziert, aber die Idee fand er genial. »Hitzesiegel. Damit die Horclinge das äußere Tor attackieren …«

»Und ihre Magie hier hineingesogen wird, um die Wände zu beheizen«, schloss Derek. »In manchen Nächten wird es hier drin allerdings so heiß wie Feuerspucke. Da ist einem die Kälte beinahe schon lieber.« Arlen, der in seiner Rüstung kochte, brachte für Derek vollstes Mitgefühl auf.

Durch eine Seitenpforte verließen sie die Kaverne und gelangten in die eigentliche Station. Decke, Wände und Fußboden bestanden aus gewachsenem Fels, in den man lange Gänge, Türen und Kammern geschlagen hatte. Auch hier zogen sich Streifen aus Hitzesiegeln am Fuß der Wände entlang.

»Ich hätte nie gedacht, dass die Station so tief im Berg liegt«, gab Arlen zu.

»Es gab ja gar keine andere Möglichkeit, als sie in den Fels hinein zu bauen, andernfalls hätte man die Straße blockiert, und die ist schon schmal genug«, erklärte Derek. »Die Blockhütte stellt nur so was wie eine vordere Veranda dar. Komm mit, ich zeig dir dein Quartier.«

»Danke«, erwiderte Arlen. »Wenn ich nicht bald aus der verfluchten Rüstung rauskomme, schmelze ich. Seit einer Woche schlafe ich schon darin.«

»Das riecht man«, kommentierte Derek. »Du kannst das Fürstenzimmer haben, es ist ja kein anderer da, der es für sich beanspruchen könnte. Da gibt's eine Badewanne.«

Das Fürstenzimmer sollte Graf Brayan und seinen Erben all den Luxus bieten, den sie gewohnt waren, wenn sie loszogen, um die Minen zu inspizieren. Es war in der Tat ein wunderschönes Gemach, mit Eichenmöbeln, Fellteppichen und Steinen, die Hitzesiegel trugen. Vor allen Dingen stand darin ein richtiges Bett, auf dem eine mit Federn gepolsterte Matratze lag.

»Endlich scheint wieder die Sonne«, seufzte Arlen glücklich.

»Die Wanne befindet sich dort drüben.« Derek deutete auf eine glattwandige Vertiefung in dem Steinboden, neben der eine klobige Pumpe aufragte. »Die Pumpe ist mit einem Heißwasserspeicher verbunden. Suhl dich in dem Wasser, so lange du magst, dann komm raus zum Abendessen.«

Arlen nickte, und der Stationshüter entfernte sich. Er hatte vorgehabt, sich seiner Rüstung zu entledigen und sofort ein Bad zu nehmen, doch dann ließ er sich nur für einen Moment auf die Matratze sinken, genoss die weiche Unterlage und merkte auf einmal, dass ihm die Kraft zum Aufstehen fehlte. Er schloss die Augen und schlief prompt ein.

Irgendwann brachte Arlen die Energie auf, sich aus seiner Rüstung zu schälen und zur Badewanne hinüberzutapsen. Die Arbeit am Pumpenschwengel, mit der er das Wasser einließ, machte ihn wieder halbwegs wach, doch sobald er sich in dem heißen Bad entspannte, nickte er immer wieder ein. Lediglich das hartnäckige Knurren seines Magens trieb ihn dazu, wieder in seine Kleider zu steigen und aus dem Zimmer zu taumeln, wobei er sich ohne die Rüstung so leicht fühlte, als könne er schweben.

»Derek?«, rief er.

»In der Küche!«, antwortete der Stationshüter. »Lass dich von deiner Nase leiten!«

Arlen sog schnüffelnd die Luft ein, und sein Magen knurrte noch lauter. Seine Nase führte ihn ohne Umwege in die Küche, wo Derek, angetan mit einer Schürze und dicken Lederhandschuhen, emsig herumfuhrwerkte.

»Setz dich«, forderte er Arlen auf und zeigte auf den nächsten Stuhl an einem ovalen Tisch, der mitten im Raum stand und so groß war, dass zwanzig Männer gleichzeitig dort ihre Mahlzeiten einnehmen konnten. »Das Essen ist gleich fertig. Fühlst du dich wieder wie ein Mensch?«

Arlen nickte und nahm Platz. »Erst jetzt, wo ich wieder sauber bin, wird mir klar, wie schmutzig ich gewesen sein muss.«

Derek trat an ein Fässchen und füllte einen Krug mit schäumendem Bier. Mit einer Geschicklichkeit, die von viel Übung zeugte, verpasste er dann dem Krug einen Schubs und ließ ihn auf dem glatt polierten Tisch zu Arlen schlittern. »Die Fässer lagere ich im Schnee, bis sie gebraucht werden. Das hier habe ich extra für dich angezapft.« Er griff nach seinem eigenen Krug, hob ihn an und prostete Arlen zu.

Arlen folgte seinem Beispiel, und beide tranken in tiefen Zügen. Überrascht schaute Arlen auf seinen Krug. »Vielleicht hat die Woche auf der Landstraße meinen Verstand getrübt, aber ich könnte schwören, dass dieses Bier in Torfhügel gebraut wurde.«

»Es wurde den ganzen weiten Weg von Tibbets Bach bis hierher gebracht«, gab Derek ihm Recht, nahm Arlens Krug und setzte ihm eine neue Schaumkrone auf. »Es hat viele Vorteile, wenn man jeden Kurier, Fuhrmann und Karawanenbegleiter mit Namen kennt.«

»Das erste Bier, das ich je trank, kam aus Torfhügel«, erzählte Arlen, trank einen Schluck und ließ ihn langsam über die Zunge gleiten. Auf einmal war er wieder zwölf Jahre alt und hörte zu, wie Ragen und der alte Vielfraß im Gemischtwarenladen von Tibbets Bach miteinander feilschten.

»Das erste Bier schmeckt immer am besten«, meinte Derek.

Arlen nickte und widmete sich wieder seinem Krug. »An diesem Tag hat sich mein Leben von Grund auf verändert.«

Derek lachte. »Das geht wohl jedem Mann so.« Er setzte seinen Krug ab, nahm ein paar harte, ausgehöhlte Brotlaibe und füllte sie mit einem sämigen Fleisch- und Gemüseeintopf.

Arlen stürzte sich auf das Essen wie ein Horcling, riss Brocken der warmen Kruste ab und löffelte damit den köstlichen Eintopf in seinen Mund. Binnen weniger Minuten hatte er seinen Teller bis auf den letzten Krümel und Fettfleck blankgeputzt. Noch nie zuvor hatte eine Mahlzeit ihn so zufriedengestellt.

»Bei der Nacht, nicht einmal meine Mam konnte so gut kochen«, lobte er.

Derek schmunzelte erfreut. »Hier draußen gibt es nicht besonders viel zu tun, deshalb habe ich mich zu einem ganz annehmbaren Koch gemausert.« Er räumte die Teller und Bierkrüge ab und stellte stattdessen Kaffeetassen auf den Tisch. Das Gebräu verströmte ein erstaunliches Aroma.

»Wenn du möchtest, können wir den Kaffee draußen in der Veranda trinken und den Sonnenuntergang genießen«, schlug Derek vor. »Der Vorbau hat große Fenster aus diesem neuen, mit Siegeln geschützten Glas, das man seit ein paar Jahren herstellt. Hast du so was schon mal gesehen?«

Arlen lächelte. Er war derjenige gewesen, der die Glassiegel nach Miln gebracht hatte, und in Cobs Werkstatt wurden sämtliche Glasarbeiten für Graf Brayan ausgeführt. Wahrscheinlich hatte er, Arlen, die Scheiben sogar selbst mit Siegeln versehen.

»Ich habe davon gehört«, antwortete er, weil er den Stationshüter nicht enttäuschen wollte, der ungeheuer stolz dreinschaute.

Als sie die Küche verließen, lösten glatte Kiefernholzdielen den Steinboden ab, und sie betraten einen großen Gemeinschaftsraum mit Bänken, auf denen gemütliche Kissen lagen, und niedrigen Tischen. Arlens Blick wanderte sofort zu den Fenstern, und er schnappte nach Luft.

Bis jetzt hatte er geglaubt, dass der Blick auf die Berge vom Dach der herzoglichen Bibliothek in Miln durch nichts übertroffen werden könnte. Doch die Aussicht, die man von dort oben hatte, war nichts verglichen mit dem Panorama, das sich einem Besucher der Wegstation darbot, die selbst noch die höchsten Gipfel zu überragen schien. Tief unten jagten Wolken dahin, und wenn sie sich teilten, konnte er in weiter Ferne Fort Miln als winzigen Punkt erkennen.

Sie setzten sich vor die Fenster, und Derek holte zwei Pfeifen, einen Beutel mit Kraut und ein Kästchen Streichhölzer hervor. Eine Weile saßen sie schweigend da, rauchten, tranken ihren Kaffee und beobachteten vom Dach der Welt aus, wie die Sonne unterging.

»Etwas Schöneres habe ich noch nie gesehen«, sinnierte Arlen.

Derek seufzte und nippte an seinem Kaffee. »Früher dachte ich genauso, aber dieses Fenster ist mittlerweile nur noch die vierte Wand meines Gefängnisses.«

Arlen sah ihn verdutzt an, und Derek wurde rot. »Tut mir leid. Ich wollte dir die Aussicht nicht madigmachen.«

Arlen winkte bloß ab. »Glaub mir, ich kann dich gut verstehen. Wie oft wirst du abgelöst?«

»Früher habe ich einen Monat lang hier oben Dienst geschoben und hatte den nächsten Monat frei«, erwiderte Derek. »Doch dann wurde ich mit der Tochter des Barons in einem stillgelegten Stollen erwischt, und er hätte mir am liebsten die Eier abschneiden lassen. Er tobte, eher würde er sich dem Horc verschreiben, als zuzulassen, dass seine Tochter einen Knecht heiratet. Jetzt sitze ich bereits seit drei Monaten hier oben, ohne abgelöst zu werden. Ich schätze, das Mädchen hatte mittlerweile ihren Monatsfluss, sonst hätten sie mich schon zurückgeholt und einen Fürsorger kommen lassen. Wenn ich Pech habe, darf ich nicht einmal nach Hause, wenn die Station den Winter über geschlossen wird.«

»Und seit drei Monaten hockst du hier mutterseelenallein herum?«, wiederholte Arlen. Er fand diese Vorstellung erschreckend.

»Die meiste Zeit bin ich allein«, bestätigte der Stationshüter. »Ungefähr alle vierzehn Tage kommt ein Kurier vorbei, und Karawanen lagern hier ein paarmal im Jahr. Wochenlang sitze ich nur auf meinem Hintern, und plötzlich muss ich ein Dutzend Wagen und fünfzig Stück Vieh und Lasttiere versorgen. Obendrein für dreißig Begleiter die Quartiere richten, und wenn es ganz dick kommt, wuselt noch irgendein Adliger herum und schnauzt mich an, weil ich keine Zeit für ihn habe.«

»War sie es denn wert?«, fragte Arlen.

Derek gluckste vergnügt in sich hinein. »Stasy Schneyder? Es gibt kein entzückenderes Mädchen auf der Welt, und das kannst du ihr von mir ausrichten. Ich hätte genauso gut der Schwiegersohn des Barons werden können, aber stattdessen hat man mich in die Verbannung geschickt.«

»Kannst du nicht einfach diese Stelle kündigen?«, überlegte Arlen. »Dir eine andere Arbeit suchen?«

Derek schüttelte den Kopf. »In Brayans Gold kriegt man nur die Arbeit, die der Baron einem zuweist. Wenn er bestimmt, dass ich das ganze Jahr über in der Wegestation bleiben muss, nun ja ...« Er zuckte die Achseln. »Trotzdem finde ich es immer noch besser, den ganzen Tag lang Selbstgespräche zu führen, als in einem finsteren Minenschacht die Spitzhacke zu schwingen und Angst haben zu müssen, verschüttet zu werden oder zu tief zu graben und einen Zugang zum Horc zu öffnen.«

»Ich glaube nicht, dass diese Gefahr besteht«, meinte Arlen.

»Aber hier oben zu sitzen ist auch allemal sicherer als die Arbeit eines Kuriers«, warf Derek ein. »Was ist eigentlich mit deiner Wange passiert?«

Reflexhaft hob Arlen die Hand und strich mit den Fingern leicht über die Wunde, die der Pfeil des Banditen ins Fleisch gerissen hatte.

Bevor er sie genäht hatte, hatte er sie gründlich mit Kräutern behandelt, aber rings um die Verletzung war die Haut stark gerötet und mit Blut verkrustet, so dass die Blessur nicht zu übersehen war.

»Ich wurde von Banditen überfallen, die die Donnerstöcke stehlen wollten«, entgegnete er. »Kurz hinter dem dritten Siegelpfosten, der auf dem Lagerplatz für Karawanen steht.« Auf die Schnelle erzählte er die Geschichte.

Derek gab einen knurrenden Laut von sich. »Du bist mutig wie ein Felsendämon, wenn du so mit einem Donnerstock herumgefuchtelt hast. Du hattest Glück, dass diese Kerle nicht skrupellos genug waren, um dich zu töten. Ein harter Winter nimmt so manchem braven Mann die Hemmungen.«

Arlen zuckte mit den Schultern. »Auf meiner ersten richtigen Kuriertour wollte ich die Fracht nicht kampflos aufgeben. Das hätte meinem Ruf ziemlich geschadet.«

Derek nickte. »Na ja, auf dem letzten Stück Weg wirst du wohl kaum auf Banditen treffen. Am übernächsten Abend bist du in Brayans Gold.«

»Warum dauert es noch so lange?«, wunderte sich Arlen. »Sind wir hier nicht schon dicht unter dem Gipfel? Ich denke, wenn ich die Peitsche knallen lasse, kann ich schon morgen am späten Nachmittag da sein.«

Derek lachte. »Hier oben wird die Luft reichlich dünn, Kurier. Es reicht schon, wenn du nur den Karrenweg hinaufsteigst, und du ringst nach Atem, als würdest du eine Steilwand hochklettern. Selbst ich bin ein paar Tage lang erschöpft, wenn ich nach Hause komme, und ich wurde hier geboren.«

Mittlerweile hatte sich die Sonne zu einer schmalen, feurigen Linie am Horizont ausgedünnt, und im nächsten Moment verschwand sie ganz und ließ sie in einem Halbdunkel zurück, das dem Erscheinen der Horclinge voranging. Draußen trotzte der weiß glitzernde Schnee der heraufziehenden Finsternis.

Arlen wandte sich an Derek, den er nur noch als schwarze Silhouette wahrnahm. Der Kopf seiner Pfeife glühte sachte, als er daran sog. »Willst du keine Lampen anzünden?«

Derek schüttelte den Kopf. »Warte einfach ab.«

Arlen zuckte mit den Schultern, richtete den Blick wieder auf das Fenster und sah, wie draußen auf der Straße ein Felsendämon aus dem Boden stieg. Er besaß dieselbe Schieferfarbe wie seine Artgenossen weiter unten am Berg, war aber noch kleiner und hatte lange, spindeldürre Arme und Beine mit zwei Gelenken. Scharfkantige Zacken aus Horn ragten aus seinen Gliedmaßen heraus, und er bewegte sich genauso oft auf allen vieren wie im aufrechten Gang.

»Ich dachte immer, je höher man ins Gebirge kommt, umso größere Felsendämonen träfe man an«, wunderte sich Arlen. »Wie ich auf diesen Gedanken gekommen bin, weiß ich allerdings auch nicht.«

»Das Gegenteil ist der Fall«, klärte Derek ihn auf. »Hier oben gibt es nur wenig, was sie jagen können, und der tiefe Schnee behindert die Großen beim Laufen.«

»Das ist gut zu wissen«, meinte Arlen.

Der Felsendämon erblickte sie und stürmte mit erschreckender Geschwindigkeit auf das Fenster zu. Arlen hatte noch nie einen Felsendämon gesehen, der so schnell rennen oder so weit springen konnte. Mitten in einem Satz prallte er gegen das Siegelnetz, Magie blitzte auf wie in einem Gewitter und schleuderte den Dämon mit solcher Wucht auf die Straße zurück, dass er beinahe die Felswand hinuntergestürzt wäre. Der Horcling fing sich gerade noch rechtzeitig ab und krallte seine langen Klauen in die steinige Abbruchkante.

Plötzlich erwachten sämtliche Siegel an der Vorderfront der Station zum Leben, eines nach dem anderen flammte auf, als die von dem Felsendämon aufgesogene Magie das Siegelnetz mobilisierte; in einem bizarren Reigen tanzten die Muster der Symbole über die Wände und Stützbalken.

Viele der Siegel erloschen kurz nach dem Aufflackern wieder, aber Arlen konnte spüren, wie von den Hitzesiegeln immer noch eine leichte Wärme ausging, und die im Raum und im magischen Netz eingestreuten Lichtsiegel glühten in einem weichen, nur langsam abklingenden Glanz.

Ein anderer Horcling näherte sich dem Fenster, ein Winddämon, der kreischend vom Himmel herabstieß. Wieder schossen Blitze aus dem Netz, die Hitzesiegel erwärmten sich, und die Lichtsiegel wurden heller. Weitere Horclinge kamen ans Fenster, und nach ein paar Minuten erfüllte ein gleißendes Licht den Raum, das noch ein Dutzend Lampen übertroffen hätte, und selbst ein loderndes Feuer hätte die Luft nicht heißer machen können.

»Fantastisch!« Arlen kam aus dem Staunen nicht heraus. »Eine solche Anordnung von Siegeln habe ich noch nie gesehen.«

»Graf Brayan scheut keine Kosten, wenn es um seine Bequemlichkeit geht«, klärte Derek ihn auf. Plötzlich schlug ein Dämon auf die Siegel direkt vor ihm, und er prallte erschrocken zurück. Dann zog er eine finstere Miene und zeigte dem angriffslustigen Dämon eine obszöne Geste.

»Sie kommen immer an das Fenster«, erzählte Derek. »Manche Dämonen jede Nacht. Ich warte immer noch darauf, dass sie irgendwann einmal aufgeben werden, aber sie lernen es wohl nie.«

»Dein Anblick reizt sie bis zur Weißglut«, meinte Arlen. »Horclinge fressen zwar ihre Beute, aber ich glaube, dass sie sich eigentlich von dem Akt des Tötens ernähren, vor allem, wenn sie einen Menschen erlegt haben. Wenn sie wissen, dass du hier bist, werden sie Nacht für Nacht wiederkommen und die Siegel attackieren, und wenn es hundert Jahre dauern sollte, bis mal eines versagt.«

»Bei der Nacht, das ist ja kein Trost«, seufzte Derek.

»Wir dürfen uns nicht in Sicherheit wiegen, solange die Dunkelheit herrscht«, erwiderte Arlen und blickte zum Fenster zurück. »Gibt es in dieser Höhe eigentlich nur Felsen- und Winddämonen?«

»Und Schneedämonen«, ergänzte Derek. »Sie steigen sogar noch höher, in Regionen, in denen der Schnee nie schmilzt, aber wenn ein Wintersturm tobt, ziehen sie sich in tiefere Zonen zurück.«

»Hast du schon mal einen Schneedämon gesehen?«, fragte Arlen gespannt.

»Selbstverständlich«, trumpfte Derek auf, doch unter Arlens prüfendem Blick ließ seine Überlegenheit ein wenig nach. »Ein einziges Mal«, räumte er ein. »Jedenfalls glaube ich, dass es einer war.«

»Du bist dir nicht sicher?«

»Das Fenster war von den Hitzesiegeln beschlagen«, gab Derek zu. Arlen zog eine Augenbraue hoch, aber Derek zuckte nur gleichmütig die Achseln. »Ich will dir keine Märchen erzählen. Vielleicht habe ich tatsächlich einen gesehen, vielleicht auch nicht. Ist ja auch egal. Jedenfalls werde ich niemals damit aufhören, die entsprechenden Siegel ständig zu erneuern. Die Jongleure behaupten, beim ersten Mal lag es hauptsächlich an der Nachlässigkeit der Menschen, dass es sie so schwer erwischt hat. Ich würde selbst dann noch die Siegel auffrischen, wenn ich von heute an in meinem ganzen Leben nie wieder einen Horcling zu Gesicht bekäme. Und meinen Kindern und Enkelkindern werde ich ans Herz legen, genauso vorsichtig zu sein.«

»Recht hast du«, stimmte Arlen zu. »Könntest du mir ein paar Schneesiegel beibringen?«

»Ay, da drüben liegen Schiefertafeln und Kreide.« Mit dem Finger deutete Derek in die Richtung. Er klopfte seine Pfeife aus, während Arlen die Sachen holte und sie ihm reichte. Als Derek anfing zu zeichnen, sah er aufmerksam zu.

Zu seiner Überraschung merkte er, dass das Grundmuster des Abwehrsiegels gegen Schneedämonen eine Abänderung des Siegels zum Schutz vor Wasserdämonen war – durch die nach außen strebenden Linien glich es beinahe einer Schneeflocke. Derek fuhr mit dem Skizzieren fort, und Arlen, ein geschickter Bannzeichner, erkannte schnell, wie die Energie durch das magische Netz fließen würde. Er beschränkte sich nicht aufs Zuschauen, sondern übertrug Kopien der Siegel in sein Journal, die er durch Notizen ergänzte.

Arlen kuschelte sich schon wieder in sein Federbett, als Einarm seine Spur bis zu der Station verfolgt hatte. Ganz deutlich hörte er das Geheul des Dämons und das donnernde Krachen, als er auf die Siegel eindrosch. Die Station war gut geschützt, aber als der riesige Dämon die Hitze- und Lichtsiegel mit Energie auflud, wurde es drinnen immer heißer und heller, bis Arlen sich vorkam, als stünde er an einem wolkenlosen Sommertag im Sumpfland, und die Mittagssonne schiene auf ihn herab. In Schweiß gebadet lag er da, und der vom Hof eindringende Dampf überzog alles mit einem klammen Film. Wenn er nach Hause kam, würde er mindestens ein paar Tage brauchen, um den Rost von seinem Harnisch abzuschmirgeln.

Als er merkte, dass er ohnehin keinen Schlaf mehr finden würde, stand er auf und fing an, Dereks Schneesiegel in seine tragbaren Bannzirkel zu ritzen. Mit dieser Arbeit beschäftigte er sich bis zum nächsten Morgen. Derek hatte ebenfalls kein Auge zugekriegt, und als Arlen weiterziehen wollte, war Morgenröte bereits vor den Karren gespannt und bereit zum Aufbruch. Sowie die Sonne über dem Berg aufging, machte sich Arlen auf den Weg.

Wie Derek bereits angekündigt hatte, gestaltete sich das Vorankommen immer schwieriger. Nach der dumpfigen Hitze in der Station empfand er die Kälte anfangs als erfrischend, doch schon bald fror er wieder bis ins Mark, vor allen Dingen, weil seine Unterkleider und der Umhang feucht waren. Schnell überzog Raureif das Bruststück seines Panzers, und egal, wie sehr er sich auch anstrengte, es gelang ihm einfach nicht, tief durchzuatmen. Selbst Morgenröte schnaufte und keuchte. Sie bewegten sich im Kriechtempo vorwärts, und obwohl es bis zum nächsten Siegelpfosten nur wenige Meilen waren, erreichten sie ihn erst spät am Tag. Arlen war viel zu abgekämpft, um zu versuchen, noch ein paar Meilen mehr herauszuschinden.

Der nächste Tag stellte eine noch größere Herausforderung dar. Über Nacht hatten sich Arlens Lungen ein wenig an die dünne Höhenluft gewöhnt, aber der Weg führte weiter steil bergan.

»Da oben muss ja eine Menge Gold zu finden sein«, erzählte Arlen seinem Pferd, »damit sich diese Tour überhaupt lohnt.« Sofort bereute er seine Bemerkung, nicht weil sie falsch war, sondern weil nach den wenigen Worten seine Lungen brannten wie Feuer.

Ihm blieb gar nichts anderes übrig, als den Weg fortzusetzen, also stapfte er verbissen weiter, den Kopf gesenkt und ohne auf den schneidenden Wind und die Schneeverwehungen zu achten, die ihm stellenweise bis zu den Knien reichten. Die Räderspuren hörten auf, und der Pfad war nicht mehr zu erkennen, obwohl man im Grunde keine Wegweiser brauchte. Man konnte nur in eine Richtung gehen, wobei an der einen Seite die schiere Felswand aufragte, während an der anderen die Bergflanke senkrecht in die Tiefe stürzte.

Gegen Nachmittag tat Arlen wegen des Luftmangels jeder Muskel weh, und er schaffte es kaum noch, das Gewicht der Rüstung zu tragen. Am liebsten hätte er sie abgelegt, doch er befürchtete, wenn er erst einmal stehen blieb, um sie auszuziehen, könnte er hinterher vor Schwäche keinen Fuß mehr vor den anderen setzen.

Viele Leute klettern ständig hier rauf, sagte er sich. *Und was andere schaffen, schaffst du auch.*

Am Spätnachmittag, als sowohl Arlen als auch Morgenröte die Grenzen ihrer Belastbarkeit erreicht hatten, kam die kleine Minenstadt in Sicht. Brayans Gold war ein Sammelsurium aus mehr oder weniger behelfsmäßigen Behausungen; einige bestanden aus Holz, andere hatte man mit dem Aushub aus den Minen zusammengestoppelt, und selbst festgestampfte Erde und behauener oder zermahlener Stein dienten als Baumaterial. Die meisten dieser Bauten wirkten eher wie Elendshütten; vor den Türeingängen hingen gegerbte Tierfelle, und aus Zelten hatte man Vorbauten errichtet. Aber im Stadtzentrum gab es einen großen, aus Holz gebauten Gasthof, der das gesamte Plateau beherrschte.

Ein paar Leute waren unterwegs, hauptsächlich Frauen und Kinder, vermutlich schufteten die Männer in den Minen. Arlen befeuchtete mit der Zungenspitze seine trockenen, rissigen Lippen, setzte sein Kurierhorn an den Mund und blies einen langgezogenen, klaren Ton. Das genügte, um seine Kehle schmerzen zu lassen, als hätte er Messer aus Eis verschluckt.

»Kurier!«, brüllte ein Junge. Im nächsten Moment war Arlen von Kindern umringt, die auf und ab hopsten und ihn mit Fragen bestürmten, was er mitgebracht hätte.

Arlen schmunzelte. Als Junge hatte er sich genauso aufgeführt, wenn der Kurier in Tibbets Bach eintraf. Er war auf diesen Empfang vorbereitet und warf den Kindern in Maishülsen eingewickelte Süßigkeiten, kleine Spielsachen und Geduldsspiele zu. Er aalte sich in ihrer Freude wie in einem warmen Bad. Auf einmal kamen ihm die Strapazen, die er auf sich genommen hatte, um sich bis hierher hochzuquälen, gar nicht mehr so schlimm vor, und er spürte, wie seine Kräfte allmählich zurückkehrten.

»Wenn ich groß bin, möchte ich auch Kurier werden«, verkündete ein Junge. Arlen zerstrubbelte seinen Haarschopf und steckte ihm eine Extra-Süßigkeit zu.

»Du kommst einen Tag zu früh«, stellte jemand fest. Arlen drehte sich um und sah einen schmächtigen Mann in einem feinen Wollmantel; die Wildlederstiefel und Handschuhe waren mit weißem Hermelinfell besetzt. Hinter ihm marschierten zwei stämmige Wachmänner, von deren Gürteln kleine Spitzhacken baumelten, die sowohl wie Waffen als auch wie Werkzeuge aussahen. Der Mann näherte sich Arlen mit einem jovialen Lächeln und streckte ihm die Hand entgegen.

»Ich wurde von Banditen überfallen«, erklärte Arlen und schüttelte die Hand. »Danach habe ich mich beeilt und einen Siegelpfosten ausgelassen, um schneller voranzukommen.«

»Schneyder«, stellte der Mann sich vor. »Graf Brayans Vetter und Baron von Brayans Gold. Was ist mit Sandar passiert?«

»Hat sich ein Bein gebrochen«, antwortete Arlen. »Ich bin Arlen Strohballen.«

Schneyder legte seine Hand auf Arlens Schulter und beugte sich dicht an ihn heran. »Ich sage dir dieselben drei Dinge, die ich jedem Kurier ans Herz lege, der diese Tour zum ersten Mal macht. Beim ersten Mal kommt einem der Aufstieg immer am schlimmsten vor, am nächsten Morgen kannst du wieder richtig atmen, und bergab geht es leichter als bergauf.« Er schüttelte sich vor Lachen, als hätte er einen kolossalen Witz von sich gegeben, und klatschte mit der Hand so heftig auf Arlens Rücken, dass der Harnisch klirrte.

»Trotzdem wundert es mich, dass sie einen Neuling ganz allein hierherschicken«, ergänzte Schneyder dann.

»Kurier Curk war bei mir, aber er ist mit eingeklemmtem Schwanz abgehauen, als die Banditen auftauchten«, berichtete Arlen.

Schneyder kniff die Augen zusammen. »Ist die Fracht unversehrt?«

Arlen grinste stolz. »Bis auf den letzten Nagel, der die Kisten zusammenhält, ist alles vorhanden.« Er reichte Schneyder ein mit Wachs versiegeltes Rohr, in das sowohl Graf Brayans Siegel, Spitzhacke und Hammer, als auch Curks und Arlens Zeichen eingestanzt waren.

»Ha!«, bellte der Baron, und seine jähe Anspannung löste sich. Wieder ließ er seine Hand auf Arlens Rücken klatschen. »Das klingt ganz nach einer Geschichte, die drinnen erzählt werden sollte, wo es warm ist!«

Schneyder hob eine Hand, und die beiden Wachmänner übernahmen den Karren. Arlen ging neben dem Baron her, der das Siegel auf dem Rohr zerbrach und das Ladungsverzeichnis herausnahm. Er überflog die Zeilen, in denen jedes einzelne Teil auf dem Karren aufgelistet war, bis hin zum letzten Brief und dem persönlichen Gepäck der Kuriere. Im Rohr befand sich auch ein privates Schreiben des Grafen, aber Arlen wusste nicht, was darin stand. Der Baron stopfte den ungeöffneten Umschlag in seine Jackentasche.

Sie erreichten den Stall, wo junge Burschen Morgenröte ausspannten. Arlen wollte ihnen dabei helfen, aber Schneyder packte ihn beim Arm und hielt ihn zurück.

»Du hast über eine Woche auf der Straße verbracht, Kurier. Jetzt sollen mal die Knechte den Buckel krumm machen.« Er reichte die Liste einem der Stallwächter und marschierte ins Haus.

Wie die Wegstation war auch das Innere des Gasthofs mit Hitzesiegeln versehen und sehr warm. Im vorderen Bereich gab es einen

Gemischtwarenladen, der einzige Ort in der Stadt, an dem man sich mit lebensnotwendigen Dingen für den täglichen Bedarf eindecken konnte. In Regalen hinter dem Verkaufstresen stapelten sich alle möglichen Werkzeuge und Geräte, und auf Schiefertafeln waren mit Kreide die Preise für Lebensmittel, Vieh und besondere Güter geschrieben.

In dem Raum drängten sich Frauen, viele mit Kindern, die sich an ihre Rockzipfel klammerten; sie riefen den hinter dem Tresen arbeitenden Frauen ihre Bestellungen zu und händigten ihnen Geld aus. Die Verkäuferinnen wiederum gaben lautstark anderen stämmigen Wachmännern des Barons Anweisungen, welche Waren sie von den Regalen holen und zu verpacken hatten.

Nach der Stille der Straße kam Arlen der Lärm überwältigend vor, aber der Baron lotste ihn schnell durch das Chaos hindurch in den hinter dem Laden liegenden Schankraum, wo in einer ruhigen Nische ein reich gedeckter Tisch für sie bereitstand. Beflissen eilte der Wirt herbei und servierte ihnen Kaffee.

Arlen blies den Atem über seine dampfende Tasse und nippte an dem Getränk; sofort spürte er, wie die Wärme allmählich in seine Knochen zurückkehrte. Der Baron ließ ihm Zeit, sich zu erholen, bis sich zwei Frauen dem Tisch näherten, eine junge und eine wesentlich ältere. Ihre Kleider waren schlichter als die Roben, die die adligen Damen in Fort Miln bevorzugten, aber durch den exzellenten Zuschnitt und die gute Qualität des Stoffs fielen sie trotzdem auf.

Arlen erhob sich höflich von seinem Platz, während der Baron die Frauen zur Begrüßung küsste und sich dann umdrehte, um die Vorstellung zu übernehmen. »Kurier Arlen Strohballen, ich möchte dich mit meiner Ehegemahlin, Lady Delia Schneyder, und meiner Tochter Stasy bekanntmachen.«

Arlen bemerkte, dass der Titel »Mutter« vor dem Namen der Baronin fehlte, aber kommentarlos verbeugte er sich und küsste die Hände der Damen, so wie Cob es ihm beigebracht hatte.

Die Baronin mochte Ende fünfzig sein und war ziemlich unansehnlich; mit ihrem schmalen, abgehärmten Gesicht und dem langen Hals glich sie einem Kranich. Stasy Schneyder hingegen entsprach voll und ganz Dereks Beschreibung.

Sie war ungefähr in Arlens Alter, mit schwarzen Haaren und blauen Augen, dazu groß und geschmeidig wie eine typische Milneserin. Sie hatte ein hübsches Gesicht, aber Arlen fand, dass der melancholische Ausdruck in ihren Augen sie erst zu einer richtigen Schönheit machte. Ihr Mieder war nicht geschnürt, als ob ihr das Kleid zu eng wäre.

Ich schätze, das Mädchen hatte mittlerweile ihren Monatsfluss, hatte Derek ihm anvertraut, aber Arlen war sich da nicht so sicher. Er zwang sich dazu, den Blick zu heben und ihr in die Augen zu schauen, ehe er dabei ertappt wurde, wie er auf ihren prallen Busen starrte.

Alle setzten sich hin, und der Baron und die Baronin hockten dicht zusammen, als sie das Siegel zerbrachen und Graf Brayans privaten Brief lasen. Sie begannen heftig miteinander zu tuscheln, und ihre Blicke huschten immer wieder zu Stasy hin, doch Arlen gab vor, nichts zu merken. Er wandte sich an das Mädchen und versuchte, sie in ein Gespräch zu verwickeln, aber die Tochter des Barons zeigte ihm die kalte Schulter und beobachtete die lebhafte Diskussion mit traurigen Augen.

Schließlich gab der Baron einen Grunzer von sich und widmete sich wieder Arlen. »Wir schicken bald eine Karawane nach Miln, du kannst also den Karren hierlassen und auf deinem Pferd den Berg hinunterreiten. Außer einer Handvoll Briefe brauchst du auf dem Rückweg nichts mitzunehmen.«

Arlen nickte, und bald wurde eine üppige Mahlzeit serviert. Der Baron und seine Frau stellten ihm eine Frage nach der anderen, erkundigten sich, was es in Miln an Neuigkeiten gäbe, und pflichtgetreu schilderte Arlen alles Wichtige, das in der großen Stadt vor sich ging, gewürzt mit diversen Gerüchten, die er im Gildehaus der Kuriere aufgeschnappt hatte. Anscheinend gierten Adlige, die gezwungenermaßen fernab vom Hof lebten, hauptsächlich nach Klatsch und Tratsch. Stasy beteiligte sich nicht an der Unterhaltung, sondern saß still und mit gesenktem Blick da.

Plötzlich trat ein Wachmann an ihren Tisch, in den Händen eine mit Kreide vollgekritzelte Schiefertafel und das Ladungsverzeichnis. »Ein Donnerstock fehlt.« Er schielte Arlen misstrauisch an.

»Blödsinn!«, widersprach Schneyder. »Zählt nochmal nach.«

»Wir haben bereits zweimal gezählt«, betonte der Mann.

Der Baron runzelte die Stirn, und sein Blick huschte kurz zu Arlen hin. Sein Lächeln wirkte gekünstelt. »Dann zählt ihr sie eben noch ein drittes Mal«, befahl er dem Wachmann.

Arlen räusperte sich. »Nein, er hat Recht. Der fehlende Donnerstock liegt vorn, versteckt unter dem Kutschbock. Ich habe ihn benutzt, um die Banditen einzuschüchtern, damit sie mir den Weg freigaben.« Er versuchte sich einzureden, dass er vergessen hatte, den Donnerstock in die Kiste zurückzulegen, aber tief in seinem Inneren wusste er, dass er ihn mit Absicht unter dem Sitz gelassen und gehofft hatte, dass niemandem auffallen würde, dass die Füllung einer Kiste unvollständig war.

Alle Augen hefteten sich schockiert auf ihn. Sogar Stasy blickte hoch. Arlen berichtete hastig von seiner Begegnung mit den Banditen, ohne jedoch Sandar zu erwähnen.

Trotzdem klappte Baron Schneyder vor Verblüffung die Kinnlade herunter. »Du hast die Kerle verscheucht, indem du mit einem Donnerstock herumgefuchtelt und damit geblufft hast, du würdest ihn zur Explosion bringen?«

Arlen lächelte. »Ich habe nicht gesagt, dass es ein Bluff war.«

Schneyder lachte dröhnend und schüttelte den Kopf. »Ich weiß nicht, ob das das Tapferste oder das Dümmste ist, was ich je gehört habe! Wenn sich das tatsächlich so zugetragen hat, dann hast du mehr Mut als ein Felsendämon.«

»Es heißt nicht umsonst, jeder Mann, der Kurier wird, ist ein ganzer Kerl«, schnurrte die Baronin und maß Arlen mit einem Blick, der ihn erschauern ließ. »Aber woher wussten die Banditen von der Fuhre? Nur Mutter Cera und ich kannten das exakte Datum.«

»Und Sandar«, ergänzte Arlen, »der sich kurz bevor es losgehen sollte angeblich ein Bein brach.«

»Das ist eine schwere Anschuldigung, Kurier«, meinte Schneyder, dessen Stimme einen gefährlichen Unterton annahm. »Hast du einen Beweis dafür?«

Arlen war sich darüber im Klaren, dass von seinen nächsten Worten unter Umständen Sandars Leben abhing. Er zuckte die Achseln. »Ich beschuldige niemanden. Ich sage nur, wenn ich an Eurer Stelle wäre, würde ich mir einen neuen Kurier suchen.«

»Woher sollen wir wissen, ob du nicht nur versuchst, diese Tour an dich zu reißen?«, mischte sich die Baronin ein.

»Ich bin nur ein Lehrling«, stellte Arlen fest. »Die Gilde würde mir diese Route ohnehin nicht anvertrauen.«

»Pah!« Die Baronin winkte verächtlich ab. »Das könnten wir mit einem Federstrich ändern, was du sehr wohl weißt. Wenn du die Wahrheit sagst, stehen wir tief in deiner Schuld.«

Arlen nickte. »Ich weiß Euer Lob zu schätzen, Mylady, aber ehe ich mich mit einer regulären Tour zufriedengebe, möchte ich noch ein bisschen von der Welt sehen.«

Die Baronin schnalzte mit der Zunge. »Alle jungen Kuriere werden von der Abenteuerlust angetrieben, aber eines Tages wirst du nicht mehr so abgeneigt sein, eine beständige Arbeit auf einer vertrauten Route zu übernehmen.«

Nach dem Essen standen der Baron und die Baronin auf. Auch Arlen sprang hastig auf die Füße, und Stasy erhob sich mit matten Bewegungen, in den Augen immer noch dieser leere, abwesende Blick.

»Du wirst uns entschuldigen«, wandte sich Schneyder an ihn, »aber wir müssen noch etwas erledigen. Stasy kümmert sich um deine Unterbringung und sorgt dafür, dass die Burschen dir den Proviant für den Rückweg bereitmachen. Natürlich entstehen dir keine Kosten, betrachte es als Geschenk von Graf Brayan.«

Das Ehepaar entfernte sich in einem Wirbel aus teuren Pelzen, und Stasy deutete einen Knicks an. »Tochter Stasy, dir zu Diensten«, murmelte sie.

»Du sagst das, als würdest du dein eigenes Todesurteil verkünden«, fand Arlen.

Endlich blickte die Tochter des Barons ihm ins Gesicht. »Ich bitte um Entschuldigung, Kurier, aber der Brief des Grafen, den du mitgebracht hast, enthält vielleicht eine Nachricht, die so etwas wie mein Todesurteil bedeuten könnte.« Sie klang wie ein Mensch, dessen Tränen seit langem versiegt sind.

»Meine Beine schmerzen immer noch von dem Anstieg«, erklärte Arlen und deutete auf den Tisch. »Möchtest du noch ein Weilchen mit mir hier sitzen bleiben?«

Stasy nickte und ließ zu, dass Arlen ihr einen Stuhl zurechtrückte. »Wenn es dein Wunsch ist.«

Arlen nahm ihr gegenüber Platz, beugte sich vor und flüsterte: »Es heißt, wenn man einem Kurier ein Geheimnis anvertraut, ist es sicherer aufgehoben als bei einem Fürsorger. Kein Mensch und kein Dämon aus dem Horc kann es ihm entreißen, er wird es nur der Person zutragen, für die es bestimmt ist.«

»Und das behauptet der Mann, der während der ganzen letzten Stunde meine Eltern mit Hofklatsch amüsiert hat?«, spottete Stasy.

Arlen lächelte. »Sobald diese Gerüchte bis in die Große Halle der Kuriergilde vorgedrungen sind, kann man sie getrost als Allgemeingut betrachten und darf sie weiterverbreiten. Aber jetzt verrate ich dir ein echtes Geheimnis.«

Stasy hob eine Augenbraue. »Oh?«

»Derek glaubt immer noch, dass es keine Frau gibt, die Stasy Schneyder das Wasser reichen kann, und er betet, dass du noch nicht geblutet hast«, wisperte Arlen. »Das soll ich dir von ihm ausrichten.«

Stasy schnappte nach Luft und drückte eine Hand gegen ihre Brust. Ihre bleichen Wangen färbten sich glühendrot, und sie sah sich schuldbewusst um, doch niemand hielt sich in ihrer Nähe auf. Jetzt sah sie Arlen direkt in die Augen.

»Es ist doch wohl klar, dass mein Monatsfluss ausgeblieben ist«, erwiderte sie und berührte die losen Schnüre ihres Mieders, die auf ihren Bauch herabbaumelten. »Aber das spielt keine Rolle. Er ist nicht gut genug für mich.«

»Sind das deine Worte oder die deines Vaters?«, hakte Arlen nach.

Stasy zuckte die Achseln. »Ist das nicht egal? Als meine Mutter starb, tauschte mein Vater das ›i‹ in seinem Namen gegen ein ›y‹ aus und heiratete Graf Brayans adlige Kusine, aber unter den anderen Aristokraten fühlt er sich immer noch wie ein Händler, denn er verkehrt nur so lange in den noblen Kreisen, wie seine Ehe hält. Für mich erhofft er sich etwas Besseres, und das heißt, dass ich einem echten aristokratischen Ehegemahl Kinder gebären und die Mütterschule besuchen soll.«

Arlen widerstand dem Drang, auf den Boden zu spucken. Sein Vater hatte versucht, eine Ehe für ihn zu arrangieren, als er elf war, und er erinnerte sich noch gut, wie er sich damals gefühlt hatte.

»Wo ich herkomme, gibt es keine Aristokraten«, erklärte er. »Und das ist gut so.«

»Da sagst du etwas Wahres«, pflichtete Stasy ihm bekümmert bei.

»Aber wie will dein Vater eine Ehe mit einem Adligen einfädeln, wenn dein Zustand erst einmal unübersehbar wird?«, erkundigte sich Arlen.

Stasy lachte bitter. »So etwas lässt sich natürlich nicht vertuschen, und deshalb schickt er diese ›Karawane‹ los, die mich in Graf Brayans Hof einschmuggeln soll. Dort muss ich mich dann zwischen den Dienstboten verstecken, bekomme in aller Heimlichkeit mein Kind, und danach wird Gräfin Mutter Cera mich bei Hof vorstellen, als sei ich gerade erst in der Stadt eingetroffen, und eine ›standesgemäße‹ Ehe für mich aushandeln. Derek wird nie erfahren, dass er Vater geworden ist.«

»Ihr müsst aber in der Wegstation haltmachen«, gab Arlen zu bedenken.

»Und wenn schon«, meinte Stasy. »Ein neuer Stationshüter begleitet uns, der Derek ablösen soll, und der marschiert hierher zurück, ohne auch nur zu ahnen, dass ich in der Kutsche eingesperrt war.«

Sie sah verstohlen in die Runde, um sicherzugehen, dass niemand sie beobachtete, dann griff sie nach Arlens Hand. Er sah Leidenschaft in ihren Augen und den Hunger nach Abenteuern. »Aber wenn Derek wüsste, dass ich komme und eine Ausrüstung mitsamt Verpflegung verstecken würde, könnte er, anstatt den Berg hochzumarschieren, heimlich bergab laufen. Selbst wenn mein Vater uns im selben Moment, in dem Derek vermisst würde, Leute hinterherschickte, hätten wir einen Vorsprung von einer

Woche. Wir hätten reichlich Zeit, uns zu finden, meinen Schmuck zu versilbern und in der Stadt unterzutauchen. Wir könnten heiraten, ungeachtet seiner Herkunft, und unser Kind gemeinsam großziehen.«

Mit glänzenden Augen blickte Stasy ihn an. »Wenn du ihm das ausrichtest, Kurier, ohne jemand anderem etwas zu verraten oder einen Eintrag in dein Journal zu machen, dann zahle ich dir dafür jeden Preis, den du verlangst.«

Arlen sah sie an, und in diesem Moment kam er sich vor wie ein älterer Bruder, der seine Schwester beschützen muss. Er würde ihre Nachricht kostenlos weiterleiten, aber er konnte nicht leugnen, dass es etwas gab, das er gern haben wollte. Und die Tochter des Barons konnte ihm diesen Wunsch vielleicht erfüllen.

»Ich brauche einen Donnerstock«, gab er mit leiser Stimme zurück.

Stasy schnaubte unfein durch die Nase. »Ist das alles? Ich lasse dir ein halbes Dutzend davon zusammen mit deinem Proviant einpacken.«

Arlen stutzte, verblüfft, wie einfach alles gegangen war, und dann strahlte er über das ganze Gesicht.

»Wozu brauchst du diesen Donnerstock?«, wollte Stasy wissen.

»Ich will einen Felsendämon töten, der mich seit langem verfolgt«, antwortete Arlen.

Stasy legte den Kopf schräg und musterte ihn in derselben Weise wie es schon andere Leute vor ihr getan hatten, wenn sie sich nicht sicher waren, ob er sich einen Scherz erlaubte oder ganz einfach verrückt war. Zum Schluss zuckte sie leicht mit den Achseln und begegnete seinem Blick. »Versprich mir nur, dass du vorher meine Nachricht überbringst.«

Arlen nahm sich ein paar Tage Zeit, um sich auszuruhen, während die Goldmänner ihre Botschaften fertigstellten, die er auf dem Rückweg mitnehmen sollte. Er ermüdete immer noch rasch in der dünnen Gebirgsluft, doch mit jedem Tag, der verging, spürte er die unangenehmen Auswirkungen etwas weniger. Seine Mußestunden nutzte er klug, indem er zusah, wie die Minenarbeiter mit den neuen Donnerstöcken umgingen. Jeder wollte sich bei dem neuen Kurier beliebt machen, und deshalb beantwortete man ihm bereitwillig alle seine Fragen.

Nachdem er beobachtet hatte, wie die Donnerstöcke in einer gewaltigen, ohrenbetäubenden Explosion eine massive Felswand binnen Sekunden in Tonnen von Gesteinsschutt verwandelten, wusste er, dass die Zerstörungskraft dieser Dinger nicht übertrieben war. Wenn es etwas auf der Welt gab, das Einarms dicken Panzer durchdringen konnte, dann waren es diese Donnerstöcke.

Schließlich waren sämtliche Vorbereitungen für die Rückreise beendet, und am dritten Tag legte er wieder seinen schweren Harnisch an und machte sich auf den Weg zu den Ställen. Sein Proviant steckte bereits in den Satteltaschen, und in ihnen fand Arlen auch eine kleine Kiste mit in Stroh eingepackten Donnerstöcken, nebst einem versiegelten Umschlag, der an Derek adressiert war.

Wie der Baron bereits angekündigt hatte, gestaltete sich der Abstieg wesentlich unproblematischer als der kräftezehrende Aufstieg. Früh am Tag erreichte er den ersten Siegelpfosten, marschierte jedoch zügig weiter und traf lange vor der Abenddämmerung an der Wegstation ein. Derek kam heraus, um ihn in Empfang zu nehmen.

»Ich bringe dir einen ganz besonderen Brief mit«, erklärte Arlen und gab ihm den Umschlag. Als der Stationshüter ihn sah, leuchteten seine Augen auf, und er reckte den ungeöffneten Umschlag der Sonne entgegen.

»Großer Schöpfer«, betete er, »bitte richte es ein, dass ihr Monatsfluss ausblieb!«

Nervös riss er den Brief auf, doch beim Lesen erlosch sein Lächeln, und langsam wich alle Farbe aus seinem Gesicht, bis es so weiß war wie der Schnee, in dem er stand. Entsetzt starrte er Arlen an.

»Bei der Nacht«, ächzte er. »Sie hat den Verstand verloren, verflucht nochmal! Glaubt sie im Ernst, ich würde mit ihr nach Miln durchbrennen?«

»Warum denn nicht?«, fragte Arlen. »Gerade hast du den Schöpfer doch genau darum gebeten.«

»Sicher, als ich dachte, ich würde dadurch der Schwiegersohn des Barons. Ich konnte ja nicht ahnen, dass sie von mir verlangt, mich über eine Woche lang allein mit den Horclingen herumzuschlagen.«

»Na und? Was ist schon dabei? Überall an der Straße findest du Lagerplätze, und du bist ein geschickter Bannzeichner.«

»Weißt du, was für einen Stationshüter das Schlimmste ist, Kurier?«, fragte Derek.

»Die Einsamkeit?«

Derek schüttelte den Kopf. »Nein, es ist diese eine Nacht, die man im Freien zubringen muss, wenn man sich wieder auf den Heimweg nach Brayans Gold begibt. Bergab kann man die Station in einem Tag erreichen, aber wenn es zurück nach Hause geht, muss man notgedrungen an diesem verdammten Siegelpfosten anhalten.« Er schüttelte sich. »Dann sieht man, wie die Horclinge um einen herumschleichen, und ist nur geschützt durch einen unsichtbaren Wall aus Magie. Ich weiß nicht, wie ihr Kuriere das aushaltet. Jedes Mal, wenn ich nach Hause komme, ist meine Hose voll mit gefrorener Pisse. Und dabei bin ich den Weg noch kein einziges Mal allein gegangen. Jedes Mal, wenn ich abgelöst wurde, haben mein Dad und meine

Brüder mich begleitet, damit wir vier abwechselnd Wache halten konnten.«

»Viele Leute unternehmen ständig diese Tour«, wandte Arlen ein.

»Und jedes Jahr werden mindestens ein halbes Dutzend unterwegs von Horclingen getötet«, erwiderte Derek. »Manchmal sogar noch mehr.«

»Vielleicht waren sie zu sorglos«, mutmaßte Arlen.

»Oder sie hatten ganz einfach nur Pech«, entgegnete Derek. »Kein Mädchen ist dieses Risiko wert. Ich mag Stasy sehr gern, und wenn man sie allein erwischt, entwickelt sie richtig Temperament, aber sie ist nicht das einzige Mädchen in Brayans Gold.«

Arlen runzelte die Stirn. Dereks phlegmatische Sturheit, die Art, wie er eine Entschuldigung nach der anderen für seine Feigheit vorbrachte, erinnerte ihn an seinen Vater. Jeph Strohballen hatte weder auf seine Frau noch auf sein Kind Rücksicht genommen, als die schiere Not es geboten hätte, eine Nacht lang auf die schützenden vier Wände zu verzichten, und dieser Kleinmut hatte Arlens Mutter das Leben gekostet.

»Wenn du ohne Stasy und dein Kind nach Brayans Gold zurückgehst, bist du kein Mann, sondern ein Schlappschwanz«, erwiderte er verächtlich und spuckte aus.

Derek knurrte und ballte eine Faust. »Was geht dich das überhaupt an, Kurier? Wieso kümmert es dich, ob ich mit der Tochter des Barons durchbrenne oder nicht?«

»Du widerst mich an, und ich finde, dass das Mädchen und das ungeborene Kind, das sie in ihrem Schoß trägt, etwas Besseres verdient haben als einen verdammten Feigling«, zischte Arlen, und dann spürte er einen Blitz hinter den Augen, weil Derek ihm einen Boxhieb verpasst hatte. Der Schlag warf ihn herum, doch er nutzte den Schwung aus, machte eine volle Drehung und rammte dem Stationshüter seinen mit Stahlplatten gepanzerten Ellenbogen mit voller Wucht in die Nieren. Derek heulte auf und krümmte sich, doch Arlens nächster Schwinger landete mitten in seinem Gesicht; er fiel der Länge nach in den Schnee und streckte alle viere von sich. Alte, böse Erinnerungen brodelten wieder an die Oberfläche, und Arlen musste sich beherrschen, um nicht noch weiter auf Derek einzuprügeln.

Er ging zu seinem Pferd zurück. »Ich bleibe nicht hier«, verkündete er, als Derek sich mühsam auf einen Ellenbogen hochstemmte und den Kopf schüttelte, um ihn zu klären. »Lieber verbringe ich eine Nacht allein mit den Horclingen, als hinter einer geschützten Mauer in Gesellschaft eines Mannes, der sein eigenes Kind im Stich lässt.«

Der Pfad zog sich über einen Höhenrücken und fiel dann steil ab, so dass Brayans Gold und die Wegstation auf der anderen Seite des Berges zurückblieben. In der Kälte pochte die Prellung in Arlens Wange, ein dumpfer Schmerz machte ihm schwer zu schaffen, und je länger er marschierte, umso finsterer wurde seine Stimmung. Es passierte ihm nicht zum ersten Mal, dass er den Charakter eines Mannes falsch eingeschätzt hatte und sich verraten fühlte, und sicher würde es auch nicht das letzte Mal sein, doch der Grund für die Schwäche dieser Leute war immer derselbe. Angst. Angst vor den Horclingen. Angst vor der Nacht. Angst vor dem Tod.

Angst ist etwas Gutes, pflegte sein Vater zu sagen. *Sie hilft uns, zu überleben.*

Aber sein Vater hatte sich geirrt, wie so oft. Jeph Strohballen hatte sich so mit seiner Angst abgefunden, sie dermaßen verinnerlicht, dass er sie mit Weisheit verwechselte. Indem er sich von seiner

Angst beherrschen ließ, verlängerte er vielleicht seine Lebensspanne, aber Arlen bezweifelte, dass sein Vater unter dem erdrückenden Joch der Furcht jemals wirklich gelebt hatte.

Ich habe vor den Horclingen Respekt, sagte sich Arlen, *aber ich werde nie aufhören, sie zu bekämpfen.*

Eine Stunde vor Sonnenuntergang hielt er an und schlug ein Lager auf. Er breitete die Bannzirkel aus und fesselte die Vorderbeine seines Pferdes, wobei er dafür sorgte, dass das Tier mit Decken gut vor der Kälte geschützt war. Dann warf er einen Blick auf die Kiste mit den Donnerstöcken und entschied, dass er nicht länger warten konnte. Vor kurzem hatte er einen schmalen Pass überquert, der ihm für sein Vorhaben ideal geeignet erschien. Er nahm zwei Speere, zwei Donnerstöcke und seinen Schild, und kletterte wieder bergauf. Bald gelangte er an den Pass, der von einem Felsvorsprung überragt wurde und ziemliche Ähnlichkeit mit der Stelle hatte, die Sandar ausgesucht hatte, um ihm und Curk eine Falle zu stellen.

Er stapfte noch ein Stück weiter den Pfad hinauf und verteilte entlang der verschneiten Strecke, auf der Einarm bald herunterkommen würde, kleine, lackierte Tafeln mit eingeritzten Lichtsiegeln. Dann kehrte er zu dem Pfad zurück, erklomm die Felsnase, und während er darauf wartete, dass sich die Dämmerung herabsenkte, beobachtete er gespannt die Umgebung.

Schon bald herrschte Zwielicht, und der Gestank der Dämonen stieg zusammen mit ihren widerwärtigen, nebelhaften Umrissen aus dem Boden auf, um die Welt während der Dauer der Nacht zu verpesten. Hier gab es nur wenige Horclinge, doch keine drei Fuß von Arlen entfernt erschien ein Felsendämon auf dem Vorsprung, ein gedrungenes Biest mit einem Panzer, der dieselbe Farbe hatte wie der Stein.

Arlen wusste, dass der Dämon ihn erst bemerken würde, wenn der Nebel, aus dem er entstand, eine stoffliche Gestalt angenommen hatte, aber er lief weder davon noch bereitete er einen Bannkreis vor. Stattdessen duckte er sich und lauerte darauf, dass sich der Dämon verfestigte. Sobald sich der Nebel zu einer festen Form verdichtet hatte, stürmte er mit vorgerecktem Schild darauf zu. Der Rand des Schilds war mit einem kompletten Ring aus den wichtigsten Schutzsiegeln versehen, und Magie flammte auf, als Arlen den Horcling erreichte, ihn mit dem Schild rammte und ihn von der Felsnase die senkrecht abfallende Bergflanke hinunterstieß.

Arlen grinste breit, als das Gebrüll des Dämons verhallte und in ein fernes Poltern überging. Mit einem lauten Knall brach tief unten ein Schneebrett ab und begrub den Horcling unter sich. Er bezweifelte, dass ein Sturz einen Felsendämon ernsthaft verletzen konnte, trotzdem weidete er sich an dessen Wut.

Es war eine klare Nacht, und die Dämmerung wich dem Mond und den Sternen, deren Licht sich in den Schneekristallen brach und die Gegend in einen funkelnden Schimmer tauchte. Und dennoch hörte er die leisen, donnernden Geräusche, die Einarms Ankunft ankündigten, lange bevor er den riesigen Felsendämon zu Gesicht bekam.

Er wartete, in seiner Schildhand ein Streichholz, in der anderen den Donnerstock. Seine Speere steckten, griffbereit, mit den Spitzen nach unten im Schnee. Als die Tafeln mit den Siegeln, die er am Wegrand verteilt hatte, aufflackerten und den Pass mit Licht füllten, zündete Arlen das Streichholz an. Er hielt die Lunte des Donnerstocks in die Flamme, und knisternd fing der Zwirnsfaden an zu brennen. Hastig riss er den Arm hoch, schleuderte den Donnerstock, hob den Schild an und linste über den Rand hinweg.

Einarm blieb stehen, beäugte neugierig das auf ihn zufliegende Geschoss, doch dann warf er seinen unversehrten Arm in die Höhe, schneller, als Arlen es für möglich gehalten hätte, und schmetterte den Donnerstock in der Luft zur Seite. Der Donnerstock segelte außer Sichtweite, ehe er mit einer Wucht explodierte, die die ganze Bergflanke erschütterte. Die Schockwelle warf Arlen um, so dass er auf einem Knie landete, und in seinen Ohren dröhnte ein klingelndes Geräusch. In der Ferne rollte der Knall als Echo aus. Einarm wurde kurz abgelenkt, wirkte aber keineswegs beeindruckt.

»Verfluchte Ausgeburt des Horc«, murmelte Arlen, als der gigantische Felsendämon seine Aufmerksamkeit wieder auf ihn richtete. Er war froh, dass er einen zweiten Donnerstock mitgebracht hatte.

Er fischte ihn heraus und tastete nach einem Streichholz, als Einarm zum Angriff überging. Es gelang ihm, die Lunte anzuzünden und den nächsten Donnerstock zu werfen, aber wieder reagierte Einarm schnell und blieb stehen; dieses Mal fing er den Donnerstock jedoch auf und führte ihn nah an sein Gesicht heran, um ihn in Augenschein zu nehmen.

Arlen kauerte hinter seinem Schild, als der Donnerstock direkt vor Einarms Gesicht explodierte. Begleitet von einem mächtigen Krachen schoss eine Stichflamme hoch und erhellte die Nacht; die Schockwelle aus Hitze und Energie brauste über Arlen hinweg und hätte ihn beinahe von dem Felsvorsprung gerissen. Er fiel hin und klammerte sich verzweifelt an das Gestein, um nicht abzurutschen und in die Tiefe zu stürzen.

Einen Moment später fing er laut an zu lachen und blickte hoch, in der Erwartung, dass die Explosion dem Horcling den halben Kopf weggesprengt hätte; doch Einarm stand völlig unverletzt da.

»Nein!«, schrie Arlen, als der Dämon sich brüllend auf ihn stürzte. »Nein! Nein! Nein!«

Er sprang auf die Füße, schnappte sich einen Speer, nahm Anlauf und schleuderte ihn mit aller Kraft, die er aufbieten konnte. Die Waffe traf den Horcling mitten vor die Brust und zerbrach bei dem Aufprall in Splitter, ohne dem Dämon etwas anhaben zu können.

»Was muss man tun, um dich zu töten?«, kreischte Arlen, aber das interessierte den Dämon nicht weiter. In dem Bewusstsein, dass er den Kampf verloren hatte, warf Arlen fluchend seinen Schild auf den Boden und stellte sich mitten in den kleinen Kreis aus Schutzsiegeln.

Doch unter den Schritten des Dämons bebte der Boden, ein Lärm wie ein beständiges Donnergrollen ließ die Luft erzittern, und Arlens Knie knickten ein. Taumelnd schlitterte er von dem gewölbten Schild herunter, und ihm war klar, dass er sich nicht die ganze Nacht lang auf dessen Schutz verlassen konnte.

Eilig hob er den Schild wieder auf und griff mit der freien Hand nach dem zweiten Speer. Sein Harnisch konnte ihn vielleicht retten, bis er es zu dem Bannzirkel zurückschaffte, in dem Morgenröte stand, aber wenn er nachts in tiefem Schnee den Weg hinunterrannte, stand ihm eine Tortur bevor, und obendrein behinderte ihn noch der siebzig Pfund schwere Stahlpanzer, den er trug. Einarms Geheul schmerzte in seinen Ohren, und es kam ihm vor, als würde der ganze Berg beben.

Der Dämon erreichte den Felsvorsprung und sprang mit einem gewaltigen Satz in die Höhe, um sich an der Kante festzuhalten. Die langen Krallen seiner Pranke gruben sich in den Stein, als er sich hochhievte. Arlen stach mit dem Speer auf die Tatze ein, ohne jedoch etwas zu bewirken, während das Gebrüll immer lauter wurde, bis er glaubte, seine Trommelfelle müssten platzen. Plötzlich merkte er, dass nicht Einarm diesen infernalischen Lärm verursachte. Erschrocken blickte er hoch und sah nichts außer einer weißen Woge, die auf ihn zurauschte wie Wasser.

Ohne nachzudenken hechtete Arlen an der anderen Seite von der Felsnase herunter; schlitternd und sich überschlagend landete er auf dem Pfad. Er achtete nicht auf die stechenden Schmerzen von dem Sturz, sondern presste sich geistesgegenwärtig mit dem Rücken gegen die Felswand und hob seinen Schild.

Die Lawine, die sich durch die Explosion gelöst hatte, traf Einarm und riss ihn in den Abgrund, in den Arlen bereits seinen kleineren Vetter gestoßen hatte. Er sah gerade noch, wie der Dämon in der Tiefe verschwand, ehe er selbst von den Schneemassen begraben wurde.

Der Schnee übte einen ungeheuren Druck aus, und Arlens Arm, der den Schild hielt, drohte einzuknicken, aber es gelang ihm, sich eine schützende Höhle zu schaffen; als das Donnergrollen abebbte, schaffte er es, sich schnell wieder aus dem Schnee zu befreien, während der größte Teil der Lawine noch die Bergflanke hinuntertoste.

Er trat an den Rand des Steilhangs und spähte nach unten, aber in der Dunkelheit war von Einarm keine Spur zu entdecken, und er hörte auch kein Gebrüll. Wieder lachte Arlen triumphierend und schwenkte die erhobene Faust. Sicher, er hatte den Dämon nicht töten können, aber er hatte gegen ihn gekämpft und überlebt, so dass er diese Geschichte weitererzählen konnte. Wenn er Glück hatte, dauerte es Tage, bis Einarm ihn erneut aufspürte.

Neben ihm ertönte ein leises Knurren, und das Grinsen erstarb auf seinem Gesicht. Die Lawine musste einen Dämon aus den höheren Bergregionen heruntergeschleudert haben. Er packte den Speer fester und drehte sich mit erhobenem Schild langsam um.

Der Mond und die Sterne verbreiteten eine sanfte Helligkeit, die vom Schnee reflektiert wurde und den Berg mit einem grauen Licht übergoss. Zuerst sah Arlen ihn nicht, doch als der Horcling näher rückte, zogen die Siegel auf seiner Rüstung und dem Schild dessen Magie an und begannen matt zu glühen. In dem magischen Licht rührte sich etwas, und endlich bekam Arlen ihn zu Gesicht, einen Dämon, dessen weiße Schuppen glitzerten wie Schneeflocken. Er glich im Wesentlichen einem Flammendämon, war nicht kräftiger als ein mittelgroßer Hund und bewegte sich in geduckter Kauerhaltung auf allen vieren; die Schnauze war schmal und langgezogen, und aus dem Kopf sprossen Hörner, die sich in einem flachen Bogen über spitze Ohren und einen langen, sehnigen Hals nach hinten wölbten.

Impulsiv spuckte Arlen den Dämon an, und zu seiner Verblüffung erkannte er, dass die Gerüchte stimmten. Sowie sein Speichel auf die schneeweißen Schuppen traf, gefror er und platzte mit einem leisen Knall.

Der Schneedämon zog die Augen zu schmalen Schlitzen zusammen, und die Schnauze spaltete sich, als wolle er lächeln. Aus seiner Kehle entlud sich ein schauriges Geräusch, und sein Speichel sprühte Arlen entgegen.

Arlen gelang es, den Schild so rechtzeitig hochzustemmen, dass er die Fontäne abfing. Sofort bildete sich Raureif auf der Oberfläche, und Arlens Schildarm wurde taub von der Kälte.

Der Dämon sprang ihn an, und sein Schild, spröde durch den Frostspeichel, zersplitterte bei dem Aufprall. Arlen wurde nach hinten geworfen und landete rücklings im Schnee, konnte jedoch ein Knie anwinkeln und den Dämon mit einem gezielten Tritt abwehren. Der Horcling rutschte über die Abbruchkante des Felsens, klammerte sich aber mit den Krallen seiner Vorderpfoten fest und versuchte, sich mit den hinteren Tatzen im Gestein Halt zu verschaffen. Es konnte nicht mehr lange dauern, bis er sich über den Rand der Klippe nach oben schwang und zu einer neuen Attacke ansetzte.

Arlen schüttelte die Überreste des Schildes von seinem Arm und stürmte mit vorgerecktem Speer auf den Dämon zu. Er wollte ihn wie Einarm in den Abgrund befördern, doch der Horcling fing sich sogar noch schneller als erwartet. Er kletterte auf den Felsbrocken zurück und setzte zum Sprung an.

Arlen hielt den Speer waagerecht, um den Horcling abzuwehren, doch der Schneedämon packte den Schaft mit seinen Zähnen und biss den mächtigen Holzstock durch, als sei er ein Selleriestängel. Notgedrungen ging Arlen dazu über, die beiden Hälften wie Keulen zu schwingen, knallte sie dem Dämon um die Ohren und fegte ihn zur Seite.

Bevor der Horcling sich aufrappeln konnte, machte Arlen kehrt und rannte los. Es war ein großer Unterschied, ob man einen Dämon angriff, der sich nur mit seinen Klauen an einen Steilfelsen krallte, oder ob man den offenen Kampf mit einer Bestie suchte, die imstande war, ihre volle Kraft und Geschicklichkeit einzusetzen. Auf seinem Harnisch fehlten die Schneesiegel, und gegen den heimtückischen Frostspeichel gab es überhaupt keinen Schutz.

Die Siegel auf seiner Rüstung glühten weiterhin in einem sanften Schimmer und halfen ihm, den Weg zu finden; gleichzeitig dienten sie dem Schneedämon und sämtlichen anderen Horclingen, die in der Gegend herumstrolchen mochten, als Lichtsignal. Er pflügte sich durch den Schnee und nutzte das abschüssige Gelände, um in halsbrecherischem Tempo zu fliehen.

Aber am Ende war doch alles vergebens. Seine Beine sanken tief in den lockeren Schnee ein, während der Schneedämon über die Oberfläche flitzte wie ein Käfer über Wasser. Er spürte einen schweren Schlag im Rücken, der ihm den Atem aus den Lungen trieb und ihn zu Boden warf.

Beim Aufprall wälzte Arlen sich zur Seite und schleuderte den Dämon von sich weg, ehe der eine Lücke in seinem Harnisch finden konnte, doch kaum hatte er sich auf den Rücken gedreht, da fiel die Bestie schon wieder über ihn her. Er riss den gepanzerten Unterarm hoch, um den Horcling abzuwehren, aber der Dämon verbiss sich in die dicke Stahlplatte und drückte die Kiefer beharrlich zu.

Quietschend verbog sich das Metall, und obwohl sein Arm immer noch taub war von dem Frostspeichel, heulte Arlen vor Schmerz auf. Die Krallen des Dämons zerrten an ihm, durchdrangen mit Leichtigkeit die stählernen Kettenglieder an den Gelenken und zerschnitten die größeren Platten wie die Scheren eines Schmieds.

Arlen spürte, wie sich die kalten Klauen in sein Fleisch bohrten. Es war ein Gefühl, als würde er mit Eiszapfen erdolcht, und seine Schmerzensschreie gellten durch die Nacht. Der Dämon warf den Kopf hin und her, die Zähne immer noch in die Rüstung geschlagen, und drohte ihm den Arm abzureißen. Blut quoll aus den Wunden und spritzte über sein Gesicht.

Doch in diesem Moment, als Arlen fest davon überzeugt war, sterben zu müssen, fiel sein Blick auf den ungeschützten Bauch des Dämons, der glatt war wie frisch gefallener Schnee, und er erkannte seine Chance. Er tauchte die Finger seiner freien Hand in sein eigenes Blut, streckte den Arm aus und zeichnete mit groben Strichen ein Hitzesiegel auf den Bauch des Horclings.

Sofort flammte das Siegel auf, greller und kräftiger als jedes Hitzesiegel, das er in der Station gesehen hatte. Diese Siegel wurden lediglich von der zurückprallenden Energie aufgeladen, sein blutiges Siegel hingegen zapfte direkt die dunkle Magie des Horclings an. Arlen merkte, wie sein Gesicht von der ausstrahlenden Hitze brannte.

Der Dämon kreischte und ließ von ihm ab, und Arlen stieß ihn zur Seite. Als er auf dem Rücken landete, sah Arlen, dass sein Blutsiegel die weißen Schuppen geschwärzt hatte; plötzlich schoss eine Flamme daraus hervor, die den Dämon verbrannte, als hätte man ihn der prallen Sonne ausgesetzt. Keuchend hockte Arlen im Schnee, blutend und verletzt, aber er lebte und sah zu, wie der wild zuckende Dämon im Feuer verendete.

So schnell er konnte, stapfte er zum Lagerplatz zurück und stieß einen tiefen Seufzer der Erleichterung aus, als er sich endlich wieder in der Sicherheit seiner Bannzirkel befand. Er brauchte ein Stemmeisen, um einige Teile seiner Rüstung abzuschälen, aber ihm blieb gar keine andere Wahl, da das verbogene Metall ihm an manchen Stellen das Blut abschnürte und an anderen schmerzhaft in seine Haut schnitt. Er zündete das Brennholz an, das er in weiser Voraussicht bereits aufgeschichtet hatte. Den Rest der Nacht verbrachte er zusammengekauert vor dem Feuer und bemühte sich, das taube Gefühl in seinem Arm zu vertreiben, während er seine Wunden nähte.

Langsam kehrten die Empfindungen zurück, doch danach wurde er fast verrückt vor Schmerzen, die sich anfühlten, als hätte er schwerste Verbrennungen erlitten. Aber trotz allem lag ein Dauerlächeln auf seinem Gesicht. Den Horcling, dem er den Garaus machen wollte, hatte er nicht erwischt, dafür hatte er einen anderen getötet, und er kannte niemanden, dem eine solche Tat bisher gelungen war. Arlen begrüßte seine Schmerzen, denn sie bedeuteten, dass er noch am Leben war, obwohl es an ein Wunder grenzte.

Am nächsten Morgen führte Arlen Morgenröte den steilen Weg hinunter; er wollte zu Fuß gehen, um seinen Blutkreislauf anzuregen. Es war schon spät, als er hinter sich einen Ruf hörte.

»Kurier!«

Arlen drehte sich um und sah Derek, der rannte, was das Zeug hielt, um ihn einzuholen. Er blieb stehen, und bald erreichte ihn der Stationshüter, der stolpernd zu ihm aufschloss. Arlen packte ihn mit seinem unverletzten Arm und sorgte dafür, dass er sich an Morgenrötes Sattel festhielt. Dereks Gesicht war hochrot, er rang schwer nach Luft, und das Auge, an dem Arlen ihn erwischt hatte, war blau und zugeschwollen.

»Nanu, du bist aber sehr weit weg von der Station«, meinte Arlen, nachdem der Mann halbwegs wieder zu Atem gekommen war.

»Auf dem ganzen Berg konnte man die Explosion der Donnerstöcke und den Abgang der Lawine hören«, japste Derek. »Da habe ich mir meine Skier geschnappt und bin los, um nach dir zu suchen.«

»Warum?«, wollte Arlen wissen.

Derek zuckte die Achseln. »Ich dachte, entweder du bist tot, dann sollte ich versuchen, deine Leiche heim zu deiner Mutter zu schicken, oder du hast überlebt und brauchst vielleicht Hilfe. Ich mag dich nicht besonders, Kurier, aber eine anständige Behandlung verdient jeder.«

»Den Ort, an dem die Lawine abging, müsstest du vor rund sechs Stunden erreicht haben«, vermutete Arlen. »Dort musst du meine Spuren gesehen und daraus geschlossen haben, dass mir nichts passiert ist. Warum bist du nicht umgekehrt?«

Derek blickte verlegen auf seine Füße. »Ich wusste, dass du Recht hast, als du mir gestern vorgeworfen hast, ich würde mich nicht um die Meinen kümmern. Wahrscheinlich hat mich das so wütend gemacht. Und als ich dann die Überreste des Dämons sah, den du getötet hast, war das für mich wie ein Tritt in den Arsch. Ich weiß selbst nicht, was plötzlich über mich kam, aber ich rannte einfach nur weiter, solange ich noch die Nerven dazu hatte. Ich schätze, die Leute in der Karawane werden glauben, ich sei tot, aber sie müssen trotzdem Stasy aus Brayans Gold herausschaffen, ehe ihr Bauch anschwillt. Ich gehe nach Miln und warte dort auf sie.«

Arlen lächelte und klopfte ihm auf die Schulter.

Cob schimpfte hingebungsvoll einen seiner Lehrlinge aus, als Arlen die Werkstatt betrat. Arlens Meister war immer zänkisch, wenn er sich Sorgen machte. Er blickte hoch, als die Türglocke bimmelte, und sah Arlen mit Derek im Schlepptau. Seine gereizte Miene hellte sich auf, und der Lehrling war gewitzt genug, die Ablenkung zu nutzen und in den hinteren Raum zu verduften.

»Da bist du ja wieder«, knurrte Cob, steuerte auf seine Werkbank zu und setzte sich, ohne sich auch nur die Zeit für einen Händedruck zu nehmen.

Arlen nickte. »Das ist Derek von Brayans Gold. Er ist ein geübter Bannzeichner und auf der Suche nach Arbeit.«

»Du bist eingestellt«, verkündete Cob und griff nach einem Stichel. Mit seinem ledrigen Kinn deutete er auf Arlens linken Arm, der ungepanzert in einer Schlinge hing. »Was ist passiert?«

»Jetzt kennst du jemanden, der eine direkte Begegnung mit einem Schneedämon hatte«, erklärte Arlen.

Cob schüttelte den Kopf und lachte schallend, während er sich schon wieder über seine Arbeit beugte.

»Das hätte ich mir denken können. Wenn sie überhaupt existieren, dann bist du der Erste, der einen trifft«, brummte er in seinen Bart.

DAS ERBE DES KURIERS

Wie die anderen Novellen »Der große Basar« und »Bryans Gold« erwuchs auch diese Geschichte aus den Romanen der Dämonensaga, ein verkümmerter Zweig, der schnell Wurzeln schlug und gedieh, nachdem man ihn angepflanzt hatte. Das erste Kapitel von »Das Erbe des Kuriers« wurde ursprünglich als Anfangskapitel für meinen dritten Roman, »Die Flammen der Dämmerung«, geschrieben. Es stellte sich bald heraus, dass die gesamte Geschichte von Dorn Damaj viel mehr Raum einnehmen würde, als ich einer Serie zugestehen konnte, in der die Zahl der handelnden Personen ständig zunimmt. Folglich wurde das Kapitel herausgenommen, aber mir war von Anfang an klar, dass ich es zum richtigen Zeitpunkt wieder aufgreifen würde.

Später erschien dieses Kapitel unter dem Titel »Mudboy« in Shawn Speakmans Benefiz-Anthologie »Unfettered«. Trotzdem war es nach wie vor lediglich ein Teil von Dorn Damajs Geschichte, und ich danke Subterranean Press dafür, dass man mir nun die Gelegenheit gibt, die vollständige Geschichte zu erzählen.

Im vierten Band der Dämonensaga, »Der Thron der Finsternis«, werden wir Dorn Damaj wieder begegnen.

Peter V. Brett
Juli 2014

1

Ein Feuer, das brennt lichterloh

Sommer 324 NR

Das laute Geschepper riss Dorn aus dem Schlaf.

Mit der Metallkelle hämmerte seine Mutter gegen den Topf mit Hafergrütze, und der Lärm hallte durchs ganze Haus. »Raus aus den Betten, ihr Faulpelze!«, rief sie. »Das erste Horn wurde schon vor einer Viertelstunde geblasen, und das Frühstück ist heiß! Jeder, der nicht bis Sonnenaufgang am Tisch sitzt, hat bis zum Mittagsmahl einen leeren Magen!«

Jemand schlug Dorn ein Kissen gegen den Kopf. »Öffne die Fensterläden, Dornbusch«, murmelte Hardey.

»Warum muss ich das immer machen?«, meuterte Dorn.

Ein zweites Kissen knallte gegen Dorns andere Kopfseite. »Ganz einfach, wenn draußen ein Dämon ist, können Hardey und ich weglaufen, während er dich frisst!«, schnappte Hale. »Und jetzt mach schon!«

Die Zwillinge piesackten ihn immer gemeinsam … Nicht dass das etwas ausgemacht hätte. Sie zählten zwölf Sommer, und jeder von ihnen überragte ihn wie ein Baumdämon.

Dorn wälzte sich aus dem Bett und rieb sich die Augen, während er sich zum Fenster vortastete und die Läden öffnete. Der Himmel hatte eine rötlich-violette Färbung, und es war gerade hell genug, dass Dorn die schemenhaften Umrisse der im Hof lauernden Dämonen erkennen konnte. Seine Mutter nannte sie Horcies, aber Vater bezeichnete sie als *alagai*.

Während die Zwillinge sich noch im Bett räkelten und darauf warteten, dass ihre Augen sich an das Licht gewöhnten, hetzte Dorn aus dem Zimmer, weil er als Erster auf dem Abtritt hinter dem Vorhang sein wollte. Um ein Haar hätte er es sogar geschafft, aber wie immer drängten seine Schwestern ihn in letzter Sekunde zur Seite.

»Die Mädchen zuerst, Dornbusch!«, sagte Sky. Mit ihren dreizehn Sommern war sie noch bedrohlicher als die Zwillinge, aber selbst Sunny, die erst zehn war, konnte den armen Dorn leicht herumschubsen.

Er entschied, er könne sich das Pinkeln bis nach dem Frühstück verkneifen, und erreichte als Erster den Tisch. Heute war Sechsttag. Dann aß Relan immer Schinkenspeck, und jedes Kind bekam eine Scheibe ab. Dorn sog tief den Duft ein, während er zuhörte, wie der Speck in der Pfanne brutzelte. Seine Mutter schlug Eier auf und sang dabei vor sich hin. Dawn war eine mollige Frau mit drallen, kraftstrotzenden Armen, die fünf Kinder gleichzeitig bändigen oder sie allesamt kräftig an ihre Brust drücken konnte. Ihr Haar war mit einem grünen Tuch zusammengebunden.

Dawn warf Dorn einen Blick zu und lächelte. »In der Wohnstube ist es ein bisschen frisch heute Morgen, Dorn. Sei ein guter Junge und mach bitte im Kamin ein Feuer.«

Dorn nickte, lief in die Wohnstube ihres kleinen Häuschens und kniete vor dem Kamin nieder. Er schob den Arm in den Abzugsschacht und suchte nach der gezahnten Metallstange des Schiebers, mit dem man den Rauchfang verschließen und öffnen konnte. Nachdem er sie gefunden hatte, zog er daran, um den Abzug zu öffnen, und begann mit dem Feuermachen. Aus der Küche hörte er seine Mutter singen.

»Was kommt zuerst, wenn ein Feuer du machst?
Öffne den Rauchfang, sonst Qualm du entfachst!
Streu Laub und Stroh und Anzündholz aus,
Schichte kreuzweise Soden aus Torf darauf.
Blas Luft in die Funken, bis die Flamme schlägt hoch,
Und wärm dich am Feuer, das brennt lichterloh.«

Im Nu prasselte im Kamin ein Feuer, aber als Dorn an den Tisch zurückkam, saßen seine Brüder und Schwestern schon dort und machten ihm keinen Platz, während sie Eier und geschmorte Tomaten mit Zwiebeln auf ihre Teller häuften. Auf dem Tisch stand ein Korb mit dampfenden Keksen, und Dawn schnitt die gerösteten Speckscheiben ab. Bei diesen Gerüchen fing Dorns Magen an zu knurren. Schon streckte er die Hand aus, um sich einen Keks zu ergattern, aber Sunny schlug seine Hand beiseite.

»Warte, bis du an der Reihe bist, Dornbusch!«

»Du musst dreist sein«, sagte eine Stimme hinter ihm. Dorn drehte sich um und sah seinen Vater. »Als ich im Sharaj war, kriegten die ängstlichen Jungen nichts zu essen.«

Sein Vater Relan asu Relan am'Damaj am'Kaji war früher einmal ein *Sharum*-Krieger gewesen, aber er hatte sich in einem Kurierwagen aus dem Wüstenspeer, wie die Krasianer ihre Stadt nannten, herausgeschmuggelt. Nun arbeitete er als Müllsammler, doch sein Speer und sein Schild hingen immer noch an der Wand. Seine Kinder kamen allesamt nach ihm, dunkelhäutig und schlank.

»Sie sind alle größer als ich«, wandte Dorn ein.

Relan nickte. »Stimmt, aber Körpergröße und Kraft sind nicht das Einzige, was zählt, mein Sohn.« Sein Blick wanderte zur Vordertür. »Bald geht die Sonne auf. Komm mit mir und lass uns den Sonnenaufgang anschauen.«

Dorn zögerte. Die Aufmerksamkeit seines Vaters schien sich immer auf die älteren Brüder zu richten, und es war herrlich, dass er nun von ihm Notiz nahm, aber er dachte an die Dämonen, die er auf dem Hof gesehen hatte. Auf einen Ausruf seiner Mutter hin drehten sich beide zu ihr um.

»Wage es nicht, ihn mit nach draußen zu nehmen, Relan! Er ist erst sechs. Dorn, komm wieder an den Tisch zurück!«

Dorn wollte gehorchen, aber sein Vater legte ihm eine Hand auf die Schulter und hielt ihn fest. »Sechs ist alt genug, um von den *alagai* geschnappt zu werden, wenn man falsche Entscheidungen trifft, meine Liebe. Wenn man wegrennt, anstatt stillzuhalten«, sagte Relan. »Oder wenn man stillhält, anstatt wegzulaufen. Wir tun unseren Kindern keinen Gefallen, wenn wir sie verhätscheln.« Er führte Dorn auf die Veranda und schloss die Tür, ehe Dawn etwas erwidern konnte.

Mittlerweile überzog ein helles Indigoblau den Himmel. Bis zur Morgendämmerung waren es nur noch wenige Minuten. Relan zündete seine Pfeife an, und das süße, vertraute Aroma erfüllte die Veranda. Dorn atmete tief ein. Der Rauch, der aus der Pfeife seines Vaters stieg, vermittelte ihm ein stärkeres Gefühl der Sicherheit als die Schutzsiegel.

Staunend blickte Dorn sich um. Die Veranda war ein altgewohnter, alltäglicher Ort. Wie der gesamte Hausrat bestand auch ihre Einrichtung aus zusammengewürfelten Möbelstücken, die Relan von der Müllkippe des Dorfes geborgen und sorgfältig repariert hatte.

Aber in dem trügerischen Licht vor der Morgendämmerung sah alles anders aus – trostlos und unheimlich. Unterdessen waren die meisten Dämonen vor der aufgehenden Sonne geflüchtet, einer hingegen hatte sich umgewandt, als die Verandatür knarrte und ein Lichtschein und Geräusche aus dem Haus drangen. Sowie er Dorn und seinen Vater entdeckte, rannte er auf sie zu.

»Bleib hinter den Siegeln«, warnte Relan und deutete mit dem Pfeifenstiel auf die Linie aus Abwehrsymbolen, die mit Farbe auf die Bretter gemalt waren. »Selbst der mutigste Krieger verlässt nicht leichtfertig die Deckung.«

Der Baumdämon fauchte sie an. Dorn kannte ihn – er kroch jede Nacht bei dem alten Goldholzbaum, auf den Dorn gern hinaufkletterte, aus dem Boden an die Oberfläche. Die Augen des Dämons fixierten Relan, der seelenruhig zurückstarrte. Plötzlich griff der Dämon an und schlug mit seinen gewaltigen, astähnlichen Armen gegen die Siegel. Wie ein silbern gleißendes Spinnennetz breitete sich Magie in der Luft aus. Dorn stieß einen schrillen Schrei aus und wollte ins Haus stürzen.

Sein Vater packte ihn beim Handgelenk und riss ihn mit einem schmerzhaften Ruck zurück. »Wenn man wegrennt, macht man sie auf sich aufmerksam.« Er zog Dorn herum, und der Junge sah, dass der Blick des Dämons sich tatsächlich auf ihn richtete. Als er ein tiefes Knurren von sich gab, tröpfelte ein dünner Speichelfaden wie gelber Pflanzensaft aus einem Winkel seines Mauls.

Relan ging in die Hocke, fasste Dorn bei den Schultern und sah ihm in die Augen. »Du musst die *alagai* immer respektieren, mein Sohn, aber du darfst dich niemals von deiner Furcht vor ihnen überwältigen lassen.«

Sachte schob er den Jungen wieder auf die Siegel zu. Keine zehn Fuß von ihnen entfernt strolchte der Dämon immer noch über den Hof. Er kreischte Dorn an, riss das Maul weit auf und entblößte Reihen von gelben Zähnen und eine raue, braune Zunge.

Dorns Bein begann zu zucken, und er stemmte den Fuß fest auf den Boden, um das Zappeln zu unterdrücken. Er hatte das Gefühl, seine Blase würde jeden Moment platzen. Er biss sich auf die Lippe. Seine Brüder und Schwestern würden nie aufhören ihn zu hänseln, wenn er mit einem nassen Hosenbein ins Haus zurückkam.

»Tief durchatmen, mein Sohn«, sagte Relan. »Umarme deine Angst und setze Vertrauen in die Siegel. Lerne die Dämonen kennen, und *inevera*, du wirst nicht durch *alagai*-Krallen sterben.«

Dorn wusste, dass er seinem Vater vertrauen konnte, der lediglich mit seinem Schild und Speer bewaffnet draußen in der ungeschützten Nacht gestanden hatte. Aber durch seine Worte verging ihm weder das flaue Gefühl im Magen noch der Druck auf der Blase. Er überkreuzte die Beine, um sich möglichst nicht zu bepinkeln, und hoffte, sein Vater würde es nicht bemerken. Sein Blick wanderte zum Horizont, aber dort glühte der Himmel immer noch orangerot, ohne eine Spur von Gelb.

In Gedanken sah er bereits, wie seine Brüder sich vor Lachen am Boden wälzten, während seine Schwestern sangen: »Hosenpisser! Hosenpisser! Der Dornbusch steht im Wasser!«

»Schau mir zu, ich zeige dir jetzt einen Trick der Anlocker«, sagte Relan und gestattete dem Jungen, einen Schritt zurückzuweichen. Sein Vater hingegen trat vor die Siegel, starrte dem Baumdämon in die Augen und erwiderte sein Knurren.

Relan beugte sich nach links, und der Dämon ahmte ihn nach. Er richtete sich wieder auf, lehnte sich nach rechts, und der Baumdämon tat dasselbe. Er fing an, sich langsam von einer Seite auf die andere zu wiegen, und wie ein Spiegelbild im Wasser folgte der Dämon seinen Bewegungen, selbst dann noch, als Relan einen Schritt nach links machte, danach seine frühere Stellung wieder einnahm und anschließend einen Schritt nach rechts tat. Beim nächsten Mal machte er zwei Schritte in beide Richtungen. Dann drei. Jedes Mal ging der Dämon mit.

Sein Vater vollführte vier übertrieben große Schritte nach links, blieb abrupt stehen und neigte seinen Körper wieder nach rechts. Instinktiv begann der Dämon, nach rechts zu laufen, und folgte dem Muster auch dann noch, als Relan es unterbrach und sich erneut nach links wandte. Er erreichte den hinteren Teil der Veranda, bevor der Dämon ihn einholte, einen grässlichen Schrei ausstieß und ihn ansprang. Abermals flammten die Siegel auf, und die Kreatur wurde zurückgeschmettert.

Relan widmete sich wieder seinem Sohn. Er ließ sich auf ein Knie sinken und blickte dem Jungen in die Augen.

»Die *alagai* sind größer als du, mein Sohn. Und sie sind stärker. Aber«, mit dem Finger tippte er an Dorns Stirn, »sie sind nicht klüger. Nies Diener haben Gehirne, die so winzig sind wie geschälte Erbsen, sie sind schwer von Begriff und leicht zu täuschen. Wenn du draußen einem begegnest, umarme deine Furcht und wiege dich hin und her, wie ich es dir gezeigt habe. Wenn der *alagai* einen Schritt in die falsche Richtung macht, begibst du dich – ohne zu rennen – an den nächsten Ort, der dir eine sichere Zuflucht bietet. Selbst der schlauste Dämon macht mindestens sechs Schritte in die verkehrte Richtung, ehe er den Trick durchschaut.«

»Aber *dann* fängt man an zu rennen«, mutmaßte Dorn.

Relan schmunzelte und schüttelte den Kopf. »Noch nicht. Du gehst im selben mäßigen Tempo weiter, während du dreimal tief durchatmest. So lange dauert es, bis der Dämon die Orientierung wiedergefunden hat.« Er schlug Dorn auf den Schenkel, sodass der Junge zusammenzuckte und sich in den Schritt fasste, um sich nicht zu bepinkeln. »*Dann* rennst du los. So schnell, als ob das Haus in Flammen stünde.«

Dorn nickte und zog eine Grimasse.

»Drei Atemzüge«, wiederholte Relan. »Ich mach's dir vor.« Er sog tief den Atem ein und bedeutete Dorn, seinem Beispiel zu folgen. Dorn füllte seine Lungen mit Luft und blies sie gleichzeitig mit seinem Vater wieder aus. Dann atmete Relan wieder ein, und Dorn tat es ihm gleich.

Er wusste, dass diese Übung ihn beruhigen sollte, aber das tiefe Durchatmen schien den Druck auf der Blase nur zu verschlimmern. Bestimmt musste sein Vater es ihm anmerken, aber Relan gab durch nichts zu erkennen, dass er sah, in welchen Nöten sein Sohn steckte. »Weißt du, warum deine Mutter und ich dir den Namen Dorn gaben?«

Dorn schüttelte den Kopf und spürte, wie sein Gesicht vor Anstrengung ganz heiß wurde.

»In Krasia lebte einmal ein Junge, der von seinen Eltern verstoßen wurde, weil er schwach und kränklich war«, erzählte Relan. »Er konnte nicht mit den Viehherden Schritt halten, denen die Familie folgte, um zu überleben, und sein Vater, der bereits viele Söhne hatte, jagte ihn fort.«

Tränen strömten Dorns Wangen hinunter. Würde sein Vater ihn ebenfalls fortjagen, wenn er sich vor Angst in die Hose pinkelte?

»Ein Rudel Nachtwölfe, das der Herde gefolgt war, fürchtete sich vor den Speeren der Familie, aber als die Bestien die Witterung des einsamen, schutzlosen Jungen aufnahmen, pirschten sie ihm hinterher«, fuhr Relan fort. »Doch der Junge lockte sie in einen Dornbusch, ein Dickicht ineinander verschlungener Ranken, und als einer der Wölfe ihn bis in das Gestrüpp hinein verfolgte, verfing er sich in den scharfen Stacheln. Der Junge wartete, bis der Wolf feststeckte, dann zertrümmerte er ihm mit einem Stein den Schädel. Als er mit dem Wolfspelz um die Schultern zu seinem Vater zurückkehrte, fiel dieser auf die Knie und bat Everam um Vergebung, weil er an seinem Sohn gezweifelt hatte.«

Wieder drückte Relan Dorns Schultern. »Deine Brüder und Schwestern mögen dich ja wegen deines Namens hänseln, aber du sollst ihn voller Stolz tragen. Dornbüsche gedeihen an Stellen, an denen andere Pflanzen nicht überleben können, und sogar die *alagai* fürchten ihre Stacheln.«

Der Druck auf der Blase ließ nicht nach, aber auf einmal empfand Dorn seine Notdurft nicht mehr als quälend. Er richtete sich gerade auf und stand an der Seite seines Vaters, während sie zusahen, wie sich der Himmel mit Farben füllte. Auch die letzten Dämonen verflüchtigten sich nun zu einem Nebel und sanken in den Boden, ehe der Rand der Sonne sich über den Horizont schob. Relan legte den Arm um Dorn, und gemeinsam beobachteten sie den Sonnenaufgang, der sich schimmernd auf dem Wasser des Sees spiegelte. Dorn schmiegte sich an seinen Vater und genoß den seltenen Moment, in dem er mit ihm allein war, ohne von seinen Geschwistern herumgeschubst zu werden.

Ich wünschte, ich hätte keine Brüder und Schwestern, dachte er.

In diesem Augenblick fiel das Sonnenlicht auf ihn.

Die anderen stapelten bereits ihr benutztes Geschirr aufeinander, aber Dawn hatte Teller für Dorn und Relan aufbewahrt. Dorn saß allein mit seinem Vater am Tisch und kam sich sehr wichtig vor.

Relan biss in die erste Speckscheibe, schloss die Augen und kaute genussvoll. »Die *dama* drohten mir immer, dass Schweinefresser in den Feuern von Nies Abgrund brennen würden, aber beim Bart des Schöpfers, ich schwöre, es lohnt sich, diese Strafe auf sich zu nehmen.«

Dorn biss einen Happen von seiner Speckscheibe ab und genoss wie sein Vater mit geschlossenen Augen den Geschmack von Fett und Salz.

»Wie kommt es, dass Dornbusch noch nach Sonnenaufgang was zu essen kriegt?«, wollte Sky wissen.

»Ja, genau!«, schrien die Zwillinge im Chor. Wenn es darum ging, Dorn zu tyrannisieren, waren sie mit Sky immer einer Meinung.

Das Lächeln auf Relans Gesicht erlosch. »Weil er mit mir gemeinsam isst.« Sein Tonfall stellte klar, dass weitere Fragen mit dem Riemen beantwortet würden. Der alte Lederstreifen hing neben dem Kamin, eine Warnung, die alle Damaj-Kinder sehr ernst nahmen. Mit dem Riemen peitschte Relan sein Maultier, wenn es sich weigerte, eine schwere Last zu ziehen, aber er hatte auch ohne zu zögern Hardeys Rücken damit gegerbt, als der eine Katze in den See geworfen hatte, um herauszufinden, ob sie schwimmen konnte. Alle erinnerten sich noch gut an das Geheul ihres Bruders und lebten in ständiger Furcht vor diesem Riemen.

Relan schenkte seinen anderen Kindern keine Beachtung mehr, sondern spießte eine zweite Speckscheibe auf seine Gabel und legte sie auf Dorns Teller.

»Jungs, füttert die Tiere und spannt den Müllkarren an«, befahl Dawn, und die gespannte Atmosphäre verflog. »Mädels, ihr weicht die Wäsche ein.« Die Kinder verneigten sich, suchten hastig das Weite und ließen Dorn allein bei seinem Vater zurück.

»Wenn in Krasia ein Junge zum ersten Mal einem *alagai* gegenübersteht, gibt man ihm den nächsten Tag frei, damit er ihn im Gebet verbringen kann«, sagte Relan. Er lachte. »Obwohl ich zugebe, dass ich mich schon bald langweilte, als ich es versuchte. Trotzdem ist es klug, über diese Erfahrung nachzudenken. Nach den Gebeten darfst du den Rest des Tages damit verbringen, im Sonnenlicht spazieren zu gehen.«

Ein Tag, an dem er unternehmen durfte, was immer sein Herz begehrte. Dorn wusste, was er zu sagen hatte, obwohl die Worte ihm auf einmal unzureichend erschienen. »Ja, Vater. Danke, Vater.«

Die Familie Damaj pilgerte im Gänsemarsch zum Heiligen Haus. Relan führte die Reihe an, gefolgt von Dawn. Als Nächster kam Hale, der eine Viertelstunde älter war als Hardey. Sky war ein Jahr älter als die beiden, aber sie war ein Mädchen und musste hinter ihnen gehen, gefolgt von Sunny. Wenn Dorn neun Jahre alt wurde, würde er vor seinen Schwestern gehen, aber bis dahin waren es noch ein paar Jahre. Er ging immer als Letzter und musste sich sputen, um mit dem rücksichtslosen Tempo mitzuhalten, das Relan anschlug.

Heute marschierten sie doppelt so schnell, weil sie so spät aufgebrochen waren. Dorn erkannte an den Blicken seiner Geschwister, dass sie ihn dafür büßen lassen würden, und auch dafür, dass er von den häuslichen Pflichten befreit war.

Doch trotz der Verspätung überquerten die Damajes den Dorfplatz bereits, als viele Leute erst dabei waren, die Fensterläden zu öffnen, um den Morgen zu begrüßen. Das Heilige Haus war nahezu leer.

»Abscheulich«, erklärte Relan, als er die leeren Sitzbänke sah. Eine Handvoll Dorfbewohner, zumeist Älteste, waren zum Gebet gekommen, aber selbst am Siebenttag suchte nur ein verschwindend geringer Teil der Dörfler das Heilige Haus auf, wobei noch längst nicht jeder es für nötig hielt, in Erscheinung zu treten.

Dorn wusste, was sein Vater sagen würde, noch ehe er die Worte aussprach. Um seiner Kinder willen wurde Relan nie müde, auf diesem Thema herumzuhacken.

»Es heißt, Everam zu verspotten, wenn Seine Kinder nur einmal in der Woche beten.« Normalerweise spuckte Relan aus, wenn er den Leuten vorwarf, den Schöpfer zu schmähen, aber das tat er niemals im Heiligen Haus. »In Krasia würden die *dama* den Leuten den *alagai*-Schwanz zu schmecken geben. Beim nächsten Tagesanbruch wäre der Tempel dann wieder voll.«

Aric Moorländer, einer der Graubärte vom Dorfplatz, drehte sich um und funkelte sie wütend an. »Wenn wir dir so zuwider sind, Modderhaut, warum gehst du dann nicht zurück in die Wüste?«

Relans Miene verdüsterte sich, und die Muskeln an seinen Schultern spannten sich an. Er behauptete, in Krasia kein großer Krieger gewesen zu sein, aber in Moorweiler wurde er von allen gefürchtet, und er hatte schon Männer zusammengeschlagen, wenn sie ihn mit diesem Schimpfwort belegten. Keiner hatte mehr gewagt, ihn wegen seiner Abstammung anzupöbeln, seit Masen Strohballen und seine drei Brüder ihn am Fest der Wintersonnenwende als Ratte beschimpften. Relan war nicht mal ein bisschen außer Puste, als alle Männer am Boden lagen und unterwürfig winselten.

Aber jetzt befanden sie sich im Heiligen Haus, und Aric war ein Ältester. Die Ehre gebot Relan, ihn mit Respekt und Rücksicht zu behandeln.

Relan schloss die Augen und umarmte den in ihm hochbrodelnden Zorn. Seine Schultern lockerten sich wieder. Er deutete eine Verbeugung an. »Du bist mir nicht zuwider, Aric Moorländer. Du zeigst Demut vor Everam. Jeden Morgen sehe ich dich hier, wie du Ihm Ehre erweist.«

Die Worte sollten die Situation entschärfen, aber sie schienen das genaue Gegenteil zu bewirken. Aric knallte seinen Gehstock auf den Boden und sprang auf die Füße.

»Ich zeige Demut vor dem *Schöpfer*, Relan Damaj.« Aric umklammerte seinen Stock und reckte ihn drohend in die Höhe. »Ich spucke auf deinen Everam.«

Er zog seinen Rotz hoch, und Relan verlor die Geduld. Im Nu war er bei dem Ältesten und entwand ihm mit der linken Hand mühelos den Stock, während seine Rechte flink wie ein Kolibri vorschoss und dem Graubart einen Schlag gegen die Kehle verpasste.

Aric hustete, als er sich an dem Schleim verschluckte, und taumelte einen Schritt nach hinten, ehe er gegen die Sitzbänke prallte. Verletzt schien er nicht zu sein, aber sein Gesicht lief hochrot an, während er trocken hustete und nach Luft japste.

»Ich suche keinen Streit mit dir, Aric, Sohn des Aric vom Stamm der Moorländer von Moorweiler«, versicherte Relan, »aber ich lasse es nicht zu, dass du im Haus des Schöpfers auf den Boden spuckst.«

Aric sah aus, als wolle er ihn angreifen, aber Relan zielte mit dem Gehstock auf ihn und hielt ihn in Schach.

»Was geht hier vor?!« Dorn wandte sich um und sah Fürsorger Heath, der seine braune Kutte raffte und herbeieilte. Heath gab keine bedrohliche Erscheinung ab mit seinem runden Gesicht und der dicken Wampe. Er braute das Bier, das im Dorf getrunken wurde, war eher zum Lachen aufgelegt als zum Tadeln und widmete sich seinem Selbstgebrauten mit derselben Hingabe wie seiner Gemeinde.

Aber in Krasia hatte man eine andere Einstellung zu Heiligen Männern. Relan versteifte sich, dann machte er eine tiefe Verbeugung. Er stieß ein Zischen aus, und seine Familie verneigte sich ebenfalls vor dem Fürsorger. Wer auch nur gewagt hätte, aufmüpfig dreinzuschauen, hätte sich eine Tracht Prügel mit dem Lederriemen und noch viel Schlimmeres eingehandelt.

Relan wirbelte den Gehstock herum und streckte ihn Aric mit dem Griff voran entgegen. Aric schnappte sich den Stock und machte ein Gesicht, als würde er Relan am liebsten einen Hieb auf seinen in Demutshaltung dargebotenen Nacken verpassen, aber ein warnender Blick von Fürsorger Heath hielt ihn zurück.

»Es handelte sich nur um ein Missverständnis, Fürsorger«, sagte Relan. »Ich habe dem Sohn von Aric erklärt, dass wir alle zum selben Schöpfer beten, ob man Ihn nun Everam nennt oder nicht.«

Heath verschränkte seine feisten Arme. »Das mag ja sein, aber das Heilige Haus ist eine Stätte des Friedens und der Zuflucht, Relan. Wir geben keine Erklärungen ab, indem wir jemanden gleichzeitig mit einem Stock bedrohen.«

Geschmeidig sank Relan auf die Knie und drückte seine Hände und die Stirn in einer Geste der Unterwerfung auf den Boden. »Natürlich hat der Fürsorger recht. Ich bitte um Vergebung und nehme jedwede Strafe an, um Buße zu tun.«

»Ay, gib's ihm tüchtig, Fürsorger«, krähte Aric, während die anderen Anwesenden die Szene beobachteten. »Die stinkende Moderhaut hat mich geschlagen.«

Heath fasste ihn streng ins Auge. »Denkst du, ich wüsste nicht, dass du mit deinem dummen Gerede den Streit angefangen hast, Aric Moorländer? Wenn ich dich noch einmal dabei erwische, wie du andere beleidigst oder versuchst, im Heiligen Haus auszuspucken, dann bekommen weder du noch deine Familie beim nächsten Sonnenwendfest auch nur einen Tropfen Bier. Dann könnt ihr vor leeren Krügen sitzen.«

Aric erbleichte. Das Einzige, was die Moorländer noch mehr liebten als den Schöpfer, war Heaths Bier.

Fürsorger Heath machte mit dem Arm eine weit ausholende Gebärde. »Und jetzt setzt euch auf die Bänke, aber ein bisschen dalli. Es wird höchste Zeit, dass die Andacht beginnt, und ich denke, dass mal wieder eine geharnischte Predigt fällig ist.«

»Meisterin Dawn!«, rief jemand, während sie schweigend vom Heiligen Haus heimwärts gingen. Dorn hob den Kopf und sah Tami Strohballen die Straße entlangrennen. Tami war nur ein Jahr älter als Dorn, aber die Damaj-Kinder durften mit den Kindern der Familie Strohballen nicht mehr spielen, seit Tamis Vater, Masen, Relan beim Sonnwendfest als Ratte beschimpft hatte. Relan hätte ihm den Arm gebrochen, wenn die anderen Männer die beiden nicht gewaltsam voneinander getrennt hätten.

Tamis Kleid war mit Schlamm bespritzt und rot vor Blut. Dorn erkannte Blutflecken sofort, wie jedes Kind, dessen Mutter eine Tierheilerin war. Dawn lief dem Mädchen entgegen, und nach Luft schnappend brach Tami in ihren Armen zusammen. »Meisterin … d-du musst sofort mitkommen, bevor es zu spät ist …«

»Wem soll ich helfen?«, fragte Dawn. »Wer ist verletzt? Beim Horc, Mädchen, was ist passiert?«

»Horclinge«, keuchte Tami.

»Grundgütiger Schöpfer!« Dawn zeichnete ein Siegel in die Luft. »Wessen Blut ist das?« Sie zupfte an dem Kleid des Mädchens.

»Maybell«, erwiderte Tami.

Dawn zog die Nase kraus. »Die Kuh?«

Tami nickte. »Sie steckte den Kopf aus dem Pferch und blockierte einen der Siegelpfosten. Felddämonen haben ihr mit ihren Krallen den Hals aufgerissen. Pa sagte, sie würde Dämonenfieber bekommen, und ging seine Axt holen. Bitte, du musst sofort mitkommen, sonst tötet er sie.«

Dawn blies den Atem aus, schüttelte den Kopf und gluckste in sich hinein. Tami sah aus, als könne sie jeden Moment in Tränen ausbrechen.

»Es tut mir leid, Mädchen«, sagte Dawn. »Ich will die Angelegenheit nicht herunterspielen. Ich weiß, dass Tiere mitunter wie Familienmitglieder sind, man hängt einfach an ihnen. Aber im ersten Augenblick dachte ich, die Horclinge hätten eines deiner Geschwister verletzt. Ich werde für Maybell tun, was ich kann. Lauf schon mal vor und sage deinem Pa, er soll mit dem Schlachten noch warten.«

Sie blickte Relan und ihre Kinder an. »Mädels, ihr geht nach Hause und wascht die Wäsche. Jungs, ihr helft eurem Vater mit dem Müllkarren. Dorn, ich muss einen Schlaftrunk brauen …«

»Himmelsblüten und Bitterkraut.« Dorn nickte.

»Pflücke eine große Menge von beidem«, fuhr Dawn fort. »Eine Kuh benötigt mehr von dem Zeug als ein Mensch, um einzuschlafen. Außerdem brauchen wir eine Paste aus Eberwurz für Umschläge.«

Wieder nickte Dorn. »Ich weiß, was ich machen muss.«

»Bring mir alles zu Masen Strohballens Hof«, ordnete Dawn an. »So schnell wie möglich.«

Dorn rannte nach Hause, flitzte flink wie ein Hase durch den Kräutergarten, fegte dann wie ein Wirbelwind durch die Küche und schnappte sich Dawns Mörser und Stößel. Noch ehe seine Geschwister daheim eintrudelten, war er bereits unterwegs zu Masen Strohballens Hof.

Er holte Dawn ein, gerade als sie und Tami das Gehöft erreichten. Schon hörte er Maybell, die vor Schmerzen brüllte.

Masen Strohballen trat nach draußen, um sie abzupassen. Er trug eine Axt. Seine Augen verengten sich zu Schlitzen, als er Dorn sah, und er spuckte etwas von dem Tabak aus, den er kaute. »Danke, dass du gekommen bist, Heilerin. Aber ich glaube, du hast dich umsonst auf den Weg gemacht. Das Tier wird es nicht schaffen.«

Er ging voran in die Scheune. Die Färse lag auf dem Stroh, mit dem der Boden ihres Pferchs bedeckt war. Der Hals war mit einem dicken, blutdurchtränkten Tuch umwickelt. Prüfend fuhr Masen Strohballen mit dem Daumen über die Klinge der Axt. Tami und ihre Geschwister umringten schützend die Kuh, obwohl keines der Kinder groß genug war, um den Vater daran zu hindern, Maybell zu töten, wenn er es für angebracht hielt.

Dawn hob das Tuch an und betrachtete die Verletzungen. Der Horcling hatte drei tiefe Risse in Maybells kräftigen Hals geschlagen.

Masen spuckte abermals aus. »Wollte das Tier schnell töten und es dann an den Metzger verkaufen, aber die Kinder haben gebettelt, ich sollte auf dich warten.«

»Gut, dass du auf sie gehört hast«, meinte Dawn. »Das ist halb so schlimm, wenn wir verhindern können, dass die Wunden sich entzünden.« Sie wandte sich an die Kinder.

»Ich brauche viel Stoff für Verbände, Eimer mit sauberem Wasser und einen Kessel mit kochendem Wasser.« Die Kinder glotzten sie verständnislos an, bis sie in die Hände klatschte, worauf die ganze Bande vor Schreck zusammenzuckte. »Sofort!«

Die Kinder rannten los. Dorn legte das Werkzeug seiner Mutter zurecht und fing an, die Kräuter für den Schlaftrunk und die Heilpasten zu zerstoßen. Es war schwierig, das Tier zum Trinken zu bewegen, doch nachdem sie es erst geschafft hatten, fiel Maybell schon kurz darauf in einen tiefen Schlaf. Dawn reinigte die Wunden und trug eine dünne Salbe aus zerstoßenen Kräutern auf, ehe sie die Risse zunähte.

Starr vor Entsetzen stand Tami neben Dorn. Der hatte seiner Mutter schon früher bei ihrer Arbeit zugesehen, aber er konnte sich vorstellen, wie schrecklich es für jemanden sein musste, für den dies alles neu war. Tröstend griff er nach Tamis Hand. Das Mädchen sah ihn an, setzte zum Dank ein tapferes Lächeln auf und drückte seine Hand ganz fest.

Masen hatte Dawn ebenfalls bei der Arbeit zugeschaut, doch nun blickte er in Tamis Richtung, machte ein Gesicht, als könnte er seinen Augen nicht trauen, und zeigte mit der Axt auf Dorn. »Ay, fass mit deinen modderigen Händen meine Tochter nicht an, du kleine Ratte!«

Hastig zog Dorn seine Hand zurück. Seine Mutter stand auf und stellte sich in aller Ruhe zwischen Masen und ihren Sohn, während sie sich das Blut von den Händen wischte. »Die Axt wirst du nicht mehr brauchen, Masen, deshalb wäre ich dir dankbar, wenn du sie nicht auf meinen Jungen richten würdest.«

Verdutzt starrte Masen auf die Waffe, als hätte er vergessen, dass er sie in den Händen hielt. Er stieß einen Grunzer aus, senkte die Axt und stellte sie dann neben der Umzäunung ab. »Ich hätt schon nichts gemacht.«

Dawn schürzte die Lippen. »Du schuldest mir zwanzig Muscheln.«

Masen riss Mund und Augen auf. »Zwanzig Muscheln? Dafür, dass du eine Kuh zusammengeflickt hast?«

»Zehn für das Zusammenflicken«, erwiderte Dawn. »Und zehn für den Schlaftrunk und die Eberwurzpaste, die mein Sohn angefertigt hat.«

»Das bezahl ich nicht«, erklärte Masen. »Weder du noch dein modderhäutiger Ehemann können mich dazu zwingen.«

»Um das zu regeln, brauche ich Relan nicht.« Dawn schmunzelte. »Obwohl wir beide wissen, dass er dich zwingen könnte. Nein, ich muss nur Marta, der Dorfsprecherin, erzählen, dass du nicht berappen willst, und noch am heutigen Tag wird Maybell ihr Gras auf meinem Hof fressen.«

Masen funkelte sie zornig an. »Du bist nicht mehr richtig im Kopf, seit du diese Wüstenratte geheiratet hast, Dawn. Hast ganz vergessen, was menschliche Sitten und Anstand sind. Kannst von Glück sagen, dass du dieser Tage überhaupt noch Tiere behandeln darfst, aber damit wird auch Schluss sein, wenn die Leute hören, dass du zwanzig Muscheln dafür berechnest.«

Dorns Nasenflügel blähten sich. Wäre Relan jetzt zugegen, würde er Masen die Nase brechen, weil er dermaßen respektlos mit seiner Mutter umsprang. Aber Relan war nicht da, deshalb oblag es Dorn, die Mutter zu verteidigen.

Aufmerksam musterte er Masen Strohballen und rief sich die *sharusahk*-Lektionen in Erinnerung, die Relan seinen Brüdern erteilt hatte. Er selbst hatte bis jetzt nur zusehen dürfen. Masen hatte ein schwaches Knie, und bei feuchtem Wetter jammerte er immer, dass es ihm Schwierigkeiten bereitete. Ein gut gezielter Tritt dorthin …

Ohne sich umzudrehen, murmelte Dawn so leise, dass nur die Kinder sie hören konnten: »Bilde dir nur nicht ein, ich wüsste nicht, was du jetzt denkst, Dornbusch. Gib acht auf deine Hände und deine Zunge!«

Dorn wurde rot und schob die Hände in die Taschen. Dawn verschränkte die Arme vor der Brust und trat einen Schritt auf Masen zu. »Für dich bin ich immer noch Meisterin Dawn, Masen Strohballen, und jetzt schuldest du mir fünfundzwanzig Muscheln. Noch eine Beleidigung, und ich gehe auf der Stelle zu Marta.«

Masen stieß gemurmelte Flüche aus, aber er stapfte zum Haus und kam mit einem abgewetzten Lederbeutel zurück. Er zählte die glatten, lackierten Muscheln in Dawns Hand ab. »Fünfzehn … sechzehn … siebzehn. Mehr habe ich im Augenblick nicht, *Meisterin.* Den Rest kriegst du in einer Woche. Wirklich und wahrhaftig.«

»Das möchte ich dir auch geraten haben«, warnte Dawn. »Komm, Dorn, wir gehen.«

Seite an Seite marschierten sie die Straße hinunter, bis sie an die Gabelung kamen. Ein Weg führte zu ihnen nach Hause, der andere ins Dorf.

»Du warst heute sehr mutig, Dorn«, lobte seine Mutter.

»Was er gesagt hat, war nicht richtig«, entgegnete Dorn.

Sie wedelte mit der Hand. »Ich habe nicht über diesen Dummkopf Masen Strohballen gesprochen. Ich meinte, heute früh auf dem Hof warst du sehr mutig.«

Dorn schüttelte den Kopf. »War ich gar nicht. Vor Angst hätte ich mir fast in die Hose gepinkelt.«

»Aber du hast es nicht getan«, führte Dawn aus. »Du hast nicht geschrien, bist nicht weggelaufen und auch nicht in Ohnmacht gefallen. Das versteht man unter Mut. Wenn man Angst hat, aber trotzdem einen kühlen Kopf bewahrt. Relan sagte mir, du hättest dich besser gehalten als deine Brüder.«

»Wirklich?«, staunte Dorn.

»Wirklich.« Dawn kniff die Augen zusammen. »Aber wenn du ihnen verrätst, was ich dir gesagt habe, gibt es Ärger und eine Lektion mit dem Lederriemen.«

Dorn schluckte krampfhaft. »Ich werd's für mich behalten.«

Dawn lachte, schloss ihn in die Arme und drückte ihn ganz fest an sich. »Ich weiß, dass du dichthältst, mein Schatz. Ich bin ja so stolz auf dich. Und jetzt lauf los. Genieße ein paar Stunden lang die Sonne, wie dein Vater es dir gesagt hat. Beim Abendbrot sehen wir uns dann wieder.« Sie lächelte und drückte ihm eine Handvoll Muscheln in die Hand.

»Für den Fall, dass du dir eine Fleischpastete und ein paar Bonbons kaufen willst.«

Dorn war richtig aufgekratzt, als er den Weg zum Dorf hinunterlief. Immer wieder befingerte er die glatte Lackschicht der Muscheln. Zum ersten Mal in seinem Leben verfügte er über sein eigenes Geld, und er musste an sich halten, um nicht in lautes Freudengeheul auszubrechen.

Als Erstes betrat er die Metzgerei, wo Missis Metzger heiße Fleischpasteten verkaufte, und legte eine Muschel auf die Ladentheke.

Missis Metzger beäugte ihn voller Argwohn. »Woher hast du die Muschel, Modderjunge? Hast du sie gestohlen?«

Dorn schüttelte den Kopf. »Meine Mutter gab sie mir, weil ich ihr geholfen habe, Tami Strohballens Kuh zu retten.«

Missis Metzger stieß einen Grunzlaut aus, sackte die Muschel ein und reichte ihm eine dampfende Fleischpastete.

Als Nächstes lief er zum Zuckerbäcker, der Dorn wütend anfunkelte, sowie er in den Laden hereinkam. Seine finstere Miene erhellte sich erst, als Dorn zwei Muscheln vorzeigte, mit denen er die Süßigkeiten bezahlen wollte, die er sich aus dem Angebot aussuchte. Er stopfte die einzeln in Maishülsen eingewickelten Bonbons in seine Taschen, und während er wieder aus dem Dorf herausspazierte, verschlang er die warme Fleischpastete. Die Sonne brannte auf seinen Schultern, und er fühlte sich wohlig warm und sicher. Die Erinnerung an den Baumdämon, der ihn angeknurrt hatte, erschien ihm jetzt wie in weite Ferne gerückt.

Er ging zum See hinunter und beobachtete eine Weile die Fischerboote. Es war ein klarer Tag, und er konnte gerade noch Lakton erkennen, die große Stadt, die weit entfernt auf dem riesigen See schwamm. Er schlenderte am Ufer entlang und ließ Steine über das Wasser hüpfen.

Jählings blieb er stehen, als er im Schlamm die Spuren eines Uferdämons entdeckte. Die Abdrücke, die die Schwimmhäute hinterlassen hatten, waren unverkennbar. Er stellte sich vor, wie die Kreatur, die einem Frosch glich, ans Ufer sprang und ihn mit seiner langen, klebrigen Zunge einfing. Die Spuren jagten ihm einen kalten Schauer über den Rücken, und auf einmal musste er ganz dringend pinkeln. Nur mit knapper Not schaffte er es, seine Hosen runterzulassen, und er war froh, dass ihn keiner beobachten konnte.

»Mutig«, murmelte er vor sich hin und wusste genau, dass das nicht stimmte.

Am späten Nachmittag versteckte Dorn sich hinter dem Haus und holte ein Bonbon aus der Tasche. Er wickelte seinen Schatz aus und kaute langsam darauf herum, jeden Bissen auskostend, wie sein Vater es tat, wenn er Schinkenspeck aß.

»Ay, Dornbusch!«, gellte eine Stimme. Dorn hob den Blick und sah Hardey und Hale auf sich zukommen.

»Woher hast du das?«, schrie Hale und ballte eine Faust.

»Wir mussten den ganzen Tag lang Müll schleppen, und er kriegt eine Sonderration Speck und Süßigkeiten?«, legte Hardey nach.

»Ich finde, das ist ungerecht. Was meinst du?«, fragte Hale.

Dorn kannte dieses Spiel. Alle Jungen in Moorweiler waren auf der Hut, wenn die Zwillinge anfingen, sich gegenseitig Fragen zu stellen.

Er dachte fieberhaft nach, was er sagen sollte, aber er wusste, dass es einerlei war, welche Antworten er gab. Seine Brüder würden ihn verprügeln und ihm die Bonbons wegnehmen. Und für den Fall, dass er sie bei den Eltern verpetzte, drohten sie ihm noch ärgere Schikanen an.

Also rannte er los. Behände wie ein Hase setzte er über die Holzstapel, dann stob er durch die Wäscheleinen, während seine Brüder ihn verfolgten. Sunny und Sky waren dabei, die saubere Wäsche in Körbe zu legen, und um ein Haar wäre er dagegengerannt.

»Pass doch auf, Dornbusch!«, schimpfte Sky.

»Haltet ihn fest, er hat Bonbons!«, hörte er Hardey schreien. Dorn sauste um ein auf der Leine hängendes Laken herum, machte kehrt und flitzte in geducktem Kauerlauf einmal ums Haus, ehe er sich in das dahinterliegende Moor flüchtete.

Er hörte, dass die anderen ihm dicht auf den Fersen waren. Aber hier, wo der Boden noch nicht so feucht war, standen die Bäume eng zusammen, und sie boten ihm Deckung, als er zu dem Goldholzbaum sprintete, wo der Baumdämon immer auftauchte. Dorn war den Goldholzbaum schon hundertmal hochgeklettert und kannte jeden Höcker und jeden Zweig. Er schwang sich in das Geäst hinauf, als sei er selbst ein Baumdämon, dann erstarrte er förmlich und hielt den Atem an. Die anderen rannten an ihm vorbei, und Dorn zählte fünfzig Atemzüge, ehe er sich wieder zu rühren wagte.

In einer Astgabel befand sich eine kleine Vertiefung. Dorn packte die Bonbons in trockenes Laub und ließ seine Schätze in dem Versteck zurück. Er betete zum Schöpfer, es möge nicht regnen. Dann sprang er wieder auf den Boden und lief nach Hause.

Beim Abendbrot beobachteten seine Brüder und Schwestern ihn wie eine Katze die Maus. Dorn blieb immer in der Nähe seiner Mutter, bis es Zeit wurde, zu Bett zu gehen.

Kaum schloss sich die Tür zu der winzigen Kammer der drei Jungen, da warfen die Zwillinge ihn auch schon auf den Boden, durchstöberten seine Taschen und wühlten in seinem Bett herum.

»Wo hast du sie versteckt, Dornbusch?«, wollte Hardey wissen. Er pflanzte sich so schwer auf seinen Bauch, dass ihm die Luft wegblieb.

»Ich hatte nur ein einziges Bonbon, und das habe ich gegessen!« Dorn wehrte sich, aber er war klug genug, seine Stimme nicht zu heben. Wenn er zu brüllen anfing, bekämen seine Brüder vielleicht den Lederriemen zu schmecken, aber ihm selbst würde es viel schlimmer ergehen.

Schließlich ließen die Zwillinge von ihm ab, schüttelten ihn ein letztes Mal und gingen zu Bett. »Das ist noch nicht vorbei, Dornbusch«, drohte Hardey. »Wenn wir dich später mit Bonbons erwischen, frisst du Dreck!«

Seine Brüder waren bald fest eingeschlafen, aber Dorns Herz hämmerte immer noch wie wild, während draußen im Hof die Dämonen kreischten, die wütend die Siegel attackierten. Bei dem Krach konnte Dorn nicht einschlafen, und bei jedem Schrei und jedem Aufblitzen von Magie zuckte er zusammen. Unter der Bettdecke verpasste Hale ihm einen Tritt. »Hör auf, herumzuzappeln, Dornbusch, oder du übernachtest draußen auf der Veranda.«

Dorn erschauerte, und wieder verspürte er das übermächtige Bedürfnis, seine Blase zu entleeren. Er kletterte aus dem Bett und stolperte in den Flur, um den Abort aufzusuchen. Im Haus war es stockfinster, doch früher hatte das Dorn nie gestört. Unzählige Male hatte er sich blind zum Vorhang vorgetastet, hinter dem das Klo lag.

Doch in dieser Nacht war es anders. Ein Dämon war im Haus. Dorn hätte nicht sagen können, woher er das wusste, aber er spürte, wie er in der Dunkelheit lauerte und nur eine günstige Gelegenheit abpasste, um sich auf ihn zu stürzen.

Dorns Herz pumperte wie eine der Trommeln, die man bei Festlichkeiten zu schlagen pflegte, und trotz der nächtlichen Kühle brach ihm der Schweiß aus. Plötzlich fiel ihm das Atmen schwer, als würde Hardey immer noch auf seiner Brust hocken. Vor ihm erklang ein Rascheln. Dorn stieß ein hohes Quieken aus und sprang vor Schreck in die Luft. Hektisch blickte er um sich, und es schien, als könnte er in der Düsternis tatsächlich einen vagen Umriss wahrnehmen, der sich bewegte.

In panischer Angst drehte er sich um und rannte in die Wohnstube. Das Feuer im Kamin war niedergebrannt, doch nachdem er den Blasebalg ein paarmal gepumpt hatte, züngelte wieder eine Flamme hoch. Vorsichtig legte Dorn Torfsoden darauf, bis das Feuer munter brannte und den Raum erhellte. Die Schatten verflüchtigten sich, und mit ihnen die möglichen Schlupfwinkel für Dämonen.

Das Zimmer war leer.

Das kleine Dörnchen fürchtet nichts, sangen seine Brüder und Schwestern gern, wenn sie sich über ihn lustig machten. Dorn hasste sich dafür, aber sein Bein wollte einfach nicht aufhören zu zittern. Zurück ins Bett konnte er nicht. Er würde das Bettzeug vollpinkeln, und die Zwillinge würden ihn dafür umbringen. Aber im Dunkeln konnte er auch nicht durch den Flur und aufs Klo gehen. Beim bloßen Gedanken daran grauste ihm schon. Er konnte hier am Feuer schlafen oder …

Dorn schlich durch die Wohnstube zur Tür des elterlichen Schlafzimmers.

Mach niemals die Tür auf, wenn das Bett knarrt, hatte seine Mutter ihn ermahnt. Dorn lauschte angespannt, aber das Bett knarrte nicht. Er drehte den Türknauf und schlüpfte geräuschlos in die Kammer. Leise schloss er hinter sich die Tür. Er rutschte in die Mitte des Betts und schmiegte sich zwischen seine Eltern. Seine Mutter legte die Arme um ihn, und Dorn fiel in einen tiefen Schlaf.

Es war immer noch dunkel, als er von lautem Geschrei geweckt wurde. Seine Eltern setzten sich mit einem jähen Ruck im Bett auf und rissen den armen Dorn mit in die Höhe. Alle holten instinktiv Luft und fingen krampfhaft an zu husten.

Überall war Qualm. Beide Eltern fassten ihn an, aber er konnte sie nicht sehen. Alles verschwamm in einem grauen Nebel, der sogar noch schrecklicher war als die Finsternis.

»Runter!«, krächzte seine Mutter und zog Dorn mit sich, als sie sich vom Bett fallen ließ. »Rauch steigt nach oben! Dicht unten am Boden ist die Luft besser.« Es gab einen dumpfen Knall, als sein Vater auf der anderen Seite von der Bettkante rollte und dann zu ihnen herüberkroch.

»Klettere du mit Dorn aus dem Fenster«, befahl Relan und hustete in seine Hand. »Ich hole die anderen, und wir kommen euch nach.«

»Wir sollen raus in die ungeschützte Nacht?«, protestierte Dawn.

»Im Haus können wir nicht bleiben, Liebste«, sagte Relan. »Die Siegelpfosten im Kräutergarten sind stark. Vom Haus bis dorthin sind es nur zwanzig Schritte. Wenn ihr euch beeilt, schafft ihr es.«

Dawn packte Dorns Hand und drückte sie so fest, dass der Junge wimmerte. »Tauche das Handtuch in die Waschschüssel und leg es dir über den Mund, um den Rauch abzuhalten, Relan.«

Relan nickte und legte ihr eine Hand auf die Schulter. »Sei vorsichtig. Der Qualm wird viele *alagai* anlocken.« Er küsste sie. »Los jetzt!«

Dawn kroch in Richtung des Fensters und zerrte Dorn hinter sich her. »Atme dreimal tief ein, Dorn, und dann halte die Luft an. Du darfst erst wieder atmen, wenn wir aus dem Fenster geklettert sind. Sobald wir auf dem Boden landen, rennst du in den Garten. Hast du verstanden?«

»Ja«, sagte Dorn und bekam danach einen Hustenanfall, der eine Ewigkeit zu dauern schien. Endlich hörte der quälende Husten auf, und er nickte seiner Mutter zu. Beim dritten Atemzug standen sie auf, und Dawn öffnete eilig die Fensterläden. Sie nahm Dorn auf den Arm, schwang die Beine über das Fenstersims und landete mit einem dumpfen Aufprall auf dem Boden.

Wie Relan vorhergesehen hatte, waren Dämonen im Hof und flitzten durch die driftenden Rauchschwaden hin und her. Gemeinsam hetzten Dawn und der Junge in Richtung Garten, ehe die Horclinge sie entdeckten.

Sowie sie die Gartensiegel überquert hatten, blieb Dawn abrupt stehen. »Du bleibst hier. Ich muss deinem Vater helfen, die anderen aus dem Haus zu bringen.«

»Nein!«, schrie Dorn und klammerte sich an ihre Röcke. »Lass mich nicht allein!«

Mit einer Hand packte Dawn Dorns Hemd, mit der anderen gab sie ihm eine Ohrfeige. In seinem Kopf schienen sich Lichtblitze zu entladen, er ließ ihre Röcke los und taumelte nach hinten.

»Ich habe jetzt keine Zeit, dich zu hätscheln wie ein kleines Baby, Dorn. Hör gut zu, was ich dir sage. Lauf zum Eberwurzbeet und verstecke dich zwischen den Blättern. Horcies hassen Eberwurz. Ich bin gleich wieder zurück.«

Dorn zog die Nase hoch und wischte sich die Tränen ab, aber er nickte. Seine Mutter drehte sich um und rannte zum Haus. Ein

Baumdämon erspähte sie und sauste los, um ihr den Weg abzuschneiden. Dorn stieß einen Schrei aus.

Aber Dawn behielt die Nerven und begann denselben Tanz, den Relan noch an diesem Morgen vorgeführt hatte. Im Nu brachte sie den Horcling dazu, dass er nach links stolperte, während sie nach rechts rannte und wieder durch das Fenster im Haus verschwand.

Benommen, als befände er sich in einem Traum, taumelte Dorn hinüber zum Eberwurzbeet. Er wälzte sich in den dicken, fleischigen Pflanzen, zerquetschte sie und verteilte den klebrigen Eberwurzsaft über seinen ganzen Körper. Eines seiner Hosenbeine war patschnass. Er hatte sich also doch noch bepinkelt. Die Zwillinge würden nie aufhören, ihn deswegen zu hänseln, wenn sie es sahen.

Zitternd kauerte er in dem Beet, während die Schreie seiner Familie durch die Nacht hallten. Er hörte, wie sie einander etwas zuriefen, Satzfetzen drangen durch den Qualm bis an seine Ohren. Aber niemand kam in den Garten, und wenige Augenblicke später erhellte sich die Nacht. Der graue Rauch gab ein unheimliches, pulsierendes Glühen von sich. Dorn blickte hoch und sah, dass das gespenstische, orangerote Licht aus den Fenstern des Hauses kam.

Bei dem Anblick verstärkte sich das Kreischen der Dämonen, ihre Krallen scharrten ungeduldig im Dreck, und sie warteten darauf, dass die Siegel versagten. Ein Baumdämon attackierte das Haus und wurde von der Magie zurückgeworfen. Ein Flammendämon versuchte, auf die Veranda zu springen, doch er prallte ebenfalls an den Siegeln ab. Aber selbst Dorn konnte erkennen, dass die Magie nachließ und ihre Lichtblitze immer trüber wurden.

Als dann ein Baumdämon die Veranda in Angriff nahm, war das Siegelnetz bereits so weit geschwächt, dass er es durchbrechen konnte. Magie züngelte über die Haut des Dämons. Der kreischte vor Schmerz, schaffte es jedoch bis zur Vordertür und trat sie ein. Eine Feuerzunge wie aus dem Speichel eines riesigen Flammendämons schoss aus der offenen Tür und hüllte den Baumdämon ein. Der ergriff schreiend und wie eine Fackel brennend die Flucht, aber mittlerweile war eine Meute Flammendämonen durch die Lücke geprescht und flitzte ins Haus. Ihr freudiges Kreischen zerriss die Nacht und übertönte beinahe die schwächer werdenden Schreie seiner Familie.

Brüllend taumelte Hardey aus der Seitentür. Sein Gesicht war schwarz von Ruß und mit Blut bespritzt. Ein Arm hing schlaff an seinem Körper herab, der Ärmel war blutdurchtränkt. Verzweifelt blickte er um sich.

Dorn schnellte in die Höhe. »Hardey!« Er hüpfte auf und nieder und ruderte mit den Armen.

»Dorn!« Hardey sah ihn und hetzte zu den Gartensiegeln. Von seinen normalerweise weit ausholenden Schritten war nicht mehr viel übriggeblieben, denn er hinkte stark, und die Behinderung wurde immer ärger. Zwei heulende Flammendämonen kamen aus dem Haus gerannt und nahmen die Verfolgung auf, aber Hardey hatte einen großen Vorsprung und holte das Letzte aus sich heraus, um das Eberwurzbeet zu erreichen.

Doch der Junge hatte nicht mal die halbe Strecke zurückgelegt, als ein Winddämon aus der Luft herabstieß und seine Krallen tief in Hardeys Rücken schlug. Die Klauen an den Schwingen blitzten, und Hardeys Kopf fiel auf den Boden. Noch ehe der Körper umkippen konnte, ließ der Winddämon seine Flügel klatschen und schwang sich wieder in die Höhe, wobei er den Rest von Hardey mitnahm. Dorn schrie, als der Dämon in der von Qualm geschwängerten Düsternis verschwand.

Die Flammendämonen brüllten dem entschwindenden Winddämon zornig hinterher, weil er ihnen ihre Beute gestohlen hatte, und dann stürzten sie sich in wilder Raserei auf Hardeys Kopf.

Dorn sank in das Eberwurzbeet zurück und schaffte es kaum, sich vornüberzubeugen, ehe er sein Abendessen auswürgte. Er schrie und weinte, schlug um sich und versuchte, aus dem Albtraum aufzuwachen, doch der ging weiter.

Die immer stärker werdende Hitze des Feuers erreichte Dorns Versteck, und bald wurde der Rauch unerträglich. Brennende Asche trieb wie Schneeflocken durch die Luft und entzündete Brandherde im Garten und im Hof. Glühende Holzsplitter trafen Dorns Wange. Vor Schmerzen schrie er auf und schlug sich mehrmals ins Gesicht, um die Asche loszuwerden.

In dem Versuch, den quälenden Husten zu unterdrücken, biss Dorn auf seine Lippe und schaute sich fieberhaft um. »Mutter! Vater! Wo seid ihr alle?!« Er rieb sich die Tränen fort, die die Asche auf seinem Gesicht verschmierten. Wie konnte seine Mutter ihn nur im Stich lassen? Er war doch erst sechs!

Sechs ist alt genug, um von den alagai *geschnappt zu werden, wenn man falsche Entscheidungen trifft,* hatte Relan gesagt, *wenn man wegrennt, anstatt stillzuhalten, oder wenn man stillhält, anstatt wegzulaufen.*

Er würde verbrennen, wenn er noch länger in diesem Beet blieb, aber wie sein Vater gesagt hatte, zog das Feuer Dämonen an wie das Licht die Motten. Ihm fiel der Goldholzbaum ein. In seiner Krone hatte er sich vor seinen Brüdern und Schwestern versteckt. Vielleicht bot er ihm auch jetzt eine Zuflucht.

Dorn senkte den Kopf bis dicht über den Boden und holte dreimal tief Luft, wie seine Mutter es ihm gesagt hatte, dann schoss er aus seinem Versteck und rannte so schnell er konnte zu den Bäumen. Der wirbelnde Rauch war überall, und in jede Richtung vermochte er nur wenige Schritte weit zu sehen, aber er konnte die in der Düsternis lauernden Dämonen fühlen. Er hetzte über das vertraute Gelände, doch dann prallte er plötzlich gegen einen Baum, der gar nicht an dieser Stelle hätte sein dürfen. An der rauen Borke zerschrammte er sich das Gesicht, er prallte vom Stamm ab und fiel auf den Rücken.

Und dann starrte der Baum auf ihn hinunter und knurrte.

Langsam rappelte Dorn sich wieder auf, wobei er sich hütete, irgendeine jähe Bewegung zu machen. Neugierig glotzte der Baumdämon ihn an.

Dorn fing an, sich hin und her zu wiegen wie ein Pendel, und der Dämon ahmte ihn nach. Er bewegte sich im Gleichklang mit dem Jungen, um ihn nicht aus den Augen zu verlieren, und schwankte dabei wie ein Baum im Wind. Er begann, Dorns Schritte nachzumachen. Mit angehaltenem Atem machte Dorn zwei Schritte in eine Richtung, ging die zwei Schritte zurück, dann folgten drei Schritte und wieder zurück, und dann, beim vierten Schritt, setzte er seinen Weg fort. Drei Atemzüge später schüttelte der Dämon wie verwirrt den Kopf, und Dorn sauste los.

Der Dämon kreischte und nahm die Verfolgung auf. Anfangs hatte Dorn einen recht großen Vorsprung, doch der Baumdämon holte ihn mit wenigen großen Sätzen ein.

Dorn schlug Haken nach rechts und links, aber der Dämon hielt mit ihm Schritt, und sein grollendes Knurren kam immer näher. Der Junge kletterte über den glimmenden Holzhaufen, und der Dämon fegte die glühenden Scheite mit einem einzigen wuchtigen Schlag seiner Krallen beiseite. Schlitternd kam Dorn beim Müllkarren seines Vaters zum Stehen. Ein paar Stücke, die Relan und die Zwillinge von der Müllkippe geborgen hatten, befanden sich immer noch auf dem Wagen.

Dorn ließ sich auf Hände und Knie fallen und kroch unter den Karren. Er wagte es nicht einmal zu atmen, als die mit Krallen bewehrten Pranken des Dämons klatschend direkt vor ihm auf dem Boden landeten.

Der Baumdämon senkte die Schnauze mit den entsetzlichen Zähnen und schnüffelte die gesamte Umgebung ab. Er erreichte die Lücke unter dem Karren und roch die Erde und das Wurzelwerk. Dorn wusste, dass der Dämon mühelos unter den Karren fassen und ihn aus seinem dürftigen Schlupfwinkel hervorzerren konnte, und mit derselben Leichtigkeit vermochte er den Wagen umzukippen, aber vielleicht würde ihm das genügend Zeit verschaffen, um an der anderen Seite herauszurennen und den Goldholzbaum zu erreichen. Er harrte in seinem Versteck aus, während die Schnauze näher und näher kam, bis sie nur noch ein paar Zoll von ihm entfernt war.

Genau in diesem Moment fing der Dämon fürchterlich an zu niesen. Die Reihen aus spitzen, gelben Zähnen verfehlten Dorn lediglich um Haaresbreite, als das Maul sich öffnete und wieder zuklappte.

Der Eberwurz, dachte Dorn.

Ein kleiner Flammendämon, nicht größer als ein Waschbär, griff ihn an, als er sich dem Goldholzbaum näherte, doch dieses Mal versuchte Dorn gar nicht erst wegzurennen. Er wartete ab, bis der Dämon ihn beinahe erreicht hatte, dann wedelte er mit den Armen und seiner Bekleidung und dünstete eine Wolke aus Eberwurzgestank aus, die selbst in der von beißendem Qualm übersättigten Nachtluft zu riechen war. Der Dämon fing an zu würgen, als müsse er sich erbrechen, und Dorn verpasste ihm einen Fußtritt, der ihn umwarf. Während der Dämon auf dem Boden lag und alle viere von sich streckte, rannte Dorn weiter. Er sprang in die Höhe, bekam den untersten Ast zu fassen und schwang sich in den Goldholzbaum hinauf. Ehe der Dämon wieder auf die Beine kam, hatte er sich im Geäst versteckt.

Dorn blickte zurück und sah, dass aus den Fenstern seines Elternhauses Flammen schlugen wie aus einem Kamin, hoch aufloderten und sich die Wände emporfraßen.

Der Kamin.

Selbst aus dieser Entfernung war die Hitze noch zu spüren. Qualm und Asche verpesteten die Luft und verbrannten bei jedem Atemzug seine Lungen. Trotzdem überzog eine eisige Kälte Dorns Gesicht. Sein Bein zuckte, und er spürte, wie etwas Warmes darüberlief, als seine Blase das bisschen, das sich noch darin fand, freigab. In Gedanken hörte er seine Mutter singen.

»*Was kommt zuerst, wenn ein Feuer du machst?*
Öffne den Rauchfang, sonst Qualm du entfachst!«

Wie viele Male hatte er im Kamin ein Feuer angezündet? Nachdem abends das Feuer niedergebrannt war, schloss sein Vater immer das Abzugsrohr. Am nächsten Morgen musste man es dann wieder öffnen …

»Weil sonst der Rauch nicht abziehen kann und der Qualm sich im Haus sammelt«, flüsterte er.

Noch vor einer Minute hatte Dorn sich ziemlich mutig gefühlt, doch damit war es jetzt vorbei. *Unter Mut versteht man, wenn man Angst hat, aber trotzdem einen kühlen Kopf bewahrt,* hatte seine Mutter gesagt.

Und das traf ganz sicher nicht auf ihn zu.

Er durchwühlte die Mulde in der Astgabel, holte seinen kostbaren Schatz, die Bonbons, aus ihrem Versteck und warf die Süßigkeiten auf den Boden. Dann begann er zu weinen.

Ich hätte mit den anderen teilen müssen.

2

Dornbusch

Sommer 324 NR

Bis zur Morgendämmerung würde es noch ein Weilchen dauern, aber das wenige Licht reichte aus, damit Dorn etwas erkennen konnte. Er sah, wie die Horcies allmählich verschwanden, ebenso wie der Rauch in der Luft sich langsam auflöste. Die Flammen waren schon vor geraumer Zeit erloschen, und der größte Teil des Hauses stand noch. Relan hatte nicht viel von Wänden aus Holz gehalten und sein Zuhause aus Hunderten von Steinen gebaut, die er auf der dörflichen Müllkipppe eingesammelt hatte.

»Nur Narren«, pflegte Relan zu sagen, »werfen gute Steine weg, um dann mit einem schwächeren Material etwas aufzubauen.«

Stille kehrte ein, als das Kreischen und Heulen der Dämonen nach und nach verstummte. Dorn lauschte mit angehaltenem Atem, dann rutschte er von dem Goldholzbaum herunter.

»Setze erst dann einen Fuß vor das Haus, wenn du in einen Sonnenstrahl treten kannst. Und niemals früher«, hatte seine Mutter ihm beigebracht, aber Dorn konnte keinen Augenblick länger warten. Er rannte zum Haus.

»Mutter! Vater! Sky! Sunny! Hale!« Dorn wollte gerade auch Hardeys Namen rufen, als er auf die geschwärzten Rückstände traf, die vom Kopf seines Bruders übriggeblieben waren. Die Dämonen hatten das Fleisch abgenagt und den Schädel aufgerissen, um an das Innere heranzukommen.

Dorn fasste sich wieder, dann tauchte er sein Hemd in die Regentonne und band sich den nassen Stoff vor Mund und Nase, ehe er auf das Haus zusteuerte. Hier hingen noch dichte Rauchschwaden in der Luft, doch sie begannen sich bereits auszudünnen. Das Reetdach war fort, die Fensterläden waren herausgerissen, und von der Vordertür war nichts mehr geblieben außer ein paar zertrümmerte Bretter, die an einer verbogenen, eisernen Türangel hingen.

Unter seinen bloßen Füßen knirschte die warme Asche der Schilfstängel, als er über die Schwelle trat. Im ersten Moment erstarrte er, als könne ein Dämon durch das Geräusch angelockt werden, doch er schüttelte dieses Gefühl ab und pirschte sich weiter voran. »Mutter? Vater? Wo seid ihr alle?«

Beim nächsten Schritt ertönte ein schmatzendes Geräusch. Dorn blickte nach unten und sah überall Blut. Ein bisschen davon war verkohlt, wie Fett, das von einem Grill tropft, an anderen Stellen waren feuchte, klebrige Lachen. Knochensplitter und geronnenes Blut waren über die gesamte Wohnstube verteilt, wo Dorn das Feuer im Kamin angezündet hatte.

Blutige Pfotenabdrücke von Dämonen hatten die fettige Asche in jedem Winkel und jeder Nische des kleinen Hauses aufgewühlt. Dorn war so entsetzt, dass er nicht einmal versuchte, die Überreste näher zu bestimmen, aber den vielen Knochenstücken nach zu urteilen war jeder aus seiner Familie ums Leben gekommen.

Die Steine, die Relan herangeschleppt und mit Mörtel verbunden hatte, hatten standgehalten, doch die sorgsam ausgebesserten Möbel waren entzwei, wie fast alles andere auch. Dorn fand ein paar Kleidungsstücke, die noch brauchbar waren, aber sämtliche Lebensmittel sowie die Kräuter und Gewürze seiner Mutter waren weg. Nur das große Küchenmesser aus Stahl und ihr Mörser mitsamt dem Stößel hatten das Feuer und den Ansturm der Dämonen überstanden. Dorn nahm die Sachen mit.

Er musste husten, und fürchterliche Schmerzen zuckten durch seine Brust. Selbst das nasse Hemd, das er vor Mund und Nase gebunden hatte, konnte ihn nicht länger vor dem beißenden Rauch schützen, der noch in der Luft schwebte.

Er war schon im Begriff, das Haus wieder zu verlassen, da bemerkte er in der Wohnstube das Funkeln von Metall. Inmitten von Knochen und öliger Asche lag der Speer seines Vaters.

Dorn bückte sich und zog die Waffe aus dem Dreck. Der verkohlte Schaft zerbröselte in seinen Händen, aber die Spitze war immer noch scharf und hart. In der Nähe fand er Relans Schild, der mit Siegeln versehen war. Die Riemen mussten geflickt werden, aber die aus getriebener Bronze bestehende Fläche besaß noch ihren alten Glanz, nachdem er sie von der Asche gereinigt hatte.

Draußen auf der Veranda nahm er das Hemd von seinem Gesicht und sog in tiefen Zügen die Morgenluft ein, während im selben Augenblick die ersten Sonnenstrahlen auf das Geländer fielen. War es erst einen Tag her, dass er an genau dieser Stelle neben seinem Vater gestanden, die Schenkel zusammengekniffen und sich gewünscht hatte, er wäre ein Einzelkind?

Everam hat meinen selbstsüchtigen Wunsch gehört, dachte er. *Und zur Strafe hat er die Horcies geschickt, damit sie meinen Wunsch erfüllen.*

Aus der Ferne hörte er das Große Horn. Die Leute hatten den Rauch gesehen und würden bald eintreffen, um nachzuschauen.

Sie können es nicht wissen, sagte er sich. *Sie werden nie herausfinden, dass ich schuld an dem Feuer bin, oder dass ich diesen Wunsch hatte.*

Er schluchzte. Was spielte es für eine Rolle, ob die Leute Bescheid wussten oder nicht? Er selbst wusste es. Wusste, dass alles nur seine Schuld war. Es war passiert wegen seiner Selbstsucht. Seiner Dummheit. Seinem Leichtsinn.

Ich hätte zusammen mit ihnen verbrennen sollen, dachte er. Aber auch dieser Gedanke war falsch. Seine Familie hatte einen ehrenhaften Tod gefunden. Sie würden den einsamen Weg gehen und im Himmel an Everams Tafel speisen.

Ihm selbst war jetzt der Einzug in den Himmel verwehrt. Er war ein *khaffit.*

Die Rufe der Moorländer, die die Straße heraufkamen, drangen an seine Ohren. Gleich hinter der Kurve würden sie ihn sehen.

Dorn drehte sich um und rannte ins Moor.

Im Moor fand sich genug Essbares, wenn man nur wusste, wo man suchen musste. Vögel bauten im Torf ihre Nester, hier und da wuchsen genießbare Wurzeln und Kräuter, die dem Sohn einer Heilerin sofort ins Auge fielen. Ohnehin war Dorn nicht sehr hungrig. Während er unterwegs war, genügten ihm ein paar Pilze und Wurzeln, damit sein leerer Magen nicht schmerzte, und dann und wann ein Schluck aus irgendeinem fließenden Gewässer. Das Moor dehnte sich aus, so weit das Auge reichte, bis zu dem viele Meilen entfernten großen See war das Gelände sumpfig.

Stunden vergingen, und Dorn ertappte sich dabei, wie er zu der Müllkippe lief, die sich am Rande des Moors befand. Unzählige Male war er dort gewesen, wenn Relan ihn auf dem Müllkarren mitgenommen hatte.

Dorn war dieser Platz immer sehr friedlich vorgekommen. Außer seiner Familie kamen nur wenige Leute hierher, und inmitten der Abfälle fühlte Dorn sich sicher, zumindest solange die Sonne hoch am Himmel stand. Die Müllhalde war ein stiller Friedhof, ange-

A.Hancock

füllt mit den Gerippen ausrangierter Karren und Möbelstücken, die man nicht mehr gebrauchen konnte. Dazwischen türmten sich hohe, stinkende Berge aus kleineren Abfällen. So dicht am Moor war der Untergrund feucht und weich und verbreitete sogar ohne den Unrat einen üblen Gestank.

Hinter einem der Abfallberge gab es eine Stelle, an der wilder Eberwurz wuchs. In dem gut gedüngten Boden gediehen die Pflanzen prächtig und bildeten mit ihren hohen, kräftigen Stängeln ein richtiges Dickicht.

Da werden mich die Horcies niemals aufstöbern, dachte Dorn. Der ganze Ort stank so sehr, dass sie ihn nicht riechen konnten, und rein zufällig würde kein Dämon in ein Eberwurzfeld hineintappen.

Das ist sogar noch besser, als in einem Dornbusch zu schlafen.

3

Ragen

324 NR Sommer

Ragen atmete tief ein. Ihm stiegen die Ausdünstungen seines eigenen Körpers in die Nase, der ziemlich streng roch, nachdem er tagelang ohne ein Bett oder ein Bad unterwegs gewesen war, doch überlagert wurde der Gestank von dem Duft warmer Blütenpollen, der ihn daran erinnerte, warum er die Kurierstraße so sehr liebte. Es war Sommer in Lakton, und von so etwas konnten die Leute, die in seiner hoch im Norden gelegenen Heimatstadt Miln lebten, nur lesen oder träumen. Der felsige Boden der Milneser Berge geizte mit dem Hervorbringen von Früchten, während die fruchtbare Gegend um den großen See diese freigebig verschenkte.

Er stellte sich in die Steigbügel und pflückte einen Apfel so groß wie seine Faust von einem niedrig hängenden Ast. Die Einwohner der Dörfer, die längs der Straße lagen, pflanzten Obstbäume eigens für die Kuriere an. Für viele Ortschaften war das eine Frage des Stolzes, und wer von Berufs wegen die Straße benutzte, konnte sich wie ein König an Äpfeln und Birnen, Pfirsichen und Pflaumen gütlich tun. An einer bestimmten Strecke gediehen Orangen, die so köstlich schmeckten, dass bei der bloßen Erinnerung daran Ragen das Wasser im Mund zusammenlief.

Nimm dir Zeit, dachte er und biss mit einem genüßlichen Knirschen in den Apfel. *Genieße jeden Augenblick und behalte ihn in Erinnerung, denn dergleichen wirst du nie wieder erleben.*

»Eine letzte Tour«, hatte er Elissa versprochen. »Ich bin wieder zu Hause, bevor unser Kind auf die Welt kommt, und dann stelle ich den Speer für immer in die Ecke.«

Als noch Monate auf der Straße vor ihm lagen, war ihm dieses Versprechen leichtgefallen. Er hatte das Beste aus dieser Zeit gemacht und die örtliche Post befördert, um alte Freunde wiederzusehen und sich von ihnen zu verabschieden. Einige dieser Abschiede fielen herzlich aus, manche überraschend rührselig. Beide Seiten versprachen, einander zu schreiben, aber jeder wusste, dass man sich nie wieder persönlich begegnen würde.

Er war bis nach Fort Rizon und sogar noch weiter geritten, hatte drei zusätzliche Reisetage eingeplant, nur um einen ganz bestimmten Hügel aufzusuchen und ein letztes Mal über die Wüstenebene zu blicken. Doch bald würde er Lakton verlassen und nach Angiers gelangen, wo die Liste der Freunde, die er besuchen wollte, kürzer war.

Er sehnte sich danach, Elissa im Arm zu halten und ihren gewölbten Leib anzuschauen, und trotzdem konnte er nicht anders, als sich noch ein wenig mehr Zeit zum Reisen zu wünschen, ehe die Tore von Miln sich zum letzten Mal hinter ihm schlossen.

Seit zwei Jahrzehnten unternahm Ragen alljährlich diese Tour. Für Kaufleute wie für die Angehörigen des Adels war er ein vertrautes Gesicht, und überall nahm man ihn mit offenen Armen auf. Seine Tour war äußerst begehrt, und angesehene Kuriere hätten vor einem Mord nicht zurückgescheut, um sie für sich selbst zu ergattern. Bereits wenige Jahre genügten, um so viel zu verdienen, dass sie sich früh in den Ruhestand begeben konnten. Gildemeister Malcum rieb sich wahrscheinlich jetzt schon vor Begeisterung die Hände, wenn er daran dachte, welche Summe Kuriere ihm anbieten würden, damit er diese Tour an sie vergab.

Aber Ragen hatte bereits ein paar Worte in die richtigen Ohren geflüstert und Briefe von Adligen und Kaufleuten quer durchs Land befördert, in denen der Wunsch geäußert wurde, Arlen Strohballen, Ragens Mündel, möge diese Tour zugeteilt bekommen.

Ragen schluckte, und seine Brust schwoll an vor Stolz. Für ihn selbst mochte es die letzte Tour sein, doch es erschien ihm nur angemessen, dass Arlen an seiner Stelle weitermachte, so wie er selbst, Ragen, in die Fußstapfen seines Vaters getreten war, der vor ihm die Stellung eines Herzoglichen Kuriers bekleidet hatte.

Ragen beneidete Arlen, doch seine eigene Zukunft machte ihm schwer zu schaffen. Alle redeten, als sei sein Rückzug ins Privatleben etwas Wünschenswertes, als sollte er sich darauf freuen, auf die Schönheit der großen weiten Welt zu verzichten und für den Rest seines Lebens hinter mit Siegeln geschützten Mauern zu hocken.

»Bei der Nacht, ich bin doch gerade mal vierzig«, murmelte er.

Dreiundvierzig, antwortete seine innere Stimme. *Früher reichten dir vier Stunden Schlaf und ein Teller voll gebratener Eier, um eine durchzechte Nacht abzuschütteln. Jetzt tut dir dein Körper tagelang weh.*

»Als Kurier kannst du nur zwischen zwei Möglichkeiten wählen«, hatte Meister Cob ihm damals erklärt, als Ragen noch bei ihm in die Lehre ging. »Geh früh in den Ruhestand, oder geh früh in den Tod. Dämonen nehmen keine Rücksicht darauf, wenn du dich nicht mehr so flink bewegen kannst wie zu der Zeit, als du noch dreißig warst.«

Endlich tauchte vor ihm das Torfstecherdorf Moorweiler auf, und der Anblick lenkte Ragen von seinen Problemen ab. Bald würde er mit seinem Freund Relan und dessen Familie zusammen sein und konnte sich an einer warmen Mahlzeit und fröhlicher

Unterhaltung erfreuen. In Fort Rizon waren krasianische Erzeugnisse teuer, aber in Miln kosteten sie ein Vermögen, das Lösegeld für einen Herzog, sagte man. Seine Satteltaschen waren prall gefüllt mit krasianischem Spielzeug für die Kinder, Seidenstoffen und Gewürzen für Dawn und einem Krug Couzi für Relan.

Ragen schmunzelte. Nicht für Relan, sondern auch für ihn selbst. Ein letztes Mal würden sie so lange Couzi trinken, bis sie den Zimt herausschmeckten. Und die ganze Nacht lang würden sie Dawn und die Kinder mit Geschichten von den Abenteuern ängstigen, die sie gemeinsam auf der Straße bestanden hatten.

Ragen schnürte es die Kehle zusammen, als er das ausgebrannte Haus betrachtete. Die Moorländer hatten Wasser über die letzten glühenden Trümmer geschüttet, und der ganze Hof stank bestialisch nach Feuer und Blut.

Diesen Gestank kannte Ragen zu seinem Bedauern nur allzu gut. Das ging jedem Kurier so. Doch ganz gleich, wie oft man so etwas erlebte, man würde sich niemals daran gewöhnen.

Wie Geister konnte er die Mitglieder der Familie Damaj sehen, die über den Hof liefen, es sich auf der Veranda gemütlich machten und die langen Sommerabende genossen.

Und nun legten die Moorländer ihre wenigen sterblichen Überreste auf eine Pritsche für den Scheiterhaufen. Beaufsichtigt wurden sie von dem Fürsorger des Dorfs, der sich bemühte, die einzelnen Körperteile so auszurichten, wie es sich für ein ordentliches Bestattungsfeuer gehörte.

Das war zu viel für Ragen. Er rutschte von seinem Pferd, beugte sich tief vornüber und steckte den Kopf zwischen die Knie, während er mühsam nach Luft rang.

Er spürte eine Hand auf seiner Schulter, und als er den Kopf hob, begegnete er Fürsorger Heaths freundlichem Blick. Auch in Heaths Augen schimmerten Tränen.

Ragen schluckte krampfhaft und stieß mit krächzender Stimme hervor: »Hat jemand überlebt?«

Heath zuckte müde mit den Schultern. »Wir haben nur die Überreste eines Zwillings gefunden. Aber vielleicht sind es ja auch Stücke von allen beiden, ich kann es nicht feststellen.«

Ragen nickte. »Selbst als sie noch lebten, konnte ich die verdammten Bengel nicht auseinanderhalten.«

Heath grunzte, was für ein Lachen durchgehen sollte, angesichts dieses schwarzen Humors. »Und keine Spur von Dorn.«

Ragen war sofort hellwach. »Habt ihr nach ihm gesucht?«

Heath nickte. »Ich ließ die Leute das Moor nach ihm durchkämmen, aber ...« Er zuckte die Achseln. »Der Junge war klein. Ein großer Dämon hätte ihn in einem Stück herunterschlucken können.«

Das stimmte zwar, aber Ragen wollte es einfach nicht glauben. Relan war sein Freund gewesen, und wenn zwei seiner Söhne möglicherweise noch da draußen waren, verletzt und zu Tode verängstigt, schuldete er es seinem Freund, sie zu suchen.

»Warte noch mit dem Scheiterhaufen«, sagte er. »Ich mache mich selbst auf die Suche.«

Heath nickte. »Wir bringen die Pritsche zum Heiligen Haus, damit ich die Asche auf mit Siegeln versehenem Grund verstreuen kann. Ich gebe dir Zeit, bis das Horn die Abenddämmerung verkündet.«

Der Hof vor dem Haus der Familie Damaj war wie umgepflügt von den Stiefeln der zahlreichen Moorländer, die gekommen waren, um zu helfen oder zu gaffen. Im Garten jedoch fand Ragen, wonach er gesucht hatte. Fußspuren. Der Größe nach konnten sie von Dawn und Dorn stammen. Dawn hatte den Jungen im Eberwurzbeet versteckt. Schlau.

Danach war sie ins Haus zurückgerannt, und dort wurde sie von den Horclingen getötet.

Ragen atmete tief durch, während ihm die Tränen in den Augen brannten. Dorn hatte aus dem Haus flüchten und sich an einem sicheren Ort verbergen können, aber die Hitze und der Qualm mussten schrecklich gewesen sein. Nach gründlicher Suche entdeckte Ragen weitere Spuren, die ihm verrieten, an welcher Stelle Dorn den Garten verlassen hatte, um zum Müllkarren zu rennen. Und von dort aus war er ins Moor gelaufen.

Es dauerte eine Stunde, ehe Ragen die Fährte wieder aufgenommen hatte. Er entdeckte die am Boden verstreuten Bonbons, auf denen es von Ameisen wimmelte. Rings um den Stamm des Goldholzbaums fanden sich massenhaft Fußabdrücke des Jungen.

»Dorn?«, rief Ragen in die Baumkrone hinein. »Bist du da oben, Junge?«

Als keine Antwort kam, seufzte Ragen, packte den am tiefsten hängenden Ast und stemmte sich daran hoch. Morgen früh würde er die Schmerzen in seinen Muskeln und Sehnen spüren.

Die Vertiefung im Geäst, wo Dorn die Nacht verbracht hatte, war leicht zu entdecken. Ein Stück von der Maishülse eines Bonbons steckte in einer Mulde voll zerwühlter Blätter, und die ganze Umgebung stank nach Eberwurz.

Aber von diesem Punkt an verlor sich die Spur. Stundenlang wanderte Ragen durchs Moor und rief immer wieder Dorns Namen. Er suchte auch auf der Müllkippe nach ihm, weil er wusste, wie viel Zeit die Damaj-Jungen dort zubrachten, aber auch dort fand sich kein Hinweis auf Dorn.

Das Große Horn erklang und verkündete den Anbruch der Abenddämmerung. Schweren Herzens schwang sich Ragen wieder auf sein Pferd, Nachtauge, und ritt in scharfem Tempo zum Heiligen Haus zurück. Hätte er auch nur eine einzige Spur von Dorn entdeckt, nachdem er sich vom Goldholzbaum entfernt hatte, hätte Ragen seine Bannzirkel ausgelegt und die ganze Nacht lang im Freien ausgeharrt, um auf Rufe oder Schreie des Jungen zu lauschen.

Aber so, wie die Dinge standen, wäre es sinnlos gewesen, noch länger im Moor zu bleiben. Auch wenn es ihm das Herz zerriss, so konnte Ragen sich nicht vor der Wahrheit verschließen. Vielleicht hatte Dorn länger durchgehalten, als es den meisten Menschen gelungen wäre, aber wie sollte ein sechsjähriges Kind draußen in der ungeschützten Nacht überleben?

Dorn war tot.

Die Moorländer suchten zwar nicht jede Woche das Heilige Haus auf, aber das gesamte Dorf fand sich ein, um Toten, die auf dem Scheiterhaufen verbrannt wurden, die letzte Ehre zu erweisen, selbst wenn es um eine Familie ging, die nie ganz dazugehört hatte. Die Damajes waren immer Außenseiter geblieben. Aus Respekt vor dem Tod machten die Dörfler ernste Gesichter, doch außer Ragen und dem Fürsorger vergoss kaum jemand auch nur eine Träne. Lediglich Tami Strohballen weinte ungeniert.

Als die Dörfler nach der Andacht das Heilige Haus verließen, spuckte Masen Strohballen aus. »Wenigstens schulde ich diesem Modderliebchen Dawn jetzt keine acht Muscheln mehr.« Seine Brüder gluckten vergnügt.

Ragen packte den Mann beim Hemd, hielt ihn fest und knallte ihm die Faust ins Gesicht. Er spürte ein Knacken, und Zahnstücke flogen aus Masens Mund.

Die anderen Männer der Familie Strohballen rannten herbei und wollten Masen zu Hilfe kommen, aber Ragen ergriff Masens Arm, duckte sich und schleuderte sein Opfer gegen seine Brüder. Durch den Aufprall gingen alle in einem wirren Haufen zu Boden.

»Ihr alle werdet jeweils zehn Muscheln für den Grabstein an das Heilige Haus berappen«, knurrte Ragen. »Der Schöpfer sei mein Zeuge, wenn ihr euch weigert, wird keiner von euch jemals wieder auch nur einen Brief bekommen.«

Im Handumdrehen war Marta, die Dorfsprecherin, zur Stelle. Sie pflanzte sich zwischen den streitenden Parteien auf, aber es war schwer zu sagen, zu wem sie hielt, denn sie funkelte alle Männer wütend an. »Dazu braucht es nicht zu kommen, Kurier.« Sie fasste die Brüder Strohballen ins Auge. »Ihr habt gehört, was der Mann euch angedroht hat. Wenn ihr Kerle die Toten nicht respektieren könnt, dann lauft nach Hause und holt eure Geldbörsen.«

Die Männer rührten sich nicht, und Ragen fragte sich, ob ihr Stolz sie drängte, sich auf einen Kampf einzulassen, den sie nicht gewinnen konnten. Beinahe wünschte er sich, sie würden auf ihn losgehen. Ein paar gebrochene Knochen würden sie lehren, den Toten die gebührende Achtung zu erweisen, und sie daran erinnern, dass sie von Glück sagen konnten, dass sie selbst noch lebten.

Die anderen Dörfler sahen teilnahmslos zu. Vermutlich gab mehr als einer Masen recht, aber keiner war so töricht, einem Kurier in die Quere zu kommen, zumal einem von Ragens Statur und Auftreten. Ob es einem gut oder schlecht ging, hing durchaus vom guten Willen eines Kuriers ab.

Fürsorger Heath stellte sich neben Marta, stemmte die Hände in die Seiten und starrte Masens Brüder an, bis sie die Blicke senkten. Hinter ihm prasselten die Flammen des Scheiterhaufens und verstärkten das Bedrohliche an der Szene. Masens Brüder tippten grüßend an ihre Hüte und machten sich eilends aus dem Staub.

Masen spuckte einen Klumpen Blut aus und gab seiner Familie einen Wink, sich ebenfalls zu entfernen.

»Heute Nacht findest du Obdach im Heiligen Haus, Kurier«, sagte Heath, als das Feuer heruntergebrannt war.

»Sei bedankt, Fürsorger«, erwiderte Ragen. »Ich habe einen Krug mit krasianischem Schnaps dabei, der eigentlich für Relan bestimmt war. Es wäre mir eine Ehre, wenn du mit mir zusammen einen Schluck trinken würdest.«

Heath hustete und starrte ungläubig auf den winzigen Becher. »Die paar Tropfen wirken stärker als ein großer Krug von meinem besten Bier, und schmecken tun sie wie Feuerspeichel. Solch ein Zeug sollte verboten sein.«

Ragen kicherte. »Ist es auch. Die *dama* schneiden jedem die Daumen ab, den sie beim Verkauf von Couzi erwischen. Es genügt schon, dabei ertappt zu werden, wie man das Zeug nur bei sich trägt, und man wird ausgepeitscht.«

Heath schüttelte den Kopf. »Das kann doch nicht wahr sein. Relan erzählte mir, Couzi sei in Krasia ein beliebtes Getränk.«

Ragen schenkte die nächste Runde ein, und die beiden Männer stießen mit den winzigen Bechern an, ehe sie tranken. »In Krasia geht es nicht anders zu als in der übrigen Welt, Fürsorger. Es gibt auch dort Heilige und Heuchler. Im Evejah steht, wer geistige Getränke zu sich nimmt, begeht eine Sünde …«

»Der Schöpfer bewahre mich vor solchem Unsinn«, murmelte Heath.

»… aber das heißt noch lange nicht, dass sich jeder danach richtet.« Ragen blickte in seinen leeren Becher. »Hat Relan dir jemals erzählt, warum er aus Krasia fortging?«

Heath nickte. »Dort sperrt man die Krieger jede Nacht in ein Labyrinth voller Dämonen ein, und diejenigen, die weglaufen, behandelt man wie den letzten Dreck. Er sagte mir, du hättest ihm etwas Besseres angeboten und dein Leben riskiert, um ihn aus der Stadt herauszuschmuggeln.«

Ragen lachte. »Das hat er dir erzählt? Ay, in gewisser Weise stimmt es sogar, aber in Wirklichkeit trug es sich ein bisschen anders zu. Die Wahrheit ist, dass ich Relan noch nie in meinem Leben gesehen hatte, als ich an jenem Morgen Fort Krasia verließ. Bis kurz vor Anbruch der Abenddämmerung legte ich ein gutes Stück zurück, dann spannte ich den Karren ab und legte meine tragbaren Bannzirkel aus.«

Abermals füllte er die Becher. »Kaum habe ich ein Feuer angezündet und den Wasserkessel aufgesetzt, da kommt aus dem Dunkeln dieser *Sharum* auf mich zu, in voller schwarzer Kriegermontur, Speer und Schild in den Händen. Vor Schreck hätte ich mich fast bepisst. Ich griff nach meinem Speer, doch obwohl Relan den ganzen Tag lang unter meinem Karren gehangen und sich an der Achse festgeklammert hatte, wehrte er meine Hiebe ab wie die eines blutigen Anfängers, der noch einen Übungsspeer benutzt. Wäre er frisch bei Kräften gewesen, hätte ich überhaupt keine Chance gehabt.«

Heath nahm den Becher an, den Ragen ihm hinhielt. »Was ist passiert?«

Ragen zuckte die Achseln. »Er verpasste mir einen kräftigen Schlag mit dem Speer, der mich zu Boden warf. Wenn er gewollt hätte, hätte er mich ohne Weiteres töten können, aber er senkte bloß seinen Speer und wartete ab. Ich begriff, dass er mich nicht attackierte, sondern sich nur verteidigte. Der verdammte Sohn des Horc sprach kein Wort Thesanisch, aber ich beherrschte das Kauderwelsch, mit dem man sich auf dem Markt in Krasia behilft, immerhin so gut, dass wir uns halbwegs verständigen konnten. Er bat mich, ihn in den Norden mitzunehmen, und dann blieben wir fast drei volle Touren lang zusammen, bis er ein Auge auf eure hübsche Heilerin warf.«

Heath nickte. »Das ganze Dorf war in Aufruhr, als sie mich baten, sie zu verheiraten. Ich weiß nicht, ob ich es getan hätte, wenn Relan nicht eigens ihretwegen zu unserem Glauben übergetreten wäre.«

»Er war schon halb bekehrt, da hatten wir die Wüste noch nicht einmal hinter uns gelassen«, sagte Ragen. »Relan wollte nicht im Labyrinth sterben, aber ihm war daran gelegen, ein dem Schöpfer gefälliges Leben zu führen. Du hast ihm gezeigt, dass das geht. Ich weiß noch, wie er geweint hat, nachdem du die Gesten für seinen Übertritt vollführt und ihn in Weihrauchschwaden eingehüllt hattest.«

Ragen hob seinen Becher. »Für mich sah es immer so aus, als käme bei den Damajes jedes Jahr ein neues Kind auf die Welt. Die Familie in dem kleinen Haus wurde ständig größer. Und jetzt ist das Haus leer.«

»Auf Relan und seine Familie«, sagte Heath, als sie anstießen und tranken. Neugierig blickte er auf den Becher. »Das Zeug schmeckt nach ...«

»Es schmeckt nach Zimt«, half Ragen aus. »Aber man muss sturzbetrunken sein, um es zu merken.«

Heath stöpselte den Krug wieder zu. »Dann sollten wir jetzt lieber aufhören. Heute Nacht möchte ich alle meine Sinne beisammenhaben und jede Stunde das Horn blasen.«

Die Fürsorger des Schöpfers befolgten das Gesetz der Zuflucht. Es sah vor, dass das Heilige Haus während der gesamten Nacht einem jeden offenstand, der Obdach suchte. Auf der ganzen Welt gab es nur wenige Bannzeichner, welche die machtvollen Symbole beherrschten, die die Fürsorger während ihrer Ausbildung lernten. Kirchensiegel an sich waren schon ungemein schwer zu zeichnen, und die komplizierten Netze, zu denen sie zusammengefügt wurden, galten als undurchdringlich. Wenn ein Horcling ein solches Netz angriff, schlug die Magie mit einer so geballten Kraft zurück, dass ein hartnäckiger Dämon sich an einer Siegelwand selbst zu Tode bringen konnte, ohne jemals durchzudringen.

Der Pfad zur Vordertür war die ganze Nacht hindurch von Lampen beleuchtet, um denjenigen den Weg zu weisen, die um ihr Leben rannten. Die Tür selbst wurde niemals abgesperrt. Fürsorger lebten in bescheidenen Verhältnissen und besaßen ohnehin nicht viel, was sich zu stehlen gelohnt hätte.

Das Große Horn wurde jeden Abend eine Stunde vor Einsetzen der Dämmerung geblasen, und dann wieder bei Sonnenuntergang, damit ein jeder, der Hilfe benötigte, sich orientieren konnte. Wenn der Fürsorger nun beabsichtigte, das Horn die ganze Nacht hindurch zu blasen …

»Du glaubst immer noch, dass Dorn da draußen sein könnte?«, erkundigte sich Ragen.

Heath blickte auf die Uhr und stemmte sich schwankend auf die Füße. »Als ich Relan fragte, warum er bereit sei, dem Evejah abzuschwören und stattdessen die Regeln des Kanon zu befolgen, antwortete er mir: ›Ich bin zu folgender Erkenntnis gelangt: Wenn Everams Macht grenzenlos ist, dann existiert sogar Nie nur, weil Er es zulässt. Und deshalb müssen die *alagai* zu uns kommen, weil es Sein Wille ist. Welchen anderen Grund kann es dafür geben, als dass Er uns für unsere Sünden bestrafen will?‹«

Ragen runzelte die Stirn. »Vergib mir, Fürsorger, aber daran habe ich nie geglaubt. Der Schöpfer liebt uns, heißt es doch immer. Welches Wesen, das zu Liebe fähig ist, würde die Horclinge auf uns loslassen?«

»Gewiss, es erscheint widersprüchlich«, pflichtete der Fürsorger ihm bei. »Klügere Männer als wir haben seit jeher darüber debattiert. Aber der Kanon und der Evejah stimmen darin überein, dass die Macht des Schöpfers grenzenlos ist.« Auf wackeligen

Beinen stolperte er zum Großen Horn und befeuchtete mit der Zunge seine Lippen. »Wir leben in der Wirklichkeit, in einer Welt, in der die Dinge greifbar sind, und wir treffen unsere Entscheidungen aufgrund dessen, was unmittelbar vor uns liegt. Aber wir können trotzdem beten, dass ein Wunder geschehen möge.«

Er tat einen gewaltigen Atemzug und blies ins Horn.

Am nächsten Tag setzte Ragen seine Suche nach Dorn fort, und auch am Tag danach durchstreifte er das Moor, ohne eine Spur des Jungen zu finden. Vielleicht lag es ja in der Macht des Schöpfers, Wunder geschehen zu lassen, doch wenn dem so war, dann knauserte er mit diesen Gaben.

Ragen hatte geglaubt, in eine melancholische Stimmung zu verfallen, wenn die hohen Mauern von Miln schließlich in Sichtweite kämen, doch stattdessen spürte er, wie ihm ganz leicht ums Herz wurde. Sicher, er ließ die Welt hinter sich zurück, aber vielleicht hatte Relan ja recht gehabt. Seinem Freund ging die Familie stets über alles, sie war das Wichtigste in seinem Leben. Und er, Ragen, konnte sein Andenken am besten ehren, indem er das Herumreisen aufgab und für seine eigene Familie sorgte.

Als er in die Stadt hineinritt, blickte er nach vorn und nicht zurück.

Er erreichte das Viertel der Bannzeichner, in dem Cob seinen Laden hatte. Eine Stippvisite, bevor er für immer nach Hause zurückkehrte. Als Ragen das Geschäft betrat, polierte Arlen gerade seine Rüstung.

»Wenn du deinem Mädchen auch nur halb so viel Aufmerksamkeit schenken würdest wie deiner Rüstung, würde sie dir aus der Hand fressen.«

Arlen blickte hoch und lächelte. »Und das musst ausgerechnet du sagen. Ich hätte vielleicht ein bisschen mehr Zeit für Mery, wenn ich mich nicht an deiner Stelle um Lady Elissa kümmern müsste.«

Allein die Erwähnung ihres Namens versetzte Ragen in helle Aufregung. »Es geht ihr doch gut? Das Kind …«

»Sie sieht aus, als hätte sie die unterste Kugel eines Schneemanns verschluckt«, entgegnete Arlen. »Aber die Kräutersammlerin meint, es sei alles in Ordnung.« Er drehte sich um und brüllte in den hinteren Bereich des Ladens: »Cob! Ragen ist wieder da!«

Kurz darauf erschien der grauhaarige alte Bannzeichner. »Ragen! Wie war deine letzte Tour?«

»Was mich betrifft, so gab es keine Probleme«, antwortete Ragen.

»Warst du auch in der Wüste?«, erkundigte sich Arlen begierig.

Ragen schüttelte den Kopf. »Ich begnügte mich damit, eine Nacht auf dem Ausschau-Hügel zu verbringen.«

Arlen setzte eine säuerliche Miene auf. »Ich begnüge mich schon viel zu lange damit, mir alles bloß aus der Ferne anzusehen. Ich kann es nicht erwarten, bis ich endlich meine Lizenz kriege und selbst auf Reisen gehe. Ich werde Orte aufsuchen, an denen noch nie zuvor ein Kurier gewesen ist.«

»Willst du dann Marko Herumtreiber sein?«, fragte Ragen.

Arlen zuckte die Achseln. »Jeder Kurier will doch Marko Herumtreiber sein.«

»Ay, der Junge hat recht«, fand Cob. »Als ich noch ein junger Bursche war, bettelte ich die Jongleure auch immer an, Geschichten vom Herumtreiber zu erzählen.«

Ragen nickte. »Das ist ja alles schön und gut. In den Geschichten werden die wundersamen Orte beschrieben, die Marko auf seinen Reisen kennenlernte. Aber von den Kümmernissen, die sein Herz beschwerten, und den bösen Erinnerungen, die er mit nach Hause nahm, ist niemals die Rede.«

»Willst du damit sagen, es lohnt sich nicht, die weite Welt zu bereisen?«, hakte Arlen nach.

»Beim Schöpfer, nein.« Ragen zwinkerte ihm zu. »In meiner Tasche stecken Briefe von der Hälfte der Kaufleute und Adligen südlich des Grenzflusses. Alle bitten darum, dass Arlen Strohballen meine Sommertour nach Lakton zugeteilt bekommt.«

Verblüfft riss Arlen die Augen auf. »Wirklich und wahrhaftig?«

Wieder nickte Ragen. »Sogar Graf Brayan setzt sich für dich ein. Das Risiko, das du eingingst, um die Fracht für seine Minen abzuliefern, hat ihn schwer beeindruckt. Gildemeister Malcum dürfte es nicht leichtfallen, ihm diese Bitte abzuschlagen.«

Mit einem Jubelschrei sprang Arlen auf die Füße. Für diesen ernsthaften Jungen war das so ungewöhnlich, dass Ragen nicht wusste, wie er darauf reagieren sollte. Er blickte Cob an und stellte fest, dass der alte Bannzeichner genauso verdattert war.

»Elissa wird das gar nicht gefallen«, sagte Ragen. »Und ich denke, Mery dürfte genauso wenig begeistert sein.«

»Von dir werden sie es nicht erfahren, Ragen.« Arlen blickte die Männer nacheinander an. »Und von dir auch nicht, Cob. Ich teile es ihnen mit, wenn ich bereit bin.«

Ragen nickte. »Dann bleibt mir nur noch eine Sorge. Ich muss mich entscheiden, was ich mit dem Rest meines Lebens anfangen will.«

»Ich hätte da schon eine Idee«, warf Cob ein. »Immerhin hast du dafür gesorgt, dass ich meinen Geschäftspartner verliere.«

4

Modderjunge

333 NR Herbst

Aus der Sicherheit eines seiner vielen Eberwurzfelder heraus beobachtete der Modderjunge den Moordämon, der zwischen den Müllbergen umherpirschte.

»Eberwurz kann man mit Unkraut vergleichen«, pflegte seine Mutter zu sagen. »Es gedeiht überall.« Es genügte, wenn man abgeschnittene Stängel ins Erdreich steckte, und egal, wie der Boden beschaffen war, sie schlugen beinahe überall Wurzeln. In dem gut gedüngten Gelände der Müllkippe verbreiteten sich die Pflanzen wie Feuerspeichel, erstickten das andere Grünzeug und bildeten Inseln der Sicherheit, die in der ungeschützten Nacht Zuflucht boten.

Der Horcie schnüffelte und fand die erste Ratte, deren Blut noch warm am Fell klebte. Der Dämon gab ein aufgeregtes Krächzen von sich, spießte die Ratte mit einer Kralle auf und warf sie sich in das weit aufgerissene Maul. Er biss ein einziges Mal zu und schluckte den Nager dann in einem Stück herunter.

Der Modderjunge hielt vollkommen still. Der Dämon war nur wenige Schritte von ihm entfernt, aber er hörte nichts – und er sah nichts. Das Harz des Eberwurz und der Schlamm auf seiner Kleidung bildeten die perfekte Tarnung und ließen ihn völlig mit der Umgebung verschmelzen. Und der Gestank, den er absonderte, wehrte jeden Dämon ab.

Einige Horcies gaben sich damit zufrieden, jede Nacht am selben Ort aufzutauchen, in einem geringen Umkreis zu jagen und im Morgengrauen wieder an der gleichen Stelle in den Untergrund hinabzusinken. Der Modderjunge kannte diese Horcies, die in der Gegend umherstrolchten, und wusste, wo sie aller Wahrscheinlichkeit nach anzutreffen waren.

Andere Dämonen wiederum neigten zum Umherstreifen. Sie glitten dort in den Horc zurück, wo sie auf ihren Streifzügen gelandet waren, und in der folgenden Nacht stiegen sie an dem Punkt wieder an die Oberfläche. Dieser Horcie rückte schon seit Tagen immer näher heran. Jedes Mal, wenn er aufgekreuzt war, hatte der Modderjunge büschelweise Eberwurz angepflanzt, aber die Müllhalde zog Horcies an, wie ein stehendes Gewässer Wasserläufer anlockt. Vor allen Dingen gierten die Horcies nach menschlichem Fleisch, und die gesamte Halde stank erbärmlich nach Menschen.

Auf den Pfaden, die der Horcie einschlug, hob der Modderjunge Fallgruben aus, er spannte Stolperdrähte und verbrannte sogar Eberwurz, der einen beißenden Qualm entwickelte. Doch trotz aller Abwehrmaßnahmen, die ihn dazu bewegen sollten, auf ein anderes Jagdrevier auszuweichen, hatte sich der Moordämon gefährlich nahe dem Dornbusch genähert, wie der Modderjunge seinen geheimen Schlupfwinkel nannte. Dagegen musste er etwas unternehmen.

Die Ratte war nur ein kleiner Happen gewesen, aber wenige Schritte weiter fand der Horcie die nächste tote Ratte, und von dort aus entdeckte er in einer Entfernung von ein paar Yards schon wieder eine. Auf diese Weise wurde er zwangsläufig an den Steilhang gelockt, wo der Müllkarren ausgekippt wurde.

Der Modderjunge schüttelte den Kopf. Es war bereits das dritte Mal, dass dieser spezielle Dämon über die Müllhalde streifte und mithilfe von Ködern an genau dieselbe Stelle gelotst worden war.

Vater hatte gesagt, die Gehirne der Horcies seien so winzig wie eine geschälte Erbse. Er festigte seinen Griff um den alten Besenstiel, an dem er die Speersitze seines Vaters befestigt hatte, und schob einen Arm durch die ausgebesserten Gurte des Schildes. Er fragte sich, ob dieser Dämon wohl jemals dazulernen würde.

Der Moordämon fing bereits an zu taumeln. Die Ratten waren mit einer Mischung aus Himmelsblüten und Bitterkraut vergiftet worden. Eine einzelne Ratte zeigte kaum Wirkung, aber nachdem der Horcie fünf davon verschlungen hatte, würde er unbeholfen und langsamer werden.

Langsamer, aber nicht langsam. Selbst der langsamste, dümmste Horcie konnte ihn in Stücke reißen, wenn er selbst nicht unglaublich schnell und präzise war. Er hatte mit eigenen Augen gesehen, wozu sie fähig waren.

Du musst die alagai *immer respektieren, mein Sohn,* hatte Vater gesagt, *aber du darfst dich niemals von deiner Furcht vor ihnen überwältigen lassen.*

Der Modderjunge umarmte seine Furcht und setzte sich auch schon in Bewegung, geschwind und lautlos wie ein Vogel. Der Dämon blickte in die andere Richtung und würde gar nicht merken, dass er da war. Er würde lediglich das Aufblitzen von Magie sehen, wenn er gegen den Schild prallte, und dann würde er den Steilhang hinuntersegeln.

Doch als der Dämon nach der letzten Ratte fischte, hielt er plötzlich inne, als erinnerte er sich an etwas. Der Modderjunge legte Tempo zu. Das Biest war doch schlauer, als er gedacht hatte. Beim nächsten Mal musste er sich einen neuen Trick einfallen lassen.

Sogar halb betäubt war der Dämon noch unglaublich flink. Sein Kopf ruckte herum, und er bemerkte den heranstürmenden Modderjungen gerade noch rechtzeitig, um die hinteren Klauen in den Boden zu graben und die Vorderpranken nach dem Jungen auszustrecken.

Außerstande, seinen rasenden Lauf schnell genug zu stoppen, duckte sich der Modderjunge und vollführte eine Rolle. Die zuschlagenden Pranken verfehlten ihn nur um wenige Zoll. Kurz vor dem Steilabfall bremste er seinen Schwung. Gerade als er sich umdrehte, zog der Moordämon seinen Speichel hoch und spuckte.

Der Modderjunge bückte sich hastig und ging hinter dem Schild in Deckung, aber der klebrige Schleim spritzte von der Fläche ab, und Tropfen trafen sein Gesicht und seinen Körper. Es brannte entsetzlich, und er spürte, wie sein Fleisch verätzt wurde.

Er schloss die Augen, ließ den Speer fallen und klaubte eine Handvoll feuchter Erde auf. Diesen Matsch rieb er sich ins Gesicht, bis das Brennen nachließ. Den Schild hielt er weiterhin hoch erhoben, aber nun war er nicht länger im Vorteil, und das wusste auch der Dämon. Die Kreatur schnellte in die Höhe, ein einziger gewaltiger Satz genügte, um die Entfernung zu überbrücken, und mit einem schaurigen Krächzen landete sie genau vor dem Modderjungen.

Sofort schlug der Moordämon zu, aber der Hieb glitt an den Siegeln auf dem Schild ab. Mit der freien Hand fasste der Modderjunge in seine Tasche und griff sich eine Faust voll Eberwurzpulver. Als der Dämon wieder das Maul aufsperrte und die Luft einsog, um abermals dieses grausige Krächzen von sich zu geben, schleuderte er ihm das Pulver direkt in den Schlund.

Der Dämon würgte, als würde er ersticken. Während er mit den Vorderpranken seinen Hals umklammerte, tanzte der Modderjunge um ihn herum. Dann stürmte er auf ihn zu, stemmte seine Schulter gegen den Schild und stieß den Dämon über die Kante des Steilhangs.

Er stellte sich dicht an den Rand und sah zu, wie der Dämon kreischend den abschüssigen, mit Müll übersäten Hang hinabpurzelte und tief unten im Sumpf landete. Die wild um sich greifenden Krallen des Dämons fanden in dem glitschigen Matsch und

Morast keinen Halt, während er in den trüben Dunstschleiern, die vom Sumpf aufstiegen, verschwand.

Der Sturz konnte dem Dämon keinen dauerhaften Schaden zufügen – im Grunde waren die Horclinge gar nicht totzukriegen –, aber der Modderjunge hatte ihn von seinem Zuhause verjagt, und das war die Hauptsache. Den Steilhang wieder hochzuklettern war schlichtweg unmöglich. Der Horcie würde sich von dem Sturz erholen und ins Moor hineinwandern. Monate konnten vergehen, bis er diesen speziellen Dämon wiedersah, wenn überhaupt.

Sein Gesicht brannte immer noch, trotz des kühlen Schlamms, und als der Modderjunge an sich hinabblickte, entdeckte er Tröpfchen von Moorspeichel auf seiner Kleidung, die sich qualmend durch das Zeug brannten. Es gab ein zerborstenes halbes Fass, in dem er Regenwasser auffing, und dort rannte er hin, um den Kopf einzutauchen und den restlichen Dreck wegzuwaschen.

Als er sein Gesicht betastete, zuckte er vor Schmerzen zusammen.

Blödmann, schalt er sich. *Selber schuld. Leichtsinnig.*

Er musste sich eine Heilpaste anrühren.

Als der Modderjunge sah, dass der Mond aufgegangen war, nahm er den Umschlag mit der Salbe von seinem Gesicht und bewegte vorsichtig das Kinn, um zu prüfen, ob die Haut sich schon wieder spannen ließ. Die Stellen, an denen der Moorspeichel ihn getroffen hatte, waren bis auf das rohe Fleisch verätzt, aber weil er sofort den kühlenden Schlamm darauf verteilt hatte, konnte er das Schlimmste noch einmal abwenden. Der aus gefundenen Lederflecken zusammengeschusterte Kittel, den er unter seiner Kleidung trug, wies ein Dutzend winziger Löcher auf, die wie Pockennarben aussahen. An einigen Stellen hatte sich der Moorspeichel gänzlich durch das dicke Leder hindurchgebrannt.

Seine Mutter hätte ihm gesagt, er solle den Salbenumschlag noch für den Rest der Nacht auf dem Gesicht lassen, aber heute war Siebenttag, und beim Gedanken an die Opfergaben lief ihm das Wasser im Mund zusammen.

Er schlüpfte aus seinem Versteck, wobei er den kaputten Tisch, der als Tür diente, nur so weit bewegte, dass er sich durch die Lücke zwängen konnte. Dann schob er ihn an seinen Platz zurück und verbarg so den kleinen Eingang in dem Krater hinter dem größten Müllhaufen.

In gebückter Haltung lief er los. Der Eberwurz wuchs so hoch, dass er sich leicht darin verstecken konnte. Im Laufen brach er ein paar Blätter ab, zerquetschte sie in den Händen und rieb den Matsch auf seine Kleidung, um den Geruch aufzufrischen. Der Stoff war mittlerweile fast schwarz und bestand zur Hälfte aus dem Harz von Eberwurz und zur Hälfte aus Gewebe.

Er umging die getarnte Dämonengrube, hüpfte behände über den Stolperdraht und blieb dann stehen. Ehe er das schützende Pflanzendickicht verließ, suchte er mit forschenden Blicken die Umgebung ab.

Keine Horcies.

Er marschierte die Straße hinunter und kam an vielen dunklen und stillen Hütten vorbei, deren Bewohner längst schliefen. Dämonen pirschten durch das Dorf, aber der Modderjunge kannte ihre Gewohnheiten und stahl sich fast unbemerkt an ihnen vorbei.

Die wenigen Horcies, die witternd die Schnauzen hoben, wandten sich rasch ab, oftmals mit einem Niesen. Eberwurzsuppe, seine übliche Abendmahlzeit, machte sogar seinen Schweiß und seinen Atem für die Horcies abstoßend. Die paar, die ihn dann doch entdeckten, ließen ihn normalerweise in Ruhe, sofern er nicht die Dummheit beging, ihnen zu nahe zu kommen.

Beim Heiligen Haus lungerten mehr von ihnen herum. Der Hof war von Laternen erhellt, und das Licht lenkte die Dämonen vom eigentlichen Dorf ab. Horcies umkreisten die mit Siegeln versehene Mauer, und gelegentlich flammte Magie auf, wenn sie verärgert mit der Pranke danach schlugen.

Einzelne Horcies hielten Abstand zu ihm, aber eine Gruppe konnte ihn umzingeln, und im Pulk waren sie ohnehin angriffslustiger.

Aber hinter den Dämonen, die vor dem Heiligen Haus umherstromerten, gab es Brot und Bier.

Du musst dreist sein, hatte sein Vater gesagt. *Als ich im Sharaj war, kriegten die ängstlichen Jungen nichts zu essen.*

An jedem Siebenttag legte der Fürsorger bei der Andacht die Opfergaben auf den Altar. Ein Laib Brot, so frisch aus dem Backofen, dass er noch warm war, kam auf ein Tablett, das mit einer Haube abgedeckt wurde, und ein Deckelkrug enthielt Bier, das noch eine Schaumkrone trug. Uralte Schutzsymbole waren in das Zinn eingestanzt und hüteten die Trost und Stärkung spendenden Gaben, an denen sich jeder gütlich tun durfte, der im Heiligen Haus Obdach und Zuflucht suchte.

Nach einem Tag wurde das Brot langsam hart, und das Bier schmeckte schal. Aber in der ersten Nacht …

Wieder lief ihm das Wasser im Mund zusammen. Die Brotkruste würde knusprig sein, das darin eingebackene Fleisch so zart, dass es auf der Zunge zerging. Das Bier würde prickelnd seine Kehle hinunterfließen. Immer, wenn der Modderjunge sich an diesen Köstlichkeiten labte, fühlte er sich beinahe wie im Himmel.

Und deshalb ging er einmal die Woche ins Heilige Haus, wenn auch nicht, um dort zu beten. Sein Vater hätte angesichts dieses Frevels ausgespuckt, aber er war tot und konnte seinen Zorn nicht mehr laut äußern. Der Modderjunge wusste, dass es dem Schöpfer nicht gefiel, wenn er diese Opfergaben aus dem Hort der sicheren Zuflucht stahl, aber was hatte Everam denn jemals für ihn getan, außer ihm seine Familie wegzunehmen? Brot und Bier waren ein dürftiger Ersatz, doch verglichen mit dem kalten Gemüse und dem rohen Fleisch, das er sonst aß, war es ein Festschmaus, von dem ein paar Horcies ihn nicht abhalten konnten. Das Risiko war es ihm wert.

Der Modderjunge duckte sich tief und schlich die Mauer entlang, bis er vom Fenster aus nicht mehr zu sehen war. Er wartete ab, und als sich in den Reihe der Dämonen, die im Kreis um das Heilige Haus herumschnürten, eine Lücke auftat, flitzte er hindurch. Die tief in die Mauer eingemeißelten Siegel boten seinen Händen und Füßen ausreichend Halt, und binnen Sekunden war er über die Mauer geklettert. Auf der anderen Seite ließ er sich mitten zwischen die Grabsteine fallen, wo der Fürsorger die Asche der Toten begrub. Das Lampenlicht im Hof sorgte dafür, dass die in den Stein eingekerbten Namen im Schatten lagen, aber der Modderjunge fand auch im Dunkeln den Grabstein seiner Familie.

Ich vermisse euch, dachte er und fuhr mit dem Finger über die Kerben, die er in den Stein gekratzt hatte, eine für jeden Winter, den seine Leute tot waren. Jetzt waren es neun Kerben. Er konnte sich nur noch vage an die Gesichter seiner Eltern und Geschwister erinnern, doch die Trauer über ihren Verlust hatte nicht nachgelassen.

Er hielt sich im Schatten der Grabsteine, als er den Hof überquerte, für den Fall, dass der Fürsorger ihn heimlich durch ein anderes Fenster beobachtete. Kurz darauf presste er sich mit dem Rücken gegen die Wand des Heiligen Hauses und schob sich langsam zu der Stelle vor, wo der Anbau an das Hauptgebäude stieß und ein L formte. Der niedrige Sims eines Fensters im ersten Stock eignete sich hervorragend, um sich darauf zu schwingen und ein Fenstersims im zweiten Geschoss zu erreichen. Und genau wie bei der Außenmauer boten ihm auch hier die eingemeißelten

Siegel genügend Halt, um das letzte Stück bis zum Dach hinaufzuklettern.

Schon seit Jahren versuchte der Fürsorger herauszufinden, wer jede Woche die Opfergaben stibitzte. Mittlerweile hatte es sich zu einer Art Wettstreit zwischen ihnen ausgewachsen. Der Fürsorger hatte Glocken an Türen und Fenstern befestigt, doch bis jetzt hatte er nicht spitzgekriegt, dass sein wöchentlicher Besucher den Hornturm in der Mitte des Spitzdachs benutzte.

Der Modderjunge hielt inne und ließ den Blick über Moorweiler schweifen. Die zahlreichen Hütten des Dorfs waren dunkel, aber die Nacht war klar, und im Mondschein konnte er weit sehen, bis hin zu Masen Strohballens Hof. Der alte Mann schuldete seiner Familie immer noch acht Muscheln für die Behandlung von Maybell, und einmal pro Woche holte sich der Modderjunge das Geld in Form von Milch zurück. Im Grunde war es kein Stehlen, und obendrein bekam er dann die Gelegenheit, einen Blick auf Tami zu erhaschen. Mit jedem Jahr wurde sie hübscher. Jungen hatten sich bereits um sie bemüht, aber bis jetzt war es beim Werben geblieben, und sie war nicht in festen Händen. Hin und wieder konnte er sie immer noch beobachten und davon träumen, was hätte sein können.

Mit einem Seufzer schlüpfte er durch die Turmtür und schlich behutsam die Treppe hinunter. Er trug zwei verschiedene Schuhe, aber sie passten ihm leidlich und waren vom vielen Tragen weich und ausgelatscht. Ohne das geringste Geräusch stahl er sich durch die Sakristei und gelangte ins Mittelschiff.

Die Lampe oben am Altar brannte stets die ganze Nacht hindurch. Wie auch die Lampen im Hof sollte sie jedem, der Zuflucht suchte, den Weg weisen. Das Licht fiel auf den Altartisch und die Kanzel und warf lange, tiefe Schatten, in deren Deckung der Modderjunge auf seine Beute zusteuerte. Dabei behielt er aufmerksam die Chorempore im Auge, wo der Fürsorger sich gern versteckte, aber kein Laut war zu hören, und er nahm auch keine Bewegung wahr. Der Fürsorger trank Bier, während er auf der Lauer lag, und um diese späte Stunde war er meistens fest eingeschlafen.

Als Erstes griff er nach dem Zinnkrug, öffnete mit einem Daumendruck den Deckel und trank in gierigen Zügen. Das schäumende Bier prickelte in seinem Hals, und der Alkohol linderte die Schmerzen, die ihm sein nächtliches Abenteuer eingebracht hatte. Dann streckte er die Hand nach dem Tablett mit dem Brot aus.

Als er den Deckel anhob, ertönte ein Bimmeln. Der Fürsorger hatte eine Glocke darunter befestigt, wo man sie nicht sehen konnte.

Der Blick des Jungen huschte zur Chorempore. Nichts tat sich. Die Schatten waren nur wenige Schritte von ihm entfernt. Wenn er fix war …

Doch dann flog die Tür zur Sakristei mit einem lauten Knall auf, und da stand Fürsorger Heath. Auf seinem runden, roten Gesicht malte sich ein Ausdruck von Triumph ab.

Einen Moment lang standen beide wie erstarrt da, dann weiteten sich die Augen des Fürsorgers, und in seiner Miene spiegelte sich grenzenlose Überraschung.

»Dorn?«

5

Eine letzte Tour

333 NR Herbst

Ragen klopfte ungeduldig gegen die Seitenwand seiner Kutsche, und Robbert, der berittene Wächter, beugte sich im Sattel herunter. »Wieso geht es da vorne nicht weiter?«

Robbert stellte sich in die Steigbügel und schaute über den dichten Verkehr hinweg, der die Straßen von Miln verstopfte. Er zuckte die Achseln. »Heute ist Kuriertag. Schätze, es sind irgendwelche Neuigkeiten aus dem Süden, die diesen Aufruhr verursachen.«

Ragen hasste die Kutsche. Früher einmal war er derjenige gewesen, der im Sattel saß und den Begleitschutz für eine Kutsche stellte.

Jetzt bin ich die Fracht, sinnierte er und blickte auf seinen Bauch, der sich unter seiner Kleidung wölbte und ständig dicker wurde. Für einen Mann von zweiundfünfzig war er zwar gut in Form, aber das war gar nichts verglichen mit der ausgezeichneten körperlichen Verfassung, in der er sich während seiner Zeit als Kurier befunden hatte.

Seine Partnerschaft mit Cob hatte ihm ein Vermögen eingebracht, wie er es sich in seinen kühnsten Träumen nicht vorgestellt hätte, und als sein Freund und Lehrer an Krebs verstarb, war er mit überragender Mehrheit zum Gildemeister der Bannzeichner gewählt worden. Nun gehörte er zu den reichsten und mächtigsten Kaufleuten der Stadt.

Schließlich trudelten sie wieder in Cobs Laden ein.

Cobs Laden. Dem Gesetz nach war es jetzt Ragens Geschäft, und Elissa leitete den Betrieb seit Jahren, aber in seinen Augen war es immer noch Cobs Laden, und deshalb hatte er das alte Schild draußen niemals durch ein anderes ersetzt.

Beim Läuten der Türglocke hob Elissa den Blick. Als sie ihn strahlend anlächelte, verflog augenblicklich seine Melancholie. Da sie jetzt Mutter war, hätte sie mit ihrem Leben anfangen können, was sie wollte, nachdem sie ihr Examen an der Mütterschule abgelegt hatte und wieder in den Adelsstand versetzt worden war.

Elissas verwitwete Mutter, Gräfin Tresha, hatte ihre unbotmäßige Tochter und den nicht standesgemäßen Schwiegersohn jahrelang links liegenlassen und ihre Gunst stattdessen auf Elissas Schwestern verteilt. Dann hatte sie jedoch wieder angefangen, sie zu besuchen. Sie wollte Elissa dazu überreden, ihrem Beispiel zu folgen und in die Politik zu gehen, und war bass erstaunt gewesen, als Elissa sich weigerte und lieber gemeinsam mit Ragen das Bannzeichnergeschäft übernahm.

Als Ragen sah, dass der Laden leer war, drehte er das Schild in der Tür um, sodass dort »Geschlossen« stand, und ging zu seiner Frau. Gerade als er hinter den Verkaufstresen treten und sie in die Arme nehmen wollte, bollerte jemand gegen die Tür. Er drehte sich um, doch schon wurde die Tür aufgerissen und Derek Gold kam hereingestürmt. Er sah abgekämpft aus und war völlig außer Atem. Seine Rüstung hatte er noch nicht abgelegt, und die Kuriertasche war mit dem Staub der Straße bedeckt.

»Derek!«, rief Elissa. »Wir dachten, du kämest erst morgen zurück!«

»Ich bin scharf geritten, um früher hier zu sein«, erwiderte Derek. »Bis morgen hat sich die Nachricht in der ganzen Stadt verbreitet. Ich wollte, dass ihr es zuerst von mir erfahrt.«

Ragen hörte die Anspannung in seiner Stimme. »Welche Nachricht?«

»Zuerst setzt euch lieber hin«, warnte Derek. »Und wenn ihr noch etwas Whiskey aus Süßbrunnen aufgehoben habt, dann wäre jetzt der rechte Augenblick, um das Siegel zu knacken.«

Elissa kam hinter dem Verkaufstresen hervor. »Hör auf, uns auf die Folter zu spannen, Derek. Was ist passiert?«

»Ich habe Neuigkeiten über Arlen«, sagte Derek.

Die Nachricht, dass Arlen Strohballen der Tätowierte Mann sein sollte, war bis Miln vorgedrungen, aber Derek kannte Arlen noch von früher. Die beiden hatten sich vor Jahren getroffen, als Derek noch Stationshüter einer Wegstation war, die die Route zu Graf Brayans Goldmine sichern sollte, und Arlen sich noch in der Ausbildung zum Kurier befand. Bei seiner Rückkehr von dieser Tour hatte Arlen Derek mitgebracht, und der Mann hatte jahrelang in dem Bannzeichnerladen gearbeitet, bevor er der Kuriergilde beitrat. Jetzt beförderte Derek einmal wöchentlich die Post zwischen Fort Miln und Flussbrücke.

»Was für Neuigkeiten?«, drängte Ragen. »Geht es ihm gut?«

Derek schüttelte den Kopf. »Er kämpfte auf einem Berggipfel gegen den Dämon aus der Wüste. Sie sagen, er hätte sich zusammen mit ihm in die Tiefe gestürzt, nur um den Kampf nicht zu verlieren.«

Ragen brauste auf. »*Sie?* Wer ist gemeint? Wer behauptet so etwas?« Er wusste, wie schnell ein Gerücht in die Welt gesetzt wurde, und konnte es nicht glauben.

»Es beruht nicht nur auf Hörensagen«, erklärte Derek. »Graf Thamos hat selbst den Bericht geschrieben. Ich habe eine beglaubigte Abschrift gesehen.«

Ragens Blick huschte zu Elissa. Sie sah Arlen genauso als ihr eigenes Kind an, als wäre sie seine leibliche Mutter. Stumm, wie betäubt, stand sie da.

Er ging zu ihr. »Er ist bestimmt wohlauf. Es muss sich um einen Irrtum handeln. Arlen ist stark. Er ist klug, er kann nicht …«

Die Worte erstarben mit einem Schluchzen, als er die Wahrheit begriff. Nicht einmal Arlen konnte vom Gipfel eines Bergs hinabspringen und den Sturz überleben.

Arlen war tot. Der tapferste Mann, den er je gekannt hatte. Sein Lehrling. Sein Mündel.

Sein Sohn.

Er fing an zu zittern, und alles verschwamm vor seinen Augen. Aber sofort war Elissa bei ihm, drückte ihn fest an sich, streichelte sanft über sein Haar und flüsterte ihm tröstende Worte zu. Er hatte stark sein wollen, um seiner Frau beizustehen, doch nun war es genau umgekehrt.

»Ich muss jetzt heim«, sagte Derek, dem die Szene offensichtlich peinlich war. »Stasy sollte die Nachricht auch gleich erfahren.« Er öffnete die Kuriertasche und legte ein zusammengeschnürtes Bündel Briefe auf den Tresen. »Ich habe die Post mitgebracht.«

In der Nacht ließ Elissa ihren Tränen freien Lauf, nachdem die Kinder in den Betten lagen. Zum abendlichen Mahl hatten sie zu viel Wein getrunken, und in Ragens Armen weinte sich Elissa in den Schlaf.

Ragens Augen waren trocken. Ein Teil von ihm konnte immer noch nicht fassen, dass er überhaupt geweint hatte. Wann hatte er das letzte Mal eine Träne vergossen? Er hatte angenommen, er könnte gar nicht mehr weinen.

Jetzt war er wütend, obwohl er nicht wusste, gegen wen oder was sich sein Groll richtete. Seine Muskeln waren angespannt wie für einen Kampf, aber da war kein Gegner, es gab nichts, woran er seinen Zorn auslassen konnte. Arlen war von ihnen gegangen, und damit mussten sie sich abfinden.

Stundenlang lag er wach und wälzte sich von einer Seite auf die andere, aber er konnte einfach nicht einschlafen. Schließlich hielt er es nicht länger im Bett aus und stand auf, so leise wie möglich, um Elissa nicht zu stören.

So spät nachts waren die Flure in seinem großen Haus verwaist. Wegen der kalten Gebirgsluft waren die Fensterläden fest geschlossen, und es war stockfinster. Aber Ragen hatte die Dunkelheit noch nie gefürchtet. Auf leisen Sohlen wanderte er durch die unbeleuchteten Korridore, während er mit den Fingern leicht über die Wände fuhr, um seinen Weg zu ertasten, bis er sein Arbeitszimmer erreichte. Er ging hinein und schloss die Tür hinter sich. Dann drückte er auf den Schalter und knipste das lektrische Licht an.

Er ging an seinen Schreibtisch und öffnete das Fach, in dem er den letzten Whiskey aus Süßbrunnen aufbewahrte, der jetzt, da die Horclinge das Dorf Süßbrunnen vernichtet hatten, nahezu unbezahlbar geworden war.

Mit seinem Messer bearbeitete er das Siegel, brach das harte Wachs auf und zog den Stöpsel heraus. Er verzichtete auf ein Glas und trank direkt aus dem Krug.

Hustend spuckte er die Hälfte wieder aus. Bei der Nacht, er hatte vergessen, wie stark das Zeug war!

Er nahm einen Becher, goss Whiskey hinein und verdünnte ihn mit Wasser. Jeder Schluck brannte in der Kehle, aber zurück blieb ein taubes Gefühl. Und Ragen hoffte, dass diese Taubheit sich bald in seinem ganzen Körper ausbreiten würde.

Er sah, dass Margrit das Bündel Briefe auf seinen Schreibtisch gelegt hatte, und durchtrennte die Schnur. Noch ein paar Becher Whiskey und die Berichte darüber, wie sich sein angelegtes Geld vermehrte, sollten genügen, um ihn so zu ermüden, dass er endlich die richtige Bettschwere hatte.

Ragen lehnte sich in seinem Sessel zurück, während er die Briefe durchblätterte. Die meisten waren die übliche Geschäftskorrespondenz, aber es befanden sich auch ein paar persönlichere Schreiben darunter. Besonders das Siegel auf einem ganz bestimmten Brief weckte seine Neugier. Wie lange war es schon her, seit er das letzte Mal an Moorweiler gedacht hatte?

Er brach das Siegel auf und las:

Kurier Ragen,

der Segen des Schöpfers sei mit dir. Es entspricht meinem aufrichtigen Wunsch, dass diese Zeilen dich bei guter Gesundheit antreffen.

Eingedenk dessen, wie tief deine Betroffenheit war, und welchen Mut du bewiesen hast, als in jener Nacht die Tragödie passierte, möchte ich dich davon in Kenntnis setzen, dass Dorn Damaj lebt – jedenfalls war er ein paar Wochen, bevor ich diese Zeilen schrieb, am Leben, als ich ihn dabei erwischte, wie er Opfergaben von meinem Altar stahl. Er ergriff die Flucht und ist seither nicht wieder zurückgekehrt.

Der Knabe war völlig verdreckt, und er stank. Ich glaube, er hat im Moor gehaust wie ein wildes Tier und sich im Morast vor umherstreifenden Dämonen versteckt. Ich habe Wochen damit verbracht, nach einer Spur von ihm oder seinem Schlupfwinkel zu suchen, aber das Sumpfland ist riesig und voller Gefahren. Letzte Woche trat ich in ein Erdloch und brach mir das Bein. Meine Suche musste ich abbrechen, und ich hatte Glück, dass ich überhaupt noch lebend mein Haus erreichte.

Nachdem die Krasianer Rizon eingenommen haben und die Meisterin aus dem Tal vor weiteren Überfällen gewarnt hat, ist keiner der Moorländer bereit, mich bei meiner Suche nach einem Knaben, dessen Vater Krasianer war, zu unterstützen. Die Hälfte der Dorfbewohner ist fest davon überzeugt, dass Relan ein Spion war, der vorgeschickt wurde, um den Weg für einen Einfall seiner Gebieter aus der Wüste zu ebnen.

Ich bitte dich inständig und von ganzem Herzen, Kurier. Dorn ist ganz auf sich allein gestellt und schutzlos in der Nacht. Außer uns beiden hat er niemanden mehr, der sich um ihn sorgt. Wenn es dir gelingt, ihn aufzufinden und in Sicherheit zu bringen, wird dir diese gute Tat im Himmel hundertfach vergolten werden.

In Demut.

Fürsorger Heath
Moorweiler, Heiliges Haus
Hirtenamt zu Lakton
Im Jahre 333 Nach der Rückkehr.

Ragen las den Brief ein zweites und dann noch ein drittes Mal. Aber sein Blick wanderte immer wieder zurück zu zwei kurzen Sätzen.

Dorn Damaj lebt.

Dorn ist ganz auf sich allein gestellt und schutzlos in der Nacht.

Die Tür ging auf, und da stand Elissa, eingehüllt in einen Morgenmantel. »Ich bin wach geworden, und du warst nicht im Bett.«

Ragen sah sie an. »Ich muss nach Lakton reisen.«

Elissa blinzelte und wartete, als sei sie sich nicht sicher, ob sie ihn richtig verstanden hätte. Als Ragen keine Anstalten machte, ihr eine ausführlichere Erklärung zu geben, verschränkte sie die Arme vor der Brust. »Warum?«

Das war kein gutes Zeichen. Wenn Elissa die Arme verschränkte, konnte sie so stur sein wie ein Felsendämon. Ragen hielt ihr den Brief hin und wappnete sich für den Streit, der jetzt fällig war.

»Ich muss nach Lakton«, wiederholte er leise, als sie den Brief zu Ende gelesen hatte.

»Selbstverständlich, was denn sonst?«, pflichtete Elissa ihm bei.

»Ich weiß, es klingt verrückt, dass ein Junge so lange in der ungeschützten Nacht überlebt hat«, fuhr er fort. »So etwas kann es gar nicht geben.«

»Arlen hat es auch geschafft«, erinnerte sie ihn.

»Arlen war doppelt so alt wie Dorn und ein gewiefter Bannzeichner«, wandte Ragen ein. »Und hätte ich ihn nicht gefunden, wäre er gestorben.«

»Deshalb musst du jetzt los und diesen anderen Jungen suchen«, sagte Elissa. »Trotz deines Alters glaubst du, du könntest dich noch in ein letztes Abenteuer stürzen.«

»Mir wird nichts passieren«, sagte Ragen. »Euchor hat auf der gesamten Strecke nach Flussbrücke Wegstationen bauen lassen, und Arlen selbst hat meinen Speer mit Siegeln verstärkt. Ich nehme Derek mit. Er wird sich über die Gelegenheit freuen, sich aus Graf Brayans hochherrschaftlichem Haushalt davonmachen zu können.«

Das war nicht gelogen. Ihrem einflussreichen Onkel verdankte es Dereks Frau Stasy, dass sie ihren Adelstitel behalten durfte, obwohl sie einen Bediensteten geheiratet hatte. Doch auch wenn der Graf die Verbindung billigte – und sogar seine Beziehungen ausspielte, um Derek eine angesehene Arbeit und einen Aufstieg in den Kaufmannsstand zu verschaffen –, waren sowohl Brayan als auch Derek glücklicher, wenn Letzterer sich weit weg von Miln befand.

»Ich weiß«, stimmte Elissa zu.

Ragen kniff die Augen zusammen. »Warum widersprichst du mir nicht? Warum bedrängst du mich nicht, jemand anderen auf den Weg zu schicken? Ich warte nur darauf, dass du mir androhst, du würdest mich verlassen, wenn ich meinen Willen durchsetze, und wenn ich wieder heimkomme, bist du längst weg. Warum brichst du keinen Streit vom Zaun?«

Abermals verschränkte Elissa die Arme. »Weil ich dich dieses Mal begleiten werde.«

Natürlich war Ragen dagegen. Sie stritten sich pausenlos während der zwei Tage, die nötig waren, um die Reisevorbereitungen zu treffen, und die Diskussionen gingen weiter, bis sie das Stadttor erreicht hatten. Aber das Ergebnis hatte von vornherein festgestanden. Elissa war resolut, und im Grunde seines Herzens *wollte* Ragen sogar, dass sie ihn begleitete. Er wollte, dass sie die große weite Welt sah, die viele Jahre lang der Anlass für ihre häufigen Trennungen gewesen war. Vielleicht würde sie seine Beweggründe dann verstehen.

Aber obwohl er sich ihre Gesellschaft wünschte, so sorgte er sich doch um ihre Sicherheit. Er heuerte einen Trupp Leibwächter an, um gegen mögliche Wegelagerer und Banditen gewappnet zu sein, und für die Bewaffnung und Rüstungen scheute er keine Kosten. An Euchors Wegstationen ergingen im Voraus Nachrichten, sodass bei ihrer Ankunft Zimmer und Verpflegung bereitstanden. Derek war überglücklich, sich ihnen anschließen zu dürfen, und das bedeutete ein weiteres vertrautes Gesicht in der Gruppe.

Die erste Nacht verbrachten sie im Gasthof von Hardens Hain. Der Ort war durch eine niedrige Siegelmauer vor Landdämonen geschützt, Winddämonen hingegen konnten des Nachts immer noch auf die Straßen niederstoßen. Die Siegel der Herberge boten ausreichend Sicherheit, doch immer wieder hörte man ein Krachen und sah das Aufblitzen von Licht, wenn Dämonen versuchten, die Bannzone zu durchdringen.

Bei jedem Lichtblitz zuckte Elissa zusammen, und Ragen strich mit der Hand über den Speer, den Arlen für ihn mit Siegeln verstärkt hatte. Arlen hatte versichert, damit könne er Horclinge töten, und Ragen wusste, dass er sich auf Arlens Wort verlassen konnte. Einerseits brannte er darauf, den Speer einzusetzen und einen Dämon zu erlegen, nachdem er sich sein Leben lang hinter Siegeln verschanzt hatte. Doch seine Vernunft gewann die Oberhand, und er hoffte, es würde sich nie die Notwendigkeit ergeben, diese Waffe auszuprobieren.

Er stöhnte, als er am zweiten Tag wieder in den Sattel kletterte, und zerrte an seiner Rüstung.

»Drückt der Harnisch?«, erkundigte sich Derek.

»Es ist wohl eher mein Bauch, der drückt«, entgegnete Ragen. »Seit ich die Rüstung das letzte Mal trug, habe ich ein, zwei Pfund zugenommen.«

Elissa lachte. »Ay, ein oder zwei Pfund! So einen Bauch hatte ich, als ich schwanger war!«

»Bei der Nacht, so schlimm ist es hoffentlich noch nicht«, verteidigte sich Ragen und beugte sich geschmeidig zur Seite, um Elissas spielerischem Klaps auszuweichen.

Derek lachte und tätschelte seinen eigenen flachen Bauch. »Es fällt einem leicht, schlank zu bleiben, wenn man sich an den meisten Abenden mit Reiseproviant verköstigen muss.«

»Ay«, bestätigte Ragen, »aber wenn man in die Jahre kommt, nimmt man so oder so an Gewicht zu. Man bewegt sich eben nicht mehr so viel. Das Feuer brennt nicht mehr so heiß, und trotzdem geben wir noch immer Holz drauf.«

Von Miln nach Moorweiler war man über drei Wochen unterwegs, selbst wenn man die schnellste Route wählte. Einerseits war Ragen ganz erpicht auf diese Reise gewesen, er gierte danach, der Enge von Miln zu entkommen. Doch dann stellte er fest, dass er die Unbequemlichkeiten der Straße unterschätzt hatte. Seine Schenkel schmerzten fürchterlich, weil er es nicht mehr gewohnt war, den ganzen Tag im Sattel zu sitzen. Sogar in den Wegstationen waren die Schlafpritschen hart, und die Verpflegung hatte man hauptsächlich danach ausgewählt, wie lange sie haltbar war, und nicht, um jemandem einen Gaumenschmaus zu bereiten.

In Flussbrücke und in Angiers durften sie sich auf gute Mahlzeiten und bequeme Betten freuen, aber danach mussten sie viele Nächte im Freien verbringen, ehe sie das Tal der Holzfäller erreichten. Und bis zu ihrer Ankunft in Moorweiler standen ihnen sogar noch mehr Übernachtungen draußen auf der Straße bevor.

Am zweiten Tag holte er sich einen Sonnenbrand. So etwas war ihm früher so gut wie nie passiert. Erst dann fiel ihm auf, wie weiß seine Hände geworden waren. Zu seiner Zeit als Kurier waren seine Hände und sein Gesicht stets dunkelbraun verbrannt gewesen, und die Sonne konnte ihm nichts anhaben.

Aber am dritten Tag fühlte sich Ragen schon wieder erfrischt, fast als wäre er ganz der Alte. Um sich einen Überblick über die Gegend zu verschaffen, ritten sie einen Hügel hinauf. Er lehnte sich im Sattel zurück und streckte sich genüßlich, während sich unter ihnen das Herzogtum in seiner ganzen Weite ausdehnte.

»Das ist es, was ich vermisst habe«, seufzte er.

Bei dem Ausblick schnappte Elissa vor Staunen nach Luft. »Es ist wunderschön.«

Ragen griff nach ihrer Hand. »Und das ist erst der Anfang.«

»Bald werden sie aus dem Boden aufsteigen«, warnte Ragen. »Es wird Zeit, nach drinnen zu gehen.«

Mit »drinnen« meinte er das Zelt aus Leinwand, das die Männer aufgeschlagen hatten. Mittlerweile befanden sie sich südlich von Angier, auf der Straße, die ins Tal der Holzfäller führte.

»Auf gar keinen Fall«, widersprach Elissa. »Im Zelt sind wir auch nicht sicherer als hier draußen. Während der letzten Jahre habe ich viel Zeit damit zugebracht, Bannzeichnen zu lernen. Jetzt will ich endlich einen Dämon sehen.«

Ragen sah ihr die Anspannung an, als sie auf und ab ging und wartete. Ihre Hände waren zu Fäusten geballt. »Es bleibt aber nicht bei einem einzigen. Baumdämonen tauchen in Scharen neben der Straße auf, und sie werden nicht lange brauchen, um uns zu entdecken.«

Elissa blieb stehen. Sie holte tief Luft und spähte angestrengt in die Baumreihen längs der Straße, während die Sonne unter den Horizont glitt und die Dämmerung die Welt in Besitz nahm.

Lange brauchte sie nicht zu warten. Der verfluchte Nebel stieg aus dem Boden auf, verdichtete sich und nahm die unterschiedlichsten Formen an, wie Ton, der von einem Künstler modelliert wird, bis sich allmählich eine erkennbare Gestalt herausbildete.

Es war ein Baumdämon, mit langen Gliedmaßen und einem braunen Körperpanzer, der knorrig und rau war wie die Borke eines Baumstamms. An der Stelle, an der die Krallen aus den Pranken wuchsen, glichen sie stumpfen, abgebrochenen Zweigen, aber aus Erfahrung wusste Ragen, dass sie in scharfen, gekrümmten Spitzen ausliefen, die sich sowohl hervorragend zum Erklettern von Bäumen eigneten als auch dazu, einer Beute den Bauch aufzuschlitzen.

Die Kreatur sperrte das Maul weit auf und entblößte Hunderte von gelben Zähnen, die spitz und scharf waren wie Ahlen. Aber Elissa blickte dem Horcling direkt in die Augen, und Ragen platzte beinahe vor Stolz. Er hatte erfahrene Kuriere gekannt, die es nicht über sich brachten, dem Starren eines Dämons standzuhalten.

Doch als der Horcling zum Angriff überging, die Entfernung zwischen ihnen im Nu zurücklegte und mit den Pranken nach Elissa schlug, schrie sie vor Schreck auf. Ragen glaubte, ihm bliebe das Herz stehen, und er fühlte sich wie ein blutiger Anfänger, der zum ersten Mal im Freien übernachtet.

Der Hieb wurde vom Siegelnetz abgefangen. Es gab einen lauten Knall, und von der Stelle aus, an der die Pranke aufgeprallt war, zuckte ein Lichtblitz in Form eines Spinnennetzes durch die Linien aus Magie.

Elissa beobachtete, wie das Siegelnetz die Energie zurückschleuderte und den Dämon von den Füßen riss. Sie rümpfte verächtlich die Nase, ehe sie sich in das Zelt begab. Der Horcling, den ihre Missachtung in Wut versetzte, griff immer und immer wieder das Netz an, jedoch ohne Erfolg.

Eine Zeit lang ging es so weiter. Dieser erste Dämon hatte andere angelockt, und bald lauerten ein Dutzend von ihnen in der Nähe und attackierten abwechselnd das Netz.

Der Schöpfer allein mochte wissen, wie Elissa es schaffte einzuschlafen. Es gab einmal eine Zeit, da konnte auch er inmitten einer Horclingattacke einschlummern, aber die Erinnerung daran entlud sich in Albträumen, seit er sich zur Ruhe gesetzt hatte, und nun lag er hellwach da und zuckte bei jedem neuen Ansturm zusammen.

Bevor der Morgen graute und die Dämonen sich in den Horc zurückzogen, döste er ein bisschen ein, nur um kurz darauf von dem Lärm geweckt zu werden, den die Leibwachen beim Abbruch des Lagers verursachten. Alles tat ihm weh, als er sich mühsam wieder in den Sattel hievte.

Schon bald erreichten sie das Tal der Holzfäller und bezogen für zwei Nächte im Gasthof Quartier, ehe sie ihre Reise fortsetzten. Sie erkundigten sich nach Arlen – wobei die Talbewohner nur zu gern allen möglichen Klatsch über den Erlöser von sich gaben –, aber etwas Neues erfuhren sie nicht. Viele Leute glaubten, er würde zurückkehren, aber in den Wochen seit dem Kampf hatte ihn niemand gesehen.

Nach den schlaflosen Nächten auf der Straße war Ragen in Versuchung, noch ein, zwei Tage länger im Gasthof zu bleiben und bei der Gelegenheit vielleicht Graf Thamos seine Aufwartung zu machen, aber die Worte des Fürsorgers gingen ihm nicht aus dem Sinn.

Dorn ist ganz auf sich allein gestellt in der ungeschützten Nacht.

Also drängte er zum Aufbruch.

Sie näherten sich der Abzweigung nach Moorweiler, als ein Kurier in gestrecktem Galopp die Straße entlangpreschte. Sein Pferd war schweißbedeckt, und in den Augen des Mannes lag ein wilder Blick.

Als der Kurier die Reisegruppe sah, zügelte er sein Pferd und gönnte sich einen tiefen Zug aus seinem Wasserschlauch. Ragen kannte den Mann nicht. Er war schon zu lange aus dem Geschäft.

»Im Namen der Hafenmeister, ich benötige ein frisches Pferd«, keuchte der Mann. »Und ihr müsst sofort umkehren.«

Sein Tonfall klang alarmierend, aber Ragen blieb gelassen, als er fragte: »Was ist passiert?«

»Krasianer«, erwiderte der Mann. »Sie haben Dockstadt eingenommen. Scharen von Flüchtlingen sind in dieser Richtung unterwegs, und keiner weiß, ob die Wüstenratten nicht die Verfolgung aufgenommen haben.«

»Beim Schöpfer!«, entfuhr es Ragen. »Wann werden die Flüchtlinge voraussichtlich hier eintreffen?«

Der Kurier zuckte die Achseln. »In zwei Tagen. Vielleicht auch erst in drei. Und falls die *Sharum* ebenfalls diese Richtung einschlagen, dann seid ihr gut beraten, wenn ihr euch davonmacht. Diesen Wüstenratten möchte man nicht begegnen.«

Ragen nickte und wandte sich an Derek. »Gib dem Mann ein frisches Pferd. Ihr anderen macht kehrt und reitet zum Tal zurück. Dort wartet ihr auf mich.«

»Und wohin reitest du?«, fragte Elissa in entschlossenem Ton.

»Du kennst mein Ziel«, antwortete Ragen. »Jemand muss die Einwohner von Moorweiler warnen.«

»Aber du reitest nicht allein«, bestimmte Elissa.

»Keine Widerrede, Elissa!«, schnauzte Ragen. »Ich erlaube dir nicht, dass du mich begleitest!«

»Dann versuche doch, mich aufzuhalten!« Geschickt lenkte Elissa ihr Pferd von ihm weg, ehe er ihr die Zügel aus der Hand nehmen konnte. Sie war eine hervorragende Reiterin, und es wäre so gut wie aussichtslos, sie zu fangen, wenn sie es nicht wollte.

»Für solche Mätzchen haben wir keine Zeit!«, schnappte Ragen.

»Ay, und deshalb solltest du lieber nachgeben, damit wir losreiten können«, schlug sie vor.

Ragen funkelte sie zornig an, aber dann wandte er sich an die Wachen. »Robbert, Natan, ihr überlasst dem Kurier eure Pferde, damit er sie abwechselnd reiten kann. Wir treffen uns später in Moorweiler. Alle anderen kommen mit uns.« Er rammte seinem Pferd die Stiefelabsätze in die Flanken, und im Galopp ritten sie auf das Dorf zu.

Die Siebenttags-Andacht war gerade vorbei, als sie sich dem Heiligen Haus in Moorweiler näherten. Die Gläubigen strömten aus der Tür der Kapelle und versammelten sich im Hof, um zu essen, zu trinken und die Sonne an diesem warmen Nachmittag zu genießen.

»Mach die Person ausfindig, die für das Dorf spricht, und überbringe ihr die Nachricht«, befahl Ragen Derek, als sie zum Anbindepfosten ritten. »Bei meinem letzten Besuch in Moorweiler war es eine Frau namens Marta, aber seitdem sind zehn Jahre vergangen. Nimm die Männer mit und sorge dafür, dass nichts durchsickert, bis die Sprecherin oder der Sprecher einen Moment Zeit zum Nachdenken hatte. Diese Leute müssen ihr Dorf verlassen, aber es ist niemandem gedient, wenn eine Panik ausbricht.«

»Du schickst mich?«, wunderte sich Derek. »Solltest du nicht derjenige sein, der …«

»Ich gehöre nicht mehr der Kuriergilde an, Derek«, erklärte ihm Ragen. »Es wäre nicht angemessen, und außerdem habe ich andere Sorgen, wenn ich Dorn finden will, ehe das Dorf von den Krasianern überrannt wird.«

Derek schürzte die Lippen, aber er nickte. Er band sein Pferd an dem Pfosten an und signalisierte seinen Männern, ihm zu folgen, als er sich unter die Leute mischte, um die Dorfsprecherin oder den Dorfsprecher zu suchen.

Ragen erspähte Fürsorger Heath an der Tür zur Kapelle. Er stützte sich auf eine Krücke, während er sich mit einem Händedruck und einem Lächeln von den hinausgehenden Gläubigen verabschiedete. Seit Ragen ihn das letzte Mal gesehen hatte, war sein Bauchumfang um das Doppelte gewachsen, aber er sah immer noch robust und gesund aus. Sein dunkles Haar wies nur wenige graue Strähnen auf, und seine Augen blickten lebhaft drein.

Als er Ragen erkannte, riss der Fürsorger überrascht die Augen auf, unterbrach sein Gespräch mit einem älteren Ehepaar und begrüßte ihn. »Ragen!« Er breitete die Arme aus. »Dem Schöpfer sei Dank, dass du gekommen bist!«

»Ich konnte gar nicht anders«, sagte Ragen nach einer kräftigen Umarmung, die ihm die Luft aus den Lungen presste. Er wandte sich halb um und deutete auf Elissa. »Meine Frau, Mutter Elissa.« Die anrückenden Krasianer erwähnte er nicht. Der Fürsorger würde die Nachricht noch früh genug erfahren, und bis dahin wollte Ragen bereits unterwegs sein, um nach Dorn Damaj zu suchen.

Heath verneigte sich, soweit seine Krücke dies zuließ. »Du ehrst unser winziges Nest mit deinem Besuch, Lady.«

»Unsinn«, wehrte Elissa ab. »Im Gegenteil, es ist mir eine Ehre, hier sein zu dürfen.«

»Unsere Grassodendächer und unbefestigten Wege sind gewiss nicht so beeindruckend wie die berühmten Kopfsteinpflasterstraßen von Miln«, fuhr Heath fort, »aber hier wohnen brave Leute.«

»Wenn das die Wahrheit wäre, hätten wir nicht den weiten Weg bis hierher auf uns nehmen müssen«, versetzte Ragen. »Welche braven Leute würden einen Jungen, der noch nicht einmal sechzehn Jahre alt ist, ganz allein der ungeschützten Nacht überlassen?«

»Unwissende, verängstigte Leute«, antwortete Heath. »Ich will sie nicht verteidigen, aber seit die Krasianer Fort Rizon eingenommen haben, misstrauen die Moorländer allen Fremden.«

»Ich kann mich nicht erinnern, dass das vorher anders gewesen wäre«, bemerkte Ragen. »Und es wird sogar noch schlimmer kommen.«

»Hä?«, fragte der Fürsorger.

»Schon gut«, wiegelte Ragen ab. »Bist du sicher, dass der Junge, den du gesehen hast, tatsächlich Dorn Damaj war?«

»Der Schöpfer sei mein Zeuge«, beteuerte Heath. Mithilfe der Krücke verließ er den schattigen Türbogen und trat hinaus in das helle Sonnenlicht. »Seit Jahren stiehlt er immer wieder mal die Siebenttag-Opfergaben.«

»Seit Jahren?« Ragen spürte, wie der Zorn in ihm hochbrodelte. »Jahren?! Und das schreibst du mir erst jetzt?«

»Kein Grund zur Aufregung, Kurier!« Beschwichtigend hob Heath eine Hand. »Ich wollte keinen Brief den langen Weg nach Miln schicken, in dem dann nur steht, dass meine Opfergaben stibitzt werden. Womöglich hättest du die gefahrvolle und strapaziöse Reise unternommen und dann festgestellt, dass Eichhörnchen die Diebe sind.«

Elissa legte ihre Hand auf die von Ragen, und er merkte, dass er seine Hand zur Faust geballt hatte. Er entspannte sich und atmete tief durch.

»Vergib meinem Mann«, mischte sich Elissa ein. »Während der letzten Wochen kreisten seine Gedanken ausschließlich um das Wohlergehen dieses Knaben, und er kann es gar nicht abwarten, mit der Suche zu beginnen. Bitte, sprich weiter.«

»Da gibt es nichts zu vergeben.« Heath zeichnete vor Ragen ein Siegel in die Luft. »Du hast diese Worte aus Liebe zu Dorn Damaj gesprochen, Ragen, und wenn der Schöpfer in dein Herz schaut, um über dich zu richten, wird Er sie als Worte der Liebe in die Waagschale werfen.«

Ragen zwang sich dazu, nicht die Beherrschung zu verlieren. Er war noch nie ein religiöser Mensch gewesen.

»Jahrelang habe ich versucht, den Missetäter zu fangen«, fuhr Heath fort. »Ich befestigte Glocken an jeder Tür und an jedem Fenster, ich schlief auf dem Altar, probierte alles Mögliche aus, was mir nur in den Sinn kam. Aber früher oder später nickte ich immer ein, wenn ich auf der Lauer lag. Manchmal drehte ich mich auch nur für einen kurzen Augenblick um, und wenn ich dann wieder hinschaute, waren die Opfergaben verschwunden.«

Heath reckte triumphierend einen Finger in die Höhe. »Bis ich einen genialen Geistesblitz hatte. Ich brachte eine Glocke unter dem Deckel an, der über das Tablett für die Opfergaben gestülpt wird. Dann versteckte ich mich im Vorraum der Kapelle, und als ich das Bimmeln hörte«, er klatschte laut in die Hände, »sauste ich los! Ich ertappte ihn auf frischer Tat. Er starrte vor Dreck und war älter, aber ich habe ohne jeden Zweifel Dorn Damaj wiedererkannt!«

»Wie ist das möglich?«, fragte Ragen. »Ein sechsjähriger Junge kann doch nicht allein, ohne Hilfe, in der ungeschützten Nacht überleben.«

Heath spreizte die Finger. »Ich habe um ein Wunder gebetet. Vielleicht hatte der Schöpfer Mitleid mit dem armen Jungen und ließ ein Wunder geschehen.«

»Ich habe ihn ebenfalls gesehen.« Alle drei drehten sich um, und vor ihnen stand die Dorfsprecherin. Sie war ungefähr sechzehn Sommer alt, nach Milneser Maßstäben noch ein Mädchen, aber draußen in den Dörfern galt sie als erwachsene Frau. Ragen kam sie bekannt vor, aber er wusste nicht, wie er sie einordnen sollte.

»Was soll das heißen, Kind?«, hakte der Fürsorger nach. »Wen hast du gesehen?«

»Dorn Damaj«, erwiderte die Sprecherin kurz und bündig.

»Ay, Tami!«, rief eine Stimme. Ragen warf einen Blick auf die Familie des Mädchens und wusste jetzt, wieso sie ihm vertraut vorkam. Masen Strohballen hatte immer noch die Lücke in seinem Gebiss, wo Ragen ihm einen Zahn ausgeschlagen hatte.

»Manchmal habe ich ihn gesehen, wenn er mich heimlich beobachtet hat«, erklärte Tami. »Er versteckte sich im Eberwurzbeet gegenüber dem Hof.«

Masen stürmte herbei. »Ay, Mädchen! Was zum Horc fällt dir ein, den Fürsorger zu unterbrechen, wenn er sich mit anderen Leuten unterhält?«

»Einen Moment bitte, Masen«, warf Heath ein. »Tami hat uns gerade erzählt, dass sie Dorn Damaj gesehen hat.«

»Bei der Nacht!«, brüllte Masen. Unter seinem wütenden Blick schien Tami in sich zusammenzusinken. »Hör endlich auf, diesen Blödsinn über den Modderjungen zu verbreiten, Mädchen!«

»Aber du hast ihn doch auch gesehen«, wagte Tami zu äußern.

Masen schüttelte den Kopf. »Ich sah irgendeinen Bengel, der versucht hat, dich anzugaffen, als du dich gebückt hast, um die Kuh zu melken. Aber er rannte davon, bevor ich ihn richtig zu Gesicht bekam. Es hätte jeder von den Dutzend *lebender* Burschen aus diesem stinkenden Kaff sein können. Ganz sicher war es nicht irgendein verdammtes Gespenst.«

Mit verlegener Miene wandte er sich an den Fürsorger. »Das Mädchen hat all ihren Freundinnen von diesem Gespenst erzählt, und jetzt verbreiten die Hälfte der Gören im Dorf Schauermärchen, sie hätten den Modderjungen gesehen.«

»Und was ist mit dem anderen Mal?«, wollte Tami von ihrem Vater wissen.

Masen verdrehte die Augen. »Wenn sie davon anfängt, sollte man wirklich meinen, sie hätte nichts als Torf im Kopf!«

»Klär uns bitte auf, Tami«, verlangte Heath.

Tami blickte auf ihre Füße. »Eines Nachts sah ich ihn vom Fenster aus. Er hat einen Becher Milch von Maybell stibitzt.«

»Er müsste schon ein halber Dämon sein«, behauptete Masen, »wenn er schutzlos durch die Nacht wandern kann. Entweder hast du ein Gespenst gesehen, oder du hast gar nichts gesehen.«

Der Fürsorger hüstelte. »Ja, dabei wollen wir es dann belassen. Sei bedankt, Tami. Ich wünsche dir noch einen guten Tag, Masen.« Masen gab einen Grunzer von sich, weil er von Heath so brüsk abgefertigt wurde, packte Tami beim Arm und wandte sich zum Gehen.

»Ich hätte da noch eine Frage«, sagte Ragen, und die beiden blieben noch einmal stehen. »Als du diesen Jungen sahst, Tami, in welche Richtung hast du da geblickt?«

»Nach Osten«, kam die prompte Antwort. »Wo die Müllkippe liegt.«

Ragen nickte und zog eine Goldsonne aus seiner Börse. In Milns Oberschicht waren diese Münzen nichts Ungewöhnliches, aber in einem abgelegenen Nest wie Moorweiler hatte die Hälfte der Einwohner noch nicht einmal Gold gesehen, und der anderen Hälfte war es verboten gewesen, es anzurühren. Vielleicht konnten sie diese Münze noch gut gebrauchen, wenn sie vor der anrückenden krasianischen Streitmacht flüchteten.

»Als Dank für deine Hilfe«, sagte Ragen und gab sie Tami. Sie und Masen stolperten davon, während sie völlig verdutzt auf die Goldsonne starrten.

6

Horcies

333 NR Herbst

Das könnte erklären, wieso die Horclinge ihn so lange am Leben gelassen haben«, meinte Elissa, als sie sich der Müllkippe von Moorweiler näherten. Mit der Hand wedelte sie vor ihrer Nase herum. »Dämonen können diesen Mief nicht ausstehen.«

Während die Moorländer sich noch im Hof des Heiligen Hauses aufhielten, hatten Ragen und Elissa die Kinder des Dorfs nach Geschichten über den Modderjungen ausgefragt. Jedes Kind, das etwas Neues zu erzählen wusste, erhielt als Belohnung einen Silberstern. Die meisten Anekdoten waren schierer Unsinn und konnten unmöglich stimmen, aber zwei oder drei Berichte klangen glaubwürdig, und nachdem Ragen den Kindern weitere Fragen gestellt hatte, war er fest davon überzeugt, dass sie tatsächlich etwas gesehen hatten ... was auch immer es gewesen sein mochte. Und alle überzeugenden Sichtungen stimmten darin überein, dass dieses *etwas* aus der Richtung der Müllkippe gekommen war.

»›Mief‹ ist noch maßlos untertrieben!« Mit der flachen Hand erschlug Ragen einen Moskito, der sich auf seinem Nacken niedergelassen hatte. »Der Sumpf allein dünstet schon üble Gerüche aus. Aber das hier? Das ist so was wie ein Kunstwerk. Sumpfgas gewürzt mit verwesenden Kadavern und ...«

»... und dem Inhalt einer Windel, wenn das Baby die ganze Nacht lang Durchfall hatte«, ergänzte Elissa.

Ragen stieg der Mageninhalt hoch und er begann zu würgen, aber er schaffte es, alles wieder herunterzuschlucken. »Noch ein Grund mehr, warum wir Dorn finden und ihn dann so schnell wie möglich von hier wegschaffen müssen. Falls er sich überhaupt hier versteckt, und das Ganze nicht irgendein Hirngespinst ist.«

»Sind dir jetzt doch Zweifel gekommen?«, fragte Elissa.

»Heath ist bekannt dafür, dass er seinem selbstgebrauten Bier sehr gut zuspricht. Das sieht man schon an den geplatzten Äderchen in seinem Gesicht. Obendrein war es auch noch am Siebenttag, als er diese ... *Erscheinung* hatte, oder wie immer man es nennen will. Nicht umsonst heißt es, jemand hat einen Kater wie ein Fürsorger am Erstertagmorgen, wenn man den Brummschädel nach einer durchzechten Nacht beschreiben will.«

»Das Mädchen hat geschworen, sie hätte ihn gesehen«, gab Elissa zu bedenken.

Ragen nickte. »Ay. Aber bei Kindern, die einen guten Freund verloren haben, kommt es gar nicht so selten vor, dass sie sich einbilden, sie hätten ihn irgendwo gesehen.«

»Bei der Nacht, das Gefühl kenne ich«, rief Elissa. »Ich hätte schwören können, dass ich letzte Woche in Angiers Cob auf der Straße gesehen habe.«

Sie umkreisten die Müllkippe, ritten um das aufgetürmte Gerümpel und die Berge aus Abfällen herum und nahmen die Gegend in Augenschein.

Überall wuchsen Pflanzen. Zumeist Unkraut, aber auch eine überraschend große Vielfalt an Nutzpflanzen. Auf den ersten Blick wirkte das Ganze wie zufällig, aber bei der dritten Umrundung kam Ragen der Gedanke, es könnte mehr dahinterstecken. Er rutschte aus dem Sattel und unterzog die Pflanzen einer genaueren Betrachtung.

Elissa folgte seinem Beispiel. Sie ging in die Hocke und teilte das Blattwerk mit den Händen, sodass die aus dem feuchten Boden aufragenden Stängel sichtbar wurden. »Dieses Feld hier wurde von jemandem angelegt.«

Ragen stand auf. »Ay, aber das bedeutet noch lange nicht, dass Dorn derjenige war. Es hätten die Müllsammler oder jemand aus deren Familien sein können. Der Boden hier ist gut, wenn einem der Gestank nichts ausmacht.« Sie stiegen wieder auf ihre Pferde und ritten noch einmal um das Gelände herum.

An einer Seite fiel es in einem Steilhang ab, und tief eingekerbte Karrenspuren führten an den Rand. An dieser Stelle wurden die verrottenden Abfälle hinuntergekippt. Das übrige Gebiet war angefüllt mit sperrigem Müll, der sich mittlerweile, nachdem hier seit Generationen der Unrat abgeladen wurde, zu kleinen Bergen auftürmte. Gleich dahinter begann das Moor, das sich meilenweit erstreckte und unter einer dichten, abweisenden Nebeldecke lag.

»Wir haben noch gar nicht darüber gesprochen, was genau wir tun werden, nachdem wir ihn gefunden haben«, bemerkte Elissa.

»Bedarf das noch einer Frage? Wir nehmen ihn mit uns nach Miln.« Ragen lächelte. »Es wäre nicht das erste Mal, dass ich einen Ausreißer mit nach Hause bringe.«

»Und wenn er sich nicht mehr an dich erinnert? Wenn er gar nicht mit uns kommen will?«

Ragen zuckte die Achseln. »Dann schleppen wir ihn mit Gewalt mit, zu seinem eigenen Besten. Er kann nicht für den Rest seines Lebens im Moor hausen wie ein Tier.«

Im Pflanzendickicht raschelte etwas. Beide hielten ihre Pferde an und blickten angespannt in die Richtung, aus der das Geräusch gekommen war. Die Stängel schwankten immer noch sachte hin und her, obwohl kein Windhauch ging.

»Dorn?«, rief Ragen mit lauter Stimme. »Bist du das, Junge?«

Es kam keine Antwort. Die Stängel richteten sich wieder auf. Aber irgendetwas stimmte hier nicht, und Ragen lenkte sein Pferd in das Dickicht hinein, um sich das Gelände genauer anzusehen.

Er war schon bereit, das Ganze als Einbildung abzutun, als etwas blitzartig aus seinem Versteck hochschnellte. Ein dunkler, verschwommener Schatten sauste so dicht an Ragens Pferd vorbei, dass die Stute erschrocken wieherte, sich aufbäumte und die Vorderhufe durch die Luft wirbeln ließ. Als Ragen es endlich geschafft hatte, das Tier zu beruhigen, war das, was da aus dem Pflanzendickicht geprescht war, längst verschwunden.

»Hast du das gesehen?«, fragte Ragen und sprang mit dem Pferd aus dem Feld heraus. Ohne auf eine Antwort zu warten, trieb er die Stute mit den Fersen an und ritt einen der stabileren Müllberge hinauf. Oben angekommen, stellte er sich in die Steigbügel, um sich einen besseren Überblick zu verschaffen.

Im Nu war Elissa an seiner Seite. »Ich konnte nur einen flüchtigen Blick darauf werfen, aber für ein Kaninchen war es zu groß und für einen Nachtwolf zu klein. Ich habe gesehen, wie es über den Pfad flitzte und in das Dickicht dort drüben eintauchte.« Sie zeigte in die Richtung.

Ragen konnte erkennen, an welchen Stellen die Pflanzen niedergetrampelt waren. Mit den geschulten Augen eines Fährtenlesers verfolgte er die Spur mit derselben Mühelosigkeit, mit der er Markierungen an einem überwucherten Kurierweg entdeckte. Das Wesen, das von einer Deckung in die nächste geflüchtet war, lief geradewegs ins Moor hinein. Dort, wo es verschwunden war, kreiste der Nebel immer noch in trägen Wirbeln.

Ragen glitt aus dem Sattel und griff nach seiner Tasche mit der Ausrüstung, die es ihm erlaubte, im Freien zu übernachten. Als Nächstes schnappte er sich seinen Speer und den Schild. »Pflock die Pferde an und leg die Bannzirkel aus. Bevor es dunkel wird, bin ich zurück.«

Elissa deutete auf die Tasche. »Wenn du vor Einbruch der Nacht wieder hier sein willst, warum nimmst du dann deine Waffen und den leichten Bannzirkel mit?«

»Weil es vernünftig ist«, erwiderte Ragen.

Elissa verschränkte die Arme.

Ragen seufzte. »Ich lege Wegzeichen an, damit du mir folgen kannst. Sichere die Pferde und komm mir nach. Uns bleiben nur noch wenige Stunden Sonnenlicht.«

Ragen erschlug noch einen Moskito, der sich auf seiner Haut niedergelassen hatte, und unterdrückte einen Fluch, um keinem zu verraten, wo er und Elissa sich gerade befanden. Es war gar nicht so leicht gewesen, die Fährte zu finden, aber ihr Verursacher war sehr in Eile und hinterließ auf dem sumpfigen Boden eindeutige Spuren. Die Abdrücke stammten von unterschiedlichen Schuhen, aber die Größe entsprach der, die man bei einem rund fünfzehn Jahre alten Jungen vermuten würde.

Trotzdem war es noch kein Beweis, dass sie von Dorn Damaj stammten, aber Ragen wollte einfach glauben, dass es so war.

»Ich gebe zu, wenn ich daheim in unserem warmen, behaglichen Haus saß, hielt ich die Arbeit eines Kuriers immer für einen Traumberuf.« Elissa erschlug einen Moskito, der auf ihrem Handrücken saß und sich an ihrem Blut labte. »Manchmal war ich sogar neidisch, wenn du von den großen Städten und all den Sehenswürdigkeiten erzählt hast.«

»In ihren Balladen berichten die Jongleure immer nur von den glanzvollen Abenteuern«, sagte Ragen. »Über Moskitos hat noch nie einer einen Vers verfasst.«

»Auch nicht darüber, wie man sich fühlt, wenn man durch Matsch watet, bis die Stiefel völlig durchnässt sind«, steuerte Elissa bei. »Meine Füße sind so kalt, als würde ich auf zwei Eisblöcken laufen.«

»Geh zu den Pferden zurück und zieh die nassen Stiefel aus«, schlug Ragen vor. »Ich komme bald nach.«

»Lass uns beide zurückgehen«, bat Elissa. »Morgen früh setzen wir die Suche fort. Es hat keinen Sinn, bis kurz vor der Abenddämmerung hier herumzuwandern. Wenn es wirklich Dorn Damaj war, dann hat er irgendwo ein sicheres Versteck, wo er die Nächte verbringt. Andernfalls hätte er gar nicht so lange überlebt.«

Ein großer Moskito landete auf Ragens Nase. Spontan schlug er danach und verpasste sich selbst einen deftigen Hieb ins Gesicht. Elissa schmunzelte hinter vorgehaltener Hand. Als der Schmerz abflaute, stieß Ragen einen langen Atemzug aus. »Ay, vielleicht hast du recht. Wir kehren um, obwohl ich mir nicht sicher bin, wer letzten Endes schlimmer ist, die Moordämonen oder diese verdammten Moskitos, die direkt aus dem Horc entsprungen sein könnten.«

Elissa blickte sich um. Ihr Lächeln erlosch. »Ich nehme an, du findest den Rückweg durch diesen dichten Nebel?«

Ragen grinste herablassend und zeigte in eine bestimmte Richtung. »Auch wenn ich fett und grau geworden bin, habe ich doch noch immer alle meine Sinne beisammen. Manches vergisst man eben nie. Das Erste, was ein Kurier lernt, ist das Bestimmen der Himmelsrichtungen. Er weiß immer, wo es nach Norden geht, selbst wenn er total besoffen ist und man ihn im Kreis herumgewirbelt hat.«

»Wie reizend«, spöttelte Elissa.

Ragen nahm Kurs auf ihr Lager, doch dann rutschte sein Stiefel am glitschigen Boden ab, er strauchelte und trat in ein Erdloch. Er fiel vornüber, und ein fürchterlicher Schmerz zuckte durch seinen Knöchel.

»Beim Horc noch mal, verdammte Dämonenscheiße!«, brüllte er.

Sofort war Elissa bei ihm. »Bleib ganz ruhig.« Sie grub im Schlamm, um sein Bein herauszuziehen, aber der Stiefel hatte sich festgesogen. Ragen stieß einen Schrei aus, als sie schließlich seinen Fuß aus dem Stiefel zerrte, und dann schleppte sie ihren Mann auf ein Fleckchen festen Boden, der aus einigermaßen trockenem Torf bestand.

Ragen holte tief Luft und versuchte behutsam, seinen Fuß zu bewegen. Bei jeder Bewegung flackerte ein dumpfer, pochender Schmerz auf, aber die Beweglichkeit war nicht eingeschränkt. »Ich glaube nicht, dass etwas gebrochen ist. Wenn du mit einem Stück Stoff eine provisorische Bandage anlegst, kann ich ganz sicher zum Lager zurückhumpeln.«

Die Worte klangen zuversichtlicher, als er sich fühlte, aber Elissa nahm sie für bare Münze. Sie löste das Halstuch, das sie beim Reiten trug, und wickelte es stramm um den Knöchel, bevor er anschwellen konnte. Als Nächstes grub sie Ragens Stiefel aus dem Schlamm, und während sie ihn über das bandagierte Fußgelenk streifte, biss Ragen fest auf einen Stock. Sie selbst trug die Tasche und den Schild, den Speer überließ sie ihm, damit er sich darauf stützen konnte.

Humpelnd legte er eine gewisse Strecke zurück, aber sie waren tiefer ins Moor eingedrungen, als ihm bewusst gewesen war, und mit jedem Schritt verstärkten sich die Schmerzen. Zum Schluss konnte er nicht mehr weiter.

»Ich muss mich kurz ausruhen«, stöhnte er und ließ sich auf einen verfaulten Baumstumpf fallen.

Bis jetzt hatte Elissa Rücksicht genommen, weil sie seinen Stolz nicht verletzen wollte, doch damit war es jetzt vorbei. »Du bist in Schweiß gebadet. Wir müssen dir diesen Harnisch ausziehen und ihn hier lassen.«

Ragen schüttelte den Kopf. »Der Harnisch gehörte meinem Vater …«

»Das weiß ich.« Sie legte eine Hand auf seinen Nacken und strich über sein schweißnasses Haar. »Aber es wäre nicht in seinem Sinne, wenn wir wegen dieses Ballasts sterben.«

Ragen knirschte mit den Zähnen, doch er ließ zu, dass sie ihm beim Öffnen der Verschlüsse half.

»Morgen früh können wir die Männer losschicken, um die Rüstung zu holen«, meinte Elissa.

»Morgen früh ist sie verrostet«, sagte Ragen und ließ das schwere Kettenhemd in den Morast fallen. »Außerdem verlange ich von keinem, nach der Rüstung zu suchen, während die krasianische Armee hierher unterwegs ist. Das Risiko wäre viel zu groß.«

Ragen schöpfte tief Atem und stützte sich beim Aufstehen auf den Speer. Natürlich marschierte es sich leichter, wenn er nicht vierzig Pfund Metall auf dem Buckel trug. Er wagte zu hoffen, sie würden ihr Lager noch eine gute Weile vor Anbruch der Abenddämmerung erreichen.

Aber sein Knöchel protestierte bei jedem Schritt, und die Schmerzen verschlimmerten sich, als er in dem harten Lederstiefel anschwoll. Ihnen blieb gar nichts anderes übrig, als den Stiefel aufzuschneiden.

Zuerst meine Rüstung und jetzt meine Lieblingsstiefel, dachte Ragen. Beim nächsten Schritt gab das Knöchelgelenk völlig nach, er knickte um und plumpste wieder auf den Boden.

In diesem Moment waren die Stiefel das geringste seiner Probleme. Er blickte Elissa an und fragte sich, ob sie hier sterben würden, mutterseelenallein in diesem vom Schöpfer verlassenen Moor, und das wegen eines Jungen, der vielleicht gar nicht mehr lebte.

Er erwartete, Furcht in ihren Augen zu sehen, aber Elissa schnaubte bloß durch die Nase und schaute prüfend in die Runde. Inmitten der schier endlosen Wasserläufe, die den Sumpf durchzogen, erspähte sie eine breite, ebene Torffläche. Sie nickte zufrieden, ging zu Ragen und legte seinen Arm um ihre Schultern.

»Was machst du da?«, fragte er.

»Mit diesem Knöchel kommst du nicht mehr weit, und tragen kann ich dich nicht. Ich helfe dir, diese trockene Stelle da vorn zu erreichen, und dann richte ich um uns den Zirkel aus.«

»Du könntest …«, setzte Ragen an.

»Noch habe ich Geduld mit dir, Ragen«, schnitt Elissa ihm das Wort ab. »Aber der Schöpfer sei mein Zeuge, wenn du auch nur anzudeuten wagst, ich sollte meinen verletzten Ehemann im Sumpf zurücklassen, um mich selbst zu retten, dann wirst du dir wünschen, die Dämonen hätten dich gekriegt, bevor ich mit dir fertig bin.«

Ragen war viel zu erschöpft, um zu widersprechen. Mit letzter Kraft quälte er sich zu dem Torfflecken. Als sie die Stelle endlich erreichten, stützte er sich beinahe mit seinem vollen Gewicht auf Elissa, aber die beklagte sich nicht. Sie schleppte ihn in die Mitte der Fläche, half ihm, sich auf den Boden zu legen, und dann holte sie den Bannzirkel für Notfälle aus der Tasche. Es würde eine heikle Angelegenheit werden, aber der Zirkel musste ausreichen, um sie während der Nacht vor den Dämonen zu schützen.

Der Boden war uneben und feucht, alles andere als ideal, aber Elissa machte sich voller Zuversicht ans Werk und legte den Zirkel aus. In seiner Mitte hievte sich Ragen mühsam in eine sitzende Haltung hoch und fing an, Brennmaterial für ein Feuer aufzuschichten.

Vor ihnen lag eine endlos lange Nacht.

Ragen stierte in die Düsternis. Durch den Nebel sickerte nur noch trübes Licht, und die Schatten verdichteten sich. Bald würde die Sonne vollends hinter dem Horizont versinken.

»Ich habe mein Bestes gegeben«, sagte Elissa und kam zu ihm. Der leichte Zirkel maß zehn Fuß im Durchmesser, aber die Insel aus Torf war ein bisschen kleiner und sank an einem Ende in einer steilen Böschung ab.

Während Elissa dabei war, den Zirkel auszurichten, hatte Ragen aus Torf Blöcke geschnitten, die sie benutzen konnte, um die einzelnen Tafeln mit den Schutzsiegeln auf eine einheitliche Höhe zu bringen. Ein paar Platten ruhten nun auf kleinen Torfsäulen. Zwei standen in einem Wasserlauf wie Brückenpfeiler. Eine Tafel lag auf einem zurechtgeschnittenen Steg, der kippelig über einem Erdloch vorkragte. Andere Platten waren zwar über ebenen Boden verteilt, doch an ihren Rändern quoll bereits schlammiges Wasser hoch.

Jedes Problem für sich genommen war gering, verrutschten jedoch mehrere Platten, und sei die Abweichung noch so winzig, so bot der Bannzirkel keine durchgehende Abwehr. Die einzelnen Siegel würden immer noch eine gewisse Wirkung entfalten und ihre unmittelbare Umgebung schützen, aber Ragens und Elissas Leben hing von dem magischen Netz ab, das sich bildete, wenn die Siegel ineinander griffen und ihre Linien aus Energie eine schützende Kuppel um sie formten.

»Das hast du meisterhaft hingekriegt«, lobte Ragen. »Wenn wir wieder in Miln sind, verleiht die Bannzeichnergilde dir einen Orden.«

Elissa grinste schelmisch. »Ich habe gehört, dass der Gildemeister auf diese Weise alle Bannzeichnerinnen ehrt, mit denen er schläft.«

»Das macht er nur mit denen, die ihm das Leben retten.« Schwerfällig stemmte sich Ragen auf die Füße. Mittlerweile fühlte er sich ein wenig ausgeruht, und eine Prise bitter schmeckendes Bocksteifwurzelpulver, mit einem Schluck Wasser heruntergespült, hatte die Schmerzen gelindert. Auch die Schwellung war zurückgegangen. Er wäre nicht in der Lage gewesen zu rennen, aber ihr

Leben konnte davon abhängen, wie schnell er reagierte, wenn der erste Dämon die Siegel angriff.

Im Netz mussten Löcher sein, aber wo genau, ließ sich nicht feststellen, dazu spielten viel zu viele Umstände eine Rolle. Doch wenn ein Horcling gegen den Zirkel schlug, saugten die Siegel ein wenig von der Magie der Kreatur ab, und eine Stichflamme aus Energie würde durch das Netz rasen.

Dieser Vorgang vollzog sich immer rasend schnell, vergleichbar mit einem gegabelten Blitz, der an einem wolkenverhangenen Himmel aufflackert, doch es würde genügen, um ihnen – aber auch den Horclingen – die Lücken im Netz zu zeigen.

Waren die Löcher klein oder leicht zu verteidigen, würden Ragen und Elissa den Anbruch der nächsten Morgendämmerung erleben. Wenn nicht, musste Ragen seinen durch Siegel verstärkten Speer einsetzen und die Dämonen so lange abwehren, bis Elissa die Platten korrekt ausgerichtet hatte.

»Es kann jeden Moment losgehen«, verkündete er.

Elissa nickte, und wieder einmal staunte Ragen über ihre Unerschrockenheit. Der Blick in ihren Augen war hart wie Stahl. Er hatte geglaubt, allein der Anblick eines Dämons wäre zu viel für sie, aber sie war die Ruhe selbst, wie ein mit allen Wassern gewaschener Kurier.

Vor Ragens geistigem Auge entstanden Bilder, die ihn und Elissa zeigten, wie sie ihr Leben lang gemeinsam auf der Straße unterwegs waren, anstatt die unzähligen Monate der Trennung erdulden zu müssen. Es gab ein paar Kuriere, die ihre Frauen mitnahmen, aber Elissa war von adliger Abstammung, es wäre undenkbar gewesen, dass sie ihn auf seinen Touren begleitete.

Tränen traten in seine Augen, als er an all die vergeudeten Jahre dachte. Elissa sah ihn an und wischte die Tränen mit sanfter Hand fort. »Es wird schon gut gehen. Nächstes Jahr um diese Zeit sitzen wir wieder in unserem Bannzeichnerladen und streiten uns, weil ich deiner Ansicht nach den armen Dorn Damaj zu sehr verwöhne.«

Er lächelte. Worte hätten nicht auszudrücken vermocht, wie sehr er sie liebte.

Doch dann sprang ein Moordämon aus dem Nebel, und magische Flammen huschten durch das Netz. Elissa suchte sofort nach Lücken, Ragens Augenmerk jedoch galt dem Dämon. Der Horcling hätte von der abprallenden Magie zurückgeschleudert werden müssen, doch das war nicht der Fall. Die Krallen des Dämons schrammten über das Siegelnetz und verursachten ein Geräusch, als würden tausend Fingernägel über eine Schiefertafel kratzen und eine Spur aus knisternder, Funken sprühender Magie hinter sich herziehen.

»Der ganze Zirkel ist schwach«, stellte Elissa fest. Das Netz leuchtete beständig wie der Draht in einer lektrischen Glühbirne. Solange der Dämon es berührte, spiegelte es sich grell in dem Nebel.

Hastig prüften sie die magischen Linien und entdeckten mehrere Löcher. Eine Lücke hätte es einem Horcling erlaubt, sich unter dem Bannzirkel durchzugraben – der weiche Torf hätte kaum Widerstand geboten –, aber Dämonen waren bekanntermaßen nicht sehr schlau, und vielleicht würden sie diese Schwachstelle übersehen.

Die meisten Lücken waren so klein, dass ein Dämon nicht hindurchschlüpfen konnte, aber der Moordämon, der mit seinen Krallen hartnäckig das Netz bearbeitete, sorgte dafür, dass es ununterbrochen Helligkeit abstrahlte und die großen Löcher sichtbar wurden, die jeder Horcling in der Umgebung sehen musste.

Die größte Gefahr indessen drohte von oben. Das Netz hätte eine schützende Kuppel über sie spannen müssen, aber bei so vielen schlecht ausgerichteten Siegelplatten verliefen die Energielinien nicht gleichförmig, sondern wiesen Verzerrungen auf. Das

Ergebnis war eine gezackte, zwei Fuß breite Öffnung direkt über ihnen.

»Ragen!« Ihr Aufschrei riss ihn aus seinen Grübeleien. Mit ausgestrecktem Arm zeigte sie in eine bestimmte Richtung.

Zwei weitere Moordämonen tauchten aus dem hell flimmernden Nebel auf. Hoch oben in der Luft ertönte ein wildes Kreischen. Die Lichtblitze der Siegel hatten Winddämonen angelockt.

Einer der Dämonen stieß mit den Klauen gegen das Siegelnetz, aber an dieser Stelle waren die Tafeln präzise ausgerichtet. Die Kreatur wurde zurückgeschleudert und hinterließ ein gutes Dutzend Schritte entfernt in dem weichen Torf eine tiefe Delle.

Ragen grinste höhnisch, aber das Lachen verging ihm, als der andere Dämon seine Krallen quer über die Bannzone schrammte und auch prompt eine Lücke fand. Mit einem Aufschrei sprang Elissa zurück, als die Kreatur einen langen, spindeldürren Arm durch die Öffnung stieß und die zugreifenden Krallen ihr Gesicht nur um wenige Zoll verfehlten.

Aber die flammenden Energielinien blieben undurchdringlich, und der Dämon steckte an der Schulter fest. Er krächzte seine Qual hinaus, als die Magie summte und knisterte und Wellen aus Schmerz durch seinen Körper jagte, aber mit menschlicher Beute vor Augen gab er nicht auf, sondern kämpfte mit aller Macht gegen die Magie an.

Ein Bannzirkel mit einem Durchmesser von zehn Fuß reichte vollkommen aus, vorausgesetzt, er funktionierte einwandfrei. Doch wenn Dämonen von allen Seiten hineinfassen konnten, schrumpfte die sichere Zone beinahe auf ein Nichts zusammen.

»Die Bestie steckt fest«, bemerkte Elissa und atmete erleichtert auf. »Sie wird nicht durchkommen.«

»Das spielt keine Rolle«, entgegnete Ragen. »Dieser Lärm wird jeden Dämon in einem Umkreis von mehreren Meilen anlocken.

Allein durch ihre große Anzahl können sie den Zirkel durchbrechen.«

»Was schlägst du vor?«, fragte Elissa. »Solange er mit seinen Krallen herumfuchtelt, kann ich die Tafeln nicht korrekt ausrichten.«

Ragen hob seinen Speer und blickte dem Moordämon kaltblütig in die riesigen, lidlosen Augen. In ohnmächtiger Wut hieb der Horcling seine Pranke durch die Luft und strengte sich an, Ragen zu erreichen. »Dann muss ich ihn eben dazu bringen, dass er endlich Ruhe gibt.«

Mit einem einzigen, geschmeidigen Satz stürmte er nach vorn und stieß mit dem Speer zu. Ein entsetzlicher Schmerz zuckte durch seinen Knöchel, aber er nahm ihn nur vage wahr, wie einen fern am Himmel aufflammenden Blitz. Für ihn gab es jetzt nur noch den Dämon und den Speer.

Für den Horcling stellten die Siegel eine undurchdringliche Barriere dar, aber auf den Speer übten sie keinerlei Wirkung aus. Von der zähen, schleimigen Haut eines Moordämons prallte fast jede Waffe ab, doch die Siegel, die Arlen in die Speerspitze eingeritzt hatte, flackerten auf, und sie bohrte sich tief in die Brust des Dämons.

Energie raste den Schaft hinauf, drang durch den Arm in Ragens Körper ein und durchflutete ihn mit Magie. Arlen hatte ihm von dieser Wirkung erzählt, doch zum ersten Mal spürte Ragen sie am eigenen Leib.

Arlens Beschreibung hatte ihn nicht auf das vorbereitet, was er nun erlebte. Mit bloßen Worten ließ es sich nicht schildern. Eine ungeheure Kraft ballte sich in seinen Muskeln, und die Müdigkeit war wie weggewischt. Der Schmerz in seinem Knöchel verflog, und er konnte das Bein wieder voll belasten.

Jetzt verstand er Arlens Besessenheit, gegen Dämonen zu kämpfen. Es war eine Sucht. Der Horcling krächzte vor Schmerzen und schlug nach ihm, aber Ragen bewegte sich mit einer Schnelligkeit und Gewandtheit wie nie zuvor in seinem Leben und wich den scharfen Krallen mühelos aus. Die Magie, die in seinem Körper sprudelte, versetzte ihn in einen Rausch, und er fühlte sich unsterblich. Sie würden diese Nacht überleben, und wenn er jeden einzigen Horcling im Moor töten musste.

Nur widerstrebend versuchte er, den Speer wieder herauszuziehen. Die Waffe saß fest in dem Körper des Dämons, aber Ragen setzte seine kräftigen Arme ein und rammte die Bestie immer und immer wieder gegen das Siegelnetz, bis die Speerspitze freikam und der Dämon tot umfiel.

Bei der Nacht, dachte Ragen, und ihm wurde mulmig zumute. *Gerade habe ich einen verfluchten Dämon getötet.* Relan hatte ihm erzählt, die *dal'Sharum* täten dies jede Nacht, aber bis zu diesem Augenblick hatte er es nicht wirklich geglaubt.

Der Radau hatte noch mehr dieser Kreaturen angezogen. Im Nu hatten sie den geschwächten Bannzirkel eingekreist, kamen sich gegenseitig in die Quere und rangelten miteinander, in ihrer Gier, die Siegel zu attackieren.

Ein Dämon entdeckte eine weitere Lücke und reckte seinen Arm hindurch. Doch noch ehe Ragen eingreifen konnte, stürzten sich zwei Horclinge auf ihren Artgenossen, töteten ihn und bearbeiteten seinen Arm mit den Zähnen, bis das abgebissene Ende in den Bannzirkel fiel.

Angewidert wandte sich Elissa von dem Anblick ab, und selbst Ragen drehte sich der Magen um. Danach griffen die beiden Dämonen sich gegenseitig an und kämpften um den Zugang zu der Öffnung im Siegelnetz. Zwei andere Dämonen spürten offene Stellen im Netz auf, und plötzlich griffen von allen Seiten Pranken nach ihnen.

Ragen schnappte sich seinen Schild, verschaffte sich einen festen Stand und stieß mit dem Speer nach jedem Dämon, der einer Lücke zu nahe kam. Die Siegel auf der Speerspitze waren unersättlich und fraßen sich mit einem Zischen in das Fleisch der Horclinge.

Deren schwarzes, eitriges Blut spritzte in Fontänen aus den Leibern und wurde von den Siegeln in ein unheimliches Licht getaucht. Aber nicht jeder Speerstoß war tödlich, und die Magie, die Ragen durchströmte, war nur ein schwacher Hauch dessen, was die Körper der Horclinge überschwemmte. Viele der vom Speer getroffenen Kreaturen erholten sich in Windeseile und stürzten sich erneut in den Kampf.

Ragen wich auf die winzige sichere Insel inmitten des Bannzirkels zurück, um wieder zu Atem zu kommen. Er fühlte sich immer noch stark, der Schmerz in seinem Knöchel war jetzt als dumpfes Pochen zu spüren, doch seine Hochstimmung war abgeflaut, und er schätzte ihre Situation wieder nüchtern ein. Er würde bis zum letzten Atemzug kämpfen, aber es waren zu viele Dämonen, und wahrscheinlich rückten noch mehr an.

Sie würden sterben.

Außerstande, sich dem dicht umlagerten Bannzirkel zu nähern, sprang ein Moordämon einem anderen auf den Rücken und schnellte von dort aus in die Höhe. Seine gekrümmten Krallen verhakten sich am Rand der gezackten Öffnung im Siegelnetz, die sich direkt über ihren Köpfen befand. Magie breitete sich in Form eines Spinnennetzes in der Luft aus, als die Kreatur zu der Lücke kletterte. Der Dämon spuckte einen dicken Strahl Sumpfspeichel in den Bannzirkel, während er zum Sprung ansetzte.

Blitzschnell riss Ragen Elissa dicht an sich heran und hob gleichzeitig den Schild. Mit einem lauten Knall und einem widerwärtigen Zischen prallte der Klumpen Sumpfspeichel von den Siegeln ab und spritzte in alle Richtungen. Ragen schwenkte den Schild zur Seite und schleuderte seinen Speer nach dem Dämon, ehe der in den Zirkel springen konnte.

In dem Moment, in dem Ragen den Speerschaft losließ, wusste er auch schon, dass er einen Fehler begangen hatte. Der Speer traf den Horcling mitten in der Brust, aber der Dämon nahm die Waffe mit sich, als er nach hinten gerissen wurde und ein Dutzend Schritte vom Zirkel entfernt tot auf dem Boden landete.

Tropfen von Moorspeichel klebten an ihrer Kleidung wie Rotz. Diese Stellen fingen bereits an zu qualmen und zu brennen, doch jetzt, da von allen Seiten Krallen nach ihnen griffen, war dies das geringste ihrer Probleme. Dicht aneinander gedrängt drehten sie sich langsam im Kreis und versteckten sich hinter dem Schild, der jedoch nur dürftigen Schutz bot.

Das gesamte Siegelnetz erbebte und fing an, sich zu verformen. Ragen erschrak, als er die Ursache für diese Verzerrung fand. Moorspeichel hatte die straff gespannte Schnur zwischen den Siegelplatten getroffen, die auf den kleinen Torfsäulen im Wasserlauf lagen. Qualm stieg hoch, und jeden Augenblick …

Die Schnur zerriss, und ein kompletter Viertelkreis des Zirkels fiel aus. Die Horclinge spannten ihre Muskeln an und rüsteten sich, durch die Bresche zu springen. Um als Erste die begehrte Beute zu erreichen, würden sie nicht davor zurückschrecken, sich mit den Krallen den Weg durch die dichtgedrängten Artgenossen freizukämpfen.

»Halte dich bereit, gleich rennst du los«, zischte Ragen.

»Und wohin soll ich rennen?«, fragte Elissa scharf.

»Du schnappst dir den Speer. Die Waffe ist unsere letzte Hoffnung. Ich greife mit dem Schild den ersten Dämon an, der durch die Lücke kommt, und schleudere ihn gegen die anderen. Das müsste sie ein Weilchen ablenken.«

»Aber ich kann mit einem Speer nicht umgehen!«

»Das spitze Ende stößt du in den Dämon!«, versetzte Ragen. »Dafür muss man nicht die Kunst des Bannzeichnens beherrschen!«

Der größte Dämon drängte sich an die vorderste Front des dicht an dicht gepackten Pulks und warf sich in die Bresche hinein. Ragen stemmte die Füße in den Boden, bereit, die Bestie mit dem Schild abzufangen, obwohl er sich über die Sinnlosigkeit des Unterfangens völlig im Klaren war.

Plötzlich hallte lautes Gebrüll durch die Nacht, und die Moordämonen verharrten auf der Stelle. Sie wirkten wie erstarrt. Allerdings trug dies nicht zu Ragens Beruhigung bei, denn dieses Brüllen kannte er nur allzu gut. Der sich nähernde Felsendämon mochte ja die Moordämonen in Schach halten, aber nur, um die Beute für sich selbst zu beanspruchen.

Doch wie kam ein Felsendämon ausgerechnet nach Moorweiler? In Miln waren sie keine Seltenheit, aber Felsendämonen brauchten eine große Fläche aus natürlich gewachsenem Stein, um aus dem Untergrund auftauchen zu können – und so etwas war in den Feuchtgebieten um Lakton kaum anzutreffen.

Abermals ertönte das Geheul, schon wesentlich näher, doch dieses Mal klang das schaurige Heulen ein bisschen ... seltsam. Der vertraute Schrei hatte einen Nachhall, den er noch nie zuvor wahrgenommen hatte. Ein Echo, das es in einem Sumpf gar nicht geben konnte.

Durch den Nebel sah er das orangerote Glühen eines Flammendämons, das zunehmend heller wurde. Als ob ein Rudel Moordämonen und ein wütender Felsendämon nicht schon genug wären.

Der Flammendämon rannte gegen einen unbeschädigten Teil des Bannzirkels, aber der Horcling wurde von den Siegeln nicht aufgehalten, als er aus dem Nebel stürmte. Orangerote Flammen schlugen aus seinem Maul, während er ein tosendes Gebrüll von sich gab.

Ragen und Elissa waren vor Entsetzen wie gelähmt, aber der Dämon fegte an ihnen vorbei und hinterließ eine Fahne aus erstickendem Qualm. Er sprang vor die Lücke im Siegelnetz und spuckte Feuer und Rauch auf die verstörten Moordämonen.

»Das ist kein Horcling«, hauchte Elissa.

Ragen riss verblüfft die Augen auf. Was er anfangs für einen Flammendämon gehalten hatte, war ein halbwüchsiger Junge. Seine Kleidung bestand aus wild zusammengeschusterten Lumpen, und er war mit einer dicken Schicht aus Sumpfschlamm bedeckt. Auf dem Rücken trug er einen runden *Sharum*-Schild. In einer Hand hielt er ein Bündel Eberwurzstängel, deren Enden brannten und einen fettigen, beißenden Rauch verströmten. Er schwenkte die Fackel hin und her und erzeugte auf diese Weise eine Wand aus Qualm. In der anderen Hand hielt er ein Stück trichterförmig zusammengerollte Baumrinde. Verdutzt sah Ragen, wie er den Trichter an die Lippen setzte und einen durchdringenden Ton ausstieß, der dem Gebrüll eines Felsendämons beeindruckend nahekam.

Die Moordämonen begannen zu husten, und als der Junge langsam auf sie zurückte, griffen sie ihn nicht an.

»Horcies hassen Eberwurzqualm«, sagte er mit heiserer Stimme, ohne die Dämonen aus den Augen zu lassen, die durch den Nebel und Rauch hin und her wanderten. Die Worte kamen ihm schwer über die Zunge, und Ragen musste sich anstrengen, um ihn zu verstehen. »Müssen davon husten und kotzen. Schaut mir zu und folgt mir.«

Falls es noch Zweifel gegeben hatte, dass dies Relans Sohn war, so waren diese in dem Moment ausgeräumt, als der Junge mit dem wiegenden Tanz begann, mit dem Ragens *dal'Sharum*-Freund die Horclinge zu verwirren pflegte. Ein Schritt nach rechts, ein Schritt nach links ... und ein halbes Dutzend Moordämonen ließ die Köpfe hin und her pendeln, in Übereinstimmung mit den Bewegungen des Jungen.

Ragen wusste lange vorher, welche Richtung der Knabe nehmen würde, noch ehe der die Bewegungen ausführte. Er nahm Elissa bei der Hand, und wie Fremde, die sich zu einem Tanz zusammenfinden, den sie kennen und beherrschen, passten sie sich Dorns ruhigen, wohlüberlegten Schritten an. Vier nach links und vier nach rechts. Als sie sechs Schritte nach links machten und danach die Atemzüge zählten, ließ der Junge die brennenden Eberwurzstängel auf den Boden fallen, und bald bot der aufsteigende Qualm ihnen Deckung. Beim dritten Atemzug rannten sie gemeinsam los. Im Vorbeilaufen schnappte sich Ragen seinen Speer und reichte den Schild an Elissa weiter.

Sie verloren das Rudel Moordämonen schnell aus den Augen, als Dorn in Schlangenlinien um die Bäume flitzte. Zuerst schienen das gelegentliche jähe Anhalten und die unvermuteten Richtungswechsel rein zufällig zu sein, aber Ragen war ein ausgefuchster Spurenleser und erkannte sehr bald, dass sie einer raffiniert vorbereiteten Strecke folgten. Alles war genau geplant. Ein umgestürzter Baum, dessen Wurzelstock hoch aufragte und das Mondlicht aussperrte, bot die Gelegenheit, unbemerkt die Richtung zu ändern. Der flache Wasserlauf, durch den sie wateten, spülte ihre Fußabdrücke und ihren Geruch fort. Geduckt hasteten sie im Schutz einer niedrigen Bodenerhebung weiter, die sie hundert Yards weit beinahe völlig verbarg.

Lange bevor die Müllkippe in Sicht kam, stieg Ragen der Gestank in die Nase. Sie waren im Kreis gelaufen. Er war ein Narr gewesen, als er Dorn Damaj ins Moor hinein folgte. Der Junge hatte sie absichtlich von seinem Versteck weggeführt und sie tief in den Sumpf hineingelockt. Dabei hätten sie bloß abwarten müssen …

»Pass auf!«, schrie Elissa und riss den Schild hoch. Ein magischer Blitz entlud sich, und der Rückstoß schleuderte sie gegen Ragen. Beide verloren die Balance und landeten mit einem Platschen in Schilf und Schlamm.

Noch während sie stürzten, erhaschte Ragen einen Blick auf den angreifenden Sumpfdämon, ein größerer, gefährlicherer Vetter des Moordämons. Sein Körperbau war gedrungen, die Haut mit höckerigen Schuppen bedeckt, und die kurzen, stämmigen Gliedmaßen mit den langen, gekrümmten Krallen eigneten sich hervorragend dazu, auf Bäume zu klettern. Mit der Schnauze konnte ein Sumpfdämon einen Mann vom Kopf bis zur Leiste aufreißen, und der Schwanz glich einer wuchtigen Peitsche, deren Hieb imstande war, einen Holzzaun zu zertrümmern.

Benommen und mit Schlamm in den Augen bemühte sich Ragen, seinen Speer zu heben, aber Elissa rollte sich kurzerhand über ihn und bedeckte sie beide mit dem Schild.

Der Sumpfdämon schlug schwer mit seiner Pranke dagegen, aber die Siegel blieben stumm. Es gab weder einen magischen Blitz noch wurde der Horcling von der Energieentladung zurückgeschmettert. Man hörte nur einen hohen, kreischenden Ton, als der Dämon mit seinen Krallen den Stahl zerriss. Die Siegel auf der Oberfläche des Schildes waren mit Schlamm bedeckt – also nutzlos. Ragen spähte über den Schildrand, starrte in den aufgerissenen Rachen des Dämons und bereute sofort, dass er einen Blick riskiert hatte.

Doch in diesem Moment knallte ein kleiner Flaschenkürbis gegen den Schild und zerplatzte. Eine Wolke aus Eberwurzpulver flog direkt in das klaffende Maul. Ragens Augen tränten, und er musste niesen, aber den Dämon traf es weit härter. Er fiel auf den Rücken und schnappte keuchend nach Luft.

Dorn Damaj erschien und half ihnen, sich auf die Füße zu ziehen. Elissa ließ den ramponierten und wirkungslos gewordenen Schild im Morast neben dem Dämon zurück, der sich in Zuckungen wand und sich mit einer ekelhaften Mischung aus Magensäften und Sumpfspeichel besudelte.

»Horcie ist gleich wieder auf den Beinen«, warnte Dorn mit dieser heiseren, krächzenden Stimme, die an Tierlaute erinnerte. »Müssen zum Dornbusch laufen.«

Ragen nickte, obwohl er keinen blassen Schimmer hatte, wovon der Junge sprach. Er und Elissa folgten ihm so rasch sie nur konnten, während der Junge mitten in die Müllberge hineinrannte.

Hinter ihnen hörte er den Dämon fauchen, und ein Scharren warnte ihn, dass die Kreatur dabei war, die Verfolgung aufzunehmen. Sein Knöchel schmerzte wieder unerträglich, und mit jedem Schritt verstärkte sich sein Humpeln. Elissa hatte den Arm um ihn gelegt, und er musste sich immer stärker auf sie stützen. Seinen Speer benutzte er wieder als Krücke, und sie rannten, als wollten sie bei einem Dreibeinlauf anlässlich eines Sonnwendfestes einen Preis erringen.

Aber der Dämon war schneller als sie, seine kurzen Beine bewegten sich mit erschreckender Geschwindigkeit. Er holte auf, und Ragen wusste, dass sie es nicht bis zu dem Ort schaffen würden, an den der Junge sie bringen wollte. Vorher hätte der Dämon sie längst eingeholt.

Dorn erkannte das auch. Er fiel zurück, bis er mit Ragen Seite an Seite rannte, und zeigte auf ein dicht bewachsenes Eberwurzfeld neben einem der Müllberge. »Dort! Nicht stehen bleiben!«

Er selbst machte jedoch unvermittelt Halt und stieß einen Schrei aus, um die Aufmerksamkeit des sich nähernden Dämons auf sich zu lenken. Aber es war kein Schrei, mit dem er einen Horcling nachahmte, es war der Aufschrei eines menschlichen Kindes. Eines schwachen, hilflosen Wesens. Gab es einen besseren Köder für einen Horcling?

Der Schrei zerriss Ragen das Herz, aber er humpelte weiter. Eigentlich hätte der Junge vollkommen panisch sein müssen. Das Natürlichste von der Welt wäre gewesen, wenn er bei Ragen Schutz gesucht und sich seiner Führung überlassen hätte. Doch Dorn Damaj sprach mit der Selbstsicherheit eines Kuriers, der Reisende während ihrer ersten Nacht im Freien unterweist, und Ragen stellte fest, dass er ihm vertraute.

Elissa schleifte ihn jetzt beinahe mit sich und stützte ihn, während er, von Schmerzen gepeinigt, einen Fuß vor den anderen setzte, um das schützende Eberwurzfeld zu erreichen. Aber Ragens Blick war nicht auf ihr Ziel gerichtet. Er beobachtete, wie der Dämon den Jungen entdeckte, ein Fauchen von sich gab und sich auf ihn stürzte. Vollkommen von der Jagd auf seine leichte Beute in Anspruch genommen, stürmte der Dämon an Ragen und Elissa vorbei den Hügel hinauf und entfernte sich von ihnen.

Ragen erinnerte sich an den Hügel. Er endete an dem Steilhang, wo die Dorfbewohner ihren verfaulenden Unrat hinunterkippten. Wenn Dorn nicht schleunigst eine andere Richtung einschlug, saß er in der Falle. Der Sumpfdämon erkannte das auch und legte Tempo zu.

Einen Moment lang war ihnen der Ausblick versperrt, als sie in das Eberwurzfeld hineinstolperten. Sie hielten inne und verfolgten von ihrem Versteck inmitten des Pflanzendickichts aus, was sich dann abspielte.

Es war zu spät. Wie Schattenrisse malten sich im Mondlicht die Silhouetten ab. Und sie mussten mitansehen, wie der Dämon den Jungen ansprang und beide über die Kante des Steilhangs stürzten.

»Dorn!«, schrien Ragen und Elissa gleichzeitig.

Der Dämon krächzte wütend, als er die mit Dreck und fauligen Abfällen bedeckte Böschung hinabkullerte, aber vor dem Hintergrund des Mondes hing Dorns Silhouette und schwang sich dann auf den Rand des Steilhangs zurück. Nun sah Ragen die kräftige Ranke einer Schlingpflanze, die von einem Ast baumelte, der über den Abgrund hinausragte. Dorn hatte den Horcling an diese Stelle gelockt und ihn mit einer List in die Tiefe befördert.

»Bei der Nacht«, hauchte Elissa.

Dorn rannte zurück in die Sicherheit des Eberwurzfeldes und führte sie dann zu einem zerbrochenen Tisch, der an einem Abfallberg lehnte. Er zog den Tisch zur Seite, und sie sahen, dass sich dahinter eine schmale Öffnung verbarg. Elissa zwängte sich als

Erste hinein und half dann Ragen, als dieser hindurchkroch. Als Letzter kam Dorn hinterher und zog den Tisch an seinen alten Platz zurück.

Es war stockfinster in dem Loch, das kaum groß genug war, dass Ragen ausgestreckt darin liegen konnte. Eine seiner Schultern drückte gegen eine Seitenwand, und wenn er den Arm ausstreckte, konnte er mühelos die andere Wand berühren. Selbst auf Knien musste er noch den Kopf einziehen. Und hier hatte Dorn Damaj all die vielen Jahre geschlafen? In einem winzigen Loch unter einem Müllhaufen?

Elissa fröstelte. »Hier drinnen ist es kälter als draußen.«

»Kein Rauchfang«, sagte der Junge. »Viel Durchzug.« Ein orangeroter Schein fiel auf sein Gesicht, als er einen kleinen Kohlebrocken auf einer rostigen Zange zum Glühen brachte, indem er darauf pustete. Schützend hielt er die Hand vor das Flämmchen und brachte es zum Anzündholz auf der Feuerstelle. Bald brannte ein wärmendes Feuer und erfüllte Dorns finstere Höhle mit flackerndem Licht.

Sie schienen sich unter einem umgekippten alten Karren zu befinden, dessen Unterseite als Dach diente. Die Hinterräder waren fort, aber Dorn hatte die Achse mit Brettern abgestützt. Die Speichen der Vorderräder bildeten kleine Ablagenischen, die der Junge in den Müllberg gegraben hatte. Auf dem Boden lagen löcherige Decken, und die Wände bestanden aus Holz, das er aus dem weggeworfenen Ramsch geborgen hatte. Jede Ritze war sorgfältig verstopft. Eine Seitenwand bestand aus einer alten Haustür. Die andere setzte sich zusammen aus einem Fass, dem Teil eines Tisches und einer Kommode mit unterschiedlichen Schubladen. Am hinteren Ende des Schlupfwinkels schien sich eine funktionierende Halbtür zu befinden.

Zwei Eingänge, also auch zwei Fluchtwege, bemerkte Ragen. *Ein helles Köpfchen, dieser Bursche.*

Entlang der Wände gab es kleine Regalnischen. Einige enthielten hübsche Kinkerlitzchen aus Stein oder Glas, eine bunte Vogelfeder oder ein repariertes hölzernes Spielzeug. Zwischen den Decken fand Elissa eine winzige Lumpenpuppe, die aus irgendwelchen Stoffresten zusammengestichelt war. Dorn stieß ein wütendes Knurren aus, riss ihr die Puppe aus der Hand und presste sie schützend an sich. Elissa unterdrückte ein Schluchzen.

Ragen änderte seine Haltung, stieß mit dem Arm gegen eine Wand und verspürte einen fürchterlichen Schmerz. Er stöhnte auf.

Elissa schnappte sich den Arm, schob den zerrissenen Ärmel zur Seite und sah eine Reihe Krallenspuren. Die Wunde stank, und Ragen fragte sich, ob er seinen Arm verlieren würde. Er langte nach seinem Kräuterbeutel, doch der hing nicht mehr am Gürtel. Irgendwann während ihrer verzweifelten Flucht musste er ihn verloren haben.

Dorn reichte Elissa einen Lappen und zeigte auf das Fass, das in eine der Wände eingebaut war. »Wasser.«

Sie nickte, fand einen Zapfhahn und stellte fest, dass das Fass frisches Wasser enthielt. Während sie die Wunde reinigte, fasste Dorn in eines der Speichenregale und holte einen Mörser mitsamt Stößel hervor. Ragen erkannte die Sachen sofort. Sie bestanden aus schönem, poliertem Marmor, und er hatte sie als Hochzeitsgeschenk für Dawn in Miln gekauft.

Staunend beobachteten sie, wie Dorn sich anschickte, mit einem verbogenen Messer, das an einem Ende mit Stoff umwickelt war, weil der Griff fehlte, Kräuter zu zerkleinern. Ragen verstand genug von der Arbeit einer Kräutersammlerin, um zu erkennen, dass Dawn den Jungen gut unterwiesen hatte. Dorn strich eine stinkende Salbe aus Eberwurz auf die Verletzungen, dann förderte er eine krumme Nadel zutage und hielt sie eine Weile gewissenhaft ins Feuer, ehe er die Wunden zunähte.

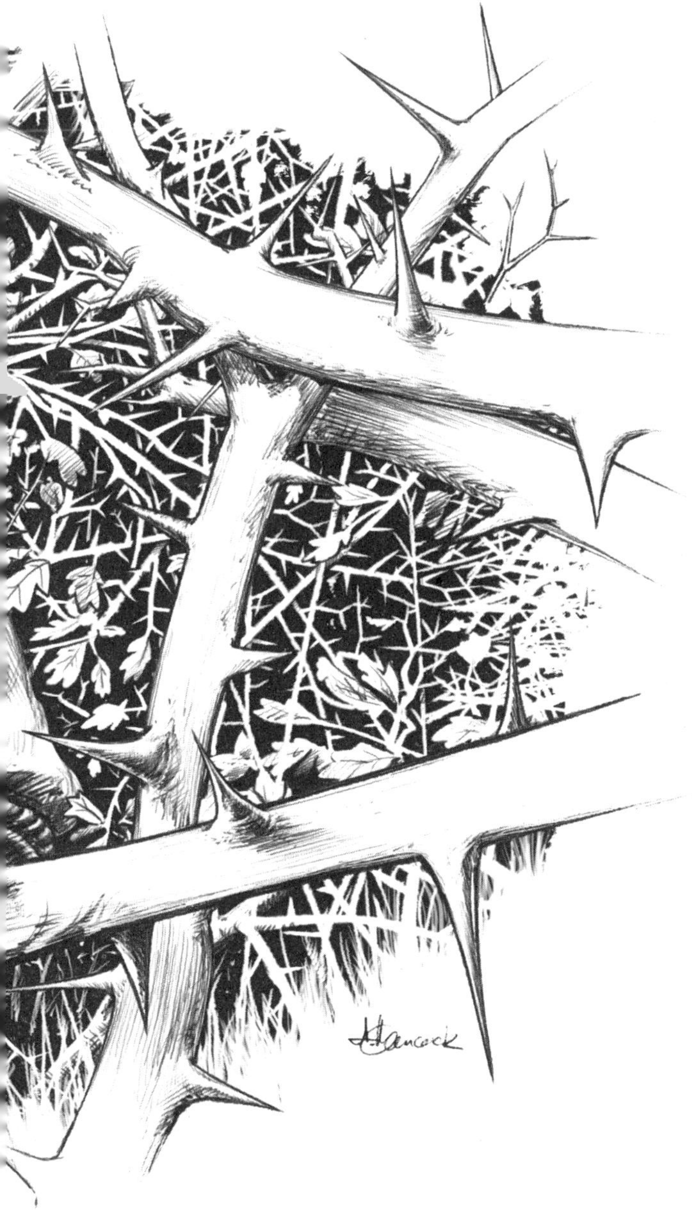

»Ich danke dir«, sagte Ragen.

»Mich nicht wegbringen«, krächzte der Junge. »Komm nicht mit.«

»Wir haben nicht vor …«, setzte Elissa an.

»Hab euch gehört«, fiel Dorn ihr ins Wort und funkelte Ragen erbost an. »Wir schleppen ihn mit Gewalt mit, habt ihr gesagt.«

Ragen holte tief Luft. Er spürte die innere Anspannung des Jungen, der seine Wunden versorgte. Wenn er jetzt das Falsche sagte, wäre Dorn wahrscheinlich wie der Blitz zur Tür hinaus, und nur der Schöpfer wusste, ob sie ihn danach je wieder finden würden.

»Erinnerst du dich an mich?«, fragte er schließlich. »Ich war ein Freund deines Vaters.«

Der Blick des Jungen huschte über Ragen. Das Weiße in seinen Augen leuchtete in dem dreckigen, schlammverkrusteten Gesicht. »Kurier. Hast Bonbons gebracht.«

Ragen nickte. »Ich schulde deinem Vater mein Leben. Ich habe ihm versprochen, dich zu beschützen, falls ihm etwas zustoßen sollte.«

»Brauch keinen Beschützer«, sagte der Junge.

Ragen nickte wieder. »Ay, du kannst auf dich selbst aufpassen, bist dein eigener Herr. Aber ich möchte dein Freund sein, wenn du es erlaubst.«

»Hab keine Freunde«, sagte der Junge. »Keiner will Modderjungen zum Freund. Werfen Steine. Hau ab, Modderjunge! Fass mit deinen stinkenden Händen ja nichts an, Modderjunge!«

Ragen schüttelte den Kopf. »Das ist nicht wahr, Dorn. Ich bin dein Freund.« Er deutete auf seine Frau. »Elissa ist deine Freundin. Fürsorger Heath und Tami Strohballen sind deine Freunde. Sie haben uns gebeten, dich zu suchen.«

Dorns Augen weiteten sich. Er erwiderte nichts, aber Ragen wusste, dass er eine schwache Stelle in dem Panzer gefunden hatte, den der Junge um sich errichtet hatte. »Tami macht sich Sorgen um dich, Dorn. Wir alle sind deinetwegen besorgt.«

Dorns Schultern fingen an zu beben, und er senkte den Kopf, um ein unterdrücktes Schluchzen zu verbergen. Ragen wollte die Hand nach ihm ausstrecken, aber der Junge funkelte ihn wütend an, und er hielt sich zurück.

»Keiner weiß, was ich getan hab«, sagte er. »Everam bestraft mich. Ich verdien keine Freunde.«

»Blödsinn«, mischte sich Elissa ein. »Was könntest du schon verbrochen haben?«

Dorns schmutziges Gesicht verzog sich kläglich, und dieses Mal konnte er das Schluchzen nicht unterdrücken. Er fing hemmungslos an zu weinen, und als Ragen nun die Arme nach ihm ausstreckte und ihn an sich zog, sträubte er sich nur zum Schein dagegen. Der Junge stank nach Dreck und Eberwurz, aber Ragen hielt ihn so zärtlich an sich gedrückt wie seinen eigenen kleinen Sohn.

»Wollte nicht teilen«, sagte Dorn, als das krampfhafte Schluchzen nachließ. »Hab nicht zugehört.«

Er brach erneut in Tränen aus. »Hab vergessen, den Rauchabzug zu öffnen.«

Ragen starrte in das kleine Feuer und dachte an das ausgebrannte Haus der Familie Damaj. Er wusste sofort, was passiert war.

»Es war nicht deine Schuld, Dorn«, flüsterte er. Der Junge gab durch nichts zu erkennen, ob er ihn gehört hatte, aber nach einer Weile hörte er auf zu schluchzen und schlief endlich ein.

Mit einem Ruck wurde Ragen wach. Er war allein in der winzigen Höhle. Angst packte ihn, er fürchtete, der Junge sei wieder weggelaufen, sei verschwunden wie die Erinnerung an einen Traum. »Elissa!«, brüllte er. »Dorn!«

Aber er hatte sich unnötig geängstigt. Die beiden saßen draußen am Rande des Eberwurzfeldes. Dorn spähte erwartungsvoll in die Bratpfanne, in der Elissa über einem kleinen Feuer ein Frühstück zubereitete. In der Nähe lag der behelfsmäßige Bannzirkel, den sie im Sumpf zurückgelassen hatten. Die Tafeln waren gesäubert und die zerrissene Kordel mit einer starken Schnur repariert.

»Bin ich froh, dass du wieder unter den Lebenden weilst«, begrüßte ihn Elissa. »Dorn und ich sind schon seit Stunden auf.«

»Wir müssen uns auf den Heimweg machen«, sagte Ragen. »Je früher, desto besser.«

Dorn schüttelte den Kopf. »Komm nicht mit. Bin hier zu Hause.«

»Es sind Männer hierher unterwegs«, sagte Ragen. »Männer wie die, vor denen dein Vater aus der Wüste geflohen ist.«

Dorn nickte. »*Sharum*. Hab sie gesehen.«

»Wo?«, fragte Ragen alarmiert. »Wie viele waren es?«

»Zwei.« Der Junge hob zwei Finger in die Höhe. »Im Wald. Hielten Ausschau.«

»Und wann war das?«

Dorn zuckte die Achseln. »Erstertag?«

Ragen spuckte aus.

»Was ist los?«, hakte Elissa nach.

»Wenn vor einer Woche ihre Kundschafter hier waren ...«

Er unterbrach sich, als das Getrappel galoppierender Pferdehufe zu ihnen herüberdrang. Ragen blickte hoch und sah Derek, der in rasantem Tempo angeritten kam. Er trug seine Rüstung, aber der Helm fehlte, und in seinem Haar klebte Blut.

Derek ritt dicht an sie heran, erst dann riss er scharf am Zügel, und das Pferd, das sich noch in vollem Schwung befand, bäumte sich auf und keilte nach hinten aus. Doch noch bevor es sich beruhigen konnte, sprang er aus dem Sattel. »Dem Schöpfer sei Dank, euch ist nichts passiert! Wir müssen weg von hier! Sofort!«

»Was ist passiert?«, fragte Ragen.

»Krasianer!«, keuchte Derek. »Heute früh fiel eine berittene Vorhut ein und plünderte das Dorf, ehe Flüchtlinge dort Zuflucht finden konnten!«

»Bei der Nacht!«, stöhnte Ragen. »Wie viele?«

»Mindestens zwanzig, alle ritten diese großen Wildpferde. Wir haben den Moorländern geholfen, sich zu verteidigen, und waren drei zu eins in der Überzahl ...« Er schluckte. »Sie haben Robbert und Natan umgebracht. Und Stanes Bein gebrochen.«

Ragen nickte. Die Moorländer waren tapfer, aber sie waren keine Kämpfer. Krasianer hingegen waren bestens gedrillte Krieger, die nichts anderes kannten als den Kampf. Das Dorf war verloren. »Wo sind die anderen?«

»Sie verstecken sich im Moor, zusammen mit einigen Dorfbewohnern. Ich kam euch suchen, und nachdem ich euch gefunden hatte, wollte ich euch zu ihnen bringen. Wenn wir ein paar Meilen weit die Straße meiden, müssten wir imstande sein, sie in das Tal der Holzfäller zu schaffen.«

»Wie konntest du entkommen?«, erkundigte sich Ragen.

»Sie waren hinter uns her, aber ihr Hauptmann blies ein Hornsignal und rief sie zurück. Ihnen schien mehr am Plündern und am Heiligen Haus gelegen zu sein, als Leute zu töten oder Gefangene zu machen.«

»Wieso interessieren sie sich für das Heilige Haus?«, wollte Elissa wissen.

»Krasianer sind Fanatiker« erklärte Ragen. »Was sie mit den Dörflern anstellen, wird davon abhängen, in welcher Stimmung sich ihr Kai gerade befindet. Fürsorger jedoch sind in ihren Augen Ketzer, die Everam verspotten. In das Heilige Haus wird ihr *Dama* einziehen, und Heath werden sie töten, wenn sie das nicht bereits getan haben.«

»Beim Schöpfer!« Elissa war entsetzt.

»Wir müssen aufbrechen!«, drängte Derek. »Auf der Stelle!«

Ragen nickte. Sie hatten ohnehin keine andere Wahl, es war das Einzige, was sie tun konnten. »Wir werden uns sputen. Das Letzte, was wir wollen, ist eine weitere Nacht in dem verdammten Moor.«

Er wandte sich an Dorn. »Du musst mit uns kommen. Hier bist du in Gefahr.«

Aber der Junge war nicht mehr da.

Mit wild pochendem Herzen rannte Dorn durch das Moor. Er sah Dorfbewohner, die sich in den Sumpf flüchteten, und er konnte sich sehr gut vorstellen, wo sie sich versammeln würden. Die *Sharum* mussten ihre Pferde zurücklassen, wenn sie die Verfolgung aufnahmen. Sogar ihre Kundschafter hatten das Moor gemieden.

Niemand, an dem er unterwegs vorbeikam, bemerkte ihn, alle waren viel zu beschäftigt mit sich selbst. Sämtliche Moorländer kannten sich in dem Sumpf aus, aber keiner war so ortskundig oder fand sich so gut zurecht wie Dorn. Es gab unzählige Stellen, die einem Deckung boten, selbst wenn man ein schnelles Tempo anschlug.

Im Hof des Heiligen Hauses waren Männer und Pferde, als Dorn die Mauer hochkletterte und sich zwischen den Grabsteinen herunterfallen ließ. *Sharum*-Krieger mit harten Gesichtszügen schauten zu, wie die Dorfbewohner, die Blicke ängstlich gesenkt, an einer Seite des Hofs die geplünderte Beute aufhäuften – hauptsächlich Lebensmittel und Vieh.

Aus dem Innern des Hauses ertönte lautes Gepolter, und zwei *Sharum* kamen heraus. Sie schleppten den Tisch für die Opfergaben und schleuderten ihn auf einen Haufen mit anderen zertrümmerten Symbolen des Schöpfers. Die Krasianer schienen das Gebäude völlig leerräumen zu wollen, mit Ausnahme der Fässer, die Heaths Bier enthielten. Diese hatte man umsichtig beiseitegestellt und angezapft. Die Krieger sprachen dem Bier kräftig zu, während sie zusahen, wie die bezwungenen Moorländer ihre Besitztümer abgaben.

Einer der *Sharum* knallte Aric Moorländer seinen Speer gegen den Rücken. »Beeil dich, *chin*, oder du landest ebenfalls im Feuer!«

Die anderen *Sharum* lachten. Viele Jahre waren vergangen, seit Dorn zum letzten Mal die Sprache seines Vaters gehört hatte, aber das, was er verstand, genügte, um ihm Angst zu machen.

Er riskierte es nicht, entdeckt zu werden, deshalb flitzte er durch den Friedhof zum Heiligen Haus und kletterte rasch auf das Dach. Im Hornturm lungerte ein Krasianer herum. Sein Speer und der Schild lehnten am Geländer, während er ein schmales Rohr vor ein Auge hielt und das Dorf überblickte.

Ohne von dem Aufpasser gesehen oder gehört zu werden, schwang sich Dorn hinter ihm über das Geländer. Aber der Gestank, der ihn nachts im Moor verbarg und schützte, bewirkte hier das Gegenteil. Der Krieger sog schnüffelnd die Luft ein und drehte sich um. In diesem Moment traf ihn das stumpfe Ende seines eigenen Speers mitten zwischen die Augen.

Das Sehrohr fiel scheppernd auf den Boden, aber der Krieger rollte sich ab und steuerte seinen Sturz. Doch ehe er sich hochrappeln konnte, schlug Dorn wieder zu. Er schwenkte den Speer wie eine Keule und hieb ihn dem Mann so lange auf den Kopf, bis er reglos liegen blieb.

Dorn erstarrte und lauschte angestrengt, aber anscheinend hatte niemand den Lärm gehört. Er riss sich seine fleckigen und stinkenden Lumpen vom Leib und zog die schwarze *Sharum*-Tracht an, ehe er die Treppe hinunterschlich, die ins Heilige Haus führte.

Am liebsten hätte er den Schleier hochgezogen, um sein Gesicht zu verbergen, aber in Gedanken hörte er wieder die Stimme seines Vaters, wenn er ihnen Geschichten über die sagenhaften *Sharum* erzählt hatte.

Tagsüber verbirgt kein Krieger sein Gesicht.

Also ließ er den Schleier unten und drehte lediglich sein Gesicht zur Wand, als ein Krieger an ihm vorbeistolperte, der einen kunstvoll geschnitzten Stuhl trug. Der Mann würdigte Dorn kaum eines Blickes, nickte knapp und gab einen Grunzer von sich, während er seine Aufgabe erledigte.

Es wuselten noch mehr von seinen Kameraden herum, doch nachdem Dorn sich jahrelang vor dem Fürsorger versteckt hatte, wenn er die Opfergaben stibitzte, kannte er jeden Winkel im Heiligen Haus genauso gut wie sein eigenes Versteck auf der Müllkippe. Keiner nahm von ihm Notiz, als er das Gebäude durchforschte, bis ein Schmerzensschrei ihn in die Sakristei lenkte.

Dorn spähte in den Raum hinein und sah Fürsorger Heath, den man an einen Stuhl gefesselt hatte. Zwei *Sharum* bauten sich vor ihm auf. Beide trugen die schwarze Kriegerkluft, aber der eine hatte einen weißen Schleier um den Hals, der andere einen roten. Kai und Exerziermeister. Die Anführer.

Heaths Gesicht war angeschwollen und mit Schweiß und Blut überströmt. Der Kopf hing kraftlos zur Seite, die Augen waren geschlossen, und er atmete schwer. Das Bein, das er sich bei seinem Sturz im Moor gebrochen hatte, steckte immer noch in einem Gipsverband.

Der Exerziermeister wischte sich seine blutige Faust an der Kutte des Fürsorgers ab. »Bringen wir ihn zum *Dama?*«

Der Kai schüttelte den Kopf. »Er weiß nichts. Töte ihn, und wir stecken ihn auf einen Pfahl. Den stellen wir dann im Hof auf, als Warnung für die *chin.*«

Der Exerziermeister nickte und zog ein gebogenes Messer, aber Dorn kam ihm zuvor. Ehe der Mann zwei Schritte auf den Fürsorger zugehen konnte, rammte Dorn ihm den gestohlenen Speer in den Rücken.

Mit einem Aufschrei wirbelte der andere Krieger herum. Dorn fasste in eine Tasche seines Unterkleids, holte eine Handvoll Eberwurzpulver heraus und schleuderte dem Mann das Zeug ins Gesicht. Das Pulver wirkte auf Menschen nicht in derselben Weise wie auf Horclinge, aber aus Erfahrung wusste Dorn, wie stark die winzigen Körnchen in den Augen brannten.

Als der *Sharum* sich die Hände vors Gesicht schlug, duckte Dorn sich hinter seinen Schild, stürmte vorwärts und schmetterte den Mann gegen die Wand. Der Krasianer ächzte und drückte mit aller Kraft gegen den Schild, deshalb trat Dorn schnell einen Schritt zurück und nahm erneut Anlauf. Dann rückte er flink wieder ein Stück ab, unternahm den nächsten Vorstoß und knallte dem Kai den Rand des Schilds gegen den Hals. Der Krieger sackte auf die Knie und rang nach Luft. Nun packte Dorn den Schild mit beiden Händen und ließ ihn auf den Hinterkopf des Mannes niedersausen.

Der Kai kippte um. Dorn schnappte sich das Messer und durchtrennte die Stricke, mit denen Heath gefesselt war.

»Wer bist du?«, fragte Heath. Eines seiner Augen war zugeschwollen, und er musste den Kopf drehen, um den Jungen sehen zu können. »Dorn?«

Dorn nickte. »Muss ins Moor zurück. Andere verstecken sich dort. Krasianer werden nicht folgen.«

Fürsorger Heath ließ zu, dass er ihm beim Aufstehen half. Dorn gab ihm einen der Speere der Krieger, den er als Krücke benutzen konnte, und dann steuerten sie auf die hintere Eingangspforte des Heiligen Hauses zu.

»Und die Dämonen?«, fragte der Fürsorger. »Wie sollen wir überleben, wenn die Nacht anbricht?«

Dorn grinste. »Vor Horcies kann man sich leicht verstecken.«

»Seht nur! Der Fürsorger!«, schrie eine Frau.

Ragen blickte hoch und sah Fürsorger Heath, der in ihr Lager gehumpelt kam. Sein Gesicht war mit Blutergüssen übersät und verquollen, und er stützte sich schwer auf Dorn. Der Junge trug die schwarze Kluft der krasianischen Krieger, aber er hatte den Turban abgenommen, und sein junges, schmutziges Gesicht war unverkennbar. Jedenfalls für Ragen.

»Und eine dieser Wüstenratten, diese verfluchten Ausgeburten des Horc!«, brüllte Masen Strohballen. Er und seine Brüder hoben angriffslustig ihre schweren Torfspaten, in die Elissa gerade Arlens Kampfsiegel eingeritzt hatte.

»Er ist keiner von denen!«, donnerte Heath. Mit ausgestrecktem Arm stellte er sich schützend vor Dorn, als mehrere Moorländer, angeführt von Masen, bedrohlich näher rückten. »Das ist Dorn Damaj! Er hat mich aus dem Heiligen Haus befreit, wo man mich gefesselt hatte, und mir das Leben gerettet!«

»Aus dem Weg mit dir, Fürsorger!«, grölte Masen. »Jeder weiß doch, dass die Modderleute Spione für diese Wüstenratten waren. Den Überfall haben wir ihnen zu verdanken!«

»Die Leute glauben es, weil du es jedem vorgeschwafelt hast, der auch nur eine Minute lang stillstand«, versetzte Heath. »Und für dieses Behauptung gibt es nicht die Spur eines Beweises, möchte ich hinzufügen.«

Ragen pflügte sich durch den Pulk und nahm neben Heath und Dorn Aufstellung. »Dorn hat mit dem Überfall nichts zu tun, Masen. Als es passierte, war er bei uns. Er lief erst ins Dorf, als er hörte, dass Heaths Leben in Gefahr war.«

»Und wieso ist der dann gekleidet wie sie?«, ließ sich jemand aus der Menge vernehmen. Die Frage wurde von anderen aufgegriffen und wiederholt.

Dorn stand da, angespannt wie eine Bogensehne, bereit zu kämpfen oder zu flüchten. Ragen vermutete, dass Masen es ziemlich schnell bereuen würde, wenn er den Jungen angriff. Mittlerweile hatten sich auch Derek, Elissa und seine übrigen Männer auf ihre Seite geschlagen, aber falls es zu einem Kampf kam, würden die Dörfler letzten Endes siegen, denn sie waren ihnen zahlenmäßig weit überlegen.

»Hab die Sachen gestohlen«, krächzte Dorn. »Um mich reinzuschleichen.«

Masen drehte sich um und sprach die Dorfbewohner, die sich hinter ihm scharten, mit erhobener Stimme an: »Lasst euch von den Lügen des Modderjungen nicht täuschen. Er und seine Familie waren der Stoßtrupp für die Armee der Wüstenratten. Mit ihrem Einmarsch straft der Schöpfer uns dafür, dass wir diesen Heiden Relan bei uns aufgenommen haben!«

»Was für ein Blödsinn!«, schrie Heath.

»Ach, du hältst das für Blödsinn?«, höhnte Masen. »Das ganze Dorf ging zum Horc, nachdem diese Wüstenratte auftauchte. Und jetzt rennen diese Wilden durch den Ort, und nur der Schöpfer weiß, was sie dort alles anstellen!«

Die Menge quittierte das mit Kopfnicken und beifälligen Rufen. Ragen festigte den Griff um seinen Speer, als Masen mit dem scharfen Ende des Torfspatens auf Dorn zielte.

»Und ihr geht jetzt aus dem Weg, Leute«, drohte er. »Damit wir dem kleinen Verräter den Modder von den Knochen ziehen können!« Die Männer hinter Masen machten sich zum Angriff bereit.

»Was im Namen des Schöpfers ist nur in euch gefahren?«, schrie eine hohe Stimme und übertönte den Krawall. Alle Augen richteten sich auf Tami Strohballen, die mit großen Schritten herbeieilte und sich zwischen ihren Vater und Dorn stellte.

Masen ballte die Faust. »Mädchen, mach, dass du fortkommst …«

Tami beachtete ihn nicht, sondern richtete stattdessen das Wort an die Moorländer. »Ihr solltet euch allesamt schämen! Die Familie Damaj hat niemandem aus dem Dorf jemals einen Schaden zugefügt, verdammt noch mal, wir dagegen haben vor ihnen ausgespuckt! Und jetzt wendet ihr euch gegen den Kurier, der uns in Sicherheit bringen soll, nur um ein paar Tropfen Wüstenblut zu vergießen?«

Masens Miene verfinsterte sich noch mehr, aber die übrigen Dörfler traten von einem Fuß auf den anderen und blickten verlegen zu Boden. Sie waren unsicher geworden. Masen streckte die Hand aus, um Tami bei den Haaren zu greifen, doch das Mädchen wich ihm geschickt aus und verpasste ihm eine schallende Ohrfeige.

»Bei der Nacht, Pa!«, fauchte sie. »Was würde Ma dazu sagen, wenn sie dich so sehen könnte?«

Masen stand wie vom Donner gerührt da, und als seine Hetztiraden aufhörten, flaute auch die Angriffslust der anderen Männer ab, und sie verdrückten sich. Bald standen nur noch die Brüder Strohballen vor Dorn, Ragen und seinen Männern, aber nachdem sie die Unterstützung der Dörfler verloren hatten, verloren sie auch ihren Schneid.

»Mit diesem Kurier gehe ich nirgendwohin«, verkündete Masen schließlich. »Mein Zuhause ist in Moorweiler. Das werde ich diesen Wüstenratten nicht überlassen.« Keiner der Moorländer sah aus, als hätte er Lust, noch einmal die Waffe zu heben, aber von vielen Seiten gab es zustimmendes Gemurmel.

»Das brauchst du auch nicht, Masen«, entgegnete Heath mit vernehmlicher Stimme, die jedoch trocken und heiser klang. »Hirte Alin von Lakton hat nach der Eroberung von Rizon einen Plan ausgetüftelt. Am Seeufer gibt es ein Kloster. Seine Mauern sind stark, und es steht auf einem Felssporn. Zu drei Seiten fallen die Klippen steil ab. Die Fürsorger, die bei den Überfällen nicht ums Leben kommen, sollen ihre Gemeinden dorthin führen. Dorn und ich werden uns in das Kloster begeben und dem Widerstand beitreten.«

Sein Blick wanderte über die Dörfler. »An diesem Ort können Familien sich wiederfinden und mit dem Schiff nach Lakton übersetzen, wohin die Wüstenratten ihnen nicht folgen. Aber der Weg durch den Sumpf ist tückisch und gefährlich. Es wäre leichter und weniger riskant, sich dem Kurier anzuschließen. Aber diese Entscheidung muss jeder von euch selbst treffen.«

Die Moorländer fassten einen Entschluss, rasch und einstimmig. Sie würden zum Kloster aufbrechen.

Tami ging mit ihrem Vater und ihren Onkeln, als die sich umdrehten und zu den anderen gesellten. Doch sie blickte noch einmal zurück und sah Dorn an. Das strahlende Lächeln, das sie ihm schenkte, schien den Jungen völlig durcheinander zu bringen. Er stand da wie vom Donner gerührt, genauso wie Masen, als Tami ihrem Vater die Ohrfeige verpasst hatte.

Jetzt kommt er ganz bestimmt nicht mit uns nach Miln, dachte Ragen, doch er merkte, dass er ebenfalls lächelte.

Er schaute Elissa an, die zustimmend nickte, und wandte sich dann an Heath. »Ich kenne das Kloster. Vor über zwanzig Jahren war ich zum letzten Mal dort, aber ich finde es wieder. Wir bringen euch dorthin, und danach reisen wir auf Kurierwegen nach Norden, um den Krasianern nicht zu begegnen.«

Ragen fasste Dorn Damaj ins Auge. »In den kommenden Jahren werden die Einwohner von Lakton Kuriere brauchen, Dorn.

Ein Kurier, der bei Nacht durchs Moor wandern kann, aussieht wie ein Krasianer und deren Sprache versteht, könnte entscheidend dazu beitragen, dass der Widerstand Erfolg hat.«

»Vater war mit dir … unterwegs?« Die Worte wollten ihm immer noch nicht glatt über die Zunge kommen, aber die Aussprache war bereits deutlicher.

»Ja, dein Vater war ein Kurier, genau wie ich«, bestätigte Ragen. »Er hat den Beruf sehr schnell gelernt und wäre darin ein Meister geworden, hätte er sich nicht in deine Mutter verliebt.«

Er legte eine Hand auf Dorns Schulter. »Aber du, Dorn asu Relan, wirst ihn als Kurier sogar noch übertreffen.«

SELIAS GEHEIMNIS

Ich weiß, wie sehr Kuriere jetzt gebraucht werden, Leesha.« Rennas Stimme klang ungewöhnlich ängstlich. »Aber wenn du einen nach Tibbets Bach schicken könntest …«

»Gleich nach dem Angriff haben wir einen losgeschickt«, sagte Leesha. »Aber es ist ein weiter Weg, selbst wenn das Pferd versiegelte Hufeisen trägt.«

Renna gab einen brummenden Laut von sich. »Das weiß ich selbst. Vor dem nächsten Neumond brauchst du gar nicht mit einer Antwort zu rechnen.«

Abermals klapperten die Würfel.

Inevera atmete tief durch. »Ich sehe ein Dorf, dessen Bewohner sich wie Marionetten bewegen, und ein Dämon zieht an den Fäden. Ich sehe, wie der Bruder seine Schwester umbringt, und wie der Vater den eigenen Sohn tötet.

Ich sehe eine leere Wiege.«

1

Das Großsiegel

334 NR

Selia regte sich und schlang die Arme fester um den Körper, der neben ihr lag. Glatte Haut über harten Muskeln, warm wie ein Krug voller frisch gebackener Kekse. Sie steckte ihre Nase in den dicken, geflochtenen Zopf und atmete tief ein. Der Duft war betörend.

Erschrocken riss Selia die Augen auf.

»Bei der Nacht, Mädchen!« Sie rüttelte Lesa, um sie zu wecken. »Du bist schon wieder eingeschlafen!«

Selia blickte zum Fenster, wo ein matter Lichtschein durch die Blendläden fiel. »Gleich geht die Sonne auf! Du musst …!«

»Schhhhh.« Lesa schob eine Hand nach hinten und strich über Selias Gesicht, bis ihre schwieligen Finger sich sanft auf deren Lippen legten. »Mam und Dad sind zu Jeph Strohballens Hof gefahren, um bei den Vorbereitungen zu helfen. Sie können gar nicht wissen, dass ich nicht zu Hause übernachtet habe.«

Lesa kuschelte sich wieder in das weiche Federkissen und fiel erneut in Schlaf. Selia holte tief Luft, schmiegte sich an sie und versuchte ebenfalls einzuschlafen. Lesa hatte recht.

Aber Selia hatte noch nie schlafen können, wenn Sorgen sie plagten. Lesas Eltern mochten nicht daheim sein, aber sie wohnte immer noch unter ihrem Dach. Die junge Frau zählte kaum zwanzig Sommer, während Selia auf achtundsechzig Winter zurückblicken konnte. Eine Liebschaft zwischen zwei Frauen reichte schon aus, um in der Gemeinde schief angesehen zu werden. Sich eine Frau ins Bett zu holen, die so viel jünger war als sie, konnte sie das Amt der Sprecherin kosten – wenn man sie nicht einfach der ungeschützten Nacht aussetzte, um sie ein für alle Mal loszuwerden.

Selbst wenn Selia die Augen fest zukniff, sah sie in Gedanken immer noch Renna Gerber vor sich, wie sie auf dem Stadtplatz an einen Pfahl gebunden darauf wartete, dass die Dämonen sie zerfleischten.

Nein. Bei uns wird so etwas nie wieder passieren.

Aber Selia erinnerte sich daran, wie schnell Jeorje die Gemeinde gegen Renna aufgehetzt hatte, und er hatte weit mehr Grund, Selia in den Horc zu wünschen, als irgendein dummes Bauernmädchen.

Selias Arm, den sie unter Lesa geschoben hatte, wurde taub. Die Hitze, die die junge Frau verströmte, ließ sie beide schwitzen, und nackte Haut klebte an nackter Haut. Selia war es zu unbequem, um noch einmal einschlafen zu können, deshalb zog sie vorsichtig ihren Arm zurück, ganz langsam, um ihre Freundin nicht zu wecken.

Sie verplante bereits den Tag. Lesas Eltern waren nicht die Einzigen, die sich heute zu Jeph Strohballens Hof begaben. Es war Neumond, und Jeph hatte den Stadtrat aufgefordert, sich in dieser Nacht auf seinem Besitz einzufinden.

Es war ungewöhnlich, ein Treffen der Ratsmitglieder außerhalb von Stadtplatz anzuberaumen – zumal bei Nacht. Aber es kursierten Gerüchte über das, was Jeph auf seinem Land baute, und alle wollten wissen, was genau es damit auf sich hatte.

Selia brauchte keine Mutmaßungen anzustellen. Letzten Monat hatte Arlen seinen Vater besucht. Das wusste sie, weil in derselben Nacht Renna Gerber in Selias Hof aufgetaucht war und sie und Lesa beim Knutschen erwischt hatte.

Arlen und Renna, die beide Tibbets Bach den Rücken gekehrt hatten, brachten Hinweise auf nie dagewesene, drohende Gefahren. Sie warnten vor gewitzten Dämonen. Gestaltwandlern. Horclingen, die im Verbund vorgingen und Siegel zerstörten, wie Holzfäller im Wald eine Lichtung schlugen. Für Tibbets Bach war es schon schwer genug, sich gegen die üblichen Dämonen zu wehren. Die Kampfsiegel verbreiteten sich, aber nur wenige Leute hatten sich in der ungeschützten Nacht behauptet. Auf das, was sie erwartete, waren die Menschen nicht vorbereitet.

Selia stand vom Bett auf und tappte leise zur Waschschüssel. Lesas Duft hing noch an ihr, der Beweis für ihre Sünde. Renna hatte sich versteckt, bis Selia Lesa fortgeschickt hatte, und später, bei Tee und Keksen, hatte sie das, was sie beobachtet hatte, mit keinem Wort verurteilt. Aber Selia hatte sich selbst dafür verwünscht, wie leichtsinnig sie geworden waren.

Die Leute nannten dich immer Selia die Unfruchtbare, hatte Renna bemerkt. *Aber nach dem, was ich gesehen habe … Vielleicht bist du doch nicht so unfruchtbar.*

Wenn Selia und Lesa so weitermachten, war es nur eine Frage der Zeit, bis die Stadt alles über sie herausfand. Zweifelsohne erinnerten sich die älteren Bewohner an die Gerüchte aus vergangenen Tagen und stellten Vermutungen an.

Selia wusch sich das Gesicht. Das kalte Wasser ließ sie endgültig wach werden. Sie blickte in den versilberten Spiegel, in dem sie sich fast siebzig Jahre lang betrachtet hatte, doch das Gesicht, das ihr entgegenstarrte, kam ihr nur vage vertraut vor – eine verblasste Erinnerung, die plötzlich wieder auflebte.

Die tiefen Furchen in ihrem Gesicht waren verschwunden. Ihr einstmals graues Haar wuchs an den Wurzeln blond nach. Diese Haarfarbe war selten in Tibbets Bach, ein Erbe ihres Vaters Edwar, eines Milneser Kuriers, der sich entschlossen hatte, in der Gemeinde sesshaft zu werden.

Selia sah auf ihre Hände. Die früher durchscheinende Haut war nun glatt und elastisch, die Altersflecken wurden von der Sonnenbräune überdeckt.

Sie richtete sich aus der halb gebückten Stellung auf, ohne dass ihr Rücken schmerzte. Schultern und Knie taten nicht mehr weh. Ihre Fingergelenke ließen sich frei bewegen.

In der Nähe der Waschschüssel stand griffbereit der Speer, den Arlen ihr geschenkt hatte. Mit den Fingerspitzen strich sie über die zierlichen, in den Schaft eingeschnitzten Siegel und erschauerte, als sie sich an den Strom von Magie erinnerte, der durch das Holz in ihren Arm geschossen war, als sie ihren ersten Dämon erlegte. Es war eine ungezügelte, berauschende Macht. Unter ihrem Einfluss bewegte sie sich mit einer regelrecht … übermenschlichen Kraft und Geschwindigkeit und kämpfte wie ein rasendes Tier.

Nach dem Kampf hielt das Gefühl der Unbesiegbarkeit nicht lange vor, doch ein wenig Energie blieb erhalten. Als sie am folgenden Tag aufwachte, fühlte sie sich so erfrischt wie seit Jahren nicht mehr.

Seitdem hatte Selia viele Dämonen getötet und die Bürgerwehr von Stadtplatz von einem Sieg zum nächsten geführt. Allmählich säuberte man jeden Hof und jedes Feld in Tibbets Bach von Horclingen.

Der Rausch der Magie machte süchtig, wie viele Leute am eigenen Leib erfuhren. Auch Selia war ihm erlegen. Er stärkte nicht nur den Körper, er steigerte auch die Leidenschaft.

Ihre Hand zuckte von der Waffe zurück als wäre sie plötzlich glühend heiß geworden. Dann warf sie einen Blick auf Lesa, die zufrieden schnarchte.

Jeder Narr, der einmal eine Jongleursvorstellung gesehen hatte, wusste, dass Magie ihren Preis hatte.

»Raus aus dem Bett, du faules Mädchen.« Selia versetzte Lesa einen Schubs. »Der Tee ist heiß, und zum Horc mit dir, wenn du ihn kalt werden lässt.«

Lesa schlug die Decke zurück und stand vom Bett auf. Ohne sich ihrer Nacktheit zu schämen, bückte sie sich, um ihre Hose vom Boden aufzuheben. Sie lächelte, als sie hochblickte und sah, wie Selia sie anstarrte.

Selia riss die Bluse vom Bettpfosten und warf sie dem Mädchen zu. Aber auch sie lächelte. »Zieh dich an. Ich hol schon mal die Butterkekse aus dem Ofen.«

Bald darauf betrat Lesa die Küche. Obwohl Selia ihr den Rücken zukehrte, merkte sie, dass die junge Frau nach dem mit Teig verschmierten Löffel in der Rührschüssel griff. Ohne hinzuschauen schnappte sie sich den Löffel und schlug damit auf Lesas Handrücken.

»Au!« Lesas Hand zuckte zurück.

»Den Löffel abzulecken ist eine Belohnung, kein Vorrecht.« Selia stellte einen Teller voll Kekse zum Abkühlen auf das Fenstersims. »Deck den Tisch und schenk Tee ein. Die Kekse von gestern sind in der Steingutschüssel.«

Lesa hob eine Faust und drehte sie, um die Teigspritzer zu zeigen, die am Handrücken klebten. Dann leckte sie den Teig genüsslich ab.

Selia drohte ihr mit dem Rührlöffel, und Lesa lachte, ehe sie sich auf die Schüssel mit den Keksen stürzte. »Manchmal vergesse ich, dass du immer noch die alte Lady Unfruchtbar bist.«

Selia zog fragend eine Braue hoch. »Nennen die Kinder mich jetzt so?«

Lesa errötete. »Ich wollte dich nicht …«

Selia winkte ab. »Schon gut. Aber was werden die anderen jungen Leute sagen, wenn sie erfahren, dass du mit der alten Lady Unfruchtbar schläfst?«

Lesa zwinkerte ihr zu. »Wenn wir zusammen im Bett sind, kommen wir ja kaum zum Schlafen.«

»Du weißt, was ich meine«, sagte Selia.

»Bei dir klingt das so, als würde es auf jeden Fall herauskommen«, sagte Lesa.

»Wenn du erst mal eine alte Dame bist, weißt du, dass letzten Endes alles herauskommt.«

Lesa riss gereizt die Hände hoch. »Und wenn schon. Du bist die Sprecherin der Gemeinde Tibbets Bach. Jede Nacht ziehst du los und tötest Horclinge, damit die anderen in Sicherheit sind. Ohne dich wäre die Gemeinde verloren. Und ich war meinen Eltern immer eine gehorsame Tochter. Die Narben, die die Dämonen mir zugefügt haben, beweisen, was ich für Tibbets Bach alles getan habe. Was ist schon dabei, wenn die Leute herausfinden, dass wir warme Schwestern sind?«

Selia fuhr zusammen. »Woher kennst du diesen Begriff? Weißt du überhaupt, was er bedeutet?«

Lesa zuckte mit den Achseln. »Das weiß doch jeder. Warme Schwestern sind Mädchen, die mit anderen Mädchen Bussi-Bussi spielen.«

Selia biss sich auf die Zunge. »Als ich früher in der Schule unterrichtet habe, wurde über so etwas nicht geredet.«

Lesa blinzelte. »Du warst Schulmeisterin?«

»Nein.« Selia schüttelte den Kopf. »Aber meine Mutter, Lory.«

Lesa verspritzte Tee, während sie einen Keks in die Tasse tunkte und ihn sich in den Mund stopfte, ehe er weich wurde. Als sie dann sprach, versprühte sie Krümel. »Erzähl mir von ihr.«

Selia fuchtelte mit dem Holzlöffel in der Luft herum. »Jetzt ist keine Zeit für Geschichten. Die Sonne geht auf. Iss dein Frühstück auf und verdrück dich durch die Hintertür, ehe dich jemand sieht. Geh durch die Färbergasse.«

Lesa rümpfte die Nase. Die Gasse hinter der Färberwerkstatt, in der Jan seine Bottiche mit den Färbemitteln stehen hatte, stank bestialisch und wurde tunlichst gemieden. Der ideale Weg für jemanden, der unentdeckt bleiben wollte.

»Ich möchte aber lieber hierbleiben«, widersprach Lesa. »Sag den Leuten doch einfach, ich wäre im Morgengrauen gekommen, um dich zu begleiten.«

»Seit wann brauche ich Begleitung, um von meinem Haus aus in den Ortskern zu gehen?« Selia bedachte Lesa mit ihrem berühmten – oder berüchtigten? – Blick. Ihre Falten mochten sich geglättet haben, aber ihrem grauen Haar zollte man in der Gemeinde immer noch Respekt.

»Ay, Sprecherin.« Lesa wischte sich den Mund ab und ging ohne ein weiteres Wort.

Das wird dir noch leidtun. Erleichtert atmete Selia auf, als sich die Tür hinter dem Mädchen schloss. Wieder einmal Glück gehabt. Wie lange konnte das noch gutgehen?

Selia war der Appetit vergangen. Sie stellte die Schüssel mit den Keksen beiseite, holte ihr Schreibzeug und schrieb noch ein paar Briefe an ihre Verwandten in Fort Miln. Seit über einem Jahr war kein Kurier mehr aufgetaucht, aber früher oder später würde einer hier eintreffen, und ihr Vater hatte ihr beigebracht, sich stets auf alles vorzubereiten.

Nach einer Stunde packte sie die frisch gebackenen Kekse in einen Topf und begab sich in den Stall, wo Butter, ihr temperamentvoller Wallach, wartete. Die alte Kurierrüstung ihres Vaters steckte in den Satteltaschen, die sie jetzt von Butters Rücken herunterzog. Die Harnisch-Schmiede hatten ein paar Rüstungsteile entfernt oder umgesetzt und so lange gehämmert, bis ihr die Rüstung passte, doch der Geruch nach altem, schweißdurchtränktem Leder erinnerte Selia immer noch an Edwar. Es war tröstlich zu wissen, dass dasselbe Metall, das ihren Vater auf seinen Reisen geschützt hatte, nun ihr Schutz bot.

Sein Schild bestand aus Goldholz mit einer Auflage aus feinstem Milneser Stahl. Die Abwehrsiegel waren auch nach jahrzehntelangem Gebrauch noch stark. Und obwohl der Schild fünfzig Jahre lang nur als Zierrat den Kamin geschmückt hatte, als Edwar aus dem Kurierdienst ausschied, hatten sie nichts von ihrer Kraft eingebüßt. Lediglich sein Speer hing noch über dem Kamin, denn die schöne Waffe war derjenigen, die Arlen ihr geschenkt hatte, weit unterlegen.

Selia führte ihr Pferd die Straße hinunter in die Ortsmitte von Stadtplatz. Sie war froh, dass Lesa nicht bei ihr war, als sie Fürsorger Harral, Meada Torfstecher und die Schmucke Coline erblickte, die bereits mit der Bürgerwehr auf dem freien Platz auf sie warteten. Es hätte nur Gerede gegeben, wenn sie in Lesas Begleitung aufgetaucht wäre.

Meadas Sohn Lucik war auch gekommen, ebenso seine Frau Beni. Außerdem fast ein Dutzend Männer und Frauen aus dem Weiler Torfhügel. Auf ihren runden Schilden prangten zwei konzentrische Kreise aus Siegeln, in deren Mitte ein schäumender Bierkrug gezeichnet war. Die Torfstecher-Sippe trug Harnische aus gehärtetem Leder mit eingebrannten Bannzeichen und hielt ihre versiegelten Speere griffbereit.

Bei Selia waren die Veränderungen durch die Magie zwar augenfälliger, doch selbst der Begriffsstutzigste konnte sehen, dass auch diese Kämpfer unter dem Einfluss einer geheimnisvollen Kraft standen. Menschen, die Selia ihr Leben lang gekannt hatte, veränderten sich deutlich. Fürsorger Harrals Rüstung war am Pferd eines seiner Gehilfen befestigt, doch seinen Speer und den Kanon hatte er parat. Pralle Muskeln füllten die Ärmel seiner einstmals locker sitzenden Kutte aus.

Meadas graues Haar wies braune Strähnen auf. Sie hatte die Bürgerwehr von Torfhügel angeführt, als es darum ging, die Umgebung ihres Weilers von Dämonen zu säubern, doch dann gab sie den Speer an ihren Sohn weiter. Lucik war immer ein kräftiger Bursche gewesen, aber in den letzten Monaten hatte er fünfzig Pfund an Muskeln zugelegt. Sonst ein ruhiger Charakter, geriet er in Raserei, wenn er gegen Horclinge kämpfte.

»Sprecherin.« Lucik senkte den Blick, als Selia ihn ansah. Im Kampf war er ein Wüterich, gewiss, doch ansonsten glich er einem zutraulichen, jungen Hund.

»Guter Junge.« Sie widerstand dem Drang, ihn hinter den Ohren zu kraulen.

Meada schnaubte, als Lucik rot anlief. »Schön, dich zu sehen, Sprecherin.«

»Und ich freue mich, dich hier anzutreffen, Meada. Entschuldige, dass ich mich in letzter Zeit nicht bei euch habe blicken lassen.« Während Selia sprach, wanderten ihre Blicke über die versammelte Bürgerwehr von Stadtplatz. Jeweils fünf Reiter standen in fünf Reihen hintereinander. Fünfundzwanzig ihrer besten Kämpferinnen und Kämpfer, die für Ruhe sorgten und nach Sonnenuntergang die Menschen vor Horclingen beschützten. Die Siegel auf ihren hölzernen Schilden waren zu einem akkuraten Quadrat angeordnet, in dessen Mitte eine Landkarte von Tibbets Bach abgebildet war.

»Das macht doch nichts«, sagte Meada. »Der Schöpfer weiß, wie beschäftigt du damit warst, Horclinge zu töten, und dafür ist dir jeder dankbar.«

»Der Dank gebührt vielen Leuten, einschließlich dir und deinem Sohn.« Selia entdeckte Lesa an der ihr zugewiesenen Stelle in der zweiten Reihe der Formation. Nahe genug, um sie im Auge zu behalten, aber nicht so nahe, um eine Begünstigung zu argwöhnen. Normalerweise hätte Lesa Selia in die Augen geschaut und verschmitzt gelächelt, heute jedoch hielt sie ihren Blick starr geradeaus gerichtet.

Sie war immer noch verstimmt.

Ist vielleicht ganz gut so, wenn der Stadtrat sich trifft.

»Brine hat uns benachrichtigt, dass wir nicht auf die Holzfäller warten sollen«, sagte Harral. »Sie kommen auf eigene Faust zu Jephs Hof. Rusco Vielfraß ist im Morgengrauen aufgebrochen, zusammen mit einem Dutzend seiner Ladenwächter.«

Selia räusperte sich. »Ladenwächter« nannte Rusco diese Leute, doch sie entwickelten sich zu seiner persönlichen Leibgarde. Die Bürgerwehr von Stadtplatz bestand samt und sonders aus Freiwilligen, Männern und Frauen, die tagsüber ihren normalen Alltagsbeschäftigungen nachgingen und bei Sonnenuntergang nach draußen gingen, um ihre Mitmenschen zu beschützen. Die meisten stellten ihre versiegelten Waffen und ihre Ausrüstung selbst her, manche mit mehr, manche mit weniger Geschick.

Ruscos Ladenwächter trugen ausnahmslos Harnische aus derbem, mit Silber beschlagenem Leder. Ihre einheitlichen Speere waren von höchster Qualität und meisterlich versiegelt. Die drei konzentrischen Siegelkreise auf ihren mit Stahl verstärkten Schilden zeigten in der Mitte ein Bild des ursprünglichen Gemischtwarenladens, den Rusco nach seiner Ankunft in Tibbets Bach gegründet hatte.

Die Ladenwächter trugen ihren Teil dazu bei, Dämonen aus Stadtplatz zu vertreiben, und sie unterstützten die Bürgerwehr dabei, Horclinge zu töten, die sich auf wertvollen Landflächen herumtrieben. Aber es bestand nicht der geringste Zweifel daran, wer diese Truppe befehligte.

»Dann wollen wir keine Zeit verlieren.« Selia schwang sich auf ihr Pferd, und sie ritten los in Richtung Norden.

Auf Jephs Hof herrschte bereits rege Betriebsamkeit, als sie eintrafen. Ruscos Pavillonzelt war aufgebaut. Seine Töchter, Dasy und Catrin, beide mit muskelbepackten Armen, verkauften Speisen und Bier. Die Ladenwächter entluden immer noch Karren, und Rusco selbst schleppte zwei Fässchen Bier, die er sich unter die Arme geklemmt hatte.

»Bei der Nacht«, staunte Coline. »Er sieht wieder aus wie damals, mit dreißig.«

Rusco war immer ein Kraftprotz gewesen, aber er hatte mehr als sechzig Winter auf dem Buckel, und seit ein paar Jahren sah man es ihm an. Doch genau wie Selia schien er immer jünger zu werden, und die Falten in seinem Gesicht waren verschwunden. Haupthaar und Bart waren kohlschwarz, wobei er die letzten grauen Fäden herausgezupft hatte. Die kahle Stelle auf seinem Kopf war dichten Locken gewichen.

»Das ist unnatürlich«, sagte Coline. Harral grunzte zustimmend. Sogar Meada nickte.

Selia wandte sich zu ihnen um und zog eine Augenbraue hoch.

»Bei dir ist es was anderes, Sprecherin«, sagte Coline. »Du bist jede Nacht draußen und riskierst dein Leben, um andere Menschen zu schützen. Das ist nicht dasselbe wie Ladenwächter zu bezahlen, damit sie jeden Fünfttag einen Dämon in Ketten anschleppen, dessen Magie Rusco sich dann einverleibt.«

»Ay, mag schon sein«, sagte Selia. »Aber der alte Vielfraß hat dieser Gemeinde auch viel Gutes getan. Anderenfalls hätte ich ihn schon längst wegen Betrugs aus dem Ort gejagt.«

»Ay«, pflichtete Meada ihr bei. »Du darfst jedoch nicht vergessen, dass er dafür stimmte, Renna Gerber der Nacht zu überantworten, weil er glaubte, das sei für sein Geschäft das Beste.«

Coline senkte den Blick und machte ein verlegenes Gesicht. Denn auch sie hatte dafür gestimmt, Renna den Horclingen zu überlassen. Niemand, nicht einmal Selia, hatte ihr das wirklich vergeben.

»Der Schöpfer schickt uns Prüfungen sowie Triumphe«, warf Harral ein. »Vielleicht hat er Rusco eigens hierher gesandt, damit er für Rennas Hinrichtung stimmte. Womöglich hat dies den Erlöser zu uns geführt, damit er die Zerwürfnisse in unserer Gemeinde beilegt.«

»Wenn dieser Kurier der Erlöser ist, fresse ich meine Keksschüssel«, sagte Selia. »Er hat hier keinen Streit geschlichtet. Tibbets Bach ist zerstrittener denn je.«

»Auch das gehört zum Plan des Schöpfers«, sagte Harral. »In Tibbets Bach herrscht seit Langem Abendstimmung. Vielleicht muss erst die Nacht über uns hereinbrechen, bevor der neue Morgen dämmert.«

Selia rümpfte die Nase. »*Was der Schöpfer mit uns vorhat, können wir nicht wissen,* pflegte mein Dad zu sagen. *Wir wissen nur, dass er nicht vom Himmel herabsteigt, um unsere Post zu befördern.*«

»Was hat er damit gemeint?«, fragte Coline.

»Damit hat er gemeint, dass wir unsere Probleme selbst lösen müssen.« Selias Blicke kreuzten sich mit denen der Kräutersammlerin. »Und dass es uns obliegt, die richtigen Entscheidungen zu treffen.«

Coline zuckte zusammen und wandte den Blick ab. »Ay, Sprecherin.«

Jeph Strohballen präsentierte sein neues Großsiegel wie ein preisgekröntes Schwein beim Fest zur Sommersonnenwende. Jetzt stellte sein Land ein einziges in sich geschlossenes Schutz- und Abwehrsiegel dar. Gebildet wurde es durch Zäune, Sträucher, Hecken, Steinwege und Scheunen mit gebogenen Dächern. Die Hopfenfelder verliefen nicht mehr in geraden Reihen, sondern waren zu gekrümmten Linien gestutzt. Schlichte Formen verschmolzen übergangslos miteinander und verwoben sich zu höchst komplizierten Mustern. Mit großen Augen wanderten die Leute umher, während sie darauf warteten, dass sie an die Reihe kamen, den Wachturm zu erklettern, um sich das Großsiegel von oben anzuschauen.

Jeph löste sich von einer Gruppe, als er Selias Ankunft bemerkte. »Sprecherin.«

»Du bist jetzt selbst ein Sprecher, Jeph Strohballen«, erinnerte Selia ihn. »Also darfst du Selia zu mir sagen.«

Jeph schüttelte den Kopf. »Ich bin noch nicht so weit. Ich will in der Gemeinde keine führende Rolle einnehmen.«

»Ob es dir passt oder nicht, Jeph, du bist bereits ein Anführer. Um Menschen zu führen, bedarf es mehr als schöner Worte. Die Leute brauchen ein Vorbild, und mit diesem Monumentalwerk, das du geschaffen hast, hast du uns alle maßlos beeindruckt.«

»Wartet erst ab, bis es dunkel wird«, sagte Jeph.

Lautes Gebrüll ertönte, und sie sahen Mack Weide, der sich wütend von Rusco abwandte. Der Vielfraß stand mit vor der Brust verschränkten Armen da. Hinter ihm hatten sich zwei seiner Ladenwächter in drohender Haltung aufgebaut.

Mack trabte in ihre Richtung, und Selia seufzte. Weide hatte sich zu einer wahren Nervensäge entwickelt, seit der Rat ihn als Sprecher für die Bauernschaft abgewählt und Jeph den Posten gegeben hatte.

»Alles in Ordnung, Mack Weide?«, rief Selia ihm entgegen.

»Nein, nichts ist in Ordnung, beim Horc, verdammt!«, schrie Mack. »Der Vielfraß will mir keinen versiegelten Speer verkaufen, weil ich anschreiben lassen muss!«

»Du hättest längst deinen eigenen Speer haben können«, sagte Jeph, »wenn du nicht so feige gekniffen hättest, als der Kurier bei uns war.« Zwischen den Leuten, die damals Renna Gerber hatten schützen wollen, und denen, die sie zum Tode verurteilten, herrschte eine tiefe, unüberbrückbare Kluft.

»Ich habe gar keinen Speer gebraucht«, schnauzte Mack, »bis Rusco den alten Gerber-Hof gekauft hat und seine Ladenwächter losschickte, um die Horclinge vom Land zu vertreiben. Daraufhin wanderten die Bestien zu mir ab. Sie erschrecken das Vieh und greifen die Siegel an, bis sie versagen. Und jetzt leiht mir der alte Vielfraß nicht mal einen Speer!«

Selia schürzte die Lippen. Sie hatte genauso wenig Mitleid mit Mack wie Jeph, aber in Gedanken hörte sie den klugen Ratschlag ihres Vaters.

Wer für die Gemeinde spricht, setzt sich für jeden ein und begünstigt oder benachteiligt niemanden.

»Morgen Nacht schicke ich die Bürgerwehr zu dir, die anfangen wird, dein Land von Horclingen zu säubern«, versprach Selia.

Als Nächste trafen Brine der Breite und sein angenommener Sohn Manie ein. Selia erinnerte sich noch gut daran, wie der Junge eines Nachts zitternd an ihrem Tisch gesessen hatte, als die Horclinge im Jahr 319 NR die Siegel des Weilers am Wald durchbrochen hatten. Mittlerweile war Manie ein erwachsener Mann, groß gewachsen und mit schwellenden Muskeln. Auf seinem Rücken prangte eine versiegelte Breitaxt, als er und sein Vater begleitet von zwanzig hünenhaften Holzfällern in Jephs Hof Einzug hielten.

Es wurde Nachmittag, ehe die Fischer-Sippe die Straße heraufkam. Raddock Advokat, ihr Sprecher, war älter als Selia. Sein dichter Bart war ganz weiß, das Gesicht tief zerfurcht.

Raddock riss die Augen auf, als er Selia sah. Seit er ihr das letzte Mal begegnet war, schien sie um Jahrzehnte jünger geworden zu sein. Sie sah beinahe wieder so aus wie vor fünfzig Jahren, als Raddock ihr den Hof gemacht hatte. »Schätze, ich sollte mich nicht wundern, dass auch du das Widernatürliche ausnutzt, Selia.«

Selia spürte Wut in sich aufsteigen. »Ich habe nichts weiter getan, als mich für das Wohl der Gemeinde einzusetzen, während du und die deinen zu stur wart, um auch nur einen Finger für die Allgemeinheit zu krümmen!«

So viel zum Thema Unvoreingenommenheit. Aber Raddock brachte sie einfach immer zur Weißglut.

»Und zum Wohl der Gemeinde gehört auch, dass du die Fischer-Sippe bestrafst, Sprecherin?« Garric Fischer war wesentlich jünger als Selia, überragte sie um mindestens eine Hauptes länge und wog anderthalb Mal so viel wie sie. Er beugte sich vor, in dem Versuch, sie einzuschüchtern. Doch selbst als alte Frau mit schmerzenden Knochen hatte Selia vor nichts und niemandem Angst gehabt. Und wer ihr jetzt dumm kam, den würde sie in den Horc schicken, das war so sicher wie der Sonnenaufgang.

»Ich bestrafe niemanden.« Selia überlegte, wie sie den drohend vorgebeugten Mann zu Boden schlagen konnte, ohne ihm die Knochen zu brechen. »Ich habe die Bürgerwehr losgeschickt, um in Fischweiher aufzuräumen, wie wir es vereinbart hatten.«

»Ay, aber dafür beanspruchen sie ein Zehntel der gefangenen Fische!«, knurrte Raddock. »Und deine Bürgerwehr schikaniert uns und plündert uns aus!«

Selia blinzelte. »Wie bitte?«

»Sie berauschen sich an Dämonenmagie und blicken auf normale Menschen herab!«, fuhr Raddock fort. »Garric hat gesehen, wie Mitglieder der Torfstecher-Sippschaft gegen seinen Zaun pissen und Dämonenscheiße auf die Türschwelle schmieren. Neulich hat jemand einen Horcling in meinem Hof am Boden festgenagelt. Bei Sonnenaufgang brannte er lichterloh wie ein Scheiterhaufen.«

Nichts davon konnte Selia überraschen. Im vergangenen Jahr hatte die Fischer-Sippe Tibbets Bach buchstäblich auf den Kopf gestellt, und viele Leute nahmen ihnen das sehr übel. Raddock hatte recht mit seiner Behauptung, dass die Magie die Ursache dafür war, wenn Menschen außer Rand und Band gerieten. Ohnehin schon erhitzte Gemüter gerieten vollends außer Kontrolle, und manche Leute ließen sich zu Taten hinreißen, die unentschuldbar waren.

Sie stieß den Atem durch die Nase aus. »Danke, dass du mich auf diese Missstände aufmerksam gemacht hast, Raddock. Ich sorge dafür, dass dieser Unfug sofort aufhört.«

»Das reicht aber nicht, Selia«, geiferte Raddock. »Ich will, dass Strafen verhängt werden. Stam Schneider hat mit Maddy Fischer im Boot ihres Vaters rumgemacht! Er hat sie unter Deck gelockt!«

Selia ballte eine Faust und stellte sich vor, sie würde Stam erdrosseln. »Er hat sich Maddy gegen ihren Willen aufgedrängt?«

»Ob sie es freiwillig oder unfreiwillig mit ihm getrieben hat, spielt doch keine Rolle!«, wütete Raddock. »Sie ist dreißig Sommer jünger als er! Das ist doch abartig!«

Selias Blick huschte zu Lesa, und dieses Mal sah das Mädchen ihr selbstbewusst in die Augen. Sie stand mit den übrigen Mitgliedern der Bürgerwehr von Stadtplatz zusammen, und alle rüsteten sich zum Einschreiten, sollte die Fischer-Sippschaft einen handfesten Streit beginnen. Raddock merkte, dass die Blicke der beiden Frauen sich kreuzten, und mit finsterer Miene betrachtete er die Bürgerwehr. Die Fischer-Sippe war mit einem Dutzend Männer aufgetaucht, aber beide Seiten wussten, dass sie es nicht mit Kämpfern aufnehmen konnten, die Nacht für Nacht Dämonen töteten.

»Maddy zählt neunzehn Sommer, Raddock«, sagte Selia. »Sie entscheidet selbst, mit wem sie sich einlässt. Und dich geht das schon gar nichts an.«

»Aber was ist mit ihrem Dad?«, trumpfte Raddock auf. »Er wollte die beiden auseinanderbringen, und Stam hat ihm ein blaues Auge verpasst.«

Selia schürzte die Lippen. »Ich werde mit Stam reden und der Sache auf den Grund gehen. Wenn es so ist, wie du sagst, dann muss er die Finger von dem Mädchen lassen und mit ihrem Vater Frieden schließen.«

»Mit einem Gespräch ist es nicht getan, Selia«, sagte Raddock. »Laut Gesetz muss er auf dem Stadtplatz ausgepeitscht werden.«

Selia schüttelte den Kopf. »Als wir das letzte Mal einen Menschen auf dem Platz an einen Pfahl banden, geriet die ganze Gemeinde aus den Fugen. Das darf nie wieder vorkommen.«

»Du findest auch immer einen Vorwand, um der Fischer-Sippe Gerechtigkeit zu verweigern«, höhnte Raddock. »Du machst dir nicht mal mehr die Mühe so zu tun, als hätte der Stadtrat ein Wörtchen mitzureden.«

»Blödsinn!«, schnauzte Selia. »Aber nicht jeder Streit landet vor dem Stadtrat, Raddock. Vielleicht lässt sich dieser Hader aus der Welt schaffen, wenn Stam sich entschuldigt, Maddy in Ruhe lässt und für Fischweiher ein paar neue Bootssegel anfertigt.«

»Ich will keine verdammten Segel!«, grollte Raddock.

»Nein, natürlich nicht«, sagte Selia. »Du willst immer nur Blut sehen, Raddock. Das war schon vor fünfzig Jahren so, und seitdem hast du dich nicht geändert.«

Raddock verzog das faltige Gesicht. »Es gelüstet mich nicht nach Blut, Selia. Das Einzige, was ich jemals eingefordert habe, war Respekt, und den hat man mir verweigert. Damals und auch jetzt. Ich will respektiert werden, aber offenbar ist das zu viel verlangt.«

Nicht zum ersten Mal juckte es Selia in den Fingern, ihm eine saftige Maulschelle zu verpassen. Hatte er denn vergessen, wie übel er ihr und anderen mitgespielt hatte, als sie noch jung waren? Wie konnte er es wagen, sich so aufzuspielen?

»Die Fischer-Sippe befindet sich im Recht, Selia.«

Selia drehte sich um und sah, dass Jeorje Südwächter mit fünfzig bewaffneten Wachleuten eingetroffen war. Die Männer trugen ihre traditionelle Kluft – gebleichte weiße Hemden, schwarze Hosen mit Hosenträgern, hohe schwarze Stiefel, schwarze Jacken und breitkrempige Hüte. Die Jacken waren unförmiger als noch vor einem Jahr, da zur Abwehr von Horclingen Platten aus versiegeltem Glas eingenäht worden waren. Auch die Hüte waren verstärkt und mit dicken Kinnriemen ausgestattet.

Coran Sumpfig befand sich an Jeorjes Seite. Er saß in einem Rollstuhl, der von seinem ältesten Sohn Keven geschoben wurde. Keven hatte dieselbe kräftige Statur wie Lucik Torfstecher, und seit der Nacht, in der der Kurier seinem Vater einen Speer gegeben hatte, tötete er Dämonen. Corans Körper mochte ihn mittlerweile im Stich gelassen haben, aber sein Verstand war immer noch messerscharf, und die Sumpfländer betrachteten ihn immer noch als ihr Sippenoberhaupt.

Bereits vor mehr als einem Monat hatte sich Südwache das Sumpfland angeeignet, doch es war immer noch ein verstörender Anblick, die Sumpfländer und die Südwächter vereint zu sehen. In den beiden Dörfern lebten zusammengenommen an die vierhundert Menschen, wobei die gesamte Gemeinde Tibbets Bach rund tausend Einwohner hatte. Ein Dutzend Bürgerwehrkämpfer des Sumpflandes, ausgerüstet mit dünnen, versiegelten Fischspeeren, marschierte in Reih und Glied mit der Südwächter-Miliz.

Doch der Anführer von allen war Jeorje. Obwohl er noch zwei Jahrzehnte älter war als der älteste Einwohner der Gemeinde, sah er aus wie ein Dreißigjähriger. Sein schütteres weißes Haar war zu einem dichten, nussbraunen Schopf nachgewachsen, und seine ledrige Haut war wieder glatt. Er hatte seine Jacke ausgezogen, die Ärmel seines weißen Hemdes hochgekrempelt, und seine fleischigen Unterarme entblößt. Die prallen Muskeln von Bizeps und Oberkörper drohten die Nähte des Hemdes zu sprengen.

Er trug keinen Harnisch, nicht mal einen Hut, und auf einen Schild verzichtete er ebenfalls. Der Gehstock, den er früher auf den Boden geknallt hatte, um seine Ausführungen zu unterstreichen, wirkte jetzt eher wie ein Zepter. Er war bedeckt mit einem komplizierten Muster aus Siegeln, und an dem sich verjüngenden Ende steckte eine Speerspitze in einer Scheide. Selia hatte mit eigenen Augen gesehen, wie Jeorje mit diesem Stock Horclinge totschlug.

Selia bedachte Jeorje mit dem für sie typischen Blick, der ihn jedoch noch nie sonderlich beeindruckt hatte. »Das sagst ausgerechnet du, Jeorje. Mir kam zu Ohren, dass du letzten Monat Mena Südwächter geheiratet hast. Das Mädchen zählt nicht mal zwanzig Sommer.«

»Ich habe sie *geheiratet*, Selia«, erwiderte Jeorje. »Ich entehre keine Familie, indem ich eine weibliche Angehörige zur Unzucht verleite.«

»Nein, du steckst das Mädchen bloß in deinen Harem«, schoss Selia schnippisch zurück. »Wie viele Frauen hast du jetzt eigentlich … sechs?«

»Sieben.« In Jeorjes Stimme schwang Stolz mit. »Eine heilige Zahl. Und meine Gemahlin Trena hat die Ehe mit Menas Familie persönlich ausgehandelt. Ich habe das Mädchen nicht in aller Heimlichkeit verführt und ihre Tugend geraubt.«

»Du hast sie ihrem Dad abgekauft«, murmelte Selia.

Jeorje überhörte die Bemerkung. »Stam Schneider hat der Gemeinde schon immer Schande gemacht. Er ist ein Säufer und baut nur Mist.«

Jeorje mochte ein Heuchler sein, aber in diesem Punkt hatte er nicht unrecht. Viele Leute tranken bei Festlichkeiten gern einen über den Durst oder kippten sich nachts, nachdem die Siegel kontrolliert waren, ein paar Glas hinter die Binde. Aber Stam war nur selten nüchtern, und dauernd räumte jemand hinter ihm irgendeinen Schlamassel auf, den er angerichtet hatte. Jetzt berauschte er sich hauptsächlich an Magie, aber eine Sucht blieb eine Sucht.

Einer Gemeinde Schande machen. Nicht zum ersten Mal hörte Selia, wie Jeorje diese Worte aussprach, und sie versetzten ihr immer wieder einen Stich ins Herz.

»Also gut«, sagte sie. »Der Stadtrat ist vollzählig anwesend. Jemand soll Maddy holen, und ich lasse Stam herkommen. Heute Abend hören wir uns an, was sie zu dieser Sache zu sagen haben, und danach stimmen wir ab.«

Es war ein sinnloser Vorschlag. Rusco und Coline büßten immer noch dafür, dass sie für Rennas Hinrichtung gestimmt hatten, und Mack war durch Jeph ersetzt worden. Folglich würde der Rat niemals die Fischer-Sippe unterstützen, die wieder einmal nach Blut lechzte.

Selia sah, wie ein flüchtiges Lächeln um Jeorjes Lippen huschte, und sie begriff, dass es ihm gar nicht auf eine Abstimmung im Rat ankam. Er wollte nur in aller Öffentlichkeit zeigen, dass er die Fischer-Sippe unterstützte, wenn sie diesen Leuten ihre Hilfe versagte.

»Ihr braucht die Bürgerwehr von Stadtplatz nicht, um euch vor der Brut des Horc zu schützen«, wandte sich Jeorje an Raddock. »Südwache kann euch viel bessere Dienste leisten.«

Selia ballte die Fäuste und öffnete sie wieder. Wenn Jeorje sich nun auch noch Fischweiher unter den Nagel riss, wären ihm im Rat lediglich drei von zehn Stimmen sicher, aber die Hälfte der Bewohner von Tibbets Bach wäre ihm unterstellt. Wenn dieser Fall eintrat, war der Stadtrat tatsächlich überflüssig, und Selia konnte noch von Glück sagen, wenn man sie nicht selbst auf dem Platz an einen Pfahl band.

»Darüber könnt ihr zu gegebener Zeit reden«, warf Jeph mit lauter Stimme ein. »Ich habe dieses Treffen anberaumt, und die Sonne steht schon tief.«

Auf dem Wachturm herrschte Gedränge. Alle zehn Sprecher befanden sich dort oben, außerdem Keven Sumpfig, der seinen Vater die Leiter hinaufgetragen hatte. Persönliche Reibereien gerieten in Vergessenheit, als man Jephs Großsiegel bewunderte, das von oben deutlich sichtbar war. Das gigantische Bannzeichen nahm einen hellen Schimmer an, als die Schatten länger wurden. Als die Sonne unterging, glühte es in einem sanften Licht und erhellte Jephs gesamten Besitz.

Jeph deutete mit ausgestrecktem Arm in eine bestimmte Richtung. »Letzte Nacht habe ich zwei Wanderer dorthin gelockt.«

Es gab Dämonen in allen möglichen Formen und Größen, doch in Tibbets Bach teilte man sie grob in zwei Gruppen ein, die Beständigen und die Wanderer. Die Beständigen neigten dazu, stets dieselben Wege zu benutzen, sich in einem bestimmten Gebiet niederzulassen und dort zu bleiben. Die Wanderer jagten überall nach Beute, ließen sich von Geräuschen und Gerüchen leiten und unternahmen ziel- und planlos weite Ausflüge.

Horclinge stiegen immer an der Stelle an die Oberfläche empor, an der sie sich in der Nacht in die Tiefe geflüchtet hatten, um sich vor der Sonne zu verstecken. Während sich die Dunkelheit herabsenkte, krochen schwarze Nebelschwaden wie Rauch aus dem Boden und verfestigten sich zu zwei Felddämonen.

Die Dämonen erblickten die Menschen, die auf Jephs Hof hin und her schlenderten, und rüsteten sich zum Angriff. Die Leute schrien und wichen panisch zurück. Krieger rückten nach vorn, um die Leute mit einem Schildwall vor den Horclingen zu schützen.

Doch als die Dämonen dann lossprangen, wurden sie zurückgeworfen, denn das Großsiegel flammte in einem grellen Lichtblitz auf, und für einen kurzen Moment wurde die Nacht taghell.

Jeph steckte zwei Finger in den Mund und stieß einen schrillen Pfiff aus. Der junge Jeph, sein ältester Sohn, kam mit einem Bogen herbeigerannt und schoss mühelos einen versiegelten Pfeil in einen der Dämonen. Die Bestie jaulte und sackte zusammen. Der andere Horcling fing an zu kreischen, attackierte das Großsiegel und hinterließ dort, wo seine Krallen an dem Symbol kratzten, Streifen von Magie in der Luft.

Die anderen Kinder aus Jephs Familie erschienen mit Schleudern und bombardierten den zweiten Horcling mit versiegelten Steinen, die bei jedem Aufprall auf seinem Panzer Funken sprühten. Der Dämon duckte sich und versuchte zu fliehen, aber mittlerweile hatte der junge Jeph den nächsten Pfeil angenockt und feuerte ihm das Geschoss in den Rücken. Der am Boden liegende Dämon zappelte und strampelte, bis der Junge ihm mit einem dritten Pfeil endgültig den Garaus machte.

Das Schauspiel beeindruckte jeden. Die Leute unten im Hof jubelten, und die Sprecher oben auf dem Turm gaben bewundernde Kommentare ab. Einzig Jeorje schwieg, und seine Augen glitzerten. Zweifelsohne war er hauptsächlich aus taktischen Erwägungen heraus auf Jephs Hof gekommen, und erst in zweiter Linie der Magie wegen, aber Jephs Großsiegel bedeutete Macht, und Selia wusste, dass der Anführer der Südwächter darauf brannte, sein eigenes Großsiegel zu bekommen.

Warum auch nicht? Großsiegel sorgten für nachhaltige Sicherheit. In ihrem Schutz konnten die Menschen nachts ruhig schlafen und tagsüber ihre Felder bestellen, ohne befürchten zu müssen, dass die Dämonen sie kurz vor der Ernte niederbrannten. Und dennoch lag in Jeorjes gierigem Blick etwas, das Selia zutiefst beunruhigte.

Als alle sich ausgiebig umgeschaut hatten, führte Jeph die Gruppe wieder vom Turm hinunter und auf die Veranda seines Hauses, um eine kleine Ansprache an seine Gäste zu halten. Aller Augen ruhten auf ihm, und Jeph Strohballen hatte nie gern im Mittelpunkt der Aufmerksamkeit gestanden. In dieser Nacht jedoch begegnete er den Blicken selbstsicher und mit einer Entschlossenheit, die Selia noch nie zuvor an ihm bemerkt hatte.

»Bevor der Kurier letztes Jahr weiterzog, hat er mich ein wenig im Bannzeichnen unterwiesen.« Nach dem Namen des Kuriers brauchte keiner zu fragen. Es gab nur einen einzigen Kurier, der den Leuten neue Siegel brachte. »Ich habe dies und das ausprobiert, und was dabei herauskam, seht ihr ja selbst. Diese Siegel garantieren jedoch keine hundertprozentige Sicherheit. Für ihre Wirksamkeit gibt es keinen Beweis. Aber jeder, der sie haben möchte, kann sie von mir bekommen. Der Kurier sagte, man müsse sie möglichst weit verbreiten. Er sagte, im Kampf gegen die Horclinge stehen wir alle auf derselben Seite.«

Nach diesen Worten herrschte unter den Leuten große Aufregung, aber auch Zweifel wurden laut. Das Anlegen eines Großsiegels war mit einem hohen Aufwand verbunden, und nicht jeder traute sich den Bau einer solchen Bannzone zu. Auch sah man nicht unbedingt die Notwendigkeit eines eigenen Großsiegels ein, wenn die üblichen Bannzeichen bisher ausgereicht hatten.

»Ich habe noch mehr zu sagen.« Jephs Ankündigung ging in dem Stimmengewirr unter.

»Ruhe.« Jeorje brüllte nicht, aber dieses eine, laut gesprochene Wort durchdrang den Lärm. Um seiner Forderung Nachdruck zu verleihen, ließ er seinen Gehstock auf die Bohlen der Veranda krachen, und die Leute erstarrten wie eine Katze, die man in der Küche beim Naschen ertappt hat.

Jeph nutzte den Augenblick und hob seine Stimme: »Der Kurier hat mir von Horclingen berichtet, die wir noch nie gesehen haben – Dämonen, die nur auftauchen, wenn die Nacht am finstersten ist. Gestaltwandler, die das Aussehen von guten Freunden annehmen können und Menschen dazu verleiten, den Schutz der Siegel zu verlassen. Schlaue Dämonen, die einem die Gedanken aus dem Kopf stehlen und ihre nicht so gewitzten Artgenossen herumkommandieren, als wären sie Hunde. Der Kurier sagte, wir müssten uns gegen solche Dämonen absichern, und er gab uns Siegel, mit denen wir uns besser schützen können. Diese Zeichen muss jeder kennen und beherrschen, angefangen vom Schulkind bis zu den Ältesten in unserer Gemeinde.«

Rusco, der bereits im Bilde war, trat vor. »Diejenigen, die nicht auf eine Unterweisung warten wollen oder keine gute Hand im Bannzeichnen haben, können in unserem Laden fertige Schutzsymbole gegen diese raffinierten Dämonen erstehen. Wir haben alles vorrätig – Gedankensiegel zum Aufstempeln, als Kettenanhänger, Hutbänder, sogar Platten, die ihr mit Leim auf euren Lieblingshelm kleben könnt.«

»Wie viel verlangst du für einen Satz solcher Platten, Vielfraß?«, schrie Mack Weide.

Rusco verschränkte die Arme. »Zwanzig Kredits.«

Die Leute schnappten nach Luft. Mit zwanzig Kredits konnte man eine fünfköpfige Familie einen Monat lang ernähren. Der Gemeinde ging es so gut wie noch nie zuvor, aber nur wenige Leute konnten sich diese Ausgabe leisten.

»Du bist und bleibst ein Gauner!«, krähte Mack. »Du willst uns schröpfen, obwohl der Kurier gesagt hat, wir müssen zusammenhalten!«

Viele Leute nickten zustimmend, auch ein paar von Selias Bürgerwehr schlossen sich an. Ruscos Geldgier war geradezu sprichwörtlich.

Selia ließ ihren Speer auf den Verandaboden knallen, ähnlich wie Jeorje es getan hatte. »Zehn!«

Der Ausruf brachte die empörte Menge zum Schweigen. Aller Augen wandten sich ihr zu. Mit hoch erhobenem Kinn starrte sie den wütenden Rusco an, als warte sie nur darauf, dass er ihr widersprach.

Rusco Vielfraß war kein Narr. Nicht zum ersten Mal stand er einer aufgebrachten Menschenmenge gegenüber, und ohne Selia, die bis jetzt noch jedes Mal die Wogen geglättet hatte, wäre er längst wegen seiner unlauteren Machenschaften aufgeknüpft worden. Er setzte eine gütige Miene auf und deutete ein zustimmendes Nicken an.

»Zehn!« Jetzt stampfte Jeorje mit seinem Stock auf, und dieses Mal musste Selia ihren Zorn runterschlucken. Immer, wenn Jeorje sich nicht als Wortführer aufspielen konnte, sorgte er dafür, dass er das letzte Wort behielt, um die Leute glauben zu machen, jeder Beschluss des Stadtrats fuße auf seiner eigenen, persönlichen Meinung.

Er starrte Selia ebenso herausfordernd an, wie sie Rusco angesehen hatte, als sehne er sich geradezu danach, dass sie sich ihm in aller Öffentlichkeit widersetzte.

Aber alles, was Selia in dieser Situation hätte sagen können, wäre als Nörgelei und Bockigkeit aufgefasst worden, und das wusste Jeorje. Die Leute, die außerhalb von Südwache lebten, hatten für den Sprecher nichts übrig, doch jeder fürchtete ihn. Der alte Südwächter verlangte den Menschen viel ab, und wenn sie dann mal versagten, war er schnell mit Strafen bei der Hand.

»Der Stadtrat sollte die Preise für sämtliche Güter im Gemischtwarenladen per Gesetz festlegen«, schrie Mack. »Damit der Vielfraß sie nicht erhöht, um den Verlust wieder wettzumachen.«

Rusco hob einen Finger, worauf seine Ladenwächter einen Kreis um ihn schlossen und jeden, der sich ihnen näherte, bedrohlich anglotzten. »Du brauchst ja nicht bei mir einzukaufen, Mack Weide. Keiner zwingt dich dazu.«

»Jetzt reicht es aber!«, brüllte Jeph, dem die Geduld ausging. »Du willst Rusco nicht bezahlen, Mack? Dann lerne doch selbst, Siegel zu zeichnen! Gerade habe ich gesagt, dass sie kostenlos weitergegeben werden!«

»Wieso hat der Kurier nur dich in all diese Sachen eingeweiht, Jeph, und nicht den Stadtrat?«, fragte Raddock Advokat in zänkischem Ton. »Dieses ganze Gerede über Dämonen, die wie Menschen aussehen und Gedanken lesen, klingt wie eine Fabel von Jak Schuppenzunge.«

»Vielleicht ist Jak Schuppenzunge ja gar keine Erfindung«, gab Jeph zurück.

»Das beantwortet nicht meine Frage. Warum hat der Kurier bloß dir diese Geschichten erzählt?« Raddock war unbeliebt und genoss lediglich in seiner eigenen Sippe ein gewisses Ansehen. Doch sein weißer Bart wurde respektiert, vor allen Dingen, weil es in der Gemeinde kaum noch jemanden gab, dem man sein wahres Alter ansah. Die Menge verlangte jetzt auch nach einer Antwort auf seine Frage.

Jeph straffte die Schultern und sah Raddock ins Gesicht. »Weil der Kurier Arlen war, mein ältester Sohn.«

Selbst Raddock Advokat und Mack Weide verschlug es die Sprache. Die Leute schwiegen verblüfft und betroffen.

Der Kurier wurde in Tibbets Bach geradezu verehrt. Die eine Hälfte der Einwohner glaubte fest daran, dass er der zurückgekehrte Erlöser sei, die andere hielt es immerhin für möglich. Nur ein Dummkopf würde jetzt als Erster das Wort ergreifen.

Jeorje knallte seinen Stock auf den Boden. In seinen Augen lag ein harter Blick, doch ob der Grund dafür religiöser Eifer war oder die Furcht vor einem Rivalen, vermochte Selia nicht zu sagen.

»Ihr alle wisst, dass meine erste Frau, Silvy, von den Horclingen getötet wurde.« Jeph zeigte auf eine Stelle in seinem Hof. »Genau dort.« Die Menschen, die auf diesem Fleck standen, setzten sich nervös in Bewegung, als befürchteten sie, der Ort sei verflucht.

»Aber keiner weiß, dass ich auf dieser Veranda stand, so wie jetzt, mich hinter den Siegeln versteckte und tatenlos zusah«, fuhr Jeph fort.

Die Leute schnappten nach Luft.

»Damals gab es noch keine Kampfsiegel. Ich glaubte, ich müsste ebenfalls sterben, wenn ich auf einen Hof hinausging, in dem es vor Dämonen wimmelte. Ich glaubte nicht, dass ich überhaupt etwas ausrichten könnte.« Jeph schüttelte den Kopf. »Mein Sohn Arlen sah das anders. Er dachte nur an seine Mutter, die von den Horclingen zerfleischt wurde. Er rannte auf den Hof, schlug mit einem Melkeimer den Flammendämon von Silvys Rücken und schleppte sie hinter die Siegel des Schweinepferchs, wo er die ganze Nacht lang mit seiner schwer verletzten Mutter ausharrte.«

Selia sah, wie Jephs Muskeln sich verkrampften und seine Fingerknöchel weiß wurden, während er das Geländer der Veranda umklammerte. »Als seine Mam zwei Tage später starb, konnte Arlen mir nicht verzeihen. Der Schöpfer sei mein Zeuge, das werde ich ihm nie verübeln. Er lief fort und begegnete dem Kurier Ragen, der sich auf dem Rückweg nach Miln befand. Auf diese Weise gelangte er in die Freien Städte.«

»Warum kam er zurück?«, brüllte jemand.

»Mein Junge entdeckte die Kampfsiegel«, sagte Jeph. »Er kam zurück, um dafür zu sorgen, dass niemand mehr so elend sterben muss wie seine Mam. Aber das ist noch nicht alles.«

Jeph drehte sich um und sah Raddock Advokat und Garric Fischer scharf an. »Arlen und Renna Gerber wurden einander im Jahr 319 NR versprochen, kurz bevor Arlen davonrannte. Er hatte gehört, wie Harl Gerber seine Töchter behandelte, und ich wusste auch Bescheid. Harl sperrte seine Mädchen über Nacht im Abort ein, wenn sie eigensinnig waren, und er legte Hand an sie, als wären sie seine Ehefrauen. Deshalb nahm ich Ilain mit zu mir.«

»Und sie lag in deinem Bett, das noch warm war von Silvy«, knurrte Garric. »Schätze, sie hat dich mit ihren dicken Brüsten betört, so wie Renna Gerber meinen Sohn verführt hatte.«

»Vergiss nicht, dass Arlen Renna auf meinen Hof brachte, Fischer«, sagte Jeph. »Sie saß genau hier und erzählte mir, sie und Cobie hätten heiraten wollen, und das hat der Fürsorger uns ja bestätigt. Harl hat Cobie umgebracht, und dann tötete Renna Harl, bevor er sie als Nächste mit dem Messer aufschlitzen konnte.«

»Und wenn das kleine Biest ihrem Vater gehorcht hätte, wären alle noch am Leben«, fauchte Garric. »Diese Gerber-Huren haben Tibbets Bach nichts als Ärger beschert.«

Lucik Torfstecher erstarrte. Sein Blick huschte zu Beni. Dann drehte er sich mit blitzenden Augen zu Garric um, aber mit einer Handbewegung hielt Jeph ihn zurück. Er war nie ein tapferer Mann gewesen, nun jedoch schritt er resolut die Verandatreppe hinunter und näherte sich Garric. Die Leute wichen beiseite und machten ihm den Weg frei.

»Jeph, du kommst sofort auf die Veranda zurück!«, schnauzte Selia.

»Du magst zwar die Gemeindesprecherin sein, Selia, aber ich spreche für diesen Weiler, und wir befinden uns auf meinem Grund und Boden.« Die ganze Zeit über behielt er Garric im Auge. »Ich wäre dir dankbar, wenn du dich aus dieser Sache heraushalten würdest.«

Jeorje ließ seinen Stock auf den Boden krachen. »Jeder Mann hat das Recht, Genugtuung zu fordern.« Die Worte waren allgemein gehalten, sodass Jeorje unabhängig vom Ausgang dieses Streites behaupten konnte, er selbst oder der Schöpfer hätten das Ergebnis gewollt.

Festen Schrittes steuerte Jeph auf Garric zu. Doch der war größer und massiger als er und dachte nicht daran, klein beizugeben. »Sag das noch mal!«, grollte Jeph, als die beiden Männer sich Nase an Nase gegenüberstanden.

Garric wich ein wenig zurück, aber Selia sah, dass er sich leicht vornüberbeugte und sich mit den Füßen einen festen Halt auf dem Boden verschaffte.

Sie rüstete sich, schreiend von der Veranda zu stürzen und einzuschreiten, aber etwas an Jephs Körperhaltung bremste diesen Impuls. Ihr Vater hatte die Kinder von Stadtplatz im Faustkampf unterrichtet, und Jeph schien sich an das Gelernte zu erinnern. Als Garric zu einem Schlag ausholte, fing Jeph den Hieb mit seinem angewinkelten linken Arm ab, dann rammte er dem Fischer seine Rechte gegen die Nase.

Garric taumelte nach hinten, blieb jedoch auf den Beinen. Er hätte vielleicht weitergekämpft, aber Jeph ging zum Angriff über und landete ein paar Körpertreffer, die Garric vornüberkippen ließen und ihm die Luft aus den Lungen trieben. Dann machte Garric einen Satz, schlang seine kräftigen Arme um Jeph und versuchte ihn zu Boden zu ringen. Jeph hingegen stemmte sich mit dem linken Fuß ab, nutzte Garrics Klammergriff, um ihn festzuhalten, und stieß ihm das rechte Knie gegen die Brust.

Zum Schluss schubste er Garric von sich weg und verpasste ihm einen gezielten Tritt, der den Fischer gegen seine versammelte Sippschaft schleuderte, die den Kampfplatz umringte. Mit erhobenen Fäusten wartete Jeph ab, doch Garric konnte oder wollte nicht vom Boden aufstehen. Jeorje, der zweifelsohne auf einen anderen Ausgang des Kampfes gehofft hatte, schüttelte leicht den Kopf.

Die Schmucke Coline sprang von der Veranda und drängte sich an Jeph vorbei, um Garric zu versorgen. Blut strömte aus seiner gebrochenen Nase, die bereits dick angeschwollen war.

»Ist der Horc in dich gefahren, Jeph?«, kreischte Coline. »Schämst du dich so sehr, für einen Feigling gehalten zu werden, dass du dich aufführst wie ein Dämon?«

»Ich bin kein Horcling, aber feige bin ich auch nicht mehr.« Mit ausgestrecktem Finger zeigte Jeph auf Coline. »Und du hast kein Recht, mich zu beschimpfen. Wenn du als Kräutersammlerin nur halb so gut wärst, wie du immer behauptest, könnte meine Silvy noch leben, und nichts von alledem wäre passiert.«

»Das ist ungerecht!«, wehrte sich Coline.

»Ay«, schrie Jeph. »Aber im Leben geht es nicht immer gerecht zu. Was meiner Familie oder Cobie Fischer zugestoßen ist, war ungerecht. Was die Gerber-Mädchen erdulden mussten, war ungerecht. Aber heute Nacht ist Schluss mit all diesen Ungerechtigkeiten. Und wem das nicht passt, der soll von meinem Hof verschwinden!«

»Willst du damit etwa sagen, dein Sohn sei der Erlöser?« Raddock kam und stellte sich so vor Coline und Garric, dass die Blicke der Umstehenden auf seinen verletzten Anverwandten gezogen wurden. »Und dass er Fischweiher mit Absicht ausgegrenzt hat?«

»Niemand behauptet so etwas«, warf Selia ein. »Die Fischer-Sippe hat sich selbst ausgegrenzt, als sie dafür stimmte, ein Mädchen den Horclingen zu überlassen, das noch nicht einmal imstande war, etwas zu seiner Verteidigung vorzubringen. Aber es ist noch nicht zu spät, um dieses Unrecht einzusehen und zu bereuen. Danach könnte in der Gemeinde wieder Friede einkehren.«

Raddock funkelte sie wütend an. »Dabei ist es nicht das erste Mal, dass die Gemeinde wegen eines Mädchens, das den Horclingen ausgeliefert wurde, gespalten ist, nicht wahr, Sprecherin?«

Selia lief es eiskalt über den Rücken.

»Und trotzdem führst du hier das große Wort, bist wieder mal mitten drin im Schlamassel.« Raddocks Blick wanderte über Selias Bürgerwehr. »Ich frage mich, wessen Leben du dieses Mal zerstören wirst.«

Selia ballte eine Faust und rang um Selbstbeherrschung. Am liebsten wäre sie auf Raddock losgegangen und hätte den alten Mann verprügelt, so wie Jeph Garric verdroschen hatte. Die Mitglieder der Bürgerwehr waren zu jung, um zu verstehen, worauf Raddock anspielte, und die Leute tauschten verwirrte Blicke. Aber Selia wusste Bescheid. Raddock hatte nicht alle Kämpfer angeschaut, nur die Frauen.

»Die Ältesten in Tibbets Bach wissen, was ich meine!«, donnerte Raddock, als man Garric auf eine Trage legte und die Fischer-Sippe geschlossen abzog.

Jeorje warf Selia einen Blick zu, in dem sich Abscheu und ein tief sitzender Hass spiegelten. Sie machte sich auf harsche Worte gefasst, doch Jeorje sagte nichts, sondern schob sich nur an ihr vorbei, um die Südwächter und Sumpfländer anzuführen, die als Nächste Jephs Land verließen.

Ein paar Leute verweilten noch auf dem Hof, doch sie hielten Abstand, während sich die restlichen Sprecher versammelten.

Meada legte eine Hand auf Selias Arm. »Es war nicht deine Schuld, Selia, egal, was der alte Raddock da faselt.«

»Wieso hat er gesagt, die Ältesten in Tibbets Bach wüssten, was er meint?«, wunderte sich Jeph.

Selia seufzte. »Du bist nicht der einzige Feigling, der ein Geheimnis hütet, Jeph. Als du noch ein Junge warst, hat man da auf dem Schulhof über den Bund der Warmen Schwestern gesprochen?«

Jeph wurde rot. »Ay, aber das hat doch nichts zu tun mit …«

»Ich war diejenige, die den Bund gründete.«

2

Der Bund der Warmen Schwestern

284 NR

Die Sonne hatte die Dämonen verjagt, aber im Schatten unter dem Schutzdach hinter dem Schulhaus war es noch dunkel. Selia drückte Deardra Fischer gegen die Mauer und küsste sie leidenschaftlich.

Deardra war alles andere als unwillig. Sie griff in Selias Haar und drohte die Haarnadeln herauszuziehen. Selias Herz hämmerte wie die Füße von Schulkindern beim Ertönen der Nachmittagsglocke. Für diese gestohlenen Momente lebte sie. Ihre Hand glitt an Deardras Rücken herunter, umfasste durch den dünnen Rock ihre Pobacken und zog das Mädchen noch näher heran.

»Wir …«, keuchte Deardra zwischen zwei Küssen. »Wir müssen aufhören. Jeden Augenblick kann die Glocke läuten, und wenn wir nicht da sind, wird Raddock nach uns suchen.«

»Soll er doch«, sagte Selia.

Deardra legte ihre Hände auf Selias Brüste. Selia wollte sich ihr entgegenwölben, aber Deardra stieß sie zurück. »Ein schöner Anblick wäre das – seine Schwester, die hinter der Schule seine Anverlobte küsst.«

Selia verschränkte die Arme. »Raddock und ich sind nicht miteinander verlobt.«

»Aber so gut wie«, behauptete Deardra. »Demnächst wird Dad bei Edwar vorsprechen.«

Selia spürte einen bohrenden Schmerz in ihrem Innern, als wolle sich ein Dämon mit seinen Krallen den Weg nach draußen bahnen. »Ich will Raddock nicht heiraten.«

»Beim Schöpfer, warum denn nicht?«, fragte Deardra. »Wenn Dad sich zur Ruhe setzt, wird er mit Sicherheit der nächste Sprecher von Fischweiher. In ganz Tibbets Bach gibt es keinen Mann mit besseren Zukunftsaussichten.«

»Ich habe meine eigenen Pläne und meine eigenen Zukunftsaussichten.« Selia lächelte und beugte sich zu einem weiteren Kuss vor. »Ich brauche keinen Mann. Ich hab ja Deardra Fischer.«

Deardra entwand sich ihr. »Bei der Nacht, Selia. Der Bund der Warmen Schwestern ist ein herrlicher Jux, aber doch nur, bis wir Ehemänner finden. Wir sind doch eh nur zwei Mitglieder.«

Selia lächelte angestrengt und versuchte sich nicht anmerken zu lassen, wie sehr die Worte sie kränkten. Deardra streckte die Hand aus und streichelte Selias Arm. »Es hat nichts zu bedeuten …«

Sie unterbrach sich, als die große Glocke auf dem Dach des Schulhauses zu läuten begann. Beide Mädchen fuhren erschrocken zusammen.

Dann knirschte der Kies, mit dem der Hof bestreut war, und der junge Harl Gerber rannte barfuß an ihnen vorbei in die Schule.

Deardras Augen weiteten sich. »Glaubst du, der hat uns …«

»Und wenn schon.« Selia löste sich aus Deardras Griff und glättete ihr Kleid. »Ist doch ohnehin nur ein Jux, bis wir Ehemänner finden, ay?«

»Beim Schöpfer, Selia«, fauchte Deardra. »Du weißt genau, was …«

»Harl Gerber war noch kein einziges Mal pünktlich in der Schule.« Selia drehte sich um und steuerte auf die Tür zu. »Nie und nimmer war er früh genug hier, um uns nachzuspionieren.«

Als sie um die Ecke bogen, wartete Raddock an der Treppe auf sie. »Wo wart ihr zwei? Die Schulmeisterin ist schon ungeduldig.« Das große Klassenzimmer hallte wider von Kinderstimmen.

»Wir haben bloß die Siegel überprüft.« Selia schlug einen schnippischen Ton an, weil sie fand, es ginge ihn nichts an, wie sie ihre Zeit verbrachte. Was für eine Anmaßung, sie überhaupt zu fragen. Er war nur wenige Sommer älter als sie, und sie waren einander nicht versprochen, ganz gleich, was die Fischer-Sippschaft glaubte.

Selias Mutter Lory stand am vorderen Pult, zusammen mit der fünfzehn Jahre alten Meada Torfstecher und einer jungen Frau, die so schön war, dass es Selia den Atem verschlug. Deardra blickte sie an und quittierte ihre offenkundige Begeisterung mit einem Stirnrunzeln. In einer Gemeinde, die so klein war wie Tibbets Bach, kannte jeder jeden, aber die junge Frau trug die altmodische, strenge Kleidung des Weilers Südwache – schwarzer Rock, hochgeschlossene weiße Bluse und auf dem Kopf eine biedere Haube. Die Südwächter hatten ihre eigene Schule und ihr eigenes Heiliges Haus. Manche von ihnen kamen ihr Leben lang nicht nach Stadtplatz, es sei denn, sie nahmen an den dort stattfindenden Feierlichkeiten zur Sonnenwende teil.

»Da seid ihr ja endlich«, begrüßte Lory sie. »Volles Haus heute. Ich habe Meada gebeten, bei den Kleinen auszuhelfen.«

Es war Sechsttag – Markttag – und obendrein mitten in der Ernte. Um diese Jahreszeit war die Schule immer überfüllt. Eltern luden ihre Kinder dort ab, damit sie in aller Ruhe auf dem Marktplatz einkaufen konnten. Für viele Kinder in Tibbets Bach war der Markttag der einzige Tag in der Woche, an dem sie in die Schule gingen, und Selias Mutter bemühte sich nach Kräften, ihnen dann möglichst viel beizubringen. Die meisten Kinder lernten das Bannzeichnen in ihrem Elternhaus, aber nur wenige konnten lesen und schreiben, und beim Rechnen kamen sie nicht über das Zählen ihres Viehbestands hinaus.

»Das ist Anjy Südwächter.« Lory deutete auf die junge Frau. »Sie wird eine Zeit lang im oberen Raum wohnen und helfen, die Kinder aus ihrem Dorf zu unterrichten, wenn sie an Markttagen zu uns kommen. Selia, könntest du dich ein bisschen um sie kümmern?«

»Aber gern«, platzte Selia heraus.

»Ich frage mich, was mit ihr nicht stimmt«, stichelte Deardra. »Offenbar wollen die Südwächter sie für eine Weile loswerden.«

»Sie ist auf der Suche nach einem Ehemann«, mutmaßte Raddock. »Manchmal schicken die Südwächter ein hübsches Mädchen in ein anderes Dorf, damit sie sich dort einen kräftigen, starken Mann angelt, den sie in ihrem Weiler gut gebrauchen können.«

»So hübsch ist sie nun auch wieder nicht«, murrte Deardra.

Lory schlug mit ihrem Lineal auf das Pult, und die lärmenden Kinder verstummten. »Jeder holt sich eine Tafel!«

Chaos brach aus, als Dutzende schmutziger Kinder, viele von ihnen barfuß, um die aufgetürmten Schiefertafeln herumwuselten und Kreidestücke aus einem Kübel fischten. Bald waren die schmuddeligen Latzhosen und Röcke mit weißem Staub gepudert.

Eine Ausnahme bildeten die Schülerinnen und Schüler von Südwache. Deren weiße Blusen und Hemden waren blütenrein, die Stiefel und Schuhe auf Hochglanz poliert. Jedes Kind brachte seine eigene Tafel mit, und die Kreide wurde gehandhabt, ohne dass ein Krümel auf die Kleidung fiel.

Die Südwächter saßen brav in ordentlichen Reihen und sahen die Schulmeisterin aufmerksam an. Lory unterrichtete die älteren Kinder in Lektüre für Fortgeschrittene und höhere Mathematik, während Selia und die anderen Hilfskräfte die übrigen Schüler in Gruppen für simplere Lektionen einteilten.

Anjy übernahm die jüngeren Kinder aus Südwache. Selia beobachtete sie ein bisschen länger, als es sich schickte, dann riss sie sich von dem Anblick los, wandte sich ihrer eigenen Gruppe zu und hoffte, niemand hätte etwas bemerkt. »Ihr besitzt einhundertundfünfzig Rinder.«

»Wir ha'm nich' mal halb so viel«, sagte Mack Weide.

»Hier geht es um eine Rechenaufgabe«, erklärte Selia geduldig. »Stell dir vor, ihr besitzt einhundertundfünfzig Rinder.«

Mack schloss die Augen, zog die Stirn kraus und musste sich gewaltig anstrengen, um sich einen derartigen Reichtum vorzustellen. »Is' gut, ich hab's kapiert.«

Am liebsten hätte Selia die Augen verdreht. »Ihr verkauft zehn Prozent von dieser Herde. Wie viele Rinder bleiben euch dann noch?«

Das Lächeln auf Macks Gesicht erlosch. Er öffnete ein Auge, als zögere er, sich von der eingebildeten Rinderherde zu trennen. »Einhundert ... vierzig?«

»Einhundertfünfunddreißig, du Blödmann!« Harl Gerber spuckte aus.

»Jetzt reicht es aber, Harl Gerber!«, schimpfte Selia. »Ich hab dir doch gesagt, was passiert, wenn du noch einmal in der Schule auf den Fußboden spuckst!«

Harls Gesicht wurde leichenblass. »Ay, bitte. Verpetz mich nicht bei meinem Dad. Sonst heißt es wieder ab in den Abort!«

Selia kannte diese Redewendung nicht, aber sie konnte sich denken, was sie bedeutete. Der junge Harl war gut darin, andere einzuschüchtern, wobei er selbst gegen Furcht gefeit schien. Wenn er solche Angst vor seinem Vater hatte, dann gab es dafür einen triftigen Grund. »Dann wisch den Boden sofort wieder sauber!«

Harl hockte auf den Knien, in der Hand eine Bürste, neben sich einen Eimer Wasser, als Lory die Glocke läutete und die anderen Kinder nach draußen auf den Hof drängten.

Raddock und die übrigen Hilfskräfte gesellten sich zu Selia, während die Schüler an ihnen vorbeirannten. »Du solltest es seinem Vater trotzdem sagen.«

Selia deutete mit dem Kinn auf Harl. »Warum, wenn die bloße Androhung genügt, damit er spurt?«

»Dad sagt, eine Lektion sitzt nur dann, wenn sie von einer Tracht Prügel begleitet wird«, erwiderte Raddock.

»Die Gerbers sperren ihre Kinder im Abort ein, um sie zu strafen«, sagte Selia.

»Wie auch immer, der Kerl braucht eine tüchtige Abreibung.« Raddock sprach so laut, dass Harl ihn hörte. Der Junge blickte hoch.

Platschend landete die Bürste im Eimer. Harl sprang auf die Füße und näherte sich Raddock. »Was hast du gerade gesagt, Fischer? Ich hab mich wohl verhört.«

Raddock war zweiundzwanzig Jahre alt und Harl erst dreizehn, doch vor dem starren Blick des Jungen wich er zurück. Erst als er merkte, dass Selia ihn beobachtete, fasste Raddock sich ein Herz und trat einen Schritt vor. »Ich sagte, dass dein Vater davon erfahren muss.«

Harl lachte. »Dass ich auf den Fußboden gespuckt hab? Die Strafe, die ich dafür krieg, ist nichts, verglichen mit dem, was mir blüht, wenn er hört, dass ich mich von einem stinkenden Fischer hab runtermachen lassen.«

Raddock hielt Harl einen Finger vors Gesicht. »Pass bloß auf, du kleiner ...!«

Er schrie, als Harl den Finger packte, ihn mit einem Ruck zur Seite bog und ihm eine Faust ins Gesicht rammte. Als Raddock rückwärts taumelte, fletschte Harl die Zähne und sprang ihn an. Beide fielen zu Boden.

»Schluss damit!« Mit einem lauten Klatschen landete Lorys Lineal auf Harls Schultern. Der Junge stieß einen Schrei aus, und Selia spannte ihre Muskeln an. Sie wollte sich schon dazwischenwerfen, als der Junge seinen wilden Blick auf ihre Mutter richtete.

Lory blieb unbeeindruckt. Abermals sauste das Lineal herab, und jaulend ließ Harl von Raddock ab. »Raus aus meiner Schule, Harl Gerber. Ich lass dich erst wieder rein, wenn ich mit deiner Mutter gesprochen habe. Richte ihr aus, dass ich sie sehen will!« Wieder hieb sie mit dem Lineal auf Harls Rücken ein. Der Junge flitzte an den anderen Schülern vorbei und verschwand durch die Tür. Gelächter folgte ihm.

»Bei der Nacht, ich glaube, er hat mir den Finger gebrochen.« Raddock stöhnte.

»Geschieht dir recht«, schnauzte Lory. »Selia hatte Harl gut im Griff, bevor du dich dazu aufgeschwungen hast, den Richter zu spielen.«

»Ay, gnädige Frau. Tut mir leid, gnädige Frau.« Raddock umklammerte mit der linken Hand seine rechte. Der Zeigefinger stand tatsächlich in einem seltsamen Winkel ab.

»Lass mich mal sehen.« Lory schnappte sich die verletzte Hand und begutachtete den Schaden. »Der Finger ist ausgerenkt, nicht gebrochen. Geh zur Schmucken Sallie. Sie gibt dir was zum Draufbeißen, wenn sie das Gelenk wieder einrenkt.«

»Ich werde dieses kleine Stück Dämonenscheiße ersäufen«, knurrte Raddock, als sie hinter den Kindern zur Tür hinausgingen.

»Darauf würde ich nicht wetten.« Deardra deutete mit einem Kopfnicken auf Harl, der sich zu den Jungen und der Handvoll Mädchen gestellt hatte, die sich zu Edwars allwöchentlichem Boxunterricht im Hof versammelten. »Harl lernt, wie man anderen Leute die Nase bricht, während du deine Nase in Bücher steckst.«

»Die Schulmeisterin hat ihn aus der Schule rausgeschmissen«, begehrte Raddock auf. »Folglich darf er auch nicht am Boxunterricht teilnehmen. Man muss dem Sprecher Bescheid sagen …«

»Wenn Vater Bescheid wissen muss, dann wird Mutter mit ihm reden«, fiel Selia ihm ins Wort. »Du wirst schon sehen, was passiert, wenn du dir herausnimmst, an ihrer Stelle zu sprechen.«

»Dann sperrt Lory dich in den Abort«, lachte Deardra. Raddock warf seiner Schwester einen empörten Blick zu und stieß zischend den Atem durch die geschwollene Nase aus.

»Großvater hätte dem Jungen das Fell über die Ohren gezogen, weil er im Klassenzimmer eine Prügelei angefangen hat«, sagte Anjy.

»Großvater?«, fragte Selia. Anjy zeigte auf Jeorje Südwächter, der mit Selias Vater und Fürsorger Stewart zusammenstand, während die Kinder sich zum Boxunterricht aufstellten. Edwar winkte sie zu sich.

»Ich werde nie begreifen, warum du Kindern diesen brutalen Sport beibringst«, sagte Fürsorger Stewart gerade. Seine schmächtige Gestalt steckte in einer schlichten braunen Kutte. Er hatte in der Stadt seine Ausbildung gemacht und war dann nach Tibbets Bach gekommen, um das Wort des Schöpfers zu verkünden.

»Das ist kein Sport, Fürsorger.« Jeorje war hochgewachsen und stand kerzengerade da, während er von oben herab dem Fürsorger in die Augen blickte. »Ein Mann muss sich verteidigen können. *Der Schöpfer hilft zuerst denen, die einen Speer in der Hand tragen.*« Jeorje zählte über sechzig Winter, sein kurz getrimmter schwarzer Bart war von grauen Strähnen durchzogen und passte trefflich zu seiner schwarzen und weißen Bekleidung.

»Gegen wen sollte sich denn ein Mann verteidigen?« Stewart unterbrach den Blickkontakt und schaute stattdessen zum Himmel hinauf. *»In Zeiten des Fluches müssen alle Menschen zusammenstehen.«*

»Ay«, stimmte Jeorje zu. »Um sich von den Sündern zu befreien, die den Fluch über die Menschheit gebracht haben.« Mit seinem Gehstock deutete er auf eine kleine Gruppe Mädchen, die ebenfalls am Boxunterricht teilnahmen. »Aber Mädchen das Kämpfen zu lehren widerspricht dem Kanon.«

»Ich unterrichte jeden, der den Faustkampf lernen will.« Edwar nickte der jungen Frau zu, die neben Jeorje stand. »Ein Mädchen sollte imstande sein, sich mit einem rechten Haken einen Jungen vom Leib zu halten, der ihr zu nahe tritt.«

Bei diesen Worten bekam Anjy große Augen. Sie spreizte ihre Röcke und knickste. »Bitte, Großvater, darf ich auch Boxen lernen?«

»Auf gar keinen Fall.« Jeorje verschränkte die Arme und strafte Edwar mit einem säuerlichen Blick ab. »Die Fäuste eines Mädchens sind das Letzte, worüber sich ein Bursche aus Südwache Sorgen machen muss, wenn er so dumm ist, Hand an eine Frau zu legen, mit der er nicht verheiratet ist.«

»Wirklich und wahrhaftig«, pflichtete Edwar ihm bei. »Selia, Anjy war noch nie allein auf dem Markt. Ich schlage vor, du und die anderen führt sie herum und zeigt ihr alles.«

»Natürlich, das machen wir gern«, sagte Selia. »Wir gehen ohnehin in die Richtung. Raddock … hat sich den Finger verletzt und muss die Schmucke Sallie aufsuchen.«

»Lässt dein Vater dich auch nicht am Boxunterricht teilnehmen?«, fragte Anjy, als sie die Straße entlang gingen, die zum Marktplatz führte. Raddock führte die Gruppe mit zornigen Schritten an.

»Er gibt mir Einzelunterricht«, sagte Selia. »Dad will nicht, dass die Jungen wissen, wie gut ich kämpfen kann.«

»Der Kerl, der es wagt, seine Hand hier drauf zu legen, erlebt sein blaues Wunder!« Deardra kniff Selia in den Hintern, und beide Mädchen lachten. Raddock blickte finster drein, aber Meada war an derlei gewöhnt und konzentrierte sich auf die vor ihnen liegende Straße. Anjy wurde rot, doch sie wandte den Blick nicht ab.

Deardra zwinkerte Selia zu. »Was hat dich veranlasst, nach Stadtplatz zu ziehen, Anjy?«

»Großvater meint, für mich sei es höchste Zeit, einen Ehemann zu finden«, antwortete Anjy. »Aber in Südwache gibt es nicht viele Burschen in meinem Alter. Er sagt, keine seiner Enkeltöchter dürfe die zweite Gemahlin eines Mannes werden.«

»Beim Horc, da hat er verdammt noch mal recht«, sagte Deardra. Bei diesen lästerlichen Worten schnappte Anjy nach Luft, aber sie enthielt sich jeden Tadels.

»Du bist also auf der Suche nach Liebe«, kommentierte Selia.

Anjy zuckte mit den Schultern. »Großvater sagt, wenn ein Paar zusammenpasst, kommt die Liebe mit der Zeit.«

»Das ist wohl wahr.« Raddock sah Selia vielsagend an.

Selia stemmte die Hände in die Hüften. »Und woher willst du das wissen, Raddock Fischer?«

Raddock blieb ihr eine Antwort schuldig und schlug ein noch schärferes Tempo an. Stadtplatz war vollgepackt mit Karren und Verkaufsständen, weil Hunderte von Menschen sich eingefunden hatten, um Waren feilzubieten oder zu erwerben. Von allen Seiten hörte man Gebrüll und Gelächter. Die Aromen von warmen Speisen und frischen Produkten vermischten sich mit den Ausdünstungen der Tiere, und dazwischen stank es nach glühend erhitztem Eisen, das zischend in Wasser versank. An manchen Ständen drohten Handgreiflichkeiten, wenn Kunden sich beim Feilschen übervorteilt fühlten.

Anjy blieb jählings stehen, und die anderen merkten es erst, als sie ein paar Schritte weitergegangen waren. »Hier herrscht ein solches ... Gedränge.«

»Du wirst dich dran gewöhnen«, versicherte Selia, während sie und Deardra die junge Frau in die Mitte nahmen, sich bei ihr einhakten und sie mitten hinein ins Gewühl schoben. Anjys Kopf flog hin und her, als sie versuchte, die vielen ungewohnten Bilder in sich aufzunehmen, und die ganze Zeit über folgten sie Raddock, der eilig auf die Bude der Familie Schmuck zustrebte.

Harve Schmuck, auch der Schmucke Harve genannt, war ein freundlicher Mann von Ende dreißig, mit sanften Händen und schmutzigen Fingernägeln. Er arbeitete vor seiner Bude, kümmerte sich um seine Topfpflanzen und die zu Pulver zerriebenen Kräuter, mischte Heilmittel und braute gesundheitsfördernde Tränke. Nach einem Blick auf Raddocks krummen Finger schickte er die kleine Gruppe in den hinteren Bereich der Bude.

Die Schmucke Sallie, die örtliche Hebamme, war größer als ihr Mann und hatte dralle, muskulöse Arme. Mit ernster Miene starrte sie Raddock an, als er ihr seinen Finger zeigte. »Hast du dich geprügelt?«

»Nein, gnädige Frau«, sagte Raddock.

»Harl Gerber hat ihn verdroschen, nachdem Raddock ihm blöde kam«, erläuterte Deardra mit Wonne und kassierte dafür von ihrem Bruder einen zornigen Blick.

»Mit diesem Rabauken sollte man sich lieber nicht anlegen«, sagte Sallie. »Der Junge verschafft mir mehr Arbeit, als mir lieb ist.« Sie gab Raddock einen Streifen Leder. »Beiß da drauf.«

Kaum hatte Raddock sich das Leder zwischen die Zähne geklemmt, da riss Sallie mit einem heftigen Ruck an seinem Finger und renkte ihn wieder ein. »Grrrmph!«

»Schon fertig«, erklärte Sallie und bandagierte die Hand. »Ein paar Tage lang solltest du die Hand schonen. Es wird wehtun wie der Horc, aber vollständig ausheilen.«

»Ay, Selia«, rief Bil Platz, als sie an seinem Marktstand vorbeikamen. Bil und seine Mutter stellten die besten Steppdecken in ganz Tibbets Bach her.

»Einfach weitergehen.« Raddock legte eine Hand auf ihre Schulter.

»Blödsinn!« Selia schüttelte die Hand ab und ging zu Bil. Er war in ihrem Alter, kleiner als Selia und schmächtiger als Raddock. »Was kann ich für dich tun, Bil?«

»Ich hatte gehofft, du könntest in meinem Namen bei deinem Dad vorsprechen«, sagte Bil. »Eine von Mams Steppdecken wurde von der Wäscheleine gestohlen. Mabul Hain behauptet, sie hätte das Teil auf Nile Schippers Bett gesehen.«

Nicht zum ersten Mal wandte sich jemand mit irgendeinem Problem an Selia, mit dem er ihren Vater vorerst noch nicht behelligen wollte. Edwar ermutigte ein solches Vorgehen, denn er fand, für sie sei es eine gute Übung, sollte sie irgendwann einmal selbst zur Sprecherin gewählt werden. »Mal abgesehen davon, was Mabul in Niles Schlafzimmer gemacht hat«, erwiderte sie, »hast du Nile schon zur Rede gestellt?«

Bil senkte den Blick. »Nein.«

»Dad ist ein vielbeschäftigter Mann, Bil«, fuhr Selia fort. »Die Aufgabe eines Sprechers ist es, für die Einhaltung der Gesetze zu sorgen, und nicht, die Probleme anderer Leute zu lösen. Komm zu mir, wenn du beweisen kannst, dass Nile die Steppdecke gestohlen hat und nicht bereit ist, sie zu bezahlen. Dann bringe ich dich zu Edwar. Aber er hat keine Geduld mit Leuten, die die Lösung ihrer Probleme auf andere abwälzen.«

Bil nickte. »Ay, Sprech…« Er unterbrach sich. »Selia. Danke.«

»Gern geschehen«, sagte Selia.

»Diese kleine Näherin konnte ich noch nie ausstehen«, knurrte Raddock, als sie ihren Weg fortsetzten. »Hab ich dir schon erzählt, dass er mich einmal in den hinteren Teil seiner Bude locken wollte?«

Deardra lachte. »Wenn er dich das nächste Mal verführen will, lass ihn doch ran. Dann brauchst du dir hinter dem Köderschuppen nicht selbst einen runterzuholen.«

Raddock lief dunkelrot an, während Selia schallend lachte. Sogar Anjy lächelte hinter vorgehaltener Hand.

Am späten Nachmittag zerstreute sich die kleine Gruppe. Selia ging mit Anjy zur Schule zurück und führte sie nach oben in die kleine Kammer neben dem Glockenturm.

»Was Besonderes ist es ja nicht.« Selia deutete auf das Bett, die Kommode und das Schreibpult. »Aber das Zimmer ist warm und trocken.« Sie zog den Vorhang am Fenster zurück. »Und du hast einen prächtigen Ausblick auf den gesamten Ort.« Sie grinste, als Anjy einen leisen Freudenschrei ausstieß.

»Es ist herrlich«, jubelte das Mädchen.

»Kommt mir reichlich merkwürdig vor, auf diese Weise einen Ehemann zu finden«, sagte Selia.

»Hä?«, fragte Anjy.

»Na ja, anstatt dich allein hierher zu schicken, um mit Kindern zu arbeiten, hätte man einfach nur jemanden bitten müssen, nach einem passenden Mann für dich Ausschau zu halten«, erklärte Selia. »Mam wird es nicht gern sehen, wenn du hier oben Männerbesuche empfängst.«

»Ich habe nichts dergleichen vor«, erwiderte Anjy. »Großvater meinte nur, für mich sei es das Beste, ein Weilchen aus Südwache fortzugehen.«

»Steckt vielleicht ein Kerl dahinter?«, fragte Selia.

Anjy wich ihrem Blick aus. »Ay, so was in der Art.«

Selia drückte Anjys Hand. »Du schuldest mir keine Erklärung, und ich werde dich nicht ausfragen. Im übrigen bin ich keine, die andere Menschen verurteilt. Ich möchte gern deine Freundin sein, wenn du magst.«

Jetzt blickte Anjy ihr in die Augen und lächelte sie strahlend an. Selia fühlte sich wie vom Blitz getroffen. Sie schwebte förmlich die Treppe hinunter, Im Klassenzimmer traf sie Harl Gerber, der die Wischlappen ausklopfte. Seine Hände waren weiß vor Kreide.

Selia stemmte die Fäuste in die Hüften. »Du weißt doch, dass du nicht hier drin sein darfst, Harl Gerber.«

»Ich hab die Tafel saubergewischt«, sagte Harl. »Und den Boden gefegt.«

»Na schön.« Betont umständlich holte Selia einen großen Schlüssel aus ihrer Tasche. »Aber jetzt sperre ich hier ab.«

Harl gab keine Widerworte, stapelte die Wischlappen auf dem dafür vorgesehenen Brett und ließ sich von Selia aus der Tür scheuchen.

Während Selia die Schultür abschloss, behielt sie den Jungen im Auge. »Solltest du nicht schleunigst nach Hause laufen? Du hast einen langen Weg, und die Horclinge nehmen keine Rücksicht.«

»Ich muss mit deiner Mam sprechen«, sagte Harl.

Selia steckte den Schlüssel in eine tiefe Tasche ihres Kleides. »Die einzige Person, die mit meiner Mam sprechen muss, ist deine Mutter.«

»Ich tu alles.« Harl klang verzweifelt. »Ich schlepp Latrinenkübel. Hacke Holz. Egal, was deine Mam von mir verlangt.«

»Nichts davon ist eine Wiedergutmachung dafür, dass du einen Lehrer angegriffen hast, Harl.«

»Du ahnst ja nicht, wie mein Dad ist«, sagte Harl. »Wenn er das erfährt, sperrt er mich eine Woche lang im Abort ein.«

»Deshalb will Lory ja mit deiner Mam sprechen und nicht mit ihm«, sagte Selia.

»Sie wird es ihm aber erzählen. Sie würde sich hüten, ihm so was zu verheimlichen.«

Selia verschränkte die Arme. »Daran hättest du denken müssen, bevor du Raddocks Finger ausgerenkt hast.«

Harl machte ein finsteres Gesicht. »Ich verrate dein Geheimnis.«

»Was für ein Geheimnis?«, fauchte Selia.

»Dass du hinter der Schule mit Raddocks Schwester herumknutschst.«

Selias Magen verkrampfte sich, doch dann packte sie die helle Wut. »Du kannst mir nicht drohen, du unverschämter Bengel.

Ausgeburt des Horc!« Mit erhobener Faust ging Selia auf ihn zu, und er wich hastig zurück. »Ich bin nicht Raddock Fischer. Ich schlag dir die Zähne aus, und dein Dad wird dich einen Monat lang in den Abort sperren, weil du Lügen verbreitet hast.«

»Das ist keine Lüge!«, trumpfte Harl auf. »Ich hab euch gesehen.«

»Wem werden die Leute wohl eher glauben«, fragte Selia, »der Tochter des Sprechers und der Schulmeisterin, oder der kleinen Ratte, die im Klassenzimmer auf den Boden spuckt und Lehrer angreift?« Sie gab ihm einen Schubs. »Und jetzt lauf nach Hause, ehe du noch mehr Mist baust.«

Harl blähte die Nasenflügel und kniff die Augen zu schmalen Schlitzen zusammen. Selia sah ihm an, dass er sich auf sie stürzen wollte, und hob beide Fäuste. »Untersteh dich!«

Doch Harl spuckte lediglich aus, wirbelte herum und sauste davon. Im Vorbeilaufen schlug er wütend gegen einen Siegelpfosten, ehe er auf die Straße abbog.

Stoff raschelte, und als Selia den Blick hob, sah sie, dass sich der Vorhang an Anjys Fenster bewegte.

Das Läuten der großen Schulglocke riss Selia jählings aus dem Schlaf. In ihrem Zimmer war es stockfinster, doch sie tastete nach ihrem Kleid und zog sich an. Gerade als sie durch die Tür stolperte, kam ihr Vater in die Stube gerannt. Das Feuer im Kamin war zu einer matten Glut heruntergebrannt, doch in dem trüben Lichtschein sah sie das Funkeln von Metall und wusste, dass Edwar seine Rüstung anlegte.

Selia hielt einen Kienspan in die Glut und zündete eine Lampe an. Dann eilte sie zu Edwar, dem Lory half, die Rüstung zuzuschnallen, und legte auch mit Hand an. »Was ist los?«

»Die Siegel am Schulhaus leuchten wie ein Freudenfeuer zur Sonnenwende«, sagte Edwar. »Und es riecht nach Rauch.«

»Horclinge?« Es lief ihr eiskalt über den Rücken. Anjy war ganz allein in der Schule.

»Mit Sicherheit.« Edwar steckte seinen Arm durch die Schildgurte und riss den Speer vom Kaminsims.

Ich hab die Tür verriegelt. Der Gedanke durchzuckte sie, und ehe sie sichs versah, wollte sie auch schon nach dem zweiten Schild greifen. Er bestand aus Holz, nicht aus Stahl wie der ihres Vaters, aber seine Siegel waren stark. »Ich komme mit.«

»Bei der Nacht, du bleibst hier!« Lory trat ihr in den Weg und verschränkte die Arme über der Brust. »Überlass das deinem Vater.« Edwar ging zu Lory, und die drückte ihm einen festen Kuss auf den Mund. »Pass gut auf dich auf.«

»Ich liebe euch beide«, sagte Edwar zu seiner Frau und seiner Tochter, dann drehte er sich um und verschwand in der Nacht. Selia und Lory starrten ihm hinterher, erhaschten nur vereinzelte Blicke auf seine geduckte Gestalt, die von den Blitzen der Siegel beleuchtet wurde, und betrachteten den unheilvollen orangeroten Glast, der die Straße ein Stück weiter unten erhellte.

Doch dann hörte Selia Anjy schreien, und sie konnte nicht länger dastehen und zuschauen. Ehe ihre Mutter sie daran hindern konnte, schnappte sie sich den Ersatzschild und hetzte hinaus in die Nacht.

»Selia, du kommst sofort zurück!«

Selia achtete nicht auf Lorys Rufe und rannte los wie ihr Vater, tief gebückt und so leise wie möglich. Lichter tauchten in Fenstern auf, Leute spähten nach draußen, um zu sehen, was passierte, aber keiner war so töricht, sein durch Siegel gesichertes Haus zu verlassen.

Sie holte ihren Vater ein, als der sich neben den defekten Zaun kauerte. Einer der Siegelpfosten war beschädigt, aber von Flammen keine Spur. Der Pfosten war nur geborsten, und durch die so entstandene Lücke in der Bannzone waren Dämonen auf den Schulhof gelangt. Selia zählte drei dieser Bestien, zwei Flammendämonen und einen mächtigen Felsendämon, doch deren Geheul würde auf jeden Fall weitere Horclinge anlocken. Vor dem mondhellen Himmel gewahrte Selia einen Winddämon. In eleganten Kreisen umschwebte er den von einer Lampe beleuchteten Glockenturm auf dem Dach des Schulhauses, während die große Glocke wie irrsinnig schepperte.

Wenn sie die Glocke läuten kann, ist sie am Leben, dachte Selia. *Also kommen wir nicht zu spät.*

»Beim Horc, Selia«, knurrte Edwar. »Du solltest doch im Haus bleiben!«

»Anjy ist ganz allein hier draußen«, gab sie zurück.

»Und ich könnte ihr besser helfen, wenn du nicht hier wärst.« Edwar spuckte aus, doch er protestierte nicht weiter.

»Worauf warten die Dämonen?«, fragte Selia.

»Die Flammendämonen haben das Haus in Brand gesteckt, aber bis jetzt halten die Siegel noch.« Edwar hob seinen Speer. »Heb deinen Schild hoch und folge mir dichtauf.«

Der Felsendämon sprang mit einem gewaltigen Satz gegen die große Tür des Schulhauses, aber die Siegel blitzten auf, und das Ungeheuer wurde zurückgeschleudert. »Jetzt!« Edwar rannte zur Tür, den Schild am rechten Arm. Selia setzte ihm nach und gab ihnen mit ihrem Schild an der linken Seite Deckung. Einer der Flammendämonen hechtete Edwar entgegen. Das Biest wog höchstens zwanzig Pfund, und er wehrte den Dämon mit seinem Schild ab. Die Siegel flackerten hell, und der Horcling wurde quer über den Hof gefegt.

Der andere Flammendämon spie Selia einen Schwall Feuer entgegen. Sie riss ihren Schild in die Höhe und lenkte im Lauf den glühenden Speichel ab. Doch ein Klumpen des klebrigen

Zeugs landete auf dem Saum ihres Kleides, und der Stoff fing Feuer.

Selia schrie, strauchelte und fiel direkt vor der Schultreppe hin. Edwar behielt die Nerven und hievte sie die Stufen hinauf hinter das Siegelnetz. Mit den Stiefeln versuchte er die Flammen am Rocksaum auszutreten, dann schwang er seinen Speer, und die lange Klinge trennte das brennende Stück Stoff einfach ab. Sein gepanzerter Handschuh drehte den Türknauf. »Abgeschlossen!«

»Ich hab den Schlüssel.« Selia fischte ihn aus ihrer Kleidtasche, doch als sie ihn ins Schloss stecken wollte, verbrannte sie sich an dem heißen Metall die bloßen Finger. Mit einem Schmerzensschrei ließ sie den Schlüssel fallen.

»Der Brandherd befindet sich gleich hinter dieser Tür«, sagte Edwar.

»Wir könnten zur hinteren Pforte gehen ...«, schlug Selia vor.

»Nicht, wenn die Dämonen auf dem Hof sind«, sagte Edwar. »Mach Platz.«

Als Erstes trat er ans Fenster und stieß das mit Stahl verstärkte Ende seines Speers durch die Glasscheiben. Dann hob er den Schild und versetzte der Tür einen wuchtigen Tritt mit seinem gepanzerten Stiefel. Holz splitterte und bog sich nach innen, aber die Tür hielt stand. Er nahm Anlauf, duckte sich hinter den Schild und sprengte die Tür auf. Polternd landete er auf dem Boden des Schulzimmers.

Selia spürte den Gluthauch, der an ihr vorbeirauschte, als der Türdurchgang Flammen ausrülpste. Rauch wölkte durch die zersplitterten Fensterscheiben. Sie tauchte ihr Taschentuch in die Regentonne und band es sich vor Mund und Nase, ehe sie in das Gebäude eindrang. Die Flammen fraßen sich durch das Klassenzimmer, und fetter Qualm verpestete die Luft. Die Hitze war beinahe unerträglich. Aber für Edwar musste es noch schlimmer sein. Seine Rüstung hatte ihn vor der brennenden Tür geschützt, aber das Metall würde sich schnell erhitzen und ihn bei lebendigem Leib rösten, wenn sie nicht rechtzeitig entkamen.

»Duck dich so tief wie möglich! Mit dem Gesicht dicht am Boden bleiben!«, brüllte Edwar. In gebücktem Lauf arbeiteten sie sich in Richtung Treppe vor.

»Anjy!«, donnerte Edwar. »Anjy Südwächter!«

Es kam keine Antwort. Die Glocke läutete immer noch Sturm, da das Mädchen verzweifelt am Seil zerrte, um Hilfe herbeizurufen. Ein lautes Krachen ertönte, als der Felsendämon wieder versuchte, die durch Rauch geschwächten Siegel zu durchbrechen. Das ganze Schulgebäude bebte, und das Verandageländer brach entzwei. Der Dämon heulte, als magische Ströme seinen Körper schüttelten, doch er zwängte sich durch die Bresche. Edwar selbst hatte die nächste Verteidigungslinie zerstört, und der gigantische Dämon zertrümmerte den Türdurchgang, als er ins Klassenzimmer stürmte.

»Rauf mit dir!« Edwar stieß Selia zu den Treppenstufen, während er sich zu seiner vollen Größe aufrichtete. »Ich locke die Bestie durch die hintere Pforte nach draußen!«

Es war ein verrückter Plan, doch als der Felsendämon nach ihrem Vater schlug, flammte die magische Energie des Schildes auf und trieb den Dämon zurück. Edwar rammte ihm den Speer in das weit aufgerissene Maul. Das Monstrum jaulte vor Schmerz, ließ die Kiefer zuschnappen und zerstörte die Waffe. Dann wirbelte der Horcling herum und peitschte mit dem kräftigen Schwanz auf Edwar ein. Doch die Siegel der Rüstung blitzten wie in einem Gewitter. Edwar wurde zur Seite geschleudert, aber er blieb auf den Füßen. Mit seinem gepanzerten Handschuh hämmerte er gegen den Schild und lotste den Dämon hinter sich her, während Selia die Treppe hinaufflitzte.

Aber der Felsendämon stellte nicht die einzige Gefahr dar. Die Flammendämonen verfolgten sie wie Hunde, die eine Katze jagen, und entzündeten auf ihrem Weg ständig neue Feuer.

Im Obergeschoss war der Qualm nicht mehr so dicht, denn die Luft, die durch die geborstene Tür und das zertrümmerte Fenster hereinwehte, vertrieb die Schwaden. Doch lange würde das nicht mehr so bleiben, wenn sich das Feuer weiter ausbreitete. »Anjy!«, schrie Selia.

Das Glockengeläut verlangsamte sich, als sie sich der Kammer, in der das Seil hing, näherte. Selia ruckelte an der Tür, doch die war von innen verschlossen. Mit der Faust trommelte sie gegen das Holz, während die Dämonen stetig zu ihr aufschlossen.

In dem Moment, als die Tür aufging, stürzte sich ein Dämon auf sie. Selia duckte sich hinter ihren Schild und rammte ihn gegen den Horcling. Der prallte zurück, sodass sie in den Raum hineintaumeln konnte. Hinter ihr knallte Anjy die Tür zu und verriegelte sie, aber zwei Krallen schoben sich wie Nägel durch das Holz, und Selia wusste, dass die Gefahr nicht gebannt war.

»Wir sind hier gefangen!«, kreischte Anjy.

»Die Leiter hoch und in den Glockenturm!«, schrie Selia. Dies zögerte das Unvermeidliche vermutlich nur hinaus, doch solange man lebte, gab es Hoffnung. Anjy riss sich zusammen und fing an zu klettern. Selia schlang sich den Schild über eine Schulter und folgte ihr. Derweil schwärzte sich die Tür vom Feuer, und ein Prankenhieb spaltete die Bretter.

Beim nächsten Angriff platzten die beiden Flammendämonen in die winzige Kammer. Dichter Rauch quoll durch die kaputte Tür und wurde von dem offenen Schacht angezogen. Die Horclinge wollten die Leiter hochkrabbeln, doch ohne Greifhände gelangten selbst die geschmeidigen Flammendämonen nicht hinauf.

Stattdessen krallten sie sich an den Wänden fest und hangelten sich an den glatten Mauern genauso schnell nach oben, wie die jungen Frauen klettern konnten.

»Was jetzt?!«, schrie Anjy, als sie es bis in den Glockenturm geschafft hatten. Unter ihnen lag das Dorf, jedes Fenster war hell erleuchtet, aber niemand kam ihnen zu Hilfe.

»Zieh das Seil nach oben!« Selia nahm den Schild wieder von ihrer Schulter und beobachtete die Dämonen, die die Wände hochkletterten. Trotz der Dunkelheit und des Qualms waren sie an ihren glühenden Augen und feurigen Mäulern deutlich zu erkennen.

Sie wartete, während Anjy das Glockenseil hochzog, und als die glühenden Augen näher kamen, spannte sie ihre Muskeln an. Selia rührte sich erst, als die Horclinge sie fast erreicht hatten. Der Dämon, der die Führung übernommen hatte, sammelte Feuerspeichel in seinem Maul und schloss beim Ausspucken die Augen. In diesem Moment schleuderte sie ihren Schild. Er krachte dem Dämon mitten auf die Schnauze, und mit aufblitzenden Flammensiegeln fegte er ihn von seinem Hochsitz herunter. Im Fallen riss er seinen Kameraden mit, und beide purzelten in die Seilkammer hinunter, zusammen mit dem kostbaren Schild.

Den Dämonen war nichts passiert. Sie rollten sich ab, landeten auf den Pfoten und fingen sofort wieder an, die Wände zu erklimmen.

Selia entriss Anjy das Seil und warf es über das Geländer, sodass es auf dem schrägen Dach zu liegen kam. Die Glocke fing erneut an zu lärmen, als sie den Strick festzurrte, sich auf das Geländer hievte und ihre Röcke raffte. »Mir nach!«

Ängstlich spähte Anjy nach unten. Der Strick war lang genug, um sich vom Glockenturm bis auf das Dach abzuseilen, aber bis ganz hinunter zum Boden reichte er nicht. Sie erstarrte vor Schreck.

Selia streckte ihr eine Hand entgegen. »Vertrau mir.«

Anjy ergriff die Hand. Selia zog sie auf das Geländer und half ihr dann, am Seil hinunterzuklettern. Das misstönende Krächzen eines Winddämons erklang über ihren Köpfen, während ihre Füße über die steil abfallenden Dachschindeln rutschten. Jede Schindel trug ein Siegel, um Winddämonen daran zu hindern, auf dem Dach zu landen, doch diese Horclinge waren Flugkünstler und konnten mit ihren Krallen jederzeit einen Menschen aus der Luft packen und davontragen.

Selia machte ein paar rasche Schritte, dann ließ sie den Strick los und schlang die Arme um Anjy. »Los! Spring!«

Sie hätte nicht sagen können, ob Anjy gehorchte, oder ob sie einfach nur das Gleichgewicht verlor, doch sie sausten just in dem Moment in die Tiefe, als ein Winddämon gegen die Schindeln prallte, auf denen sie soeben noch gestanden hatten.

Das Kreischen des Dämons vermischte sich mit den Schreien der Mädchen, während alle drei vom Dach fielen. Aber Selia hatte den Sprung genau berechnet. Sie und Anjy rollten über die Dachkante und fielen nur wenige Fuß tief, wobei sie auf dem viel weniger abschüssigen Vordach landeten, unter dem sie und Deardra vor einer gefühlten Ewigkeit Küsse ausgetauscht hatten. Der Aufprall trieb ihnen die Luft aus den Lungen, aber Selia griff geistesgegenwärtig nach der Regenrinne, als sie nach unten rutschten. Sie glaubte, die Arme würden ihr aus den Gelenken gerissen, und sie musste die Rinne loslassen, doch immerhin war ihr Schwung so weit gebremst, dass sie zwar hart, aber ohne Knochenbrüche auf dem Boden ankamen.

Anjy öffnete den Mund, aber Selia drückte eine Hand darauf und erstickte jeden Laut. Sie hievte sich und Anjy hoch und brachte sie mit dem Rücken an der Hauswand in eine sitzende Position. Wachsam schweiften ihre Blicke über den Hof. Im

Inneren der Schule gab es einen dumpfen Knall, und das Mauerwerk erbebte. Der Felsendämon brüllte, und plötzlich erinnerte sie sich an ihren Vater. Sie bekam schreckliche Angst. Hatte ihr törichtes Beharren, ihm nachzueilen, Edwar vielleicht das Leben gekostet?

Doch dann flog eine der Kellertüren auf, und stöhnend quälte sich Edwar durch das Loch. Hinter ihm lärmte und brüllte der Felsendämon, doch der Keller war vollgestopft mit allen möglichen Sachen, und der Dämon würde sich den Weg nach draußen freikämpfen müssen.

Edwar erblickte die beiden Mädchen, als Selia Anjy in seine Richtung bugsierte. »Gepriesen sei der Schöpfer!«

Lory schrie Selia wütend an, als sie zurückkamen, aber während sie schimpfte, umarmte sie die beiden Mädchen, und Tränen strömten über ihr Gesicht. Nachdem sie sich wieder beruhigt hatte, untersuchte sie sie mit fest zusammengekniffenen Lippen und schickte sich dann an, ihre Verletzungen zu säubern, zu nähen und zu verbinden.

»Bis auf Weiteres schläfst du in Selias Kammer, Anjy«, bestimmte Lory, sowie sie mit ihrer Arbeit fertig war. »Und jetzt ruht euch aus. Der Tag morgen wird lang.«

Sie gingen in Selias Zimmer, und sobald sie allein waren, schlang Anjy die Arme um Selia und fing an zu schluchzen. Selia setzte sie auf ihr Bett, nahm neben ihr Platz und drückte sie an sich, bis das Schluchzen abebbte.

Anjy blickte zu ihr hoch. Ihre großen, wunderschönen Augen schwammen in Tränen. »Es war nicht wegen eines Jungen.«

»Hä?«, fragte Selia.

»Dass Großvater mich von Südwache weggeschickt hat«, erklärte Anjy. »Ein Junge war nicht der Grund.« Sie fasste nach Selias Hand. Ihre Finger waren sanft und weich. »Es ging dabei um ein Mädchen.«

Sie hob das Kinn, und Selia küsste sie. Alles, was sie gerade durchgemacht hatten, war vergessen, als die Erkenntnis einsank.

Anjy war ebenfalls eine warme Schwester.

»Bei der Nacht«, keuchte Anjy. »Wo hast du das gelernt?«

Selia rutschte im Bett wieder hoch und legte sich neben sie. Beide waren verschwitzt, trotz der Kühle der Nacht. »Ich hab mal den Hintern versohlt gekriegt, weil ich meine Eltern dabei beobachtet habe, wie Dad es bei Mam machte. Zufällig bekam ich mit, wie Mam der Schmucken Sallie erzählte, solche Sachen hätte er auf seinen Reisen als Kurier gelernt.«

»Das war … fantastisch. Ich weiß nicht, wie ich es geschafft habe, am Ende still zu bleiben«, sagte Anjy. Selia schmiegte ihren Kopf gegen die Brust der jungen Frau und lauschte ihrem rasenden Herzschlag. »Machst du das auch mit Deardra?«

Selia versteifte sich, aber Anjy legte sacht eine Hand auf ihren Kopf und streichelte das schweißnasse Haar. »Schon gut.«

»Hast du gehört, was Harl sagte?«, fragte Selia.

»Ay, aber das wäre gar nicht nötig gewesen«, erwiderte Anjy. »Ich habe gesehen, wie ihr euch anschaut und wie ihr euch berührt. Genauso war das mit mir und Sementhe.«

»Die junge Frau, wegen der man dich aus Südwache fortgeschickt hat.«

Anjy gab ein nervöses Lachen von sich. »Das eigentliche Problem war ihr Ehemann. Er hat uns dabei erwischt, wie wir uns in der Badestube geküsst haben, und er hat sich aufgeführt als hätte er Horclinge in der Wanne entdeckt.«

»Dann bist du also ... frei?«, erkundigte sich Selia.

»Ay, so frei, wie eine warme Schwester nur sein kann.« Anjy seufzte. »Ich bin so lange frei, bis Großvater die Angelegenheit bereinigt hat und einen Mann gefunden hat, der ein ehrloses Mädchen wie mich heiratet. Und was ist mit dir?«

»Was soll mit mir sein?«, fragte Selia.

»Bist du gebunden oder nicht? Deardra ...«

»... Deardra sagte mir, was zwischen uns läuft, sei bloß ein Jux, bis wir verheiratet wären«, sagte Selia. »Sie will mich unbedingt mit ihrem Bruder verkuppeln.«

»Raddock?« Anjy rümpfte die Nase.

»Ay.« Selia grinste. »Eher friert der Horc zu, als dass ich diesen aufgeblasenen Fischer heirate.«

»Dann bist du also ... frei.« Anjy schenkte ihr dieses strahlende Lächeln, und Selia verwöhnte sie wieder mit Küssen.

Das Schulhaus war bis auf die Grundmauern niedergebrannt, als die Morgendämmerung die Dämonen in den Horc zurücktrieb. Selia begleitete ihre Eltern, um sich die Ruine anzusehen, und bei dem Anblick brach Lory in Tränen aus.

Edwar legte eine Hand auf ihre Schulter. »Wir bauen die Schule wieder auf, Liebste.«

Jede Menge Gaffer hatten sich eingefunden, aber Edwar hatte ein paar Männer abgestellt, um sie von dem Ort des Grauens fernzuhalten, während er die Trümmer in Augenschein nahm. »Hier.«

Er zeigte auf den zerschmetterten Siegelpfosten, der ihnen in der vergangenen Nacht aufgefallen war. »An dieser Stelle brach das Siegelnetz zusammen.«

Lory ging in die Hocke, um den Pfosten zu prüfen. »Das Siegel ist mit Kreide verschmiert.«

Selia spürte, wie sich ihr Magen verkrampfte. Ihr fiel ein, dass Harl Gerbers Hände voller Kreidestaub gewesen waren. Hatte er absichtlich das Siegel verunreinigt? Ohne einen hieb- und stichfesten Beweis war dies eine ungeheuerliche Anschuldigung, und sie hütete sich, etwas zu sagen. Außerdem spukte in ihrem Hinterkopf immer noch seine Drohung herum, er könne sich an ihr rächen.

Isak Fischer, der Sprecher von Fischweiher, traf bald darauf mit seinen Kindern ein, Raddock und Deardra. »Alles in Ordnung mit dir, Edwar?«

»Ja, bis auf ein paar blaue Flecken. Die Schule ist abgebrannt, wie du siehst, aber wir bauen eine neue.«

»Und eine bessere obendrein«, meinte Isak. »Holz und Stein sind nichts, verglichen mit Menschenleben. Und deshalb halte ich es für angebracht, dass wir beide uns einmal unterhalten.«

Edwar sah Raddock an als bemerke er ihn erst jetzt. Raddock stand respektvoll hinter seinem Vater und hielt den Blick gesenkt. »Lasst uns alle auf eine Tasse Tee ins Haus gehen. Selia, ich schlage vor, du nimmst Deardra und Anjy mit in dein Zimmer.«

Selia biss frustriert die Zähne zusammen, aber sie hütete sich, Widerworte zu geben. »Gern, Vater.«

»Hast du dich verletzt?«, fragte Deardra und nahm im Gehen Selias Arm, um sich den Verband auf der Brandwunde anzusehen.

»Ich habe Glück, dass ich überhaupt noch am Leben bin«, sagte Selia. »Zwei Flammendämonen und ein Felsendämon haben die Siegel an der Schule durchbrochen.«

»Und du warst …« Deardra schluckte hart. »Du warst da?«

»Ich hätte Anjy doch nicht den Horclingen überlassen können«, sagte Selia.

»Sie kam zu meiner Rettung wie der Erlöser höchstselbst«, steuerte Anjy bei.

Deardra starrte die junge Frau aus Südwache an, als sie das Haus betraten und sich in Selias Zimmer begaben. Dort musterte sie die zerwühlten Bettlaken und die zerrissene Kleidung auf dem Boden. Schnüffelnd sog sie die Luft ein, als könne sie trotz des beißenden Rauchgestanks, der an den Kleidern haftete, riechen, was die beiden Mädchen getrieben hatten.

»Du hast hier geschlafen?« Deardra durchbohrte Anjy mit ihren Blicken.

»Es ist doch nichts dabei, oder?«, versetzte Anjy, doch die Röte, die ihr dabei ins Gesicht schoss, verriet sie.

Deardra ballte eine Faust. »Es ist wohl was dabei. Und du weißt genau, was ich meine.«

»Ich wüsste nicht, was dich das angeht, wenn du deinen Dad und Raddock hierher geschleppt hast, um über etwas ganz Bestimmtes zu reden.« Selias Worte sorgten dafür, dass Deardra den Blick von Anjy abwandte und stattdessen sie zornig anfunkelte. »Außerdem hast du selbst gesagt, der Bund der Warmen Schwestern hätte nicht genug Mitglieder.«

»Damit wollte ich dich nicht auffordern, irgendein spießiges Püppchen aus Südwache in dein Bett zu holen!«, fauchte Deardra.

»Hey!« schrie Anjy.

»*Der Bund der Warmen Schwestern ist ein herrlicher Jux, aber doch nur, bis wir Ehemänner finden!* So lauteten deine Worte«, zitierte Selia und konnte ihre Verbitterung nicht verhehlen. »*Es hat nichts zu bedeuten.*«

»Es hat auch nichts zu bedeuten.« Deardra spuckte auf den Boden. »Ohnehin wirst du bald verlobt sein.« Mit einem Kopfnicken deutete sie in Richtung Tür.

Selia verschränkte die Arme. »Das wollen wir doch mal sehen.«

»Sag Nein, und ich erzähle überall im Dorf herum, warum du dich weigerst!«, drohte Deardra.

»Wirst du auch erzählen, welche Rolle du in dieser Posse spielst?«, fragte Selia. »Dass du deinem eigenen Bruder Hörner aufgesetzt hast? Von dir wurde er doch erst ermutigt, um das Mädchen zu werben, von dem du dich abknutschen lässt.«

Deardra stemmte die Hände in die Hüften. »Da steht dein Wort gegen meines.«

»Harl Gerber weiß Bescheid«, sagte Selia.

»Hä?« Deardra machte ein bestürztes Gesicht.

»Gestern hat er uns hinter dem Schulhaus erwischt«, sagte Selia. »Er hat mir gedroht, es an die große Glocke zu hängen, wenn ich nicht dafür sorge, dass er wieder zur Schule kommen darf und sein Dad nichts von seinen Missetaten erfährt.«

»Bei der Nacht!«, hauchte Deardra, und ihr Groll verflog.

»Wenn du jetzt nicht die Klappe hältst, sind wir alle dran«, sagte Selia.

»Na schön, ich hab's kapiert.« In Deardras Augen standen Tränen. »Selia setzt mal wieder ihren Willen durch, und die Familie Fischer kann zusehen, wo sie bleibt.«

»So ist das doch gar nicht, Deardra.« Selia streckte die Hand nach ihr aus, aber Deardra schlug sie weg, drehte sich um und stürmte aus dem Zimmer. Selia wandte sich Anjy zu, doch das Mädchen wich ihrem Blick aus.

»Er ist eine gute Partie«, fand Lory.

»Ay, schon möglich«, sagte Selia. »Aber ich liebe ihn nicht.«

»Pah!« Lory wedelte mit der Hand. »Du bist neunzehn Sommer alt, Mädchen. Was verstehst du schon von Liebe? Liebe erwächst, wenn man sich gemeinsam ein Zuhause aufbaut. Wenn man jemandem sein Leben widmet. Die Liebe ist ein Saatkorn, das erst aufgeht, wenn man es jahrelang gewässert hat. Wenn man füreinander Verantwortung übernimmt.«

»Bei dir und Dad war das aber ganz anders«, sagte Selia. »Dad hat nicht seinen Beruf als Kurier aufgegeben und sein Haus in Miln verkauft, um hier ein Saatkorn zu pflanzen und jahrelang darauf zu warten, dass es aufgeht.«

»Ay, da hast du recht«, pflichtete Edwar ihr bei.

»Halt du dich da raus«, sagte Lory.

»Auf gar keinen Fall«, widersprach Edwar. »Isak kam zu mir, um meinen Segen für diese Verbindung zu erbitten, und ich sagte ihm, ich sei einverstanden. Da ging ich noch davon aus, dass Selia Raddock will. Wenn dem aber nicht so ist ...« Er spreizte die Hände.

Selia umarmte ihn stürmisch. »Ich danke dir, Dad.«

»Bist du dir deiner Sache auch ganz sicher, mein Sonnenschein?«, fragte Edwar. »Die Fischer-Sippe wird kochen vor Wut, wenn ich mein Einverständnis widerrufe. Willst du nicht noch mal darüber nachdenken?«

»Ich hatte jahrelang Zeit, mir über Raddock Gedanken zu machen. Ich will ihn nicht.«

»Wen willst du dann?«, wollte Lory wissen. »Du bist kein Kind mehr, Selia. Für dich wird es höchste Zeit, eine Familie zu gründen.«

Edwar legte eine Hand auf Lorys Schulter. »Immer mit der Ruhe, mein Herz. Mach dir nicht zu viele Sorgen auf einmal.«

»Ich mache mir Sorgen, wo ich demnächst den Schulunterricht abhalten werde«, sagte Lory.

»Der Unterricht kann noch ein paar Tage warten, bis wir ...«, begann Edwar.

»Nein, kann er nicht«, fiel Lory ihm ins Wort. »Ich kenne diese Leute besser als du, Edwar. Die meisten von ihnen halten jetzt schon die Schule für reine Zeitverschwendung. Und wenn sie sich erst mal daran gewöhnt haben, dass der Unterricht ausfällt, schicken sie ihre Kinder gar nicht mehr zu mir.«

Es gab eine alte Scheune, die niemand mehr benutzte, seit Mart Strohballen gestorben war. Noch am selben Tag trommelte Edwar eine Schar Helfer zusammen, die die Scheune leerräumten, den Boden fegten und die Siegel ausbesserten. Man baute ein hölzernes Gestell, barg die Schulglocke aus den Trümmern, und sechs Männer hievten sie auf den neuen Turm. In der Abenddämmerung läutete Lory eigenhändig die Glocke und ließ die Leute wissen, dass die Schule am nächsten Tag wieder beginnen würde.

»Ganz schön eigensinnig, deine Mam«, sagte Anjy in dieser Nacht, als Selia und sie sich im dunklen Zimmer küssten.

»Sturheit liegt bei uns in der Familie«, sagte Selia.

Sie blieben noch lange wach, unterhielten sich, wenn sie sich nicht gerade küssten, stellten Fragen und vertieften ihre Freundschaft, indem sie sich gegenseitig ihr Leben und ihre Wünsche offenbarten.

»Ich möchte nicht heiraten. Ich mache mir nichts aus Männern«, bekannte Selia. »Lieber bleibe ich einsam und ehelos.«

»Ehelos, ay, das mag schon sein.« Anjy schlang ihre Arme fester um sie. »Aber ich glaube nicht, dass du einsam sein wirst.«

Als Selia in den Schlaf hinüberglitt, empfand sie einen inneren Frieden, wie sie ihn noch nie zuvor gekannt hatte.

Am kommenden Morgen versammelte sich gerade eine Gruppe Kinder in der Scheune, als Raddock und Deardra eintrafen. Ihre Mienen waren frostig.

»Wir wollen helfen, damit wieder Unterricht stattfinden kann, werte Dame«, sagte Raddock zu Lory. »Aber nächstes Jahr musst du dir neue Lehrer suchen.«

»Du bist ein guter Mann, Raddock«, sagte Lory.

Den Rest des Tages weigerte sich Raddock, Selia in die Augen zu sehen, und Deardra schien Anjy mit ihren Blicken erdolchen zu wollen. Selia hielt sich so weit es ging von Anjy fern, aber hin und wieder tauschten sie Blicke aus, wenn sie sich unbeobachtet fühlten, und lächelten verstohlen.

Sowie die Nachmittagsglocke läutete, brach Raddock auf. Deardra sah aus als wolle sie noch bleiben und ein Wort mit Selia wechseln, aber Raddock zerrte seine Schwester buchstäblich mit sich, als sie im Eilschritt abmarschierten.

»Du wirkst ziemlich bedrückt«, sagte Anjy zu Selia.

»Deardra und Raddock sind meine Freunde«, erwiderte Selia. »Ich wollte sie nicht kränken.«

»Dich trifft doch keine Schuld, wenn du dich nicht zu Raddock hingezogen fühlst«, fand Anjy.

Genauso wenig wie Deardra eine Schuld trifft, weil sie mich abgelehnt hat, dachte Selia.

Die Spannungen hielten sich noch die ganze Woche lang, aber Raddock und Deardra machten sich immer beim ersten nachmittäglichen Glockenton aus dem Staub. Und kaum waren sie um die nächste Straßenbiegung verschwunden, da griff Anjy nach Selias Hand. Danach waren sie unzertrennlich, ob bei den Haushaltspflichten oder während der langen Stunden vor dem Kamin in der Wohnstube, nachdem Edwar und Lory sich für die Nacht zurückgezogen hatten. Sie unterhielten sich leise aber lebhaft und fieberten dem Moment entgegen, wenn sie gemeinsam zu Bett gingen.

Wieder einmal war Markttag und Fern Gerber kam zusammen mit ihrem Sohn Harl nach Stadtplatz. Der Junge sah blass und verhärmt aus, und unter seinen Augen lagen dunkle Schatten. Lag es daran, dass ihn das schlechte Gewissen quälte, oder daran, dass sein Vater ihn eine Woche lang in den Abort gesperrt hatte? Hatte er gedankenlos gehandelt oder aus schierer Boshaftigkeit, als er den Siegelpfosten beschädigte? Selbst wenn er nur unbedacht gewesen war, hatte er eine Strafe verdient, doch falls eine böse Absicht dahintersteckte, kam dies einem ungeheuerlichen Verbrechen gleich. Selia weigerte sich zu glauben, dass jemand in Tibbets Bach zu einer derart infamen Tat fähig wäre.

Lory ging Missis Gerber entgegen, um sie zu begrüßen. »Fern, danke, dass du gekommen bist. Harl, du wartest hier, während ich mit deiner Mutter spreche. Selia, geh mit den anderen Kindern hinein und beginne mit dem Unterricht.«

Selia blieb gar keine andere Wahl, sie musste gehorchen. Nervös schielte sie zu Harl hinüber, der keine fünf Schritte von Raddock entfernt stand.

Lory und Fern blieben eine recht lange Zeit im Hinterzimmer. Gelegentlich vernahm man erhobene Stimmen, doch einzelne Worte konnte man nicht verstehen. Als Fern wieder ging, hatte sie einen hochroten Kopf, doch kurz darauf kam Harl in die Scheune und setzte sich zu den anderen Kindern. Er warf Selia einen Blick zu und grinste hämisch.

Selia wandte sich um und sah Raddock, der in die Scheune trat. Sein Gesicht war gerötet und verzerrt. Er stürmte zu Deardra, die Schiefertafeln zum Austeilen vorbereitete, und packte mit hartem Griff ihren Arm. Sie wollte sich losreißen, aber Raddock war größer und stärker als sie. Rücksichtslos schleifte er sie durch eine Seitentür nach draußen, um dort erregt mit ihr zu tuscheln.

Lory verließ ihr behelfsmäßiges Amtszimmer, um den Unterricht zu übernehmen. Mit gerafften Röcken rannte Selia zur Seitentür hinaus. Raddock hatte Deardra gegen eine Wand gedrängt und türmte sich drohend über ihr auf. »Lass sie in Ruhe, Raddock!«

Raddock sah sie an, dann schubste er Deardra so heftig, dass sie taumelte und hingefallen wäre, hätte Selia sie nicht im letzten Moment aufgefangen. In Deardras Augen war jedoch keine Dankbarkeit für die Rettung zu erkennen. Sie versetzte ihrerseits Selia einen kräftigen Schubs, und dann standen sie zu dritt da und maßen einander mit zornigen Blicken. Zufällig vorbeikommende Passanten wurden auf sie aufmerksam.

»Für euch beide war das bloß ein herrlicher Jux, was?«, fauchte Raddock. »Der Bund der Warmen Schwestern. Hinter meinem Rücken habt ihr euch über mich lustig gemacht, während ihr … ihr …« Sein Gesicht verzog sich voller Abscheu.

»So war das doch gar nicht, Raddock«, sagte Deardra. »Ich wollte doch auch, dass Selia dich heiratet.«

»Damit du sie dauernd in deiner Nähe hättest?«, knurrte Raddock. »Um es schamlos miteinander zu treiben, wenn ich gerade mal nicht da bin?«

»Glaubst du eigentlich, die ganze Welt dreht sich nur um dich, Raddock Fischer?«, schnauzte Selia. »Dass du immer und überall die Hauptperson bist? Du hast mir noch kein einziges Mal Blumen geschenkt, aber ich soll dir in die Arme sinken, weil dein Dad mit meinem gesprochen hat? Hast du dich auch nur eine verdammte Sekunde lang gefragt, was ich will?«

»Hätte ich etwa erahnen sollen, dass du keinen Mann willst, sondern meine Schwester?«

Deardra verschränkte die Arme. »Jetzt will sie mich aber nicht mehr. Harl hat nicht alles erzählt. Sie hat uns beide versetzt wegen Anjy Südwächter.«

Selia und Anjy saßen sich am Tisch in der Wohnstube gegenüber. Jeorje und Edwar standen an den beiden anderen Seiten des Tisches und starrten sich über das polierte Holz hinweg an. Keiner der beiden Männer wollte Platz nehmen.

Raddock hätte die Nachricht überall rausposaunen können. Es war Markttag, und bei Sonnenuntergang wäre das ganze Dorf im Bilde gewesen. Aber dann hätte er sich selbst zum Gespött gemacht. Also war er lieber schnurstracks zu Jeorje gelaufen, der half, die Arbeiten am Schulhaus zu beaufsichtigen.

»Entschuldige bitte, Edwar, dass ich dein Haus in … Verruf gebracht habe.« Jeorjes Gesicht war wie versteinert.

»Du hast nichts und niemanden in Verruf gebracht«, sagte Selia.

Jeorje sah sie an wie ein unartiges Kleinkind, das einen Trotzanfall hat, dann wandte er sich wieder an Edwar: »Wie es scheint, brauchte man dein Mädchen nicht groß zu verführen. Dennoch fühle ich mich mitverantwortlich dafür, dass in eurem Dorf gesündigt wurde.« Er starrte Anjy mit harten Augen an. Das Mädchen hielt die Lider gesenkt, und trotzdem schien sie unter der Wucht des vorwurfsvollen Blicks in sich zusammenzusinken. »Ich wähnte mich in dem Glauben, ich hätte meiner Enkeltochter klargemacht, wie sie sich hier zu benehmen hätte, aber schon im Kanon steht geschrieben, dass das Böse im Menschen tief verwurzelt ist. Es ist an der Zeit, sie wieder in mein Haus zu holen, wo ich sie im Auge behalten und notfalls mit dem Stock züchtigen kann.«

Edwar breitete die Hände aus und versuchte, die Situation zu entschärfen. »Es ist doch nichts Ernsthaftes passiert, Jeorje. Die beiden Mädchen haben nur …« Er zuckte die Achseln. »Nur ein bisschen herumgespielt.«

Das hätte er nicht sagen dürfen. »Herumgespielt?«, brüllte Jeorje. »Zwei zerstörte Ehen, und du nennst das Herumspielen! Die beiden sind erwachsene Frauen, Edwar, keine Kinder, die nicht wissen, was sie tun!«

»Wieso unterhaltet ihr zwei euch dann über unsere Köpfe hinweg, anstatt direkt mit uns zu sprechen?«, fragte Selia. Jeorje bedachte sie mit einem seiner strafenden Blicke, aber sie sprang auf und starrte zehnmal so böse zurück. »Anjy kann nichts dafür, dass aus meiner Heirat mit Raddock nichts wird. Und Deardra trifft ebenfalls keine Schuld. Ich heirate Raddock nicht, weil ich ihn nicht zum Mann haben will.«

Jeorje stülpte die Lippen vor und richtete das Wort wieder an Edwar: »Da hast du es. Sie gibt es selbst zu. Mädchen wissen einfach nicht, was sie wollen.«

»In deinen Augen sind wir erwachsene Frauen, solange wir dir nicht widersprechen«, bemerkte Selia. »Geben wir Widerworte, behandelst du uns wie unreife Mädchen. Ich habe immer gewusst, was ich will, und Raddock Fischer will ich ganz bestimmt nicht!«

»Nun ja, aber meine Enkeltochter kannst du ganz bestimmt nicht haben, das sage ich dir!« Jeorje griff nach seinem Hut. »Komm jetzt, Mädchen!«

Anjy sagte nichts und hielt den Blick immer noch gesenkt. Doch fügsam stand sie auf und folgte ihrem Großvater. Selia streckte die Hand nach ihr aus, als sie an ihr vorbeiging, aber Edwar hielt ihren Arm fest und schüttelte den Kopf.

Lory stieß den Atem aus, als die Tür sich hinter ihnen schloss, und wandte sich an Selia: »Warum hast du darüber geschwiegen? Wieso hast du es nicht einfach gesagt?«

»Wie hätte ich es dir erzählen können, wenn du mir andauernd predigst, ich müsste endlich eine Familie gründen?«, fragte Selia.

Lory stemmte die Hände in die Hüften. »Schieb mir jetzt bloß nicht die Schuld in die Schuhe, Mädchen. Ich bin nicht der Schöpfer, der alles sieht und alles weiß. Aber du bist auch nicht die erste junge Frau, die lieber Mädchen küsst als Jungen. Das heißt noch lange nicht, dass du auf einen Ehemann und Kinder verzichten musst.«

»Nein, nur auf mein Glück«, sagte Selia.

»Zum Glück gehört mehr als Küssen«, sagte Lory. »Bei der Nacht, oft genug ist das nur lästig.«

Edwar spreizte die Finger. »Ich glaube nicht, dass das hilfreich ist, Lory. Ich denke, wir sollten mal eine Nacht darüber schlafen. Morgen reden wir dann weiter.«

»Das wird nicht nötig sein.« Selia stieß sich vom Tisch ab. »Es gibt nichts mehr zu bereden. Ich gehe jetzt auf den Markt.«

»Findest du, dass das eine gute Idee ist?«, fragte Lory.

Selia zuckte die Achseln. »Entweder wissen es alle, und wir müssen damit klarkommen, oder keiner weiß was, und dann verhalten wir uns am besten wie immer. Sich hier zu verstecken füllt den Brotkorb auch nicht.«

Anscheinend stimmt die zweite Vermutung, dachte Selia, während sie von einem Verkaufsstand zum nächsten schlenderte. Die Leute grüßten sie herzlich und füllten ihren Korb mit Brot, Milch, Käse, frischem Obst und Gemüse, ohne auch nur das geringste Entgelt zu verlangen. Die Familie des Sprechers und der Schulmeisterin wurde seit jeher von den Dörflern gut versorgt.

Sie suchte Bils Verkaufsbude auf, aber weder er noch seine Mutter waren da. Gerade als sie wieder gehen wollte, hörte sie ein dumpfes Poltern und einen unterdrückten Aufschrei hinter der Bude. Hastig bog sie um die Ecke und sah Bil am Boden liegen. Er presste die Hände gegen seinen Bauch, und über ihm stand Raddock Fischer.

»Was ist hier los?«, fragte Selia mit schneidender Stimme.

»Ich hatte ihn gewarnt«, brüllte Raddock. »Was hat dieses Dorf an sich, das die Leute schwul werden lässt? Zuerst Bil, dann du und meine liederliche Schwester, jetzt auch noch Anjy Südwächter. Bei einem so hübschen Mädchen sollten die Verehrer Schlange stehen. Stattdessen …«

»Geh wieder an deine Arbeit, Bil«, sagte Selia. Als Bil sich aufrappelte, wollte Raddock sich ihm in den Weg stellen, aber Selia ging dazwischen. »Wenn du dich über mich geärgert hast, Raddock, dann darfst du deine Wut nicht an Bil auslassen.«

Raddock sah sie an und stieß den Atem aus. »Noch ist nicht viel passiert, Selia. Nur ein paar Leute wissen Bescheid.« Er wandte sich an Bil, der ängstlich zurückwich. »Und die werden den Mund halten. Wir können die Geschichte immer noch bereinigen. Ich würde dich trotz allem noch zu mir nehmen.«

»Du willst mich *zu dir nehmen*?«, fauchte Selia. »Als wär ich eine Kuh, die saure Milch gibt und die du aus reiner Güte und Barmherzigkeit nimmst? Kannst du es nicht verstehen, oder willst du es nicht verstehen, Raddock? Du. Lässt. Mich. Kalt.«

Raddock funkelte sie böse an und ballte seine bandagierte Faust. Selia machte sich auf alles gefasst und wappnete sich für einen Angriff. Das alles war Raddocks Schuld. Er hielt sie für etwas, das in seinen Besitz übergehen konnte, als wäre sie ihm ein Eheversprechen schuldig. Er war schuld daran, dass Deardra mit ihr gebrochen hatte. Er hatte dafür gesorgt, dass Anjy fortgehen musste. Sie wünschte sich, er würde zum Schlag ausholen und ihr zumindest die Genugtuung verschaffen, ihm ein blaues Auge zu verpassen.

Vielleicht erkannte er an ihrer Haltung, was sie vorhatte, oder er begriff, wie unklug es wäre, sich an der Tochter des Sprechers zu vergreifen. Jedenfalls trat er einen Schritt zurück und schüttelte bloß die Faust, anstatt ihr damit einen Hieb zu versetzen.

»Du bist eine völlig reizlose Frau, Selia, mit deinem harten Gesicht und den flachen Brüsten. Das Geld und die Stellung deines Vaters machen dich zu einer begehrenswerten Partie. Aber wenn deine Neigungen erst bekannt werden, will dich überhaupt kein Mann mehr haben, trotz deiner Mitgift.«

Selias Hand klatschte in sein Gesicht. Der Schlag war so heftig, dass er nach hinten taumelte. Eine ungeheure Wut und Demütigung malten sich auf seinen Zügen ab. Er presste eine Hand an seine gerötete Wange und verließ eilends den Markt.

»Alles in Ordnung mit dir?«, fragte Selia Bil.

»Dasselbe wollte ich dich fragen«, sagte Bil. »Hat man herausgefunden, was zwischen dir und Deardra läuft?«

»Du hast es gewusst?«, staunte Selia. Bei der Nacht, war die ganze Gemeinde im Bilde?

Bil zuckte die Achseln. »Jemand, der den Mädchen in die Augen blickt, anstatt auf ihre Brüste zu starren, sieht so manches. Ich glaube nicht, dass es sonst noch jemand weiß. Wenn du willst, stelle ich mich dir zur Verfügung.«

»Als was, wenn ich fragen darf?« Selia stemmte die Hände in die Hüften. Was für ein Blödsinn war das schon wieder?

»Na ja, als jemand, der dir hilft, dein Geheimnis zu wahren«, sagte Bil. »Wenn wir vor aller Augen Seite an Seite durchs Dorf spazieren, werden die Leute glauben, du hättest Raddock einen Korb gegeben, weil du lieber mich wolltest.«

Selia lächelte und legte eine Hand auf seine Schulter. »Das ist lieb von dir, Bil, aber wir beide haben etwas Besseres verdient.«

3

Der Stock

334 NR

Jeph Strohballen atmete tief aus. Sein Gesicht war gerötet. »Darauf wäre ich in hundert Jahren nicht gekommen. Aber es erklärt vieles.«

»Ja und nein«, erwiderte Selia. »Raddock war schon immer ein eingebildeter Laffe und Jeorje ein engstirniger, intoleranter Frömmler. Mit meinem … Fehltritt hatte das gar nichts zu tun.«

»Aber das ist der Grund, warum du niemals …« Jeph verstummte unter Selias zornigem Blick und zeigte nur halbherzig auf ihren Bauch.

»Ich wüsste nicht, was dich das angeht, Jeph«, sagte Selia.

»Ay, Sprecherin. Das geht mich in der Tat nichts an«, beeilte sich Jeph zu antworten. »Entschuldigung.«

»Wir sollten ohnehin bald aufbrechen«, sagte Selia. »Mit dieser alten Geschichte habe ich eure kostbare Zeit verschwendet, aber die Leute werden reden, und ich hielt es für das Beste, wenn ihr aus meinem Munde erfahrt, was damals los war.« Meada streckte eine Hand aus und drückte tröstend ihre Schulter.

»In meinen Ohren klingt das nich', als hätt'ste was falsch gemacht, Sprecherin«, sagte Brine. Sein Blick verweilte einen Moment lang auf Lesa, dem einzigen Mitglied von Selias Bürgerwehr, das zum Tee in Jephs Wohnstube eingeladen worden war, als Selia ihre Geschichte erzählte.

»Ay, das sagt sich so leicht«, erwiderte Selia. »Aber die Geschichte ist noch nicht zu Ende. Wie sie ausging, erzähle ich euch ein anderes Mal. Für heute Nacht ist Schluss.«

Ihre Bürgerwehr wartete draußen, bewaffnet und wachsam, um sie zu ihrem Haus zu begleiten. Selia war sich darüber im Klaren, dass sich ihre Geschichte in Windeseile verbreiten würde. Fünfzig Jahre waren eine lange Zeit, aber es gab noch ein paar Leute in Tibbets Bach, die sich an die Geschehnisse von damals erinnerten und auch an die Gerüchte, die danach kursierten.

Selia ließ Lesa bei der Bürgerwehr mitten in Stadtplatz zurück und ritt das letzte Wegstück allein. Sie überließ sich den Erinnerungen, die sie seit einem halben Jahrhundert verfolgten. Daheim angekommen, wollte sie nur noch in ihr Bett fallen. Doch auf der dunklen Veranda fing Lesa sie ab.

»Geh nach Hause, Mädchen«, sagte Selia.

»Mam und Dad bleiben noch über Nacht auf Jephs Hof.« Lesa machte Anstalten, Selia ins Haus zu folgen.

Selia drehte sich um und versperrte ihr den Weg. »Ay, schön und gut, aber ich bin müde, Lesa.«

Lesa lächelte hintergründig. »Das sagst du immer, bis ich …«

»Nicht heute Nacht.« Selia wollte die Tür schließen, aber Lesa klemmte einen Fuß dazwischen.

»Was kümmert es mich, was vor fünfzig Jahren passiert ist? Das ist lange her, und weder du noch ich sind jemandem verpflichtet. Lass mich rein, Selia.«

Selia legte sachte eine Hand auf Lesas Schulter. Das Mädchen beugte sich erwartungsvoll vor, aber anstatt sie in die Arme zu nehmen, gab Selia ihr einen kräftigen Schubs. Lesa taumelte zurück und prallte gegen das Verandageländer. »Du dummes Ding, du! Du weißt doch noch gar nicht, wie die Sache ausging.«

Lesa machte einen Schritt nach vorn, aber Selia knallte ihr die Tür vor der Nase zu und ließ den Riegel einrasten.

Dann lehnte sie sich mit dem Rücken gegen die Tür, ließ sich daran zu Boden gleiten und weinte.

Selia fand keinen Schlaf. Bis kurz vor der Morgendämmerung tigerte sie durch das Haus und verlor sich in fünfzig Jahre alten Erinnerungen. Schließlich kroch sie in ihr Bett. Als sie durch ein lautes Hämmern an ihrer Haustür geweckt wurde, kam es ihr vor als hätte sie sich erst vor wenigen Minuten hingelegt.

»Dem Mädchen ist nicht zu helfen«, murmelte sie. Sie sah, dass durch die Fenster helles Licht strömte. »Als hätte sie es darauf angelegt, vom ganzen Dorf gesehen zu werden.« Sie zog sich einen Morgenmantel an und ging zur Tür, an die immer noch wild geklopft wurde.

Sie hob den Riegel und riss die Tür auf. »Jetzt reicht es aber!«

Mack Weides Enkelsohn Tam wich erschrocken zurück, als er angebrüllt wurde, und seine Augen weiteten sich. »Entschuldige vielmals, Sprecherin. Ich hatte angenommen, du wärst längst auf. Es ist bereits Vormittag.«

Selia schaute zum Himmel empor und sah, dass er recht hatte. Sie hatte schlichtweg den ganzen Morgen verschlafen. »Wo brennt's denn?«

»Dad sagt, du sollst so schnell wie möglich auf unser Land kommen. Die Horclinge benehmen sich … komisch.«

Selias Augen wurden schmal. »Komisch? Was soll das heißen?«

»Na ja, sie rumoren im Wald herum«, sagte Tam. »Da ist was im Gange. Die ganze Nacht lang konnte man sie lärmen hören.

Es krachte und knackte, als würde ein Trupp Holzfäller eine Lichtung schlagen.«

»Bei der Nacht«, flüsterte Selia, die sich an Rennas Warnung erinnerte. »Komm rein, und erzähl mir alles.« Sie ging voraus in die Küche, ließ Tam am Tisch Platz nehmen und schob ihm die Keksschale hin, ehe sie das Teewasser aufsetzte.

Selia schickte Tam nach Torfhügel zum Heiligen Haus. Dort blies Fürsorger Harral ein Signal mit dem Großen Horn. Keine Stunde später sammelte sich Selias Bürgerwehr auf dem Marktplatz.

»Was ist los?«, fragte Lucik, als Selia angeritten kam. Ihre Rüstung und ihre Waffen waren am Sattelzeug festgebunden.

»Auf Mack Weides Land tut sich was. Erst mal reiten wir hin, um uns einen Eindruck zu verschaffen, aber für heute Nacht rechne ich mit Kämpfen. Ich will, dass auf einem Brachfeld ein Lager mit Bannzone errichtet wird.«

»Ay, Sprecherin.« Lucik machte kehrt und ging zu den anderen, um die Befehle weiterzugeben.

Dann kam Lesa zu ihr. »Hattest du eine geruhsame Nacht?«

Es entging Selia nicht, wie verbittert sie klang, und sie atmete einmal tief durch. »Ich habe sanft und süß geschlummert wie ein Baby. Aber wie es scheint, hat die Familie von Mack Weide die ganze Nacht lang kein Auge zugekriegt. Steig auf dein Pferd. Ich will Macks Hof so schnell wie möglich erreichen.«

Offenbar nahm Lesa es ihr übel, so von ihr abgekanzelt zu werden, doch das interessierte Selia im Augenblick nicht. Eile tat not.

Unterwegs trafen sie auf die Holzfäller. Selia gab ein scharfes Tempo vor, und am Nachmittag trafen sie bei Mack ein. Trotzdem kamen sie zu spät.

Die Südwächter waren bereits da.

»Ich hätte besser meine Rüstung anlegen sollen«, grummelte Selia, als sie Jeorje sah, der sich mit Mack unterhielt. Ein paar Südwächter fesselten die Vorderbeine ihrer Pferde mit Stricken, um die Tiere am Weglaufen zu hindern. Andere grenzten genau das Brachland, auf dem Selia sich mit ihrer Bürgerwehr hatte niederlassen wollen, mit Siegelpfosten ab.

»Was ist, Sprecherin?«, fragte Lucik.

»Ach nichts. Ich lass nur Dampf ab.« Selia schwang sich aus dem Sattel, wobei sie ihren Speer und den Schild mitsamt der Rüstung beim Pferd ließ.

Forsches Auftreten kann wirksamer sein als eine Rüstung, pflegte ihr Dad zu sagen. Selia drückte das Kreuz durch und steuerte geradewegs auf Mack und Jeorje zu. »Mack. Sprecher.«

»Sprecherin.« Mack nickte zum Gruß. »Danke, dass ihr so schnell gekommen seid.«

»Selia.« Jeorje neigte kaum wahrnehmbar den Kopf. Und ihren Titel ließ er absichtlich weg.

Selia sah über diese bewusste Kränkung hinweg, wie sie es immer tat. Wenn sie Jeorje korrigierte, war der Gesichtsverlust größer, als wenn sie die Schmähung einfach überging. Und das wusste Jeorje. »Was ist hier vorgefallen?«

»Letzte Nacht strömten Horclinge in Scharen hierher«, sagte Mack.

»Nicht ungewöhnlich bei Neumond.« Selias Blick wanderte prüfend über das Wohnhaus, die Scheunen, die Tagespferche und die Felder. »Aber viel Schaden scheinen sie nicht angerichtet zu haben.«

»Sie griffen die Siegel nicht an«, erklärte Mack. »Wie ich Jeorje schon sagte, blieben sie in den Wäldern. Die ganze Nacht lang hörte man ihren Radau. Man sah Feuerschein und roch den Qualm. Die haben was vor, Selia. Darauf verwette ich meinen Hof.«

»Bist du bei Tagesanbruch in den Wald gegangen und hast nachgeschaut, was sich dort tut?«, fragte sie.

Mack schluckte krampfhaft. »Ich dachte mir, es sei das Beste, auf die Bürgerwehr zu warten. Unter den Bäumen ist es ziemlich finster.«

Selia schnaubte verächtlich durch die Nase. »Ein bisschen Schatten reicht nicht aus, um die Dämonen aus dem Horc zu locken, Mack.«

»Mack hat genau das Richtige getan«, warf Jeorje ein, nur um Selia zu widersprechen. Er legte eine Hand auf Macks Schulter. »Wir werden den Dingen mal auf den Grund gehen.«

Obwohl Selia Mack Feigheit unterstellt hatte, nahm sie sich die Zeit, ihre Waffen und die Rüstung zu holen, ehe sie zusammen mit Brine und Lucik in den Wald eintauchte. Derweil schlug die Bürgerwehr direkt neben den Südwächtern ein behelfsmäßiges Lager auf.

Es war so, wie Mack behauptet hatte. Die Dämonen hatten massenhaft Bäume gefällt. Der Boden war übersät mit geborstenen Stümpfen und tiefen Löchern. Holzsplitter und Wurzeln ragten aus dem aufgewühlten Erdreich auf wie gebrochene Knochen. Von den Baumstämmen war kaum etwas zu sehen.

»Bei der Nacht!«, ächzte Lucik.

»Das is' nich' normal, Selia«, bemerkte Brine. »Da hat Mack recht.«

Tiefer im Wald stießen sie auf Jeorje, der vor einem breiten Graben kauerte und mit der Hand über die Böschung strich. Die Rinne war flach, an den meisten Stellen höchstens ein Yard tief, doch sie erstreckte sich in einem Bogen in beide Richtungen, so weit man sehen konnte.

»Das Erdreich ist frisch«, sagte Jeorje und schnüffelte an dem Dreck an seinen Fingern. »Der Graben wurde gestern Nacht ausgehoben, und dann haben die Viecher die Böschung geglättet.« Er wandte sich an Brine. »Hast du schon mal erlebt, dass ein Dämon seinen eigenen Dreck wegräumt, Holzfäller?«

»Nee.« Brine war ein Hüne von einem Mann, doch jetzt erschauerte er. Nervös spähte er in die Kronen der Bäume, als befürchte er, jeden Moment von einem Baumdämon angesprungen zu werden. »Was hältst du davon, Selia?«

Selia schürzte die Lippen und wanderte am Rand des Grabens entlang. Mit den Augen verfolgte sie dessen Krümmung. »Sie legen ein Großsiegel an. Ähnlich dem, das Jeph auf seinem Land gebaut hat.«

Sogar Jeorje war baff. »Auf gar keinen Fall!«

Selia stieß den Atem aus und setzte ihren Weg entlang der Rinne fort. Mit jedem Schritt erhärtete sich ihr Verdacht. »Arlen erzählte seinem Vater, so etwas sei an Neumond in der Talgrafschaft passiert. Es bedeutet, dass ein Horclingprinz nach Tibbets Bach gekommen ist.«

Lucik sperrte Mund und Augen auf. »Es gibt Dämonen, die von Adel sind?«

»Bei den Hornissen gibt es auch so was wie eine Aristokratie«, sagte Selia. »Was natürlich nicht heißt, dass wir ihnen erlauben, in unserer Nähe ein Nest zu bauen. Brine, ich will, dass Holzfäller auf die Bäume klettern. Sofort. Vielleicht könnt ihr den Umriss des Großsiegels ausmachen und einen Plan davon zeichnen.«

»Ay, Sprecherin.«

»Du und Jeph, ihr habt uns wichtige Informationen vorenthalten«, knurrte Jeorje mit schmalen Lippen. Es fuchste ihn, dass Selia mehr wusste als er. »Der Kurier hat dem Stadtrat eine Menge verheimlicht. Er misstraut uns.«

»Dazu hat er auch allen Grund«, schoss Selia zurück. »Wäre es nach euch gegangen, hätten Horclinge seine Ehefrau zerfleischt.«

Jeorje setzte eine spöttische Miene auf. »Das musst gerade du sagen, Selia. Du bist mir die Richtige.«

Der Hieb saß. Selia schwieg und seufzte innerlich. Es hatte keinen Sinn, sich jetzt mit Jeorje zu streiten. Er hatte ein Recht, zu wissen, was auf sie zukam.

»Diese Horclingprinzen nennt man auch Seelendämonen. Lediglich an drei Nächten im Monat steigen sie aus dem Horc an die Oberfläche – an Neumond und an den Nächten davor und danach. Wenn man nicht aufpasst, stehlen sie die Gedanken der Menschen, wie jemand Äpfel von einem Karren stibitzt. Du musst dafür sorgen, dass deine Männer die Helme ihrer Rüstung mit Gedankensiegeln versehen.«

»Das ist bereits geschehen«, sagte Jeorje. »Weiß man, wie man diese Dämonen tötet, oder wie ihr Großsiegel wirkt?«

»Es hat dieselbe Wirkung wie unsere Bannzeichen. Wenn wir zulassen, dass sie ihr Großsiegel fertigstellen, können wir dieses Gelände nach Einbruch der Nacht nicht mehr betreten. Und sie selbst verfügen über einen sicheren Zufluchtsort, in dessen Schutz sie alles mögliche Unheil anrichten können. Und wie man diese Horclingprinzen umbringt ...« Selia zuckte mit den Schultern. »Am besten, man spießt sie mit einem Speer auf, schätze ich.«

Brines Holzfäller kletterten mit derselben Leichtigkeit die Bäume hinauf, wie sie Leitern erklommen. Sie riefen etwas und deuteten auf eine Stelle, die tiefer im Wald lag. Selia und Jeorje machten sich auf den Weg dorthin, und dann entdeckten sie mit fassungslosem Entsetzen die abgeschlagenen Baumstämme.

»Bei der Nacht!«, hauchte Selia.

»Der Schöpfer sei uns gnädig«, fügte Jeorje hinzu und zeichnete ein Siegel in die Luft.

Die Stämme waren in die Mitte des Dämonensiegels geschleppt worden. Dort türmten sie sich zu einer Kuppel auf, die aussah wie das gigantische Nest eines Webervogels. Mit dem Aushub aus den Gräben hatten die Horclinge die Zwischenräume abgedichtet. Der Eingang zu diesem monströsen Bau lag im Schatten und verströmte etwas Feindseliges, Unheilvolles.

»Da geh ich nie und nimmer rein, nich' mal am helllichten Tag«, verkündete Brine.

»Recht hast du, wirklich und wahrhaftig«, bekräftigte Lucik.

»Ob man dieses Nest verbrennen kann?«, überlegte Selia.

Brine legte eine Hand gegen das Bauwerk und versuchte, vor den anderen zu verheimlichen, dass er vor Angst zitterte. »Das Erdreich ist feucht. Das Holz wurde gerade erst geschlagen. Wenn wir mehr Zeit hätten, könnten wir vielleicht ein Feuer legen, aber …« Er blickte hoch in das dämmrige Licht, das durch das Blätterdach fiel. »Es hat keinen Zweck. Die Sonne steht schon tief.«

»Siegelpfosten«, entschied Selia. »Rings um das Nest. Die Gedankensiegel sollten besonders stark sein. Wenn ein Horclingprinz nach Tibbets Bach gekommen ist, versteckt er sich hier drin. Darauf kann man wirklich Haus und Hof verwetten.«

»Ist ohnehin alles egal, wenn das Dämonensiegel erst einmal fertig ist«, bemerkte Jeorje.

»Könnten wir die Gräben wieder auffüllen?«, fragte Lucik.

»Wenn alle mit anpacken«, meinte Jeroje, »würden wir es in ein paar Monaten schaffen.«

Selia schüttelte den Kopf. »Wir können das Werk der Dämonen nicht vollends zerstören, aber wir können es beschädigen.« Mit dem Finger tippte sie auf den in aller Eile gezeichneten Plan. »Hier und hier, an diesen Stellen. Lucik, deine Männer sollen mit Spaten die Grabenböschungen umbrechen. Brine, lass Bäume fällen, und zwar so, dass sie quer über die Furchen kippen.«

»Ay«, sagte Brine.

»Was bringt uns das?«, zeterte Mack. »Die Horclinge werden hier antanzen und die Schäden einfach ausbessern.«

»Ay«, stimmte Selia zu. »Und wir bereiten ihnen einen gebührenden Empfang.«

»Jeden Moment können sie aus dem Boden aufsteigen«, rief Selia ihrer Bürgerwehr zu. »Vergesst nicht, warum wir hier sind. Wir müssen um jeden Preis verhindern, dass das Siegel fertiggestellt und mit Energie gefüllt wird. Die Dämonen dürfen nicht zum Zuge kommen.«

Nicht auszudenken, was passiert, wenn wir versagen. Selia schwitzte Blut und Wasser. Sie festigte den Griff um ihren Speer, sprang in den flachen Graben und kauerte sich hin. Die oberen Kanten reichten ihr kaum bis zur Taille, und sie konnte jederzeit wieder hinausspringen, doch das Gefühl, in der Falle zu sitzen, ließ sich nicht abschütteln.

Es half ihr auch nicht, dass Jeorje Südwächter nur wenige Schritte von ihr entfernt auf den Knien lag und mit heiter entrückter Miene Gebete sprach. Sein Gehstock lag vor ihm auf dem Boden. Er war auf Selias Vorschläge eingegangen, hatte sich jedoch aufgeführt als wären dies seine ureigensten Ideen. Und auf jeden Fall wollte er mit ihr an vorderster Front kämpfen, damit sie bei einem Sieg nicht den Ruhm für sich allein beanspruchte.

Also warteten sie in ihrem Versteck, während die Schatten länger wurden und die Nacht sich herabsenkte. Selia stieß zischend den Atem aus, als die ersten Horclinge wie Rauchschwaden aus dem Erdinneren an die Oberfläche kamen. Jeorje riss die Augen auf und beobachtete den Boden des Grabens, aber Dämonen konnten bearbeitete Flächen nicht durchdringen, und das festgestampfte Erdreich genügte, um sie die Böschungen hochzutreiben. Direkt über Jeorje nahm ein Dämon allmählich stoffliche Gestalt an. In diesem Zustand war er am verletzlichsten, aber Jeorje ließ sich Zeit, damit die Überraschung umso größer war. Dann stieß er einen Alarmruf aus, der durch die Rinne hallte und seine Männer erreichte. Während diese ihre Waffen zum Einsatz bereit machten, entfernte er das Futteral von der Speerspitze an seinem Gehstock und rammte sie dem Dämon in den Bauch, bis hinein in dessen schwarzes Herz.

Magie fuhr knisternd am Stock entlang wie Elektrizität an einem Blitzableiter. Selia ahnte, welche Kräfte Jeorje nun durchströmten.

»Jetzt!«, schrie sie und suchte sich ihr eigenes Opfer aus, einen Baumdämon, der sich wenige Schritte von ihr entfernt auf der Böschung verfestigte. Sie richtete sich zu ihrer vollen Größe von sechs Fuß auf, stürmte aus ihrem Versteck und stieß ihren Speer in den Rücken des Horclings. Die versiegelte Spitze durchdrang den schuppigen Panzer, trank sich an der Magie des Dämons satt und verwandelte sie in tödliche Energie. Nur ein Bruchteil dieser Magie fand den Weg in Selias Körper, doch bereits diese kleine Menge genügte, um in ihr Wahnsinnskräfte zu entfesseln. Mit einem Ruck zerrte sie den Horcling die Böschung hinunter, wo Lucik und Lesa ihn gleichfalls mit ihren Speeren durchbohrten. Die Bestie zuckte ein letztes Mal und lag dann reglos da.

Mit hoch erhobenem Schild hetzte Selia mitsamt ihren Kämpfern Richtung Norden, während Jeorje an der Spitze seiner Männer gen Süden rannte. Dämonen, die sich in einigem Abstand von ihnen verstofflichten, stürmten auf sie zu, aber Brine und seine Holzfäller sprangen unter lautem Gebrüll aus den Baumwipfeln und fielen den Horclingen in den Rücken.

Aus den Tiefen des Waldes ertönte Gekreisch, und Siegellichter blitzten, als Dämonen versuchten, ihr Nest zu verlassen und sich unversehens von Siegelpfosten umringt sahen, die sie in ihrem Schlupfwinkel festhielten.

Selia blickte nach vorn und sah an der nächsten Biegung des Grabens einen zehn Fuß großen Felsendämon. Das Ungeheuer wirkte verstört, es schien eher am Graben weiterarbeiten als kämpfen zu wollen. Doch es rüstete sich zum Schlag, als Selia und ihre Bürgerwehr sich ihm näherten.

Der Felsendämon hieb mit seinen mächtigen Krallen nach Selia, aber die Siegel an ihrem Schild ließen den Schlag abprallen. Sie stemmte die Füße in den Boden, verschaffte sich einen festen Stand und stieß mit ihrem Speer zu. Die Spitze traf einen der langen Arme, Stichsiegel flammten auf, und der Dämon brüllte vor Schmerz. Aber das Monstrum war nicht ernsthaft verletzt, denn die Klinge vermochte den dicken Panzer nicht zu durchdringen.

Mit dem anderen Arm holte er aus, doch Lesa war zur Stelle, hob ihren Schild und verschaffte Selia Deckung. Der Dämon wollte herumschwenken und sie mit seinem mächtigen Schwanz angreifen, aber in dem schmalen Graben bekam er nicht genügend Schwung. Er strauchelte, und Lesa nutzte die Gelegenheit, um sich auf ihn zu stürzen. Ihre Speerspitze glitt in die Lücke zwischen den Panzerplatten, die das Knie des Horclings schützten, und bohrte sich tief in das Gelenk. Das gigantische Bein knickte ein, und Selia rammte ihren Speer in den sich öffnenden Spalt nahe der Leistengegend des Dämons.

Der Dämon kippte in ihre Richtung. Die Frauen tänzelten rückwärts, mit vollendet aufeinander abgestimmten Schritten wie bei einem einstudierten Reigen. Dann trennten sie sich, Lucik stürmte durch den freien Raum und bohrte dem Horcling seinen Speer in ein Auge.

Es war ein tödlicher Stoß, doch selbst in seinen Todeszuckungen war ein Felsendämon noch gefährlich. Einer der zuckenden Arme klemmte Lucik an der Grabenböschung fest. Selia, deren

Sinne durch Magie geschärft waren, hörte deutlich das Knacken brechender Knochen.

»Lucik!« Ungeachtet der Gefahr stürzte sie vor. Der Dämon rührte sich nicht mehr, aber Lucik lag unter dem massigen Körper, und sein Gesicht lief rot an. Selia schob ihren Speer zwischen Horcling und Böschung und benutzte ihn wie einen Hebel.

»Hol Lucik da raus! Er kriegt keine Luft!« Sie biss auf die Zähne, stemmte sich mit dem Rücken gegen den Speer, rammte die Füße in den Untergrund und legte sich mit ihrem ganzen Gewicht auf den Schaft. Vor Anstrengung schrie sie auf, während Lesa herbeigeeilt kam und Lucik unter der Bestie hervorzog.

»Ist er schwer verletzt?«, fragte Selia, als das Schlimmste vorbei war.

»Mir ... geht es ... gut, Sprecherin«, röchelte Lucik.

»Bist ein tapferer Junge, Lucik, aber es geht dir nicht gut. Für dich ist Schluss mit Kämpfen.«

»Gib mir ... nur eine Minute ... bis die Magie ... mich geheilt hat.« Lucik versuchte, sich auf eine Hand zu stützen.

Ein tiefes Knurren ertönte. Selia blickte hoch und entdeckte einen Felddämon, der am Rand des Grabens kauerte. »Wir haben keine Minute.«

Lesa versuchte noch, ihren Schild hochzureißen, als der Horcling zum Sprung ansetzte. Die Bestie war schneller als sie und warf sie um. Sie verlor ihren Speer, der auf den Boden fiel und außerhalb ihrer Reichweite landete. Dann riss einer der Schildgurte. Der Schild hing schief an ihrem Arm und bot keine ausreichende Deckung mehr. Die kleineren Siegel auf ihrer Rüstung sprühten Funken und blitzten auf, als die Krallen des Dämons darüber schrammten, doch sie erloschen, während sie und der Horcling sich am Boden des Grabens wälzten, da nun der Dreck die Bannzeichen verklebte.

»Lesa!«, schrie Selia und stürmte herbei. Aber sie konnte ihren Speer nicht einsetzen, denn dann hätte sie es riskiert, Lesa zu treffen, die mit dem Horcling rang.

Die Krallen des Dämons zerrissen Lesas Rüstung, als bestünde sie aus Papier, und der aufgesperrte Kiefer näherte sich ihrem entblößten Hals. Selia warf Speer und Schild weg und stürzte sich mit einem Hechtsprung auf den Dämon. Sie landete auf dem Rücken des Horclings und trieb ihm die Luft aus den Lungen. Ihre dicken Handschuhe waren an den Fingerknöcheln mit versiegeltem Stahl verstärkt, und ein Donnerschlag krachte, als sie dem sich krümmenden Dämon die Faust gegen die Schnauze rammte.

Den Gegner zu Boden schlagen und dann nichts wie draufhauen, hatte ein Ratschlag ihres Vaters gelautet. Sie presste ihre Schienbeine gegen die hinteren Gliedmaßen des Dämons, nagelte ihn fest und hämmerte auf ihn ein. Jeder Schlag entzog ihm ein wenig mehr Magie und verstärkte die Wucht ihrer Hiebe, während sie in einen Zustand der Raserei verfiel. Bei jedem Schlag stieß sie den Atem durch den Mund aus, und wenn sie die Faust zurückzog, sog sie Luft durch die Nase ein.

»Selia!« Die Stimme kam aus weiter Ferne, und sie schenkte ihr keine Beachtung. Nichts zählte mehr, außer auf den Dämon einzudreschen. Die Welt wich zurück, und es gab nur noch den Kampf ums Überleben.

»SELIA!«, kreischte Lesa und packte mit hartem Griff ihre Schulter. Wie blind im Rausch der Magie wandte sich Selia gegen das Mädchen und holte zu einem wuchtigen Schlag gegen Lesas Kopf aus.

Lesa sah, wie die Faust auf sie zuflog, und blockte den Hieb ab. Dann stürzte sie sich auf Selia und schlang die Arme um sie. »Es ist gut, Selia. Der Dämon ist tot. Er ist tot, hörst du?«

Selia stierte auf den mit schwarzem Blut besudelten Horcling hinunter, dessen Kopf zu Brei zermalmt war. Erst dann stieß sie zitternd den Atem aus und erwiderte Lesas Umarmung.

»Du wärst beinahe gestorben.« Die Welt verschwamm vor Selias Augen, als sie zu weinen begann. »Und ich war so gemein zu dir, als wir uns das letzte Mal ...«

»Schhhh«, flüsterte Lesa und küsste sie. »Das war halb so schlimm. Die alte Lady Unfruchtbar hat bloß versucht, mir Angst einzujagen. Aber so leicht ängstige ich mich nicht.«

»Dem Schöpfer sei Dank dafür.« Selia erwiderte den Kuss. In diesem Moment fiel ihr Blick auf Lucik, der sie beide mit weit aufgerissenen Augen anglotzte.

»Wolltest du etwas sagen, Junge?«

Sofort senkte Lucik den Blick. »Nein, Sprecherin.«

»Bist ein guter Junge.«

Nach diesem ersten Angriff dünnten sich die Reihen der Dämonen aus, und sie konnten die Stellung in den Gräben halten, bis der Himmel heller wurde. Nachdem auch die letzten Dämonen sich in Nebel verwandelt hatten und in den Horc zurück geflüchtet waren, stützte sich Selia auf ihren Speer und atmete erleichtert auf.

»Gepriesen sei der Schöpfer.« Jeorje schob das Futteral über die Klinge am Ende seines Gehstocks und wandte sich an seinen Großneffen, Fredd Südwächter. »Schick Boten nach Südwache und Sumpfland. Ich will, dass jeder, der zwei gesunde Hände und ein starkes Kreuz hat, morgen in aller Frühe hier ist. Wir werden dieses Großsiegel zerstören.«

»Ay, Sprecher.« Fredd schlug sich mit der Faust gegen die Brust und rannte los.

Selia hatte einen säuerlichen Geschmack im Mund, doch sie richtete das Wort an Brine. »Er hat recht. Wir brauchen jede Hand. Heute Nacht haben wir die Horclinge überrumpelt, aber ich glaube nicht, dass wir sie ein zweites Mal so unvorbereitet erwischen. Und in der kommenden Nacht haben wir noch einmal Neumond.«

»Aber was passiert nächsten Monat?«, fragte Brine. »Und in dem Monat danach?«

Selia spreizte die Hände. »Zum Horc, wenn ich das bloß wüsste. Doch eins nach dem anderen. Schafft die Verwundeten in das Lager auf Macks Feld und lasst nach der Schmucken Coline schicken.«

»Ay, Sprecherin«, sagte Brine.

Lesa suchte ihren Blick, als Brine sich entfernte, und Selia spürte, wie ihr Atem stockte. Jeorje hatte daheim eine Ehefrau, die nicht älter war als Lesa. Sein siebtes angetrautes Weib. Und sie selbst versagte sich die Freuden der Liebe?

»Auf Macks Hof müsste es doch einen Heuboden geben, nicht wahr, Mädchen?«

Das Lächeln, das sich auf Lesas Zügen ausbreitete, schien das Dämmerlicht zu erhellen. »Ay, ich schätze, wir finden schon ein lauschiges Plätzchen.«

Als sie loszogen, starrte Jeorje ihnen mit bösen Blicken hinterher, aber Selia kümmerte das nicht. Jeorje war nicht der einzige Mann, der noch einmal die Säfte der Jugend spürte. Und wenn das Leben ihr, Selia, eine zweite Chance auf Glück gewährte, würde sie sich nicht von Jeorje Südwächter und Raddock Fischer daran hindern lassen, diese Gelegenheit mit beiden Händen zu ergreifen.

Am nächsten Tag strömten aus der ganzen Gemeinde Leute herbei, die ihre Hilfe anboten. Sie verwüsteten das Großsiegel der Dämonen, indem sie Bäume fällten und neue Gräben zogen, um die Linien zu zerstören. Mack und seine Familie erhielten versiegelte Waffen, und mehrere Trupps durchkämmten die Wälder nach Anzeichen für die Planung eines neuen Siegels.

Gegen Mittag trafen die Sumpfländer ein. Grimmig zogen sie mit Fässern beladene Karren ins Lager.

»Was hat das zu bedeuten?«, wunderte sich Selia.

»Das gehört mit zu unserem Abkommen«, erklärte Jeorje. »Die Leute dort haben seit jeher ihre Probleme im Suff ertränkt. Anstatt hart zu arbeiten, griffen sie lieber zu Schnaps.«

Selia konnte dem nicht widersprechen. Der Weiler Sumpfland war berühmt für seine Schnapsbrennereien. Sie produzierten das so genannte Sumpfwasser, das aus vergorenem Reis hergestellt wurde und auch anstelle von Lampenöl benutzt werden konnte. Es schmeckte nicht so gut wie das in Torfhügel gebraute Bier, aber in Ruscos Gemischtwarenladen fand es reißenden Absatz. Zwei Fingerbreit genügten, um weniger trinkfeste Leute aus dem Tritt zu bringen. Vier Fingerbreit hauten selbst einen hartgesottenen Zecher um und ließen ihn aus vollem Hals altbekannte Lieder grölen.

»So schlagen wir zwei Fliegen mit einer Klappe«, freute sich Jeorje.

»Du brauchst das Zeug für den Stock«, erkannte Selia.

Jeorje nickte Keven Sumpfig zu, als der junge Mann sich respektvoll vor ihm verbeugte. »Alles da, Sprecher. Wir haben jedes einzelne Fass mitgebracht.«

»Bestimmt haben ein paar Leute heimlich Vorräte dieses verfluchten Zeugs versteckt, doch die werden wir auch noch finden«, sagte Jeorje.

Sie rollten die Karren zu dem gigantischen Dämonenstock. Vierschrötige Sumpfländer wuchteten Fässer auf die Spitze und stachen sie an, während andere mit einer Feuerspritze den Schnaps auf den Baumstämmen verteilten.

Nachdem das letzte Fass geleert war, verpestete der durchdringende Fuselgeruch die Luft. Jeorje selbst entzündete eine Fackel und schleuderte sie auf den mit Sumpfwasser übergossenen Stock. Er las laut aus dem Kanon vor, während die Flammen hoch aufloderten und dichte schwarze Rauchsäulen gen Himmel stiegen.

Traurig sahen die Sumpfländer zu, wie ihr geliebtes Sumpfwasser verbrannte. Die Hitze und der Qualm reizten ihre Augen, und Tränen hinterließen Spuren auf ihren mit Asche verschmierten Gesichtern.

Als der kuppelförmige Bau in sich zusammenfiel, ertönten von drinnen entsetzliche Schreie. Eine Stunde später zerbrach der gesamte Stock mit einem gewaltigen Donnerknall, das Bauwerk stürzte in die Tiefe, und wo es gestanden hatte, klaffte ein schier bodenloser Krater. In den Wänden gähnten Tunneleingänge, die von den brennenden Trümmern beleuchtet wurden. Sie reichten so tief ins Erdreich hinein, dass Selia kein Ende ausmachen konnte.

»Von dort aus führt der Weg direkt in den Horc, oder ich will Fischer heißen.« Brine schauderte.

Bei Sonnenuntergang stellten sie Wachen auf. Mehrere hundert Speere, Breitäxte und Bögen wurden bereitgehalten, aber selbst in der Finsternis der Nacht fand sich kein Horcling ein.

»Nicht mal einer von den Beständigen lässt sich blicken«, sagte Selia zu den anderen Sprechern.

»Vielleicht haben wir sie endgültig vertrieben«, mutmaßte Lucik hoffnungsvoll.

»Wenn diese Dämonenprinzen wirklich so schlau sind, wie du behauptest, dann wissen sie, dass wir auf sie warten«, sagte Jeorje. »Sie …«

Alle drehten sich um, als das heisere Röhren des Großen Horns die Stille der Nacht zerriss. Bangen Herzens zählte man die einzelnen Hornstöße. Vier langgezogene Töne, gefolgt von einem kurzen Ton. Und gleich darauf sah Selia aufsteigenden Rauch und den rötlichen Widerschein eines Feuers.

Die Horclinge hatten Fischwciher angegriffen.

»Und wenn es eine Falle ist?«, gab Lesa zu bedenken. »Um uns von hier fort zu locken, damit sie mit dem Bau eines neuen Stocks beginnen können?«

»Möglich ist alles, aber ich werde nicht den Untergang von Fischweiher riskieren.« Selia schlug mit dem Speer gegen ihren Schild. »Sattelt die Pferde! Die Fischer-Sippe braucht unsere Hilfe!«

Trotz der mondlosen Nacht trieben sie die Pferde querfeldein. Selia ritt an der Spitze und gab ein gnadenloses Tempo vor, das viele, die keine erfahrenen Reiter waren, nicht beibehalten konnten. Ein großer Trupp folgte ihnen zu Fuß. Jeorjes großer grauer Hengst ließ sich jedoch nicht abhängen, sondern galoppierte scheinbar mühelos mit. Selia wusste nicht, ob Jeorje von dem Wunsch beseelt war, der Fischer-Sippschaft zu helfen, oder ob sein sturer Stolz es nicht zuließ, als zweiter am Ort des Geschehens einzutreffen.

Was bin ich doch für ein arrogantes, dämliches, altes Weib, verfluchte sie sich in Gedanken. *Wieso lasse ich mich überhaupt auf diese idiotische Rivalität ein? Ich habe mich kindisch benommen, und jetzt müssen die Fischers dafür büßen. Ich wusste die ganze Zeit, dass die Horclinge Tibbets Bach im Visier haben. Aber ich musste ja meinen Groll hätscheln. Auf Kosten der Fischer-Sippe.*

In diesem Augenblick haderte Selia mit sich selbst, sie hasste sich, weil sie in ihrem Leben so viele Fehler begangen hatte. Wie oft hatte sie versagt: bei Anjy Südwächter, bei Renna Gerber. Der Horc sollte sie holen, wenn sie dieser Liste noch Opfer aus Fischweiher hinzufügen musste.

Mehrere Häuser brannten, als sie über die Brücke ins Dorf donnerten. Ein paar Leute hatten sich vor den Flammen aufs Wasser geflüchtet, ihre Boote wurden vom Feuerschein und den blitzenden Siegeln beleuchtet, während Wasserdämonen versuchten, die Kähne in die Tiefe zu ziehen. Auf der Straße lagen zerfetzte Leichen, doch gellende Schreie verrieten Selia, dass noch längst nicht alle Dörfler umgekommen waren.

Etwas warf sich ihnen in den Weg. Selia und Jeorje mussten ihre Pferde so heftig zügeln, dass sie beinahe aus dem Sattel geschleudert wurden. Sie hoben ihre Waffen, aber es war nur Raddock Advokat, der die Hände auf eine Kopfwunde presste. Das hervorquellende Blut durchtränkte bereits sein Haar und den Bart. »Hilfe!«

»Raddock!« Selia senkte ihren Speer. »Was …«

Bevor sie den Satz beenden konnte, streckte Raddock die Hand nach ihr aus. Sein Arm dehnte sich zu einer unglaublichen Länge und verwandelte sich in einen sehnigen Tentakel mit einer gekrümmten Kralle, die größer war als eine Sense. Die Kralle peitschte durch die Luft und durchtrennte die Vorderbeine der Pferde wie Getreidehalme.

Butter stieß ein schrilles Wiehern aus und fiel kopfüber in den Schlamm. Selia schaffte es nicht mehr, sich rechtzeitig aus dem Sattel zu schwingen, und stürzte zusammen mit dem Pferd, dessen massiger Körper sie unter sich begrub.

Jeorje war schneller. Er sprang vom Rücken seines zusammenbrechenden Hengstes und landete auf den Füßen. Abermals ließ der Dämon seinen Tentakel durch die Luft sausen und traf mit voller Wucht Jeorjes Kopf. Der Kinnriemen seines mit Stahl verstärkten Hutes riss und Jeorje wurde umgeworfen. Bei dem Aufprall verlor er seinen Gehstock, der ein Stück weit über den Boden schlitterte.

Butter wollte sich aufbäumen, und einen Moment lang drückte er nicht mehr mit dem vollen Gewicht auf Selia. Die versuchte sich zu befreien, doch das Pferd sank wieder zurück, quetschte ihr den Atem aus den Lungen und drückte sie mit dem Gesicht voran in den Schlamm. Erst als Butter abermals gellend wieherte und wie wild mit den Beinstümpfen strampelte, ließ der Druck auf ihren Körper wieder nach. Dieses Mal kämpfte sie sich unter dem Pferd hervor, spuckte Dreck aus und wischte sich den Matsch aus den Augen.

Der Horcling, der Raddocks Gestalt angenommen hatte, kam auf sie zu gerannt. Lesa schleuderte ihren Speer auf ihn, doch der Dämon schnellte nach hinten. Geschmeidig wie eine Schlange krümmte er sich unter dem Speer hinweg und richtete sich dann blitzschnell auf, ohne nennenswert an Schwung einzubüßen.

Jeorje brachte sich wieder in den Besitz seiner Waffe und griff den Dämon an. Der Tentakel peitschte ihm entgegen, aber der alte Südwächter wehrte den Schlag ab und ging neuerlich zum Angriff über. Er riss seinen Gehstock hoch und schien zuschlagen zu wollen, doch stattdessen brüllte er vor Schmerzen, ließ die Waffe fallen und umklammerte mit beiden Händen seinen Kopf. Schreiend und um sich schlagend fiel er auf die Knie.

Selia spuckte noch einen Mundvoll Dreck aus und tastete im Matsch nach ihrem Speer. Sie bekam den glitschigen Schaft zu fassen, wirbelte herum und stellte sich dem Horcling entgegen.

Doch dann spürte sie es. Etwas, das sich in ihrem Kopf eingenistet hatte, brannte sich durch ihre Nervenbahnen wie flüssiges Feuer. Sie versuchte, sich dagegen zu wehren, sagte sich, dies seien keine echten Schmerzen, aber sie war diesen Qualen hilflos ausgeliefert. Krämpfe zerrten an ihren Muskeln, und dann fing sie an zu schreien.

Ungewollte Erinnerungen stiegen vor ihrem geistigen Auge auf. Der Dämon ließ die Zeit rückwärtslaufen, als blättere er Seiten einer Zeitung um. Einige Momente fanden keine Beachtung – Augenblicke der Freude, des Stolzes oder des Glücks. Stattdessen verweilte der Dämon bei Fehlschlägen. Er ergötzte sich an Schmerzen, an Augenblicken der Ohnmacht und der Verzweiflung. Zum Beispiel, als die Schule abbrannte. Als Renna Gerber zum Tode durch Horclinge verurteilt wurde. Als sie weinend und mit Blut überströmt die Straße nach Sonnige Weide entlangrannte.

Tränen liefen über ihr schmutziges Gesicht. Sie hörte Kampflärm, als die Bürgerwehr in gestrecktem Galopp über die Brücke sprengte, doch dies alles schien in weite Ferne gerückt, unwichtig, wie wenn irgendwo an der Straße Leute auf einer Veranda saßen und lachten.

Der Dämon grub tiefer und förderte Erinnerungen zutage, die so kostbar, so intim waren, dass Selias Unterbewusstsein zu toben begann. Ihr Zorn schien den Horcling so zu interessieren, dass er kurz in seinem Tun innehielt. Und in diesem Augenblick fühlte sie etwas Seltsames, wie ein Prickeln auf ihrer Stirn.

Das Gedankensiegel, begriff Selia. Es war immer noch da, an ihrem Schutzhelm, aber der daran klebende Schmutz schmälerte seine Wirkung.

Sie wollte die Hand nach dem Siegel ausstrecken, aber die Luft stemmte sich ihr entgegen, bis es sich anfühlte, als würde sie ihre Finger in ein Fass voll Reis schieben. Doch sie ließ sich nicht entmutigen, biss die Zähne zusammen und wischte unbeholfen den Schlamm von dem Siegel.

Sofort ließ der Widerstand ein wenig nach. Sie spürte immer noch, dass etwas in ihren Geist eingedrungen war, doch dieses Gefühl schwächte sich in dem Maße ab, in dem das Siegel an Kraft gewann. Selia steckte ihre schmutzige Hand durch eine Lücke in ihrer Rüstung und fing an zu suchen. Nach mehreren hektischen

Anläufen fand sie ein Taschentuch, zog es heraus und säuberte damit ihren Helm von den letzten Schlammresten.

Augenblicklich ließ der Druck in ihrem Kopf nach, und das Feuer, das in ihren Nerven brannte, erlosch, als würde man eine Kerze auspusten. Ihr Blick klärte sich, und sie sah den Gestaltwandler, der nun mit Pfeilen gespickt war. Die versiegelten Spitzen glühten sichtbar unter seiner Haut. Das Ding mit Raddocks Gesicht stieß einen unmenschlichen Schrei aus und zerschmolz. Die Pfeile blieben im Schlamm liegen, als die Kreatur sich in einen Felddämon verwandelte und vor dem anhaltenden Pfeilhagel flüchtete.

»Sichert die Straßen!« Wankend kam Selia auf die Füße und ging zu Jeorje, der immer noch zuckend auf dem Boden lag und sich den Kopf hielt. Nach kurzer Suche entdeckte sie seinen Hut, in dessen stählernem Band Gedankensiegel eingeritzt waren.

Sie schickte sich an, ihm den Hut aufzusetzen. Doch er krümmte sich, sprang sie ohne jede Vorwarnung an, schlang ihr seine kräftigen Arme um die Beine und brachte sie zu Fall.

»Jeorje! Komm wieder zu dir!«, brüllte Selia. Sie wartete nicht darauf, dass ihre Worte Wirkung zeigten, sondern verpasste ihm einen heftigen Schlag auf den ungeschützten Kopf.

Jeorje steckte den Hieb ein, drückte sie mit seinem vollen Körpergewicht auf den Boden und umklammerte mit beiden Händen ihren Hals. »Schon vor fünfzig Jahren hätte ich Tibbets Bach von dir befreien sollen!«

»Das ... bist ... nicht ... du ...« Keuchend stieß Selia die Worte hervor, während sie an Jeorjes Handgelenken zerrte, der dabei war, sie zu erdrosseln. Sie strampelte und trat mit den Füßen, doch sie schaffte es nicht, den Körper von sich herunterzuwälzen. Schließlich gelang es ihr, ihm ein Knie zwischen die Beine zu rammen, aber selbst das schien den Wahnsinn, der in Jeorjes Augen flackerte, weiter anzuheizen.

Selias Blick verschwamm. Lesa kreischte ihren Namen, aber die Dämonen strömten jetzt aus Fischweiher heraus, und die Bürgerwehr war vollauf damit beschäftigt, sie abzuwehren.

Selia ballte ihre durch Stahl verstärkte Faust, und unter Aufbietung ihrer letzten Kräfte versetzte sie Jeorjes Ellenbogen einen Schlag. Einen kurzen Moment lang lockerte sich sein Griff um ihren Hals.

Selia atmete röchelnd ein und schlug wieder zu. Dieses Mal traf sie Jeorjes Kehlkopf. Jetzt war es an ihm, nach Luft zu schnappen. Selia winkelte ihre Beine an, sprang auf die Füße und stieß Jeorje von sich weg. »Beim Horc, verflucht noch mal!« Ihre Stimme war ein heiseres Krächzen. »Das bist nicht du, Jeorje! Das ist der Dämon!«

Doch war es tatsächlich so? Vielleicht stand er unter dem Einfluss des Horclingprinzen, aber zweifelsohne hatte Jeorje diese Fantasien schon seit Jahrzehnten in einem dunklen Winkel seines Herzens genährt.

»Mörderin!« Er griff sie wieder an.

Damit hatte Selia gerechnet. Sie wich seinem Schlag aus, unterlief seine Deckung und hämmerte ihre Fäuste gegen seine Rippen, ehe sie rasch zurücktänzelte. Er war stolz darauf, keine ausreichende Rüstung zu tragen, und diese Eitelkeit gereichte ihm jetzt zum Nachteil. In das Futter seiner Jacke waren Platten eingenäht, doch das Kleidungsstück stand vorne offen, und ihre Hiebe trafen den ungeschützten Brustkorb. Nicht einmal in seinem Zustand der Raserei konnte Jeorje derartige Schläge einfach wegstecken.

Er versuchte Selia festzuhalten, und sie ließ sich von ihm packen. Sie krallte die Hände in seine Schultern und riss ihn nach unten, nur um ihm ihr gepanzertes Knie in die Nieren zu rammen. Mit einem kräftigen Schubs stieß sie ihn von sich weg, und in seiner Benommenheit konnte er dem Fußtritt nicht ausweichen, der ihn zu Boden gehen ließ.

Er machte Anstalten, sich aufzurappeln, und Selia wusste, dass der Kampf noch lange nicht vorbei war. Anstatt sich auf ihn zu stürzen oder das Weite zu suchen, schnappte sie sich seinen Hut und stülpte ihm den Schutz über.

Jeorje schüttelte den Kopf. Der irre Blick wich aus seinen Augen, als er zu Selia hochsah. »Selia, was …?«

»Der Dämon steckte in deinem Kopf«, sagte Selia. »In meinen Geist war er ebenfalls eingedrungen.«

Jeorjes Mund war eine schmale Linie, als er sich wieder auf die Füße stellte und die Straße entlangspähte.

»Keine Ursache. Gern geschehen«, sagte Selia hinter seinem Rücken.

Jeorje gab vor, die Worte nicht zu hören, sondern bückte sich nach seinem Gehstock. »Das ändert nichts an den Tatsachen, Selia.«

Selia ging nicht auf diese Bemerkung ein und nahm wieder ihren Speer und den Schild an sich. Von Jeorje konnte sie keinen Dank erwarten. Sie rüsteten sich, um wieder am Kampf teilzunehmen, doch das Schlimmste war vorbei. Die Dämonen, die noch kurz zuvor in Schwärmen aufgetreten waren, zerstreuten sich in der Nacht.

Sie marschierten durch die Straßen von Fischweiher und fanden viele Überlebende. Angeführt von einem Seelendämon, hatten die Horclinge die Siegel beinahe mühelos durchbrochen, aber es schien, als seien sie hauptsächlich daran interessiert gewesen, die führenden Persönlichkeiten von Tibbets Bach in eine Falle zu locken. Die Fischer-Sippschaft hatten sie bewusst verschont. Der echte Raddock hatte Zuflucht in einem der Fischerboote gesucht.

»Daran bist einzig und allein du schuld«, knurrte Raddock, nachdem er wieder an Land gegangen war. »Du hast den Leuten Schutz versprochen. Meinem Dorf hast du die Mittel, um sich selbst zu verteidigen, versagt. Stattdessen bist du mit deiner ganzen

Bürgerwehr losgezogen, um einzig und allein Mack Weides Hof zu schützen.«

Raddocks Vorwurf war hart, aber er hatte recht. Es war ein Fehler gewesen, der Fischer-Sippe die Kampfsiegel vorzuenthalten, ganz gleich, was diese Leute getan hatten. Sie setzte zu einer Antwort an, kam aber nicht mehr dazu.

»Das sind wahre Worte, Fischer«, kam Jeorje ihr zuvor, ehe sie sich äußern konnte. Jeorje streckte seine Hand aus. »Südwache kann euch dabei helfen, das Dorf wieder aufzubauen. Und vor dem nächsten Neumond haben wir eure Fischspeere mit Siegeln verstärkt.«

Eine geraume Zeit lang starrte Raddock die Hand an, dann ergriff er sie. Sein finsterer Blick richtete sich auf Selia, als die Männer das Abkommen per Handschlag besiegelten.

Während der nächsten zwei Wochen herrschte in Stadtplatz hektische Betriebsamkeit. Selia ließ die Leute von Sonnenauf- bis Sonnenuntergang schuften, bis die Pflastersteine zu einem Siegelmosaik angeordnet waren. Verängstigte Anwohner ließen bei Rusco anschreiben und versorgten sich im Gemischtwarenladen mit Werkzeug und anderem Material, um ihre eigenen Großsiegel anzulegen. In der Taverne drängten sich die Gäste. Die Sumpfländer tranken mit verbitterten Mienen Bier aus Torfhügel, während alle über ihre Ängste und Befürchtungen sprachen.

Die Bewohner von Südwache kamen in großen Scharen durchs Dorf. Sie waren unterwegs nach Fischweiher und transportierten auf Karren Bauholz und allerlei Vorräte. Jeorje stand zu seinem Wort, und Selia brachte es nicht über sich, ihn dafür zu verdammen. Sie selbst hatte Zeit genug gehabt, um den Streit mit der Fischer-Sippe zu klären.

Selia war überall, beruhigte die erregten Gemüter und sorgte dafür, dass jeder fleißig mit anpackte. Die Dämonen hatten ihren zerstörten Stock offenbar aufgegeben. Doch es hätte einer ungeheuren Anstrengung bedurft, um den riesigen Krater wieder aufzufüllen, und niemand war so töricht, sich in die unterirdischen Tunnel zu wagen.

Lesa hielt sich jetzt für gewöhnlich bei Selia auf, und jeder durfte das wissen. Vorgeblich als Selias Gehilfin, aber anscheinend war man im Dorf Raddocks Vorschlag gefolgt und hatte die Ältesten in der Gemeinde ausgefragt. Manch einer bedachte die beiden Frauen mit scheelen Blicken, wenn er glaubte, sie bekämen es nicht mit, und nicht alle waren noch so freundlich zu ihnen wie sonst. Auf den Gesichtern zeigte sich eine gewisse Kühle. Trotzdem wagte es keiner, sich öffentlich gegen sie zu stellen, und Selia fing an zu glauben, Lesa habe recht.

»Heute hat meine Mam mich gefragt, ob ich eine warme Schwester bin«, sagte Lesa eines Abends zu Selia.

Etwas klapperte, und Selia sah, dass ihre Hand, mit der sie den Unterteller und die Teetasse hielt, zitterte. Sie stellte den Teller auf dem Tisch ab, bevor sie den Tee verschüttete. »Und was hast du ihr geantwortet?«

»Dass es stimmt.«

Selia holte tief Luft. »Und sie hat dir den Umgang mit mir nicht verboten?«

»Ich bin eine erwachsene Frau, auch wenn die alte Lady Unfruchtbar das nicht einsehen will«, versetzte Lesa. »Meine Mam kann mir nichts mehr verbieten.«

Selia nickte. »Natürlich nicht. Aber was hat sie gesagt?«

»Was ich erwartet habe«, erwiderte Lesa. »Dass sie mich trotzdem liebhat und dass ich immer ihre Tochter sein werde. Dass du eine anständige Frau bist und viel für die Gemeinde getan hast. Aber du wärst sehr viel älter als ich, und es wäre keine Beziehung auf Augenhöhe. Außerdem müsste ich auf Kinder verzichten, und das wäre doch sehr traurig.«

Unwillkürlich legte Selia eine Hand auf ihren Bauch und tat dann so, als glätte sie ihr Kleid. »Wenn wir uns Kinder wünschen, ließe sich das durchaus einrichten. Solche Möglichkeiten gibt es.«

Lesa stemmte die Hände in die Hüften. »Ich werde doch nicht mit einem Mann …«

Mit einem Wink brachte Selia sie zum Schweigen. »Ich habe in Büchern darüber gelesen. In der alten Welt war so etwas gang und gäbe. Eine Art künstliche Befruchtung. Mit Vieh wird das ständig gemacht.«

Lesa verzog angewidert das Gesicht. Selia lachte und gab ihr einen Kuss. Endlich schüttelte sie die Last ab, die sie seit Jahren mit sich herumgeschleppt hatte. Leichten Herzens ging sie zu Bett.

Am nächsten Morgen weckte sie der Klang eines Kurierhorns.

Obwohl er keine guten Nachrichten brachte und nur eine kleine Posttasche bei sich hatte, strömten die Leute in die Taverne, als der Kurier sich im Hinterzimmer von Ruscos Gemischtwarenladen mit dem Stadtrat traf. Seine Rüstung wies frische Kampfspuren auf, und Mann wie Pferd waren erschöpft von der Reise. Der Kurier hatte schwarzes Haar und einen schwarzen Bart, und seine Augen erinnerten an die eines Nachtwolfs.

»Ich heiße Marick.« Der Mann hielt eine versiegelte Tasche in die Höhe. Das Siegel zeigte einen Mörser und einen Stößel. »Und ich bin hier im Auftrag von Meisterin Leesha Papiermacher, Gräfin der Talgrafschaft.«

»Die Gräfin ist eine Kräutersammlerin?«, platzte Coline verdutzt heraus.

»Ay«, bestätigte Marick. »Und dem Schöpfer sei Dank dafür. Als die Krasianer kamen, hätte das Tal keine bessere Anführerin haben können.«

»Die Krasianer sind aus ihrer Wüste gekommen?«, vergewisserte sich Rusco.

Marick nickte. »Sie griffen die Freien Städte an. Eroberten Fort Rizon und nahmen das Festland von Lakton ein. Tausende von Flüchtlingen zogen gen Norden.«

»Beim Schöpfer!« Harral zeichnete ein Siegel in die Luft.

»Ein Pakt zwischen Miln und Angiers setzte dem Eroberungszug ein Ende«, erzählte Marick. »Das ... und der gemeinsame Feind.«

»Die Horclinge«, sagte Selia.

Marick reichte ihr die Tasche. »Es steht alles in Meisterin Leeshas Brief, Sprecherin. Die Dämonen schwärmen aus und versuchen, überall in Thesa neue Stöcke anzulegen.«

Selia nickte. »Davon waren wir schon betroffen. Sie hatten angefangen, in den Wäldern im Westen ein Großsiegel zu bauen. Wir zerstörten die Linien und setzten den Stock in Brand. Im Boden befindet sich jetzt ein großes Loch, von dem massenhaft Gänge nach unten führen, vermutlich bis hinein in den Horc.«

»Bei der Nacht!«, staunte Marick. »Habt ihr den Seelendämon gesehen?«

»Das nicht, aber ich spürte, wie er in meinen Kopf eindrang, ehe ich ihn mit dem Gedankensiegel wieder vertrieb.« Selia erwähnte nicht, dass Jeorje gleichfalls betroffen gewesen war. Jetzt mussten sie zusammenstehen, Einigkeit war wichtiger denn je.

»Du hast verdammtes Glück gehabt, Sprecherin«, meinte Marick. »Nicht viele schaffen es, einen Seelendämon, der sie gepackt hat, zu verscheuchen. Aber ihr müsst wissen, dass es noch nicht vorbei ist. Nächsten Monat kommen sie zurück, und dann werden sie noch stärker sein als zuvor. Wenn eine junge Dämonenkönigin sich erst einmal in einem Stock eingenistet hat, betrachtet sie eure Gemeinde als ihre Speisekammer.«

»Was können wir tun?«, fragte Brine Holzfäller.

Der Kurier zuckte die Achseln. »Wollt ihr meinen persönlichen Rat hören? Dann schlage ich vor, ihr packt eure Sachen und verlasst noch vor dem nächsten Neumond euer Dorf.«

Am anderen Morgen machte sich Lesa in aller Frühe auf den Weg. Die Neuzugänge für die Bürgerwehr sollten ausgebildet werden, und dabei wollte sie helfen. Denn in einer Sache waren Selia und Jeorje sich einig: Sie wollten verdammt sein, bevor sie Tibbets Bach den Horclingen überließen.

Kaum war sie weg, da klopfte es an der Tür. Selia machte auf, und vor ihr stand Fürsorger Harral, der die Hände rang und ein betretenes Gesicht machte.

Selia schnalzte mit der Zunge. »Wie lange hast du hier herumgelungert und darauf gewartet, dass sie geht?«

»Lange genug«, antwortete Harral.

Selia seufzte und ließ den Fürsorger eintreten. »Komm schnell rein, bevor sie zurückkommt. Ich brüh frischen Tee auf.«

»Danke«, sagte Harral.

»Hat Stewert dir nie erzählt, dass ich eine warme Schwester bin?«, fragte sie. »Bei der Nacht, *die* warme Schwester schlechthin.«

Harral schüttelte den Kopf. »Fürsorger Stewert, möge der Schöpfer seiner Seele Frieden schenken, ist viel zu früh von uns gegangen. Vielleicht wollte er es mir später erzählen, wenn ich ein bisschen älter gewesen wäre.«

In der Tat war Harral ein Fürsorgeranwärter von Anfang zwanzig gewesen, als sein Meister starb und ihm eine Gemeinde von siebenhundert Mitgliedern hinterließ, Südwache nicht eingerechnet. Anfangs hatte er sich schwergetan, doch nach ein paar Jahren war er in seine Aufgabe hineingewachsen und hatte an Weisheit gewonnen. Selia hoffte, dass sich diese Weisheit auch auf den gegenwärtigen Fall erstreckte.

»Selia …«, begann Harral.

»Der Schöpfer hat mich geschaffen, so wie dich auch«, sagte Selia. »Er muss einen Grund gehabt haben, warum er mich so schuf, dass ich mir nichts aus Männern mache, sondern lieber Mädchen …«

Harral hob eine Hand, um sie zum Schweigen zu bringen, aber sie redete einfach weiter. »Willst du nicht einmal darüber reden? Das stimmt mich nicht gerade hoffnungsvoll, Fürsorger.«

»Ich kenne dich, Selia«, sagte Harral. »Ich weiß, dass du ein aufrechter Mensch bist. Du sorgst für die Einwohner dieses Dorfes als wären sie deine Kinder. Und das ist der Grund, weshalb ich hier bin. Ich möchte sicherstellen, dass du dir alles gut überlegt hast.«

Selia schenkte Tee ein und stellte eine Tasse vor den Fürsorger hin. Sie bot weder Zucker noch einen Keks an. »Was genau soll das heißen?«

»Du bist fünfzig Winter älter als dieses Mädchen«, sagte Harral.

»Und Jeorje ist neunzig Winter älter als seine jüngste Ehefrau«, erwiderte Selia. »Stam ist dreißig Winter älter als Maddy Fischer.«

Mit seiner Tasse deutete Harral auf Selia. »Ay, und du, Selia, hast sie deswegen immer verurteilt. Du hast es nie gebilligt, dass Jeorje sich mehr als eine Ehefrau nahm, und – bei der Nacht! – du hast an allem, was Stam Schneider macht, etwas auszusetzen.«

Das stimmte, doch Selia verschränkte trotzig die Arme. »In Tibbets Bach gibt es nicht viele warme Schwestern, die siebzig Winter zählen, Fürsorger. Die Magie hat mir ein neues Leben geschenkt. Soll ich es allein verbringen?«

Harral breitete die Arme aus und zog die Aufmerksamkeit auf seine schlichte braune Kutte. »Du bist nicht die Einzige, die dieses Opfer bringen muss, Selia. Denkst du, ich hätte keine Bedürfnisse? Aber ich unterdrücke sie, zum Wohle dieser Gemeinde. Die Menschen haben das Recht auf einen Heiligen Mann, der seine Gelübde einhält.«

»Ay«, stimmte Selia zu. »Gelübde bricht man nicht. Aber ich habe mein Leben nicht dem Schöpfer geweiht, Harral. Wieso ist das Wohl dieser Gemeinde gefährdet, wenn ich nicht allein bleibe?«

»Die Leute blicken zu dir auf, du bist ihr Vorbild«, sagte Harral. »Was sollen sie von dir denken?«

»Dass ich ein liebendes Herz habe?«, fragte Selia. »Dass ich keineswegs unfruchtbar bin, ganz gleich, was man hinter meinem Rücken über mich tuschelt? Dass ich mich nicht durch engstirnige Vorurteile daran hindern lasse, mein Leben zu genießen?«

Harral stieß den Atem aus. »Ist dein Glück wichtiger als das anderer Leute? Ahnst du überhaupt, was du Lesas Eltern antust?«

»Sie haben sich an dich gewandt?«, fragte Selia.

»Mach ihnen das nicht zum Vorwurf, Selia. Für ihr Mädchen wollen sie nur das Beste. Sie haben sich erkundigt, was der Kanon dazu sagt – ob Lesa das Himmelreich verwehrt wird.«

»Ich habe schon den Kanon gelesen, da warst du noch nicht mal geboren, Fürsorger«, entgegnete Selia. »Mit Schwulen geht der Kanon hart ins Gericht, aber nirgendwo steht geschrieben, dass wir nicht in den Himmel kommen.«

»Ay, und genau das habe ich ihnen gesagt. Wir alle sind des Schöpfers Kinder, und es ist unsere Pflicht, einander zu lieben und beizustehen, von Sonnenaufgang bis Sonnenuntergang. Aber …«

Selia zog die Stirn kraus. »Bis jetzt war ich sehr geduldig mit dir, Fürsorger. Wähle deine nächsten Worte mit Bedacht.«

»Die Leute reden, Selia«, fuhr Harral fort. »Geschichten verbreiten sich in Windeseile. Bis jetzt ist es nur ein Gerücht, aber wenn ihr zwei so weitermacht wie bisher, wird es bestätigt.«

»Je eher es ans Licht kommt, umso besser«, sagte Selia. »Geheimnisse werden mit der Zeit zu eiternden Geschwüren, und dieses Geheimnis besteht bereits seit fünfzig Jahren. Höchste Zeit, dass die Eiterbeule aufgestochen wird.«

»Viele aus der Gemeinde billigen solche Neigungen aber nicht«, sagte Harral. »Sie fragen bereits nach dem wahren Grund, weshalb du dich so für Renna Gerber eingesetzt hast.«

Selia ballte eine Faust. »Ich habe dieses Mädchen nie angerührt. Du …«

Harral hob die Hände. »Ich sagte ihnen, das seien nichts als Märchen, aus der Luft gegriffene Unterstellungen. Doch du weißt ja selbst, dass die Leute nicht immer auf ihren Fürsorger hören. Viele halten zu dir, aber andere murren und machen sich Sorgen, so etwas könnte … ansteckend sein.«

»Das ist keine Krankheit wie der Schleimfluss, Harral«, fauchte Selia. »Es ist meine Natur. So bin ich nun mal.«

»Wir sind die, die wir sein wollen, Selia«, widersprach Harral. »Wir haben die Wahl.«

Selia riss ihm die Tasse aus den Händen. »Dann solltest du jetzt besser deinen Abgang wählen, Harral. Verschwinde aus meinem Haus.«

»Ich bin nicht dein Feind, Selia.« Harral schob den Stuhl zurück und stand auf. »Raddock hingegen hetzt die Fischer-Sippe gegen dich auf, die Sumpfländer weigern sich, in unser Dorf zu kommen, und die Südwächter …«

»Ich weiß alles über die Südwächter!« Selia schob ihn sanft, aber energisch zur Tür.

»Raddock hat ein Treffen des Stadtrates anberaumt«, sagte Harral.

»Ay?« Selia erstarrte.

»Am Morgen des ersten Tages von Neumond. Er sagt, solange du Gemeindesprecherin bist, seien wir gefährdet. Laut Raddock stellst du für uns alle ein Risiko dar.«

»Ist das überhaupt zulässig?«, fragte Lesa.

»Jeder Sprecher kann ein Misstrauensvotum beantragen«, sagte Selia.

»Es spielt ohnehin keine Rolle.« Lesa nahm Selias Hand. »Die Menschen mögen nicht, was sie nicht verstehen, aber sie wissen, dass Raddock Advokat diese Gemeinde auf den Kopf gestellt und dafür von Arlen Strohballen Prügel bezogen hat. Sie wissen, welche Opfer du für die Gemeinde gebracht hast. Niemals werden sie dich abwählen und ihn an deine Stelle setzen.«

»Bei der Nacht, Mädchen!« Selia entriss ihr ihre Hand. »Wegen dieses verdammten Raddock Advokat brauchen wir uns keine Sorgen zu machen! Wer mir schwer im Magen liegt, ist Jeorje!«

Lesa verschränkte die Arme. »Die Leute wollen nicht alle ihre Klamotten schwarz färben, auf Bier und Zucker verzichten und jeden Tag ins Heilige Haus rennen.«

»In erster Linie wollen sie nicht von Horclingen zerfleischt werden«, sagte Selia. »Jeorje hat sich Sumpfland und Fischweiher unter den Nagel gerissen, indem er den Leuten dort Schutz versprach. Das ist schon mal die Hälfte der Einwohnerschaft. Wenn nur noch ein paar andere Weiler für ihn stimmen …«

»Das werden sie nie und nimmer. Das können sie einfach nicht tun.« Doch Lesa schien damit nicht nur Selia, sondern auch sich selbst überzeugen zu wollen.

Während der nächsten Tage sagte Selia sich in Gedanken immer und immer wieder dasselbe. Sie machte kein Geheimnis daraus, dass Lesa jetzt bei ihr wohnte, aber sie stellte ihre Beziehung auch nicht mehr öffentlich zur Schau. Das Mädchen ritt mitten im Trupp der Bürgerwehr, wenn sie nachts unterwegs waren und Jagd auf Horclinge machten.

Doch am ersten Tag der Neumondphase, als jeder halbwegs rüstige Mann aus Südwache in Stadtplatz aufmarschierte und sie die grimmigen Mienen und Speere sah, wusste sie, dass es bereits zu spät war.

»Bei der Nacht«, hauchte Lesa.

»Ich kann nicht sagen, dass mich das überrascht«, sagte Selia. »Es ist nicht das erste Mal, dass die Südwächter nach Stadtplatz kommen und Streit suchen.«

4

So weit, wie es sein muss

284 NR

An Markttagen brachten die Südwächter ihre Kinder nicht mehr nach Stadtplatz mit, doch das trug nicht dazu bei, Selias Arbeit zu erleichtern. Ohne Baumaterial und Arbeitskräfte aus Südwache ging der Wiederaufbau der Schule nur quälend langsam voran. Und da Anjy, Raddock und Deardra nicht mehr beim Unterricht halfen, musste Selia deren Aufgaben übernehmen.

Sie tat es ohne Murren und strengte sich gewaltig an, denn die Kinder von Tibbets Bach sollten eine ordentliche Ausbildung erhalten und durften keinesfalls unter ihren persönlichen Problemen leiden. Sie wusste nicht, welche Gerüchte über sie in Südwache kursierten, aber die Leute aus den anderen Weilern taten so, als wäre alles in schönster Ordnung. Die Südwächter waren schon immer seltsam gewesen und neigten zu Ausbrüchen von Fanatismus und Selbstgerechtigkeit. Und in Fischweiher hatte man ohnehin nicht geglaubt, dass die Kinder des Dorfsprechers für immer und ewig Rechnen, Schreiben und Lesen unterrichten würden.

Selia läutete die Schulglocke und kündigte das Ende des Unterrichts an. Als die Kinder das Klassenzimmer verließen, gab Lory Selia einen abgedeckten Korb. »Heute Nachmittag bricht Jahn Kurier mit seiner Karawane auf. Ich habe ihnen Butterkekse für unterwegs gebacken. Liefere den Korb bei ihnen ab, bevor du zum Einkaufen gehst.«

Selia nahm den Korb und zog los. Sie traf Jahn und ihren Vater bei einem freundschaftlichen Gespräch, während die letzten Abgaben für den Herzog, Reis, Bauholz, landwirtschaftliche Erzeugnisse und Fisch auf die Karren geladen wurden. In seiner glänzend polierten Rüstung, auf der sich die Mittagssonne spiegelte, gab Jahn eine imposante Erscheinung ab. Isak Fischer war ebenfalls da, und hinter ihm stand Raddock in Habtachtstellung.

Sie verlangsamte ihre Schritte und überlegte, ob sie mit der Übergabe des Korbes warten sollte, bis die Karawane sich in Bewegung setzte. Doch der Kurier entdeckte sie. »Selia! Komm, nimm Onkel Jahn noch einmal in die Arme und drück ihn ganz fest, ehe ich in die ungeschützte Nacht hinausgehe!«

Er hob Selia in die Höhe und schwenkte sie herum. Nicht einmal Raddocks und Isaks wütende Blicke konnten verhindern, dass sie strahlend lächelte. Vor vielen Jahren war Jahn Edwars Lehrling gewesen, und wenn er ins Dorf kam, wurde er so liebevoll empfangen wie ein Familienmitglied. Er drückte Selia an seine gepanzerte Brust, und der Geruch nach Öl, Metall und Leder erinnerte sie so sehr an die Umarmungen ihres Vaters, dass sie sich unglaublich geborgen fühlte.

Jahn stellte sie wieder auf die Füße. »Dich hochzuheben wird immer schwerer, Mädchen. Bald bist du so groß wie dein Vater. Du wirst der Gemeinde einmal wackere, starke Kinder schenken.«

Isak hüstelte.

»Da wär ich mir nicht so sicher«, grummelte Raddock.

Jahn warf ihm einen gereizten Blick zu. Raddock war klug genug, den Kopf zu senken, und Jahn ließ die Bemerkung durchgehen. »Rieche ich da die köstlichen Butterkekse deiner Mutter?«

Selia verabschiedete sich schon bald, denn sie wollte sich nicht länger in Isaks und Raddocks Nähe aufhalten. Es war spät am Nachmittag, doch ein paar Südwächter schlenderten noch über den Markt und tätigten letzte Einkäufe. Einige von ihnen bemerkten sie, und man kehrte ihr betont auffällig den Rücken zu. Der Schöpfer allein wusste, was Jeorje ihnen erzählt hatte. Sie schob sich in eine andere Reihe von Verkaufsständen, bevor jemand diese Beleidigung mitkriegte.

Doch das, was sie dort sah, war auch nicht besser. Peat Baumgärtner bot Deardra Fischer mit einer übertrieben artigen Verbeugung einen glänzenden Apfel an. »... fast so süß wie du.«

Dass ledige junge Männer Deardra hofierten, war nichts Neues. Sie war sehr hübsch und konnte mit einer stattlichen Mitgift rechnen. Aber bis jetzt war sie noch nie auf solche Gunstbezeugungen eingegangen, obwohl sie ständig behauptete, sich verheiraten zu wollen. Auch Peat erntete nur einen müden Blick und ein geduldiges Lächeln – bis Deardra Selia entdeckte.

»Nein, wie galant du doch bist.« Sie beglückte Peat mit einem verliebten Lachen, und als sie den Apfel annahm, verweilte ihre Hand auf der seinen. Dann drückte sie ihm sogar einen Kuss auf die Wange. Peat errötete und bemerkte nicht das hämische Lächeln, das Deardra in Selias Richtung schickte.

Selia drehte sich um, bevor Deardra den Ausdruck auf ihrem Gesicht sehen konnte. Eigentlich hätte sie darüberstehen müssen, aber Deardras Verrat konnte die Erinnerungen an ihre gemeinsam verbrachte Zeit nicht trüben. Vielleicht empfand Deardra ja genauso und vermied es deshalb, sich fest an einen Mann zu binden.

Für eine warme Schwester war es nicht leicht, sich neu zu orientieren.

Es war spät geworden, und die meisten Leute packten wegen der herannahenden Abenddämmerung ihre Sachen zusammen, als Selia ihren Rundgang über den Markt beendete. Sie ging an Bils Verkaufsstand vorbei, um Hallo zu sagen, doch dort traf sie nur seine Mutter Neta an, die hingebungsvoll mit Coran Sumpfig feilschte.

»Ein *Fass* Reis für eine popelige Steppdecke?!«, regte Coran sich auf. »Benutzt du Fäden aus gesponnenem Gold?«

»Eine Steppdecke zu nähen ist schwieriger als Kinder Saatgut ausstreuen zu lassen«, schoss Neta zurück.

»Psst! Selia!«, zischelte Bil, als Selia an dem Stand vorbeieilte. Er lugte hinter der Bude hervor und winkte sie zu sich. Genau an der Stelle hatte sie sich vor gar nicht langer Zeit mit Raddock gestritten.

»Was ist los?«, flüsterte Selia. Bevor sie zu ihm ging, vergewisserte sie sich, dass niemand sie beobachtete.

Anjy Südwächter bemerkte sie erst, als das Mädchen die Arme um sie schlang und Selia beinahe den Korb fallen ließ. Im ersten Moment versteifte sie sich. Dann erwiderte sie die Umarmung, drückte das Mädchen ganz fest an sich, vergrub ihr Gesicht in Anjys Haar und sog tief den Duft ein.

»Was tust du hier?«, fragte Selia leise, als sie sich voneinander lösten. Sie erschrak, als sie sah, dass Anjys linkes Auge zugeschwollen und purpurrot verfärbt war. Das rechte Auge war schwarz unterlaufen. Ihre Nase war doppelt so groß wie sonst, und an den Nasenlöchern klebte verkrustetes Blut.

»Wer hat dir das angetan?« Selia umklammerte den Korb so fest, dass das Rohrgeflecht in ihre Haut schnitt.

Anjy senkte den Blick. »Mein … Ehemann.«

Selia krampfte sich der Magen zusammen. Anjy war erst seit wenigen Wochen wieder in Südwache. Und bereits verheiratet? »Und was sagt dein Großvater dazu?«

»Dass ich es mir selbst zuzuschreiben habe. Dass es nicht reicht, wenn ich aufhöre zu sündigen, sondern dass mir die Sünde aus dem Leib geprügelt werden muss.«

»Beim Schöpfer!«, murmelte Bil.

Selia stieg die Galle hoch. »Weiß jemand, dass du hier bist?«

Anjy schüttelte den Kopf. »Ich bin heimlich aus dem Fenster geklettert, und gleich wird es dunkel. Auf dem Markt hat mich bestimmt keiner gesehen, aber morgen früh wird Großvater nach mir suchen.«

»Und er weiß genau, wo er suchen muss.« Selia hob das Umschlagtuch von Anjys Schultern an und zog es ihr über den Kopf. »Hier können wir nicht bleiben. Bil, sei so gut und hol die Schmucke Sallie. Sag ihr, sie soll so schnell wie möglich zum Haus des Sprechers kommen.«

»Ay, Selia.« Bil rannte los. Selia vergewisserte sich, dass die Luft rein war, und zog Anjy mit sich. Die abendliche Luft war so frisch, dass ein Kopftuch nicht auffallen würde, trotzdem gingen sie eiligen Schrittes an den anderen Marktbesuchern vorbei und begaben sich auf Schleichwegen zu Selias Elternhaus.

»Selia, was ...?« Lory erstarb die Frage auf den Lippen, als Selia Anjys Kopftuch herunterzog und das zerschlagene Gesicht entblößte. »Setz dich erst mal hin, Mädchen.« Lory rückte einen Stuhl am Küchentisch zurecht. »Ich hole ein kühles Tuch.« Sie blickte Selia an. »Hast du ...?«

»Ich hab Bil zu Sallie geschickt. Sie soll sofort hierherkommen. Ist Dad ...?«

Die Vordertür ging auf, und Edwar, Sallie und Bil betraten das Haus. Edwar schwieg, während er zusah, wie Sallie Anjys Verletzungen behandelte, aber seine geballten Fäuste sprachen Bände.

»Dad, wir können nicht zulassen, dass sie ...«, begann Selia.

Edwar hob eine Hand und unterbrach sie: »Wir werden es nicht zulassen.« Er saß Anjy gegenüber und sprach sie mit seiner ruhigen, tiefen Stimme an: »Ich weiß, dass es für dich nicht leicht sein kann, darüber zu reden, Anjy. Aber ich muss wissen, wer dich geschlagen hat.«

»Mein Ehemann.« Anjy biss sich auf die Lippe und kämpfte mit den Tränen. »Obi Südwächter.«

Der wütende Aufschrei, der sich in Selias Kehle angestaut hatte, brach sich endlich Bahn.

»Obi hat mehr als fünfzig Winter auf dem Buckel«, sagte Sallie. »Ein Mann seines Alters sollte dem Schöpfer dafür danken, dass er ihn noch einmal mit einer so jungen Frau gesegnet hat, anstatt sich an ihr zu vergreifen.«

»Das ist noch milde ausgedrückt«, warf Lory ein.

»Das Nasenbein ist gebrochen«, sagte Sallie. »Da kann man nicht viel machen, außer kalte Kompressen auflegen, bis die Schwellung abklingt. Ich lege eine Schiene an, damit der Knochen gerade zusammenwächst.« Sie fuhr mit der Hand über Anjys Seite, und das Mädchen zuckte zurück. Sallie wandte sich an Bil. »Geh jetzt nach Hause, Bil. Und du drehst dich um, Edwar.«

Nachdem Bil gegangen war, legte Edwar den Riegel vor. Dann stellte er sich mit verschränkten Armen in die Küchentür und kehrte den Frauen den Rücken zu. Sallie öffnete Anjys Kleid und streifte es ihr ab. Der Körper des Mädchens war mit Blutergüssen übersät, manche frisch, andere halbwegs abgeheilt.

»Bei der Nacht!«, hauchte Lory.

»Keine weiteren Knochenbrüche«, erklärte Sallie, nachdem sie Anjy untersucht hatte. »Was das Mädchen jetzt braucht, ist Ruhe.«

»Sie kann in meinem Bett schlafen«, platzte Selia heraus. Als ihre Eltern sie ansahen, senkte sie den Blick. »Ich übernachte in der Wohnstube.«

Edwar nickte. Die Sonne ging unter, als Sally heimwärts rannte. Lory half Anjy, sich zu waschen und ein Nachthemd anzuziehen. Dann brachte sie ihr die Abendmahlzeit ans Bett. Die anderen aßen schweigend. Edwar hatte eine finstere Miene aufgesetzt, und Selia und ihre Mutter hüteten sich, ihn zu bedrängen, wenn er in dieser Stimmung war.

Nachdem im ganzen Haus die Lichter gelöscht waren, wälzte sich Selia auf ihrem behelfsmäßigen Nachtlager in der Wohnstube unruhig hin und her. Sie wartete, bis das Schnarchen ihres Vaters durch die Schlafzimmertür zu hören war. Dann stand sie auf und schlüpfte leise in Anjys Kammer.

»Ich dachte schon, du würdest nicht mehr kommen«, sagte Anjy in der Dunkelheit.

»In diesem Bett hab ich genug Unheil angerichtet«, sagte Selia. »Ich will es nicht noch schlimmer machen.«

»Dich trifft nicht die geringste Schuld«, sagte Anjy. »Du hast mich nicht gezwungen, einen fetten alten Mann zu heiraten, der mich verprügelt. Du hast Raddock Fischer nicht an der Nase herumgeführt und ihm vorgegaukelt, du würdest dir was aus ihm machen, woraufhin er glaubte, er hätte einen Anspruch auf deine Hand. Deinetwegen ist Deardra nicht zu einer warmen Schwester geworden. Alles, was sie tat, geschah aus freiem Willen.«

Sie tastete blind nach Selias Hand, bis sie sie gefunden hatte. »Aber du bist in die ungeschützte Nacht hinausgerannt und hast mich vor den Horclingen gerettet.« Sie drückte Selias Hand. »Und du gabst mir das Gefühl, nicht mutterseelenallein zu sein.«

Selia legte ihre Hand über die von Anjy. »Du bist nicht allein. Mein Dad wird sich um diese Geschichte kümmern und alles ins rechte Lot bringen.«

»Nichts kommt ins rechte Lot«, behauptete Anjy. »Großvater lässt nichts durchgehen. Morgen früh taucht er mit Unterstützung hier auf. Er wird ein paar kräftige Männer mitbringen. Die treten die Tür ein und nehmen mich mit.«

»Dagegen setzen wir uns zur Wehr«, sagte Selia. »Wir finden einen Ausweg, das ist so sicher wie der Sonnenaufgang.«

»Ich habe schon einen Ausweg gefunden«, sagte Anjy. »Wir gehen in die Freien Städte.«

Selia war froh, dass Anjy im Dunkeln ihr Gesicht nicht sehen konnte. »Das kann doch nicht dein Ernst sein!«

»Es war kein Zufall, dass ich heute hierherkam«, sagte Anjy. »Der Kurier ist zwar schon unterwegs, aber in der Karawane befinden sich Wagen mit schweren Lasten. Also kommen sie nur langsam voran. Wenn wir querfeldein laufen und eine Abkürzung nehmen, fangen wir die Karawane auf der Straße ab. Um nach Hause zurückzulaufen, wird es zu spät sein. Kurz vor Sonnige Weide schlägt die Karawane ihr Lager auf, und wir können uns in einem der Wagen verstecken.«

Es war ein aberwitziger Plan, aber das nahm Selia kaum zur Kenntnis. Ein einziges Wort nahm ihre Gedanken gefangen. »Wir?«

»Ich hau auch allein ab, wenn es sein muss. In Tibbets Bach leben nicht mal tausend Menschen. In den Freien Städten wohnen mehrere Hundert Mal so viele, wenn man den Erzählungen der Jongleure Glauben schenken darf. Dort muss es noch mehr warme Schwestern geben.« Abermals drückte Anjy ihre Hand. »Doch ich will gar keine andere haben, wenn die Chance besteht, dass du mit mir kommst.«

Selia schluckte. Nur in ihren Träumen hatte sie solche Worte gehört. »Wir müssen nicht bis ans Ende der Welt laufen, um zusammen zu sein, Anjy. Wir haben nichts verbrochen, das hast du selbst gesagt. Warum sollten wir fortgehen, und die anderen dürfen bleiben?«

»Damit kein anderer unseretwegen leiden muss«, sagte Anjy.

»Und wenn wir diejenigen sind, die zu Schaden kommen?«, fragte Selia. »Mal angenommen, wir stoßen nicht auf die Karawane, bevor die Sonne untergeht. Die Horclinge scheren sich keinen Deut darum, wer im Recht ist und wer im Unrecht.«

»Dein Dad war doch Kurier«, sagte Anjy übergangslos. »Hat er immer noch seinen tragbaren Bannzirkel?«

»Ay«, sagte Selia. »Genügt es dir nicht, meinem Dad die Tochter wegzunehmen? Willst du ihn jetzt auch noch bestehlen?«

Anjy zog ihre Hand zurück, und Selia empfand ein eigenartiges Gefühl der Leere. »Ich nehme dich deinen Eltern nicht weg, Selia. Ich bin nicht wie Obi Südwächter oder Raddock Fischer. Du bist nicht mein Eigentum, genauso wenig, wie du mich besitzt. Ich wünsche mir, dass du mitkommst, aber die Entscheidung liegt bei dir.«

Eine Zeit lang herrschte Schweigen. Dann wurden im Dunkeln Worte geflüstert, so leise, dass sie kaum zu hören waren. »Ich liebe dich, Selia.«

Selia schnürte sich die Kehle zusammen, und sie stieß einen zittrigen Atemzug aus. Blind tastete sie nach Anjys Hand, und nachdem sie sie gefunden hatte, schloss sie ihre Finger darum. »Und ich liebe dich, Anjy. Ich laufe mit dir weg. So weit, wie es sein muss. Ich bitte dich nur, noch ein Weilchen zu warten. Gib meinem Dad Zeit, um die Dinge zu regeln.«

»Eine zweite Chance gibt es für mich nicht, Selia«, sagte Anjy. »Großvater wird mich an den Haaren nach Südwache zurückschleifen. Und dann dafür sorgen, dass ich nie wieder wegkann.«

»Dad ist hier der Sprecher«, sagte Selia. »Er wird ein Treffen einberufen. Die Schmucke Sallie und Bil können als Zeugen aussagen. Der Stadtrat muss sich mit der Angelegenheit beschäftigen. Was auch immer im Kanon über warme Schwestern steht – Männer, die ihre Hand gegen eine Frau erheben, werden strenger verurteilt.«

»Niemand wird sich darum scheren, was der Kanon über solche Kerle sagt.« Anjy klang verbittert, aber sie zog ihre Hand nicht wieder weg.

»Lass es doch einfach darauf ankommen«, bat Selia. »Tue es für dich. Für uns.«

Anjy erwiderte nichts, aber sie zupfte an Selias Hand und zog sie näher zu sich heran. Selia ließ sich von dem Geräusch ihrer Atemzüge leiten, gab acht auf Anjys gebrochene Nase und küsste sie zärtlich auf den Mund.

Als Selia erwachte, war Edwar bereits aus dem Haus gegangen. Lory hatte das Frühstück zubereitet und gab ihr ein Tablett, das sie Anjy bringen sollte.

»Sprecher!«, donnerte eine Stimme vom vorderen Hof her. »Ich bin hier, um meine Enkeltochter abzuholen! Ich weiß, dass sie bei dir im Haus ist!«

Selia linste verstohlen aus dem Fenster. Da stand Jeorje Südwächter, hinter sich ein Aufgebot von mit Speeren bewaffneten Männern. Bei der Nacht! Wie hatten sie so schnell hier sein können? Die Ortschaft Südwache war Meilen entfernt.

»Geh weg vom Fenster«, sagte Lory. Selia drehte sich um und sah, dass ihre Mutter den Speer vom Kaminsims nahm. »Verriegle hinter mir die Tür, Mädchen. Verriegle sämtliche Türen.« Lory trat hinaus auf die Veranda und zog die Tür hinter sich zu.

Selia tat, was die Mutter ihr gesagt hatte, und legte den Riegel vor, obwohl sie bezweifelte, dass das etwas nützen würde. Männer, die entschlossen waren, sich notfalls mit Gewalt an ihrer Mutter vorbeizudrängen und das Haus zu stürmen, würden sich nicht von ein paar Zoll Holz abhalten lassen.

Sie blickte zum hinteren Eingang, dann zu der Tür von Anjys Zimmer. Hatte Jeorje Männer losgeschickt, um den rückwärtigen Teil des Hauses zu beobachten? Falls nicht, dann blieb vielleicht noch Zeit …

»Das sind aber viele Männer, um eine verprügelte junge Frau abzuholen!«, schrie Lory.

Selia presste sich mit dem Rücken an die Wand neben dem Fenster und spähte nach draußen. Es war ein lächerlicher Anblick – die Schulmeisterin des Dorfes hielt einen Trupp bewaffneter Südwächter mit dem alten Kurierspeer ihres Ehemannes in Schach. Aber Lorys resoluter Gesichtsausdruck machte deutlich, dass sie vor nichts zurückschrecken würde.

»Diese Angelegenheit geht dich nichts an, Lory!«, brüllte Jeorje. »Gib den Weg frei!«

»Wenn ein Mann seine Frau schlägt, geht das die ganze Gemeinde etwas an!«, entgegnete Lory. »Das Mädchen ersuchte im Haus des Sprechers um Hilfe, und die haben wir ihr gewährt!«

Jeorje breitete die Hände aus und kam näher. »Wir sind die Familie dieses Mädchens, keine Horclinge, und wir beide wissen, aus welchem Grund Anjy sich in euer Haus geflüchtet hat.«

Lory hob den Speer. »Keinen Schritt weiter, Jeorje!«

Jeorje lächelte und setzte seinen Weg fort. »Gib mir meine Enkeltochter zurück, und wir verlassen sofort dein Grundstück und das Dorf. Du kannst uns nicht aufhalten.«

»Sie kann es vielleicht nicht, aber wir können es!«, hallte Edwars Stimme über den Hof. Selia wagte es, vor das Fenster zu treten, und atmete erleichtert auf, als sie ihren Vater sah, der mit einer Schar Männer auftauchte. Die halbe männliche Einwohnerschaft der umliegenden Weiler schien er zusammengetrommelt zu haben. Stämmige, hünenhafte Holzfäller, die ihre Breitäxte geschultert hatten; Männer von der Strohballen-Familie und der Weide-Sippschaft; Torfstecher mit Böttcher-Hämmern und die Leute von Stadtplatz, die sich mit verschiedenen Werkzeugen und Jagdspeeren ausgerüstet hatten.

Zahlenmäßig waren sie den Südwächtern überlegen, allerdings reichte es nicht aus, um Jeorje den Wind aus den Segeln zu nehmen. Er konnte immer noch für Ärger sorgen. Der Alte wandte sich an Edwar und würdigte Lory keines Blickes mehr. Er wollte etwas sagen, aber Edwar ließ ihn nicht zu Wort kommen.

»Obi Südwächter!« Edwar zeigte auf einen Mann in mittleren Jahren. Er schob eine ausgeprägte Wampe vor sich her, hatte ein pausbäckiges Gesicht und einen angegrauten Bart. »Du wirst beschuldigt, deine Ehefrau geschlagen zu haben! Hast du etwas zu deiner Verteidigung vorzubringen?«

Obi klappte die Kinnlade runter, und er riss verdutzt die Augen auf. »Über die Vorgänge in meinem Haushalt bin ich dir keine Rechenschaft schuldig. In meinem Haus bin ich der Herr!«

»Ach, aber du nimmst dir das Recht heraus, in mein Haus einzudringen?«, donnerte Edwar.

»Du hast keinen Beweis dafür, dass ich meine Frau verprügelt habe!«, empörte sich Obi.

»Wir haben Anjys Aussage.«, rief Edwar.

»Anjys Wort steht gegen das meine.« Obi klang zuversichtlich. »Sie kann sich die Verletzungen zugezogen haben, als sie die Treppe runterfiel.«

»Du wohnst in einer Bauernkate, in der es keine Treppe gibt, auf der man so schwer stürzen könnte«, erklärte Edwar. »Ich wette, wenn wir deine Faust vermessen, dann passt sie genau zu den Blutergüssen.«

Obi hob drohend eine Faust und richtete sie gegen Edwar. »Wenn du meine Faust willst, Edwar, dann kannst du sie haben! Komm her, wenn du dich traust!«

Ohne zu zögern marschierte Edwar auf Obi zu, bis die beiden Männer dicht voreinander standen. »Mit einem Mädchen, das nur halb so viel wiegt wie du, kannst du spielend fertigwerden, Obi. Hast du auch den Mumm, dich mit mir anzulegen?« Er lächelte, reckte das Kinn vor und schloss die Augen. »Du darfst sogar als Erster zuschlagen, Obi. Aber ich schwöre bei der Sonne: Bei diesem einen Treffer bleibt es. Den letzten Schlag in diesem Kampf werde ich landen.«

»Schluss jetzt!« Jeorje hatte nicht mehr die Oberhand, doch deshalb war er nicht weniger gefährlich. Er riss Obi zurück, der ein erleichtertes Gesicht machte. »Dies hier ist keine Gerichtsverhandlung, Sprecher. Du kannst nicht erwarten …«

»Ay, recht hast du«, schnitt Edwar ihm abermals das Wort ab. »Morgen soll der Stadtrat zusammentreten und über diese Sache verhandeln. Du und Obi könnt schon mal überlegen, wie seine Verteidigung aussehen soll.«

Jeorjes zur Schau getragene Gelassenheit fing an zu bröckeln. Er grinste hinterhältig. »Doch das betrifft nicht den Vorwurf, den man meiner Enkeltochter macht.«

Edwar verschränkte die Arme. »Nein, das tut es nicht. Damit befassen wir uns später, wenn die Angelegenheit mit Obi erledigt ist. Es sei denn, du willst dir mit Gewalt Zutritt zu meinem Haus verschaffen, um sie mitzunehmen.«

»Ich kann nicht dulden, dass das Mädchen noch länger in diesem sündigen Haushalt weilt«, krähte Jeorje. »Es spielt keine Rolle, wer hier wen verführt, aber meine Enkelin muss hier raus!«

Ein Raunen ging durch die Dörfler, die auf Edwars Seite standen, und Jeorje, der spürte, dass er einen Nerv getroffen hatte, schmunzelte triumphierend. »Du hast den Leuten wohl nicht die ganze Wahrheit erzählt, Sprecher.«

»Sie kann bei mir wohnen, Edwar«, rief die Schmucke Sallie, ehe Edwar antworten konnte. »In meinem Haus gibt es freie Betten für die Kranken, und der Nasenbeinbruch muss ohnehin noch behandelt werden.« Sie wandte sich an Jeorje. »Von mir aus kannst du Wachen aufstellen, obwohl ich schwer hoffe, dass es nicht nötig sein wird.«

Jeorje verzog das Gesicht als hätte er in eine saure Zitrone gebissen, aber er nickte. »Einverstanden. Aber sie muss sofort zu dir gebracht werden, und ich will es mit eigenen Augen sehen.«

Selia stand sicherheitshalber vor Anjys Tür, als Sallie und die Männer ins Haus kamen, um das Mädchen mitzunehmen. Die Südwächter blieben draußen, bis auf Jeorje, der sie mit seinen Blicken aufspießte. »Weg da, Mädchen! Mach Platz!«

Selia ballte eine Faust, aber Edwar trat zwischen sie und Jeorje. Besänftigend legte er eine Hand auf Selias Schulter. »Vertrau mir.

Ich verbürge mich dafür, dass Anjy nichts passiert. Wir regeln das.«

Selia stieß den Atem aus und ließ sich von ihrem Vater zur Seite ziehen. Doch als er die Tür öffnen wollte, war sie von innen verriegelt.

»Anjy!« Er hämmerte laut gegen die Tür. »Ich bin's, Edwar. Du brauchst keine Angst zu haben, Mädchen, keiner wird dir etwas antun. Wir bringen dich nur ins Haus der Familie Schmuck. Sallie wird sich um dich kümmern, während der Stadtrat die Angelegenheit bereinigt.«

Es kam keine Antwort, und Edwar klopfte wieder. »Für Spielchen haben wir keine Zeit! Du befindest dich unter meinem Dach! Ich zähle jetzt bis zehn, und wenn bis dahin die Tür nicht aufgeht, tret ich sie ein!«

»Dad ...«, begann Selia. Edwar befahl ihr mit erhobener Hand zu schweigen und fing an zu zählen.

Es tat sich immer noch nichts. Edwar klopfte ein letztes Mal an. »Sowie Sallie befindet, dass es dir besser geht, wirst du im Dorf bleiben und die Kosten für eine neue Tür abarbeiten!« Dann trat er mit voller Wucht gegen die Tür.

Das schwere Holz bebte, doch es hielt stand. Die mit Eisenbeschlägen verstärkte und mit glatt geschliffenen Siegeln versehene Tür war so beschaffen, dass man in dem Raum dahinter wenigstens für kurze Zeit sicher war, sollten Horclinge ins Haus eindringen.

Edwar ließ nicht locker. Selia wusste, wenn ihr Vater sich einmal etwas in den Kopf gesetzt hatte, dann brachte nichts und niemand ihn von seinem Vorhaben ab. Das Beste war, ihn einfach gewähren zu lassen. Immer und immer wieder trat er gegen die Tür und stemmte sich mit der Schulter dagegen. Schließlich half Jeorje ihm. Mit vereinten Kräften zerbrachen sie den Riegel, fielen stolpernd in den Raum hinein und landeten auf der zersplitterten Tür.

Das Bett war leer, das Fenster sperrangelweit aufgerissen, und die Vorhänge bauschten sich in der sanften Brise.

Anjy war fort.

»Wo ist sie?!« Jeorje packte Selia beim Arm. Sie schlug mit der Faust nach ihm, doch er fegte sie beiseite und festigte seinen schmerzhaften Griff.

Jeorje verlor seinen breitkrempigen Hut, als Edwars rechter Haken ihn gegen einen Stützbalken schmetterte. Sofort fing er sich wieder und stürzte sich auf Edwar, wobei er beide Fäuste schützend vor sein Gesicht hielt. Doch was in Südwache als Faustkampf durchging, war läppisch, verglichen mit der Kampfausbildung eines Milneser Kuriers. Edwar wehrte Jeorjes Hiebe mit seinen Unterarmen ab und ließ ihn dann mit einem Aufwärtshaken zu Boden gehen. Jeorje landete krachend auf dem Rücken und hätte sich bei dem Aufprall um ein Haar die Zunge abgebissen.

»Fass noch einmal meine Tochter an, und du liegst ein paar Monate lang in einem von Sallies Krankenbetten«, drohte Edwar dem Alten.

Jeorje knurrte, aber er breitete beschwichtigend die Hände aus, als er sich aufrappelte. »Ay, Sprecher. Du bist ihr Vater. Du nimmst diese Sache in die Hand. Aber wenn sich meine Enkelin bei Sonnenuntergang nicht in einer sicheren Zuflucht befindet, ziehen wir dich mitsamt deiner ganzen Familie zur Verantwortung.«

Edwar wandte sich an Selia. »Hast du eine Ahnung, wohin sie gegangen sein könnte?«

»Wohin soll sie sich denn flüchten, wenn ihr Ehemann sie schlägt und ihr Großvater diesen Unhold auch noch dafür lobt?

Wenn sie nicht mal im Haus des hiesigen Sprechers eine sichere Zuflucht findet?«

»Das ist keine Antwort, Mädchen!«, grollte Jeorje.

Selia setzte eine besorgte Miene auf und spielte die Ängstliche. Sie nötigte sich ein paar Tränen ab, die überraschend leicht flossen. Sie zögerte möglichst lange, um Anjy einen Vorsprung zu verschaffen, ehe sie eine Antwort gab, die in den Ohren der anderen glaubwürdig klang. »Gestern Nacht sagte sie, wenn sie nicht hierbleiben könne, würde sie zum Heiligen Haus laufen. Und Fürsorger Stewart um sichere Zuflucht bitten.«

Jeorje gab einen Grunzlaut von sich und steuerte auf die Tür zu, gefolgt von Edwar und den anderen.

»Geht es dir nicht gut?« Lory legte eine Hand auf Selias Schulter. »Ich mach dir eine Tasse Tee, und dann werden wir beide …«

Selia wich vor der Mutter zurück. »Ich möchte jetzt lieber allein sein, bitte.«

Lory schürzte die Lippen, aber sie nickte und hängte den Speer wieder an den Kaminsims. »Na schön. Ich bin in der Küche, falls du es dir noch anders überlegst.«

Kaum war sie gegangen, da schnappte sich Selia den Speer und eilte in den Stall.

Selia führte das Pferd am Zügel durch die hintere Ausgangspforte, bemüht, möglichst kein Geräusch zu machen. Als sie sich weit genug vom Haus entfernt hatte, saß sie auf und trieb das Tier mit den Fersen an. Einen eigenen Schild besaß sie nicht mehr, deshalb hatte sie den ihres Vaters mitgenommen, außerdem den tragbaren Bannzirkel sowie etwas hastig zusammengerafften Proviant aus der Kühlkammer.

Sie ritt auf der Straße nach Norden, dann nahm sie eine Abkürzung querfeldein und stellte Vermutungen an, welchen Weg eine junge Frau zu Fuß, die unentdeckt bleiben wollte, wohl einschlagen würde. Gegen Mittag merkte sie, dass sie weiter geritten war als Anjy hätte laufen können. Also kehrte sie um und probierte eine neue Route aus. Ebenfalls ohne Ergebnis. Der Nachmittag kam, und während die Sonne langsam auf den Horizont zu wanderte, wuchs Selias Besorgnis. Sollte sie auf der Straße weiter reiten und versuchen, die Karawane des Kuriers zu erreichen, oder ein zweites Mal kehrtmachen und im offenen Gelände nach Anjy suchen?

Anjy hätte hundert Pfade wählen können, wobei einige für einen Reiter nicht passierbar waren. Deshalb blieb Selia auf der Straße, erreichte die Abzweigung nach Sonnige Weide, und schon bald traf sie auf die Karawane.

»Selia!«, rief Jahn, als sie auf das Lager zu ritt. »Was bei der finstersten Nacht tust du hier draußen?«

»Ich bin auf der Suche nach Anjy Südwächter.« Selia schwang sich aus dem Sattel und merkte, dass sie sich die Schenkel wundgeritten hatte. »Ihr Ehemann hat sie verprügelt, und da ist sie fortgelaufen. Sie sagte, sie wolle deine Karawane abfangen, weil sie hofft, in die Freien Städte mitgenommen zu werden.«

»Beim Horc, verflucht noch mal!« Jahn spuckte aus. »Ich hab das Mädchen nicht gesehen.«

Selia blickte auf die Sonne, die gefährlich tief stand. »Sie sagte etwas davon, dass sie sich in einem der Karren verstecken würde.«

Jahns Männer durchsuchten sämtliche Fuhrwerke, aber von Anjy keine Spur. Selia schob wieder einen Fuß in den Steigbügel. »Ich muss sie finden.«

Jahn packte sie bei der Schulter. »Ich lasse dich nicht …« Er unterbrach sich, als Selia ihn wütend anstarrte. »… allein losziehen.«

Selia gab ihm einen Kuss auf die Wange. »Ich wusste, dass ich auf dich zählen kann, Onkel Jahn.«

Jahn schickte ein paar Männer den Weg zurück, den sie hergekommen waren. Er selbst ritt mit Selia auf der Straße weiter. Sie riefen Anjys Namen und forschten im Gestrüpp am Straßenrand nach Anzeichen für einen Pfad.

»Es wird dunkel«, sagte Jahn schließlich. »Wir sollten umkehren.«

»Nicht ohne Anjy«, sagte Selia.

»Vielleicht haben die anderen sie ja gefunden«, meinte Jahn.

»Dann hätten sie uns mit Hornsignalen Bescheid gegeben.«

Jahn widersprach ihr nicht. »Wir helfen dem Mädchen nicht, wenn wir selbst von den Horclingen angegriffen werden, Selia.«

»Von mir aus kannst du ja umkehren«, sagte Selia. »Ich hab Dads Bannzirkel dabei. Mir kann nichts passieren.«

Jahn stieß ein bellendes Lachen aus. »Du glaubst doch wohl nicht, ich lasse Edwars Tochter in der ungeschützten Nacht allein, Bannzirkel hin oder her!«

Sie setzten ihre Suche noch eine Weile fort. Selia brüllte Anjys Nahmen, bis sie heiser war, doch es kam keine Antwort. Zum Schluss griff Jahn nach den Zügeln ihres Pferdes. »Wenn wir nicht sofort unsere Bannzirkel auslegen, überleben wir die Nacht nicht. Und damit ist niemandem gedient. Sollte Anjy angerannt kommen, wenn die Horclinge auftauchen, dann können wir ihr wenigstens eine sichere Zuflucht bieten.«

Selia nickte. Sie biss die Zähne zusammen, um die Tränen zurückzuhalten, fesselte die Beine ihres Pferdes mit einem Strick und legte den Bannzirkel genau so aus, wie ihr Vater es ihr in einem harten Drill beigebracht hatte.

Jahn entzündete ein Feuer. Er bot ihr an, aus seiner Feldflasche zu trinken, und er hatte auch ein wenig Dörrfleisch dabei. »Viel ist es nicht, aber du siehst aus als hättest du den ganzen Tag nichts zwischen die Zähne gekriegt.«

Dankbar nahm Selia die Feldflasche an und trank in gierigen Schlucken daraus. Unterdessen war die Sonne unter den Horizont gewandert, und die Zeit der Dämonen begann.

Es dauerte eine geraume Weile, bis sie in Erscheinung traten. Dämonen tummelten sich am liebsten in der Nähe von menschlichen Behausungen und auf Straßen, die Dörfer miteinander verbanden. Doch Selias und Jahns behelfsmäßiges Lager befand sich ein gutes Stück von jeder Ansiedlung entfernt. Alles wirkte seltsam ruhig, und erst als Selia das Kreischen eines Winddämons hörte, wusste sie, dass die Horclinge anrückten.

Es folgte Geheul aus allen Richtungen. Horclinge, die den Ruf des Winddämons beantworteten oder Jagd auf Beute machten.

Doch dann durchdrang ein Schrei das Lärmen der Horclinge, der Selia das Blut in den Adern gefrieren ließ. Sie erkannte Anjys Stimme.

»Selia …!«, warnte Jahn, doch sie achtete nicht auf ihn. Sie sprang auf die Füße und schnappte sich den Speer und den Schild ihres Vaters. Jahn warf sich herum und wollte sie am Fuß festhalten, doch er griff daneben und knallte mit dem Gesicht voran auf den Boden. Selia stürmte aus dem Zirkel heraus und lief geräuschlos die Straße entlang.

Sie verließ die Straße, wobei sie sich in erster Linie von ihrem Gehör leiten ließ. Im Mondlicht war die Lücke im Gebüsch kaum zu erkennen. Jedes Rascheln unter ihren Füßen erfüllte sie mit Entsetzen. Die Horclinge konnten im Dunkeln ausgezeichnet sehen, und überhaupt verfügten sie über ungemein scharfe Sinne. Wenn sie erst einmal auf sie aufmerksam wurden, wäre es um sie geschehen.

Was ich mache, ist der helle Wahnsinn, dachte sie. *Ich bringe mich in Lebensgefahr, und ob ich Anjy finde, ist mehr als fraglich.*

Trotzdem rannte sie weiter, folgte Anjys Schreien und dem Gekreisch der Horclinge. Die Dämonen klangen irgendwie … enttäuscht, und als Selia vor sich das Aufblitzen von Magie sah, zügelte sie ihr Tempo und wagte zu hoffen.

Ein Baumdämon umkreiste einen mächtigen Stamm und attackierte einen Bannbereich in Form von bemalten Siegelplatten, die rings um den Baum ausgelegt waren. Jedes Mal, wenn der Horcling mit den Krallen zuschlug, flammte ein greller Blitz auf, und das Licht brachte die Siegel zum Glühen. Selia sah, dass zwischen den einzelnen Platten Lücken klafften. Der Schutz mochte ausreichen, um einen einzelnen Horcling abzuwehren, aber …

Ein tiefes Knurren kündigte einen Felddämon an. Langsam pirschte er sich näher heran, von Anjy und auch dem Baumdämon unbemerkt. Ein Felddämon war im offenen Gelände sehr schnell, doch zwischen den Bäumen war er auf der Hut und bewegte sich mit äußerster Vorsicht. Er beobachtete genau das Aufblitzen der Siegel und erkannte die Lücken im Bannfeld.

Selia hob den Blick und sah Anjy, die zwischen dem Geäst kauerte. Sie bemühte sich, ruhig zu bleiben, aber jedes Mal, wenn der Baumdämon mit seinen knorrigen Pranken die Siegel angriff, stieß sie einen Schrei aus als wäre sie selbst getroffen worden.

Menschliche Schreie sind Musik in den Ohren der Horclinge, hatte Edwar ihr beigebracht. *Dämonen töten alles, was sie finden können, aber sie gieren nach Menschenfleisch.*

Wenn Anjy so weitermachte, war es nur eine Frage der Zeit, bis ihre Schreie weitere Horclinge anlockten.

Abermals schlug der Baumdämon zu. Quietschend schrammten seine Krallen über den Schild aus Magie. Im Nu fand die Bestie eine Schwachstelle in der Barriere, und ein Lichtblitz enthüllte den schmalen Spalt. Die Siegelplatten lagen nicht dicht genug beieinander, und die Wirkungsbereiche überlappten sich nicht.

Mehr Anreiz brauchte der Felddämon nicht. Er duckte sich zum Sprung und überbrückte die Strecke zu dem Baum mit zwei großen Sätzen. Die Vorderbeine und der Kopf durchstießen die Lücke, aber die Schultern passten nicht durch die enge Öffnung, und die Bestie steckte fest.

Aber nicht für lange. Die Klauen gruben sich tief in den Stamm hinein, und Zoll für Zoll zog der Horcling sich durch den Spalt. Oben in der Baumkrone kreischte Anjy und verriet jedem in der Nähe herumstrolchenden Horcling, wo sie war.

Selia wusste nur eines – sie konnte nicht länger warten. Sie duckte sich, zog den Kopf ein, hielt schützend den runden Schild hoch und stürzte sich auf die Dämonen.

Allein hätte sie niemals die Kraft gehabt, den Dämon von dem Baum wegzuzerren. Doch als sie dem Horcling den Schild in die Seite stieß, flammten die Siegel in einem gleißenden Licht auf. Die Krallen des Dämons wurden aus der Borke gerissen, und die Bestie krachte gegen den Baumdämon, der sich immer noch an der Bannzone zu schaffen machte. Die beiden Horclinge landeten auf dem Boden und streckten alle Viere von sich. Selia trat über die Barriere und bezog in Kampfhaltung Posten vor dem Baum.

»Selia!«, schrie Anjy. »Gepriesen sei der Schöpfer! Wieso bist du hier?«

»Ich hab dich gesucht, du dumme Gans!«, fauchte Selia. »Ich bin kreuz und quer durch die Gemeinde geritten, um dich zu finden. Und jetzt halt die Klappe! Mit deinem Geschrei lockst du noch mehr Horclinge an!«

Anjy ließ sich von ihrem Hochsitz herunter und stellte sich neben Selia, in den Händen einen dicken Ast. »Es tut mir leid. Du hättest mir nicht folgen sollen.«

Selia löste kurz den Blick von den beiden Horclingen, die sich bereits wieder aufrappelten, und sah das Mädchen an. »Ich sagte doch, ich würde mit dir zusammen weglaufen. So weit, wie es sein muss.«

Anjy schluchzte und küsste sie auf die Wange. Dann richtete Selia ihr Augenmerk wieder auf die Dämonen. Mit dem Fuß stieß sie eine Siegelplatte am Boden an. Wie sie erwartet hatte, stürmte der Felddämon auf genau diese Stelle zu, prallte jedoch gegen eine Wand aus Magie. Selia versetzte ihm zusätzlich einen Schlag mit ihrem Schild, und der Horcling wurde erneut zurückgeschleudert.

»Die ganze Nacht lang halte ich das nicht aus«, sagte sie.

»Was können wir sonst tun?«, fragte Anjy.

»Keine halbe Meile von hier sind an der Straße Bannzirkel ausgelegt«, sagte Selia. »Bei der ersten Gelegenheit, die sich ergibt, laufen wir hin. So schnell und so leise, wie es nur geht.«

Anjy nickte, aber die Chance zu entkommen schien immer mehr zu schwinden, vor allem weil sich noch ein zweiter Dämon einfand. Die drei Horclinge umkreisten den Baum, attackierten die Siegel und spürten in ihrer dumpfen Wahrnehmung, wie schwach die Bannzone im Grunde war. Die Lücken vermochten sie nur mit ihren Augen und dem Gefühl nach zu entdecken, deshalb schabten sie mit ihren Krallen über den Bannbereich und forschten nach dunklen Stellen inmitten des flackernden Siegellichts.

Einer der Baumdämonen steckte eine Pranke durch eine dieser Breschen. Hartnäckig stocherte er herum und machte auch dann noch weiter, als Selia auswich und mit ihrem Schild auf seinen Arm einhackte. Baumdämonen waren größer und schwerer als Felddämonen, und nicht einmal die Siegel an dem großen Schild ihres Vaters vermochten gegen diese borkige, massige Pratze etwas auszurichten.

Anjy drosch mit ihrem Ast auf den Arm ein, bis die fuchtelnden Klauen ihn zu fassen kriegten und das Mädchen mit voller Wucht gegen den Stamm schleuderten. Wenigstens hatte sie die Geistesgegenwart, den Ast loszulassen, doch sie verlor das Gleichgewicht, stürzte, und landete auf Händen und Knien direkt vor dem angreifenden Felddämon. Magische Blitze zuckten und wehrten den Horcling vorerst ab, doch just an dieser Stelle gab es eine Lücke. Der Felddämon erkannte sie und steckte sein Maul hindurch. Er fletschte seine messerscharfen Zähne, schnappte nach Anjy und besprühte sie mit seinem stinkenden Speichel.

Selia lief um den Baum herum, weil sie von der anderen Seite her angreifen wollte. Währenddessen wand und krümmte sich der Dämon und vollführte die wildesten Verrenkungen. Er zwängte einen Vorderlauf durch den Spalt und schlug nach Anjy, die sich mit dem Rücken fest gegen den Stamm presste. Der Baumdämon schien eingeklemmt zu sein und kam offenbar weder vor noch zurück. Doch mit seinem langen, astgleichen Arm erreichte er den Stamm, zerkratzte ihn mit den Krallen und schüttelte ihn. Nüsse, Blätter und abgestorbene Zweige prasselten herunter wie Regen.

Der Felddämon hakte sich mit den Krallen in den dicken Baumwurzeln fest und zog sich vorwärts. Er schnappte nach Selia, die ihm ihren Speer in den weit aufgesperrten Rachen rammte, in der Hoffnung, eine verletzliche Stelle zu treffen.

Ihre Hoffnung schien sich zu erfüllen. Der Dämon würgte und zuckte, während er verzweifelt den Rückzug antrat. Die Kiefer klappten zu und durchtrennten den massiven Speerschaft aus Goldholz wie einen dürren Ast. Zu guter Letzt knallte Selia dem Horcling ihren Schild gegen die Schnauze, und der Schwung war so heftig, dass er aus der Lücke herausflog. Die Bestie landete im Dickicht, wo er eine Weile jaulte und strampelte. Dann schien ihn die Kampfeslust zu verlassen, und er ergriff die Flucht, wobei das vordere Ende des Speers immer noch in seinem Rachen steckte.

Am liebsten hätte Selia gejubelt, aber dieser kleine Sieg half ihnen auch nicht viel weiter. Der eingeklemmte Baumdämon zerfetzte den Stamm wie ein geübter Holzfäller und riss gewaltige

Brocken heraus. Es konnte nicht mehr lange dauern, bis der anwachsende Berg aus Holzstücken Anjys Siegel verdeckte oder der ganze Baum umkippte und die Bannzone zerstörte.

Der zweite Baumdämon schlich sich heran, doch urplötzlich knallte etwas gegen seinen Rücken. Man hörte ein Geräusch wie von splitterndem Glas. Verwirrt spähte der Dämon über seine Schulter, dann begann er zu kreischen, als Flammen über seinen ganzen Körper züngelten.

»Selia! Lauf!« Auf dem Rücken trug Jahn einen kurzen Speer, in der Schildhand hielt er eine brennende Fackel. Er schleuderte eine zweite Phiole und traf den Dämon, der immer noch im Bannbereich feststeckte. Als Nächstes nahm er die Fackel in seine Schwerthand, hielt sie an den Dämon und setzte ihn in Brand.

Selia zögerte nicht. Sie ließ den zerbrochenen Speerschaft fallen, packte Anjy bei der Hand und zerrte das Mädchen mit sich, als sie zur Straße zurückhetzte.

Die Augen der Mädchen, die eine ganze Weile dem Siegellicht ausgesetzt waren, brauchten Zeit, um sich an die Dunkelheit des Waldes anzupassen, trotz der Flammen, die hinter ihnen loderten. Sie stolperten. Selia hielt ihren Schild vorgereckt, damit sie nicht gegen irgendein Hindernis prallten.

Einen Moment später holte Jahn sie ein. Mit der hocherhobenen Fackel beleuchtete er den Weg. »Ist nur Lampenöl. Das hält die Biester nicht lange auf. Sie werden sich so lange am Boden wälzen, bis die Flammen erstickt sind. Dann nehmen sie mit doppelter Kraft die Verfolgung auf.«

Die drei rannten so schnell sie nur konnten durch das verfilzte Unterholz. Selia rutschte aus und stieß mit dem Knie gegen eine

Wurzel. Sie verbiss sich den Schmerz, kam flugs wieder auf die Füße und lief weiter. Dornige Ranken verfingen sich in Anjys Röcken. Ohne Rücksicht auf Schicklichkeit riss Jahn an dem Stoff, bis er das Mädchen befreite.

Sie erreichten die Straße und steigerten ihr Tempo, bis das Lagerfeuer, die Pferde und die Bannzirkel in Sicht kamen.

Doch das Lager hatte herumstromernde Horclinge angezogen. Ein halbes Dutzend Horclinge versperrte ihnen den Weg zu der sicheren Zuflucht.

Felddämonen rasten auf sie zu. Jahn streckte seinen Schild vor und hielt ihn schräg. »Keilformation!«

Selia wusste, was er meinte. Sie kippte ihren Schild in die andere Richtung, sodass die beiden Schilde eine Spitze bildeten, und Seite an Seite stellten sie sich dem Ansturm entgegen. Siegel flackerten, die Dämonen wurden beiseitegefegt, taumelten und hatten Mühe, auf den Beinen zu bleiben. Ein Flammendämon spuckte sie an, doch der klebrige Feuerspeichel wurde von den Siegeln abgelenkt und erlosch mitten in der Luft. Mit einem Fußtritt beförderte Jahn den Horcling an den Straßenrand, und dann setzten sie zu einem Endspurt an.

Doch kurz bevor sie den rettenden Bannzirkel erreichten, holte einer der Felddämonen sie ein. Seine Zähne bohrten sich in einen Fetzen von Anjys Rock, der hinter ihr auf dem Boden schleifte. Sie stürzte, und ihre Hand löste sich aus Selias Griff.

»Weiterlaufen!« Jahn wirbelte herum und stellte sich den Dämonen entgegen. Er ließ die Fackel los und schnappte sich den Speer, der auf seinem Rücken hing.

Der Kurier trug eine versiegelte Rüstung und war gegen einen Dämonenangriff besser gewappnet als Selia. Aber die hatte nicht all diese Gefahren auf sich genommen, nur um im letzten Moment ihre Freundin im Stich zu lassen. Sie attackierte den Horcling, der immer noch an Anjys Rock zerrte. Mit beiden Händen packte Selia den groben schwarzen Stoff und wickelte ihn um den Kopf des Dämons. Während dessen Kiefer gefesselt waren, beeilte sich Anjy, den Rock auszuziehen.

Dann stand sie nur in ihren knielangen Unterhosen da. Sie schrie auf, als die blindlings rudernden Krallen des Dämons ihren Schenkel aufrissen. Im matten Lichtschein sah man die blutigen Furchen.

Jahn trat nach dem Dämon, warf ihn auf den Rücken und stieß ihm seinen Speer in den ungeschützten Bauch. Die Spitze durchdrang die Schwarte, allerdings nicht tief. Durch den Stoff hörte man sein gedämpftes Kreischen, während er verzweifelt zappelte.

Jahn schleuderte seinen Schild auf den Boden. »Stellt euch auf die Schilde!«

Kurierschilde waren groß und rund und vom Rand bis zur Mitte mit Siegelkreisen versehen. Sie waren so gestaltet, dass sie in einem Augenblick höchster Gefahr als letzte Zuflucht dienen konnten, ein winziger Bannzirkel, in dem eine einzelne, aufrechtstehende Person Schutz fand.

»Und was ist mit dir?«, brüllte Selia.

»Ich habe meine Rüstung!« Jahn zeigte auf ihren Schild. »Verdammt noch mal, Selia, tu ein einziges Mal in deinem Leben das, was man dir sagt!«

Die Dämonen hatten sie umzingelt, und Selia wusste, dass er recht hatte. Sie warf ihren eigenen Schild auf den Boden, half der am ganzen Leib zitternden Anjy auf die Füße und bugsierte sie auf den Schild.

»Ich glaube, ich kann nicht stehen.«

»Du musst aber!« Selia schaffte es gerade noch, auf Jahns Schild zu springen, als ein Felddämon heranraste. Sie musste ihren Rock eng um sich raffen, aber die Siegel hielten und schmetterten den Dämon zurück.

Jahn hatte weniger Glück. Der Flammendämon stürzte sich auf ihn, und die Siegel an seiner Rüstung schleuderten ihn zur Seite. Doch die Wucht des Ansturms brachte ihn aus dem Gleichgewicht. Ein Felddämon, der merkte, dass er taumelte, sprang ihn an. Zwar scheiterte er ebenfalls an den Siegeln, aber jetzt ging Jahn endgültig zu Boden.

Sämtliche Dämonen waren nun bei ihm, kratzten, bissen und schlugen. Seine Rüstung hielt stand, doch das Gewicht des Metalls, die Erschöpfung nach ihrer verzweifelten Flucht und die andauernden Attacken der Horclinge zermürbten ihn. Er quälte sich auf die Beine und stand schwankend da.

»Lauf zu den Bannzirkeln!«, schrie Selia.

Zu abgekämpft um zu widersprechen, schleppte Jahn sich langsam in Richtung des Lagers. Mühsam setzte er einen Fuß vor den anderen, bis er wieder umfiel. Schmutz verklebte jetzt die Siegel seiner Rüstung, und die Dämonenklauen fanden Halt an dem Metall. Eine Kralle fand den Weg in eine Lücke zwischen den Beinplatten und bohrte sich in seine Kniekehle. Jahn brüllte vor Schmerzen.

Aber immer wieder raffte er sich auf und stolperte weiter. Ihm ging es darum, die Horclinge von Selia und Anjy wegzulocken, und auf diese Weise kam er dem Lager immer näher. Schließlich erreichte er den Bannzirkel, ließ sich einfach hinfallen und wälzte sich mit letzter Kraft in die Sicherheit der Bannzone hinein.

Eine Zeit lang tobten die Horclinge sich an der Barriere aus, ehe sie die Lust verloren und sich wieder leichterer Beute zuwandten. Selia wickelte ihren Rock fest um sich und steckte ihn im Gurtband fest, damit der Stoff nicht über den Schildrand hinausragte und sie beide Hände frei hatte.

Sie sah zu Anjy hin, deren Beine von den Knien abwärts nackt waren. Die junge Frau schlotterte vor Angst. Blut quoll aus den

Schenkelwunden, sammelte sich zu ihren Füßen und bedeckte die Siegel. Der Schild bot keinen ausreichenden Schutz mehr.

Die Dämonen rochen das Blut und die Ausdünstung von Furcht. Sie ließen Selia und Jahn links liegen und richteten ihre volle Aufmerksamkeit auf Anjy. Während sie um den Schild herumschlichen, knurrten und fauchten sie einander an. Jeder wollte der Erste sein, der seine Zähne in das weiche Fleisch der jungen Frau schlug, wenn sie letztendlich zusammenbrach.

»Selia!«, zischte Jahn aus der Sicherheit seines Bannzirkels, als Selia sich langsam duckte, vom Schild heruntertrat und ihn wieder auf ihren Arm schob.

Anjys Knie knickten unter ihr ein, sie taumelte und kippte vom Schild. Ein Flammendämon stürzte sich auf sie, und Selia kannte kein Halten mehr. Sie schmetterte ihren Schild gegen den Horcling, der inmitten eines Feuerwerks aus magischen Blitzen quer über die Straße segelte.

Sie riss Anjy in die Höhe und stützte sie, während sie mit dem Schild die anderen Dämonen abwehrte.

»Lauf allein weiter!«, schrie Anjy.

»Wir schaffen es! Alles wird gut!«, sagte Selia mit gespielter Zuversicht. »Schön langsam! Heb deinen Schild auf!«

Ein Felddämon sprang herbei, als Anjy sich nach dem blutverschmierten Schild bückte, doch in einem grellen Funkenschauer wurde er zur Seite gefegt.

Selia blickte zu Jahn hin, der einen weiteren versiegelten Stein schleuderte und eine Gruppe aus drei Dämonen auseinandertrieb. »Vergesst den Schild! Nun lauft schon endlich! Los, los!«

»Komm!« Halb trug, halb zerrte Selia Anjy zu dem Bannzirkel. Das Mädchen blutete immer noch stark. Sie hatte die Augen halb geschlossen und bewegte sich schwerfällig.

Wieder stürzte sich ein Felddämon auf Anjy und gierte sichtlich nach dem Blut an ihrem Schenkel. Jahn warf einen Stein, verfehlte jedoch sein Ziel. Selia hatte mehr Erfolg. Mit dem Schild versperrte sie dem Dämon den Weg, dann stemmte sie sich mit der Schulter dagegen und ließ den Dämon in hohem Bogen durch die Luft wirbeln.

Verbissen kämpften sie sich weiter voran. Die rettenden Bannzirkel waren nur noch wenige Schritte entfernt.

Plötzlich zerriss ein gellender Schrei die Nacht, gefolgt von knatternden Schwingen. Ein Winddämon hatte sich Selia so weit genähert, dass ihr sein fauliger Gestank den Atem raubte. Seine ledrige Haut streifte ihr Gesicht, als er seine Krallen in Anjys Körper schlug. Das Mädchen wollte schreien, doch nur ein Schwall Blut strömte aus ihrem Mund.

Ein scharfer Luftstrom brachte Selia ins Wanken, als der Dämon mit den Schwingen klatschte und sich so rasch wieder in die Höhe schraubte, wie er gekommen war. Ohne nachzudenken und obwohl sie taumelte, schlug Selia mit dem Schild nach ihm, und die am Rand eingeritzten Windsiegel trafen das Gelenk, an dem der dünne Schwingenknochen mit der Schulter verbunden war.

Ein knackendes Geräusch ertönte, und die Flugmembran klappte zusammen. Der Dämon stürzte zu Boden und begrub Anjy unter sich. Die Krallen, die sich in den Rücken gebohrt hatten, ragten aus der Brust des Mädchens heraus.

»Anjy!«, schrie Selia, die durch den weit ausholenden Schlag die Balance verloren hatte und gestürzt war. Sie wollte aufstehen, doch ehe sie auf die Füße kam, hatten die anderen Dämonen sich bereits auf Anjy gestürzt und rissen sie buchstäblich in Stücke. Selia kreischte wie eine Wahnsinnige und reckte den Schild hoch, um sich mitten in das blutige Getümmel zu werfen.

»Selia, verflucht noch mal!« Humpelnd hatte Jahn den Bannzirkel verlassen und packte sie nun beim Arm. »Sie ist tot! Und gleich werden wir beide auch tot sein, wenn wir nicht auf der Stelle in den verdammten Zirkel gehen!«

Selia schluchzte, aber sie stolperte neben Jahn einher, der sie in den Zirkel schleppte. Kaum hatte sie die Barriere überschritten, da sank sie auf die Knie. Ihre Kleidung war mit Anjys Blut durchtränkt.

Hemmungslos schrie sie ihren Schmerz und Kummer hinaus.

Was sie am nächsten Tag fanden, war kaum noch als menschliches Wesen zu erkennen. Nur Knochen, Blut und Kleiderfetzen. Es reichte, um eine kleine Kiste zu füllen, die dann auf einem Scheiterhaufen verbrannt werden konnte, aber die Frau, die Anjy einmal gewesen war, gab es nicht mehr. Sie war ausgelöscht worden, ohne ihr Leben gelebt zu haben. Man hatte ihr keine Chance gegeben.

»Nimm mich mit«, flehte Selia Jahn an. »Ich will in die Freien Städte, und zum Horc mit Tibbets Bach.«

»Bei der Nacht, ich werde nichts dergleichen tun. Du kannst vor deinen Problemen nicht einfach davonlaufen, Selia.« Jahn deutete mit einem Kopfnicken auf die Kiste. »Die holen dich nämlich immer ein.«

Es war schon spät am Tag, als sie in Stadtplatz eintrafen. Selia hatte erwartet, von ihrem Vater angebrüllt zu werden, weil sie diese Torheit begangen hatte, doch er presste sie nur an seine Brust und weinte.

Der Stadtrat war nicht so nachsichtig. Fürsorger Stewart, die Familie Schmuck und die Sprecher aus den anderen Weilern hörten zu, als Jeorje ihre und Anjys Liebe als eine Art Verbrechen darstellte. Selia saß neben ihrem Vater, hielt den Blick gesenkt und war zu erschöpft, um sich zu wehren. Jede Spur von Kampfgeist war aus ihr gewichen. Jetzt hatte sie ja nichts mehr, wofür es sich zu kämpfen lohnte.

»Selias sündiges Verhalten bringt Schande über die ganze Gemeinde. Diese Frau stellt für uns eine Belastung dar«, geiferte Jeorje. »Meine Enkeltochter ist tot, sie wurde ermordet. Selia trägt die Schuld an dieser Greueltat, als hätte sie das Mädchen mit ihren eigenen Händen getötet. Ich fordere eine Bestrafung!«

»Lügen!« Edwar ließ eine Faust auf den Tisch krachen. »Selia hat Anjy nicht nach Stadtplatz verbannt! Selia hat sie nicht gezwungen, einen alten Mann zu heiraten, der sie dann schlug. Selia hat nicht angedroht, sie zu diesem Horcling in Menschengestalt zurückzuschleifen, als sie in ihrer Verzweiflung weglief. Wenn jemand die Schuld an dieser Tragödie trifft, dann nur dich, Jeorje, und Obi. Bindet euch selbst auf dem Marktplatz an einen Pfahl und lasst euch von den Dämonen zerfleischen, wenn ihr nach Sühne schreit!«

Jeorje fletschte die Zähne, sagte jedoch nichts.

»Jeorje hat recht, Edwar«, zeterte Isak. »Wenn Selia nicht gewesen wäre, hätte Deardra …«

»Dämonenscheiße!«, fiel Edwar ihm ins Wort. »Mach Selia nicht für das Verhalten deiner Tochter verantwortlich. Deardra ist erwachsen. Sie wusste, dass sie ein Liebesverhältnis mit einer Frau einging, auf die ihr Bruder ein Auge geworfen hatte. Oder willst du behaupten, Selia hätte deine Tochter verhext? So etwas kommt nur in Jongleurgeschichten vor!«

»Wenn du strenger mit ihr gewesen wärst, sie härter rangenommen hättest …«, legte Isak von Neuem los.

»Was dann?«, brüllte Edwar. »Damit sie vor mir davonläuft, hinaus in die ungeschützte Nacht? So wie Jeorje seine Enkelin zu dieser Verzweiflungstat getrieben hat?«

»Wärst du in deiner Erziehung nicht so lasch gewesen«, mischte sich Angos Sumpfig ein, »wäre sie vielleicht zu dir gekommen, als die Südwächterin sich aus dem Staub machte.«

»Selia kam zu mir.« Jahn, der immer noch seine zerschrammte, verbeulte Rüstung trug, gab eine beeindruckende Erscheinung ab, die den Leuten Respekt abnötigte. »Diese junge Frau mag zwar eigensinnig sein, aber in der ungeschützten Nacht riskierte sie mehrmals ihr Leben, um ihrer Freundin zu helfen. Wenn Opfermut eine Sünde sein soll, wenn so etwas eine Sünderin kennzeichnet, dann habe ich keine einzige Siebenttagspredigt verstanden.«

»Vielleicht hast du wirklich nie begriffen, was im Kanon steht«, spottete Jeorje.

Jahn verschränkte die Arme vor seiner breiten Brust. »Und vielleicht legt der Herzog mehr Wert auf die Salzlieferungen als auf den Handel mit Südwache.«

»Genug damit«, sagte Edwar. »Zurück zu Obis Verfehlung. Ein Mann, der eine Frau schlägt, wird mit zehn Peitschenhieben bestraft. Was sagt der Rat dazu? Wer damit einverstanden ist, hebe seine Hand.«

Neun Hände reckten sich in die Höhe. Allein Jeorje enthielt sich. Er blickte mürrisch drein, aber er nickte. »Ich selbst werde die Strafe vollziehen.« Obi drehte sich verdattert zu ihm um, aber Jeorje bedachte ihn mit einem herausfordernden Blick, als warte er nur auf Widerspruch, und Obi war klug genug zu schweigen. »Und nun lasst uns auf die Angelegenheit mit Selia zurückgekommen, die des Mordes angeklagt ist …«

»Außer dir klagt keiner sie wegen Mordes an, Südwächter«, höhnte Angos Sumpfig. »Das Mädchen ist kein Unschuldslamm, egal, was der Kurier sagt. Aber nie und nimmer lasse ich zu, dass sie an einen Pfahl gebunden und der Nacht übergeben wird, nur um deine Rachegelüste zu befriedigen, Südwächter.«

Jeorje ballte die Fäuste, und sein Blick wanderte über die anderen Anwesenden. Isak Fischer nickte ihm zu. »Ich bin derselben Meinung wie Angos. Selia ist keine Mörderin, aber eine Strafe hat sie verdient.«

»Blödsinn!«, schimpfte die Schmucke Sallie. »Selia hat nichts Unrechtes getan. Im Gegenteil, sie hat alles versucht, um Anjy zu retten.«

»Ay«, pflichtete ihr Ehemann, Harve, ihr bei.

»Verrätst du uns deine Meinung, Fürsorger?«, fragte Edwar.

Stewert rang die Hände. Er blickte erst Edwar, dann Jahn, dann Jeorje an. Schließlich seufzte er. »Wenn Selia … sich ändert, dann kann der Schöpfer ihr vergeben. Aber sie muss bestraft werden, weil sie falsches Zeugnis ablegte und ihren Schöpfer verspottet hat.«

Bei diesen Worten blickte Selia hoch. »Hättest du Anjy denn eine sichere Zuflucht gewährt? Hätte sie im Heiligen Haus Schutz gefunden?«

Fürsorger Stewert starrte sie missbilligend an. »Jetzt werden wir das wohl nie mehr erfahren, oder, mein Kind?«

»Zehn Peitschenhiebe, genau wie Obi.« Jeorje knallte seinen Kanon auf den Tisch.

»Und was ist mit dir, Jeorje?«, fragte Edwar. »Du warst an dieser Sache genauso beteiligt wie Obi oder Selia. Wirst du ebenfalls zehn Peitschenhiebe akzeptieren?«

Selia merkte, dass Edwar mit Widerspruch gerechnet hatte, aber Jeorje lächelte nur. »Ja. Ich nehme diese Strafe an.«

Edwar blinzelte verdutzt.

»Sind alle dafür?«, wandte sich Jeorje an den Rat, bevor Edwar eine Entgegnung einfiel.

Die Bestrafung fand nicht in der Öffentlichkeit statt. Edwar ließ keinen anderen die Peitsche anrühren, aber er schonte seine Tochter nicht.

Es spielte keine Rolle. Selia spürte keinen einzigen Hieb – sie hatte keine Gefühle mehr.

5

Die Abstimmung

334 NR

Die Charta von Tibbets Bach war ein uraltes Dokument, dessen Ursprung fast bis in die Zeit der Rückkehr zurückreichte. Und bis jetzt hatten die darin festgelegten Gesetze den Frieden in der Gemeinde im Großen und Ganzen gewährleistet. Sie enthielten die Regeln für Abstimmungen, und die schrieben vor, dass jeder, der das Amt eines Sprechers anstrebte, zur Abstimmung unbewaffnet und ohne Rüstung erscheinen musste.

Widerstrebend ließ Selia ihren Speer, den Schild und die Rüstung zu Hause. Sie zog dasselbe Kleid an, das sie seit Jahrzehnten am Tag der Abstimmung trug. Es passte ihr nicht mehr so gut wie früher. Durch den Kampf gegen die Horclinge hatte sie neue Muskeln ausgebildet, und der Stoff spannte an den Armen und über der Brust. Dafür hing er lose um die schmaler gewordene Taille. Ihr einziger Schmuck war eine Halskette aus Flusskieseln, in die Gedankensiegel eingeritzt waren.

Die ganze Gemeinde war auf den Beinen, aus sämtlichen Weilern strebte man nach Stadtplatz. In gedrückter Stimmung sahen sie Selia an und warfen immer wieder verstohlene Blicke auf Lesa, während sie nervös die Holzkugeln kneteten, die Rusco an alle austeilte. Viele Dörfler hatten sich Gedankensiegel auf die Stirn gemalt. Manche trugen Halsketten wie die von Selia. Man sah

Hüte mit versiegelten Hutbändern und mit Siegeln bestickte Kopftücher.

Die Fischer-Sippschaft gab sich streitlustig. Selia erntete zornige Blicke, und über Lesa wurde hämisch gegrinst. Genau wie die Südwächter waren auch die Leute aus Fischweiher mit Waffen angerückt. Selia fragte sich, ob die Situation schon so weit aus dem Ruder gelaufen war, dass es tatsächlich zu einem bewaffneten Kampf kommen würde. So viele Sumpfländer hatte Selia noch nie zuvor in Stadtplatz gesehen. Sie hatte nicht einmal gewusst, dass ihr Weiler dermaßen viele Einwohner hatte. Sie waren schmutzig und mit Schlamm bedeckt. Ihre Mienen wirkten grimmig. Die meisten hielten in einer Hand einen Froschspeer, in der anderen die Abstimmungskugel.

Die Südwächter machten triumphierende Gesichter. Wie lange hatten sie diesen Tag herbeigesehnt? Sie beteten Jeorje geradezu an, und Selia war fest davon überzeugt, dass sie allesamt für ihn stimmen würden. Sicher gab es nicht einen einzigen Abweichler. Jeorje hielt die Charta in die Höhe und stützte sich mit der freien Hand auf seinen Gehstock. Wie immer trug er seinen schweren schwarzen Rock, in den Platten aus versiegeltem Glas eingenäht waren. Auf seinem Gesicht lag das für ihn typische angedeutete Lächeln, als freue er sich auf jeden Versuch, ihm – dem ältesten Mann in der Gemeinde – den Stock wegzunehmen, den er seit fünfzig Jahren benutzte.

Als die Versammlung vollzählig war, ließ Selia Lesa zurück und trat auf das Podium, das man auf dem Marktplatz errichtet hatte. Sie stellte sich an die rechte Seite zu Meada, Coline, Brine, Harral und Jeph. Auf der anderen Seite standen Jeorje, Raddock, Coran und … Rusco. Selia warf ihm wütende Blicke zu, doch der Sprecher der Ortschaft Stadtplatz zuckte bloß gleichmütig mit den Schultern.

»Rusco schließt heimlich Wetten ab, wer die Wahl gewinnt«, sagte Brine. »Demnach steht es zwei zu eins, dass Jeorje den Zeremonialhammer kriegt. Er wär ja schön blöd, wenn er sich auf die Seite der Verlierer stellte.«

»Wenn er sich da mal nicht verrechnet hat«, steuerte Harral bei. »Er wird schön blöd gucken, wenn Jeorje die Hälfte seines Warenbestands vernichten lässt, weil es sündhafte Produkte sind.«

»Ich kenne Rusco«, sagte Meada. »Seine Biervorräte hat er längst irgendwo versteckt, und nachdem Jeorje das Trinken von Bier verboten hat, verkauft er das Zeug zu erhöhten Preisen.«

»Man kann aus allem Profit schlagen«, meinte Jeph. »Und besonders aus menschlichem Leid.«

»Jemand anders soll sich um das Amt des Gemeindesprechers bewerben«, sagte Selia unvermittelt. »Das Wohl dieser Menschen hier ist wichtiger als mein Stolz.«

»Das kann doch nicht dein Ernst sein!« Meada war fassungslos.

»Das ist mein voller Ernst!«, betonte Selia. »Jeph? Ich schlage dich vor.«

Jeph klappte der Kiefer herunter. »Mich?«

»Du bist an diesem Schlamassel schuld«, sagte Selia. »Jetzt wissen die Leute, dass der Kurier dein Sohn ist. Sie haben gesehen, wie stark deine Siegel sind. Vielleicht kannst du diese Wahl gewinnen.«

Jeph schüttelte den Kopf. »Da bin ich mir nicht so sicher, Selia. Manche sagen, ich hätte jede Menge Dreck am Stecken. Die Fischer-Sippe und die Sumpfländer werden ohnehin so abstimmen wie die Südwächter. Außerdem habe ich nicht das Zeug dazu, heute Nacht die Bürgerwehr anzuführen.«

Selias Blick wanderte zu Brine.

»Ay, sieh mich nicht so an. Ich wollte noch nie dieses Amt haben.«

»Ich kann mich nicht bewerben, weil die Leute wissen, dass ich dich im Falle meiner Wahl immer um Rat fragen würde«, sagte Meada, ehe Selia sich an sie wenden konnte. Harral und Coline traten einen Schritt zurück. Der Fürsorger und die Kräutersammlerin wurden allgemein respektiert, doch sie trauten es sich nicht zu, in schwierigen Zeiten die Führung zu übernehmen.

»Wenn du jetzt einen Rückzieher machst, legt man dir das als Schwäche aus«, sagte Jeph. »Die Gemeinde wird dich nicht im Stich lassen, Selia. Verlass dich drauf.«

Der Sprecher von Fischweiher trat in die Mitte des Podiums und stampfte so lange mit seinem Stock auf den Boden, bis die Menge still war. »Die Zeit vergeht, deshalb lasst uns gleich zur Sache kommen. Heute Nacht ist wieder Neumond. Keiner von uns hat vergessen, was letzten Monat passiert ist. Um ein Haar wäre eine Katastrophe über uns hereingebrochen, weil die Sprecherin Selia ihrer Aufgabe als Anführerin nicht gerecht wurde. Im Moment der höchsten Gefahr hat sie versagt.«

»Ay, eine verdammte Lüge ist das!«, brüllte Brine. »Nur Selia haben wir es zu verdanken, dass nicht die gesamte Gemeinde von Horclingen überrannt wurde!«

»Erzähl das meinen Anverwandten, deren Dorf bis auf die Grundmauern niederbrannte, während ihr nutzlos durch die Wälder geirrt seid!«, schrie Raddock zurück. »Wir hatten einen vollen Monat Zeit, um darüber zu reden«, fuhr Raddock nahtlos fort. »Jeder weiß, warum wir hier sind. Ich beantrage, per Abstimmung der Gemeindesprecherin Selia unser Vertrauen zu entziehen. Fünfzig Jahre lang hat sie immer und immer wieder ihre Unfähigkeit bewiesen, und jetzt, in unserer schwärzesten Stunde, brauchen wir eine neue Führung!«

Nicht zum ersten Mal kam es zu einer solchen Abstimmung. Im Laufe der Jahre hatte Raddock Selia wiederholt den Zeremonialhammer abgenommen. Während der Dürre von 305 NR. Als die Dämonen im Jahre 321 die Getreidefelder abfackelten. Bei der nächsten Abstimmung holte sie sich dann stets den Hammer zurück, nachdem Raddock die Probleme nur noch vergrößert hatte. Dieses Mal lagen die Dinge jedoch anders, darüber war Selia sich im Klaren.

»Ich schlage Jeorje Südwächter als Gemeindesprecher vor!«

Jeder hatte damit gerechnet, und dennoch schlug die Forderung ein wie ein Blitz. Aufgeregtes Getuschel breitete sich in der Menge aus. Früher hatte es ausnahmslos drei Bewerber für das Amt gegeben – Raddock, Jeorje und Selia. In manchen Jahren hatte es zwischen Selia und Raddock ein Kopf-an-Kopf-Rennen gegeben, doch noch nie war der Sprecher von Südwache ein auch nur annähernd ernst zu nehmender Kandidat gewesen.

Nun trat Brine nach vorn. »Ich schlage Selia vor, die bisherige Gemeindesprecherin!« Selia rieb sich die Schläfe, weil sich dort Kopfschmerzen anbahnten.

Ein längeres Schweigen folgte. Schließlich knallte Jeorje seinen Stock auf den Boden und Rusco stellte zwei versiegelte Fässer in die Mitte der Bühne. Auf eines war ein Viereck gemalt, auf das andere ein Stock. Er kippte sie leicht, um den Sprechern zu zeigen, dass sie leer waren, dann verschloss er sie mit Deckeln, in die ein Schlitz eingelassen war, und zog einen Vorhang vor die Fässer, weil die Wahl geheim war.

Selia holte tief Luft. Als Gemeindesprecherin stand es ihr zu, als Erste ihre Stimme abzugeben. Sie begab sich hinter den Vorhang und ließ ihre Kugel in das Fass mit dem Viereck fallen.

Als Nächster kam Jeorje an die Reihe. Als er wieder hinter dem Vorhang hervortrat, umspielte ein grausames Lächeln seine Mundwinkel.

Raddock, Jeph und die übrigen Sprecher gaben nacheinander ihre Stimmen ab. Coline hielt sich sehr lange hinter dem Vorhang auf. Egal, für wen sie stimmte, sie brauchte viel Zeit für ihre Entscheidung.

Die Sprecher zogen sich zurück, als die Dörfler sich in einer Reihe anstellten. An einer Seite stiegen sie auf das Podium, gaben ihre Stimme ab und gingen an der anderen Seite wieder herunter. Es gab mehr als tausend Stimmberechtigte, und nicht alle hatten es eilig. Manch einer hatte Tränen in den Augen, wenn er wieder hinter dem Vorhang hervorkam. Etliche nahmen sich genauso viel Zeit wie Coline.

Die Anspannung wuchs, während die Sonne am Himmel emporkletterte und dann wieder auf den Horizont hinabsank. Endlich war die letzte Stimme abgegeben, und die Auszählung begann, wobei die Sprecher aufpassten, dass alles mit rechten Dingen zuging.

»Fünfhundertsiebenunddreißig Stimmen für Jeorje!«, verkündete Rusco schließlich. »Selia erhält fünfhundertzweiundvierzig!«

Selias Augenbrauen fuhren in die Höhe. War das möglich?

Die Menge, die voll angespannter Erwartung geschwiegen hatte, geriet in Bewegung. Alle riefen durcheinander, bis Jeorje seinen Gehstock auf die Bodenplanken rammte. »Ich habe eintausendneunundfünfzig Leute gezählt, die ihre Stimme abgegeben haben. Aber es gibt eintausendneunundsiebzig Stimmen?«

»Betrug!«, röhrte Raddock.

Und die Speere blitzten.

Auf dem Marktplatz brach ein Chaos aus, wie Tibbets Bach es noch nie gesehen hatte. Alte Fehden, die jahrelang geschwelt hatten und nur mühsam unterdrückt worden waren, weil die Gesellschaft es so verlangte, brachen sich mit Urgewalt Bahn. Jeder Anschein von Zivilisiertheit war plötzlich verflogen.

Stam Schneider wurde von Maddys Vater und ihren Brüdern attackiert. Garric Fischer zerbrach auf Luciks Kopf einen Speer.

Als Meada zu ihm eilte, sprang Nomi ihr auf den Rücken, brachte sie zu Fall und zerkratzte ihr das Gesicht. Jeph sprang vom Podium, um Meada zu helfen, aber Mack Weide packte ihn bei den Schultern und schlug ihm ins Gesicht.

Es handelte sich keineswegs um Einzelfälle – im Gegenteil! Hunderte ähnlicher Dramen steigerten sich zu einem Höhepunkt, als jeder gegen jeden kämpfte. Manche Leute hatten Waffen, andere benutzten das, was gerade zur Hand war. Notfalls drosch man mit bloßen Fäusten auf den Gegner ein. Die Fischer-Sippe war es leid, herumkommandiert zu werden. Die Sumpfländer waren es leid, dass die Leute aus den anderen Dörfern Witze über sie rissen.

»Aufhören! Es gab keinen Betrug!«, kreischte Selia in dem fruchtlosen Versuch, den Radau zu übertönen. Falls jemand sie doch gehört hatte, so kümmerte es ihn nicht.

»Zahlen lügen nicht, Selia!«, donnerte Jeorje. »Hast du das bisher auch immer so gemacht? Es ist die einzige Erklärung, wieso eine Sünderin und Mörderin so lange Gemeindesprecherin sein konnte.«

Er hob seinen Stock und steuerte auf sie zu. Selia, die weder Waffe noch Rüstung trug, war auf einen Kampf nicht vorbereitet. Als er sich ihr näherte, wich sie zurück. Waren die Zahlen falsch? Wer wusste schon, wie viele Wähler aus dem Sumpfland gekommen waren? Oder aus Südwache? Sie hatten nur Jeorjes Wort. Hatte er diesen perfiden Plan ausgeheckt in dem Wissen, dass man seine Behauptung nicht nachprüfen konnte?

Brine baute sich schützend vor Selia auf. An die sieben Fuß groß und mit der Statur eines Goldholzbaums, überragte er Jeorje um mehr als Haupteslänge. In seiner kräftigen Pranke wirkte die wuchtige Breitaxt wie ein zierliches Küchenbeil. »Wenn du die Sprecherin angreifen willst, dann musst du dich zuerst mit mir anlegen, Jeorje!«

Jeorje lächelte, dann stürmte er blitzschnell vor. Brine schlug mit der freien Hand nach ihm. Selbst jetzt noch war er nicht bereit, einen Mann mit seiner Waffe niederzumachen. Diesen Umstand nutzte Jeorje aus. Er duckte sich unter Brines Faust weg, fiel ihm in den Rücken und knallte ihm den Griff seines Stocks in die Kniekehle. Brine stieß einen lauten Schmerzensschrei aus, als er einknickte und stolperte. Darauf hatte Jeorje nur gewartet. Er schlug ein zweites Mal mit dem Stock zu und brach Brines Kiefer.

»Bring Coline von hier weg!«, befahl Selia Harral. »Bring so viele Leute wie möglich ins Heilige Haus und verrammle die Türen!«

Benommen stürzte Brine auf das Podium. Jeorje holte zu einem weiteren Schlag aus, aber Selia stürzte sich mit einem Hechtsprung auf ihn und riss ihn mit sich zu Boden. Raddock wollte sie angreifen. Sie sprang auf die Füße und ließ sich gegen ihn prallen. Dann nahm sie ihn in den Schwitzkasten und stieß ihm ihr Knie so heftig in den Bauch, dass ihm die Luft wegblieb. Ehe er sich von dem Schlag erholen konnte, rammte sie ihm das Knie ein zweites Mal in die Weichteile. Und dann noch ein drittes Mal.

Mittlerweile war Jeorje wieder auf die Füße gekommen. Selia wirbelte herum und schleuderte ihm Raddocks schlaffen Körper entgegen. Das Podium war schmal, und ohne Platz zum Ausweichen gingen die beiden Männer in einem Gewirr aus Armen und Beinen zu Boden.

»Selia!« Zwei Südwächter hatten sich Lesa schnappen wollen. Der eine lag stöhnend auf den Planken, der andere torkelte jaulend davon und hielt sich den gebrochenen Arm. Ohne auf ihre eigene Sicherheit zu achten, warf Lesa Selia ihren Speer zu. Selia fing ihn auf, gerade als Jeorje Raddock beiseitestieß und sich mit Mordlust in den Augen wieder aufrappelte.

»Ladenwächter!«, brüllte Rusco. Seine persönliche Schutztruppe eilte herbei, bewaffnet und gepanzert, eine disziplinierte Einheit inmitten des Chaos. Selia stieß den Atem aus.

»Schützt den Laden!«, schrie Rusco.

»Zum Horc mit dir, Rusco Hog!«, kreischte Selia. In Wahrheit war sie wütend auf sich selbst, weil sie trotz allem immer noch geglaubt hatte, der Kerl besäße einen Funken Anstand. Jetzt begriff sie, dass er stets nur auf sein eigenes Wohl bedacht gewesen war.

In der Tat war Rusco die unbeliebteste Person in ganz Tibbets Bach. Manch einer hegte einen tiefen Groll gegen ihn. Schon rannten Plünderer aus seinem Laden, bepackt mit allem, was sie nur tragen konnten. Catrin jagte einer Gruppe mit einem Nudelholz hinterher, aber in ihrem Haar klebte Blut. Von Dasy, Ruscos anderer Tochter, war nichts zu sehen.

Kleinere Läden rings um den Marktplatz wurden auch nicht verschont. Die Leute rafften gierig alles an sich, was nicht niet- und nagelfest war, während die Besitzer dieser Geschäfte verzweifelt versuchten, ihre Habe zu retten, soweit sie nicht gegen Jeorjes Männer kämpften.

Die Holzfäller taten ihr Möglichstes, um so etwas wie Ordnung herzustellen, aber sie waren keine disziplinierten Kämpfer, sondern prügelten blindlings drauflos. Selias Bürgerwehr war gut organisiert, doch das war die Miliz von Südwache auch, die jetzt mit vorgereckten Speeren zum Angriff überging.

»Sorge dafür, dass dieser Wahnsinn aufhört! Die Sonne geht schon unter!«, schrie Selia Jeorje zu, der sich an sie heranpirschte.

Doch dann lächelte der Alte, und Selia wusste Bescheid.

Selia wusste, dass es keinen Sinn hatte, Vernunft zu predigen. Sie dachte nicht mehr daran, den Zorn, der in ihr brodelte, zu zügeln. Diese Gemeinde, *ihre* Gemeinde, war in Gefahr. Jetzt galt es zu handeln, und Jeorje stand ihr im Weg. Der Dämon hatte etwas in ihm verändert, als er sich in seinem Geist eingenistet hatte. Was immer es sein mochte, jetzt war Jeorje für alle eine Gefahr, selbst am helllichten Tag.

Sie hob den Speer und griff an.

Mit einem Ruck ließ Jeorje seinen Stock durch die Luft schnellen, fuhr die Speerspitze am unteren Ende aus und verschaffte sich einen festen Stand, um Selias Angriff zu begegnen. Selia packte ihren Speer mit beiden Händen, schlug damit nach Jeorje wie mit einem Fechtstock und drosch von rechts und links auf den Südwächter ein.

Aber Jeorje war ungeheuer flink. Er parierte die Schläge mit dem Griff seines Gehstocks, dann riss er ihn in die Höhe und versuchte, ihr die Spitze ins Herz zu stoßen. Selia spürte, wie die Klinge den Stoff ihres Kleides zerriss und in ihre Brust schnitt, während sie mit einer geschickten Drehung auswich. Sie riss ihren Speerschaft herab, um Jeorje zu Fall zu bringen, doch der Alte hatte diese List vorausgesehen und hüpfte über die Stange wie ein Kind beim Seilspringen. Er drehte sich einmal um die eigene Achse und brach Selia mit einem Ellenbogenstoß das Nasenbein.

Vor Schmerzen wurde ihr schwarz vor Augen. Sie stürzte und blieb gekrümmt liegen, doch es war eine Finte, obschon sie kaum zu schauspielern brauchte. Jeorje fiel auf das Täuschungsmanöver herein und stemmte seinen Stock hoch, um ihr die Klinge in den Rücken zu stoßen. Sobald er seine Deckung aufgab, bäumte sie sich auf und verpasste ihm einen kräftigen Hieb zwischen die Beine.

Aus Jeorjes Kehle entlud sich ein heiserer Schrei, aber er blieb auf den Füßen. Selia schlug ihn noch einmal. Er taumelte rückwärts und hielt schützend eine Hand über seine Leistengegend. Sie wusste, dass sie weiterkämpfen sollte, aber ihr Kopf dröhnte, und sie nutzte die Gelegenheit, um nach ihrem Speer zu greifen und wieder auf die Füße zu kommen.

Als sie sich umblickte, sah sie Keven Sumpfig, der sich an sie heranschlich. Er packte seinen Speer mit beiden Händen, streifte ihn über ihren Kopf, zog den Schaft fest an sich heran und versuchte, sie zu erdrosseln. Derweil rückte Jeorje wieder auf sie zu.

Mit einem gewaltigen Satz sprang Lesa auf das Podium und verpasste Keven einen Tritt gegen das Knie. Selia rammte ihm einen Ellenbogen in die Rippen, und er ließ seinen Speer los. Hastig wich sie ein paar Schritte zurück. Lesa, die einen Speer der Südwächter in den Händen hielt, kehrte Selia den Rücken zu.

Rauch verpestete die Luft. In Stam Schneiders Laden brannte es, und das Feuer drohte sich auszubreiten, während die Schatten länger wurden. Ein paar Leute rannten weg und suchten sich eine sichere Zuflucht, viele ließen sich jedoch von der Dunkelheit erwischen, während sie kämpften oder plünderten. Einige kümmerten sich um Verletzte, andere wiederum lagen besinnungslos am Boden wie der arme Brine. Blut spritzte auf das Kopfsteinpflaster, als die Südwächter und die Bürgerwehr von Stadtplatz aufeinanderprallten. Man hatte Steine aus dem Boden gerissen und wie in einem Mosaik zu einem Großsiegel neu zusammengesetzt. Aber durch die herumliegenden Körper, das Blut und die Trümmer hatte es keinerlei Wirkung mehr, als die Sonne unter den Horizont sank.

»Schlag zu, ohne Rücksicht auf Verluste!« Selia war sich nicht sicher, ob der Befehl ihr selbst galt oder Lesa. Die beiden Frauen hetzten los wie ein perfekt aufeinander eingespieltes Paar. Sie gaben ihre Verteidigungshaltung auf und gingen zum erbarmungslosen Angriff über.

Lesa war schneller und beweglicher als Keven und landete mehr Treffer. Aber Keven war größer, stärker, und konnte mehr einstecken. Außerdem trug er gepanzerte Kleidung. Selia versuchte, ihre fehlende Rüstung durch Schnelligkeit und Wildheit auszugleichen, doch Jeorje war ihr überlegen. Ein tödlicher Hieb gelang ihm nicht, aber die vielen Schläge, mit denen er Selia eindeckte, raubten ihr die Kräfte. Ihre Muskeln schmerzten vor Anstrengung, und einige ihrer Knochen mussten gebrochen sein.

Sie täuschte sogar noch größere Schwäche vor, als sie empfand, und als Jeorje dann zu einem wuchtigen Schlag ausholte, bohrte sie ihm ihren Speer ins Handgelenk, und der Stock fiel ihm aus den Fingern.

Aber er war noch nicht am Ende. Zwar hatte er seinen Stock verloren, doch Selia hatte ihre Deckung aufgegeben und konnte nicht verhindern, dass seine kräftige rechte Hand ihre Kehle umklammerte. Mit einem Tritt fegte er sie von den Füßen und knallte sie dann auf die Planken des Podiums.

»Selia!«, schrie Lesa. Diese Unachtsamkeit genügte Keven, um sie vom Podium zu treten. Sie schlug schwer auf dem Pflaster auf. Er sprang herunter und landete auf ihrem Körper, während Jeorjes Finger zudrückten. Dann nahm er auch noch die linke Hand zu Hilfe. Blut lief in Rinnsalen vom Handgelenk und tropfte auf Selias Brust. Sein Gesicht war eine hasserfüllte Fratze, und zwischen den zusammengebissenen Zähnen sammelte sich schaumiger Speichel.

Selia wehrte sich, zerrte an seinen Armen, aber Jeorje war schwer und sah jeden ihrer Tricks voraus. Sie drosch mit den Fäusten auf ihn ein, doch wegen der in seiner Jacke eingenähten Glasplatten taten ihr die Schläge mehr weh als ihm.

Und die ganze Zeit über drückten diese eisernen Finger immer fester zu. War die Sonne schon untergegangen? Oder wurde ihr schwarz vor Augen?

Plötzlich lockerte sich der Griff. Selia blinzelte, und vor dem Hintergrund flackernder Feuer sah sie, wie Jeorje nach hinten gerissen wurde. Brine der Breite, dessen Kiefer in einem seltsam schiefen Winkel stand, hielt den greisen Südwächter an einem Bein und am Kragen seiner schwarzen Jacke fest. Scheinbar mühelos hob er den Alten in die Höhe und schmiss ihn vom Podium herunter.

Selia hustete und rang nach Luft. Ihr Blick wanderte über den Marktplatz. Viele Leute kämpften immer noch, einige lagen am Boden, und Feuerschein beleuchtete das grausige Bild. Der Himmel hatte sich verfinstert. Die Südwächter, die sich gerade noch mit der Bürgerwehr eine Schlacht geliefert hatten, lösten sich aus dem Getümmel und fingen an, die Häuser rings um den Platz zu verwüsten.

»Beim Schöpfer!«, hauchte Selia. Das war keine blinde Zerstörungswut.

Sie zerstörten ganz gezielt die Siegel.

»Die Siegel!«, brüllte Selia.

»Ay, was hat das zu bedeuten?«, fragte Raddock.

»Die Nacht wird dieses Dorf von der Sünde reinigen!«, röhrte Jeorje. Die anderen Südwächter brachen in Jubelgeschrei aus und stießen ihre Speere in die Luft. Die Angehörigen der Fischer-Sippe sowie die Sumpfländer sahen sich nach ihren Sprechern um.

Jeph hatte Mack Weide in den Schwitzkasten genommen. Er stemmte den älteren Mann in die Höhe und schleuderte ihn gegen den Sprecher von Fischweiher. »Ist es das, was du wolltest? Die Gemeinde spalten, um sie dann den Dämonen zu überlassen?«

»Nee!«, schrie Coran Sumpfig, der sich hinter Kevens Speer und Schild versteckte. »Ich hab nicht gewollt, dass Selia für die ganze Gemeinde spricht, aber deshalb stecken wir noch lange nicht mit den Dämonen unter einer Decke!« Er drehte sich um und starrte Raddock an.

Raddock drückte das Kreuz durch, und in seinen Augen spiegelte sich der Widerschein des Feuers. »Ich hab das auch nicht gewollt. Ich wollte immer nur eines, nämlich, dass man der Fischer-Sippe mit Respekt begegnet.«

»Um das zu erreichen, hast du dich aber mit den falschen Leuten eingelassen, verdammt noch mal!«, fluchte Meada.

»Für solches Gezänk haben wir keine Zeit!«, schimpfte Selia. »Wir müssen die Siegel schützen!«

Keven nickte und sprang vom Podium herunter, um das Kommando über seine Leute zu übernehmen. Raddock nahm die Treppe, doch auch er bückte sich nach einem zerbrochenen Speerschaft, der sich als Knüppel benutzen ließ. Dann legte er eine Hand trichterförmig an den Mund. »Alle mal herhören, Fischerleute! Schützt die Siegel! Schlitzt jeden auf, der euch daran hindern will!«

Selia steckte zwei Finger in den Mund und stieß einen grellen Pfiff aus. Mit einem Satz sprang sie vom Podium, und die versprengten Mitglieder ihrer Bürgerwehr scharten sich um sie, während sie sich in das Kampfgetümmel stürzte. Brine, Mack und Jeph folgten ihr auf dem Fuß.

Selia zog einem Südwächter ihren Speerschaft über den Kopf und fegte seinen mit Stahl verstärkten Hut beiseite. Der Mann kippte um wie ein vom Blitz gefällter Baum. Aus der Nähe konnte sie sehen, dass die Gedankensiegel auf dem Hutrand zerkratzt worden und folglich unwirksam waren.

Jeorjes Kämpfer mussten ihr Zerstörungswerk an den Siegeln aufgeben, um sich selbst zu verteidigen.

Dies war der Moment, in dem die Dämonen auftauchten.

Sie schwärmten auf den Marktplatz. Das behelfsmäßige Großsiegel aus Pflastersteinen war mittlerweile völlig nutzlos. Ganze Herden von Felddämonen überfluteten den freien Platz. Rotten von Baumdämonen, schwerfällig, aber stark wie uralte Goldholzbäume. Flammendämonen tänzelten zwischen den Beinen der gigantischen Felsendämonen, unter deren donnernden Tritten der Boden bebte. Schwärme von Winddämonen kreisten am Himmel.

Und es gab noch andere Dämonen, Horclinge aus Jongleurerzählungen, die man noch nie zuvor in Tibbets Bach gesehen hatte. Höhlendämonen – entsetzliche, gepanzerte Monster, die mit ihren acht langen Beinen so mühelos lotrechte Wände hochhuschen konnte, als liefen sie über ebenen Boden.

Manie Holzfäller hackte einer dieser monströsen Spinnen ein Bein ab. Doch die Pflastersteine unter ihm wölbten sich auf, und er wurde von den Beinen gerissen, als ein Wurm von der Größe eines Wildpferdes inmitten einer Fontäne aus Steinen und Erdreich in die Höhe schoss.

Die Horclinge ließen die Südwächter völlig in Ruhe. Alle anderen jedoch attackierten sie mit großer Wildheit und Präzision.

Selia kämpfte seit nunmehr einem Jahr gegen Horclinge, doch noch nie hatte sie dergleichen erlebt. Dämonen waren Tiere, wie Nachtwölfe. Sie kämpften mit Krallen und Zähnen, griffen an, wenn sie Schwäche spürten, und zogen sich zurück, wenn ihr Opfer erfolgreich Widerstand leistete.

Das hier war anders.

Stam Schneider hob seinen Schild, um zwei Felddämonen abzuwehren. Der eine schlug in der typischen Weise nach den Siegeln, doch Selia erkannte, dass es ein Täuschungsmanöver war. Während Stam mit erhobenem Arm dastand, unterlief der andere Dämon seinen Speer, grub seine Fänge in den Schildarm und durchtrennte den ledernen Haltegurt. Der Schild kippte zur Seite, und gemeinsam fielen die Horclinge über ihre Beute her.

Die in den Lederharnisch eingebrannten Siegel boten einen gewissen Schutz, und Selia schleuderte ihren Speer. Sie erwischte einen der Felddämonen, als dieser nach Stams ungeschütztem Hals schnappte. Verzweifelt wich Stam zurück, doch einer der Höhlendämonen wirbelte herum und bespritzte ihn mit flüssiger Seide. Die zähe Masse bedeckte die Siegel, und dann spann der Dämon ihn ein wie in einen Kokon.

Holzfäller eilten herbei, um Stam zu befreien, doch unter ihren Füßen explodierte das Steinpflaster, und ein weiterer Wurmdämon kam an die Oberfläche. Noch während die Holzfäller zurücktaumelten, fielen ohne Vorwarnung mehrere Winddämonen über sie her. Sie packten die Männer mit ihren Krallen, um sie dann mit kraftvollen Schwingenschlägen in die Höhe zu reißen. Einem der Männer gelang es, mit seiner Breitaxt in eine der ledrigen Flugmembranen zu hacken, aber Selia wusste nicht, ob er sich dadurch rettete oder seinen Tod nur beschleunigte, denn Dämon wie Mensch stürzten ab und schlugen ungebremst auf dem Boden auf.

Der Höhlendämon hatte Stam auf seinem Rücken befestigt und schleppte ihn mit sich fort. Selia griff nach Stams demoliertem Schild und ließ ihn auf den Kopf des zappelnden Felddämons niedersausen, der immer noch an ihrem Speer steckte.

Sie riss die Waffe heraus, und ein Blick in die Runde verriet ihr, dass sich überall auf dem Marktplatz dieselben schaurigen Szenen abspielten. Horclinge stürmten die Gebäude, deren Siegel durch Feuer oder Sabotage zerstört waren. Wenn sie sich verteidigen mussten, töteten sie ihre Angreifer, doch die meisten Bestien waren damit beschäftigt, die Menschen fortzuschleppen, die von den Spinnendämonen in Seide eingesponnen worden waren. Winddämonen krallten sich ihre Opfer vom Boden weg und trugen sie in die Lüfte, überall wurden Menschen bewusstlos geschlagen, ohne sie jedoch zu töten. Die riesigen Würmer versprühten einen tintenschwarzen Nebel, der Siegel wirkungslos machte und Menschen in eine Art Starre versetzte. Dann wickelten sich die Würmer um ihre Beute und zogen sie mit sich in ihre Tunnel hinunter.

Die Dämonen schwärmen aus. Mit Schaudern erinnerte sich Selia an Rennas Worte. *Sie legen neue Stöcke an, und sie brauchen lebendes Futter, um die frisch geschlüpften Königinnen zu ernähren.*

Gab es bereits eine junge Königin in Tibbets Bach? Wenn ja, dann gab es für die Menschen vielleicht gar keine Hoffnung mehr. Aber Selia hatte noch niemals kampflos aufgegeben. Sie schnitt den zerfetzten Ledergurt von Stams Schild und ersetzte ihn durch ihren Gürtel. Der Schild war nicht so schwer wie der ihres Vaters, und sie war nicht an ihn gewöhnt, doch sie fühlte sich ausreichend gewappnet, als sie sich wieder in das Gewühl stürzte.

Die Menschen, die das Dorf verteidigten, kämpften mit den Horclingen um ihr nacktes Überleben. Die Südwächter hatten wieder damit angefangen, die Siegel zu zerstören. Bald würde diese Stellung fallen, und dann würde der Kampf in den anderen Siedlungen weitergehen. Vielleicht konnte nicht einmal das Tageslicht dem irrsinnigen Treiben derjenigen Einhalt gebieten, die fest unter der Kontrolle eines Seelendämons standen.

Die einzige noch verbliebene Zuflucht bot Ruscos Laden. Ruscos Leibgarde war mit Armbrüsten bewaffnet, und die Männer schossen Bolzen auf jeden ab, der dem Laden zu nahkam, egal ob Horcling oder Südwächter.

»Flüchtet euch in Ruscos Laden!« Kämpfer wie Unbeteiligte folgten der Aufforderung und rannten zu dem Gebäude.

»Ay, Selia!«, brüllte Rusco, der sich drinnen verschanzt hatte.

»Schnauze, Rusco!« Selia zielte mit ihrem Speer in die Richtung, aus der die Stimme gekommen war.

Rusco gab keine Antwort, aber er öffnete die Türen zu seiner Taverne und ließ die Leute hinein. Wenig später tauchte er im Türrahmen auf. Seine massige Gestalt steckte in einer Rüstung aus versiegeltem Glas, auf dem Kopf trug er einen dazu passenden Helm und am Arm einen runden Schild.

Statt mit einem Speer hatte er sich mit einem Schmiedehammer bewaffnet, dessen Kopf silbern glitzerte. Ein Felddämon sprang ihn an, doch seine Krallen fanden keinen Halt. Begleitet von einem gewaltigen Donnerkrachen zerschmetterte Rusco den Schädel der Bestie. Einer der Sumpfländer schoss mit seinem Jagdbogen einen Pfeil auf Rusco ab. Die Spitze zersplitterte an der Rüstung. Rusco deutete mit seinem Hammer auf den Mann, und ein Mitglied seiner Leibgarde durchbohrte ihn mit einem Armbrustbolzen.

Nomi Fischer rannte in den Laden und hielt sich mit einer blutigen Hand den Kopf. Im nächsten Moment sah Selia sie schon wieder vorbeilaufen.

Sie war vorgewarnt, als der Mimikrydämon dann zuschlug. Er ließ einen Arm vorschnellen, der sich zu einem Tentakel verlängerte. Das schlangengleiche, mit Hornauswüchsen versehene Ding peitschte auf das Pflaster vor ihnen. Selia und ihre Bürgerwehr rissen die Schilde hoch, um sich vor dem Hagel aus Steinen und Mörtel zu schützen. In diesem Moment, als sie praktisch blind waren, preschten andere Dämonen vor und attackierten sie mit einem Schauer aus Seidenfäden und lähmendem Speichel, mit Krallen und Zähnen.

Selia und Lesa kämpften in ihrer vielfach erprobten Formation. Sie gaben einander Deckung, sodass jeweils eine von ihnen angreifen konnte. Mit einem Fußtritt beförderte Lesa einen Felddämon auf den Rücken, und Selia rammte ihm ihren Speer in den weichen Bauch. Dann nagelte Selia einen Höhlendämon an einen Siegelpfosten, damit Lesa drei seiner acht Beine dicht am Körper abhacken konnte.

Doch der Dämon wehrte sich mit einem Schwall Seide, den er Lesa ins Gesicht spritzte. Lesa gab einen erstickten Schrei von sich und taumelte nach hinten. Selia stieß dem Horcling ihren Speer zwischen die Beißzangen. Die Spitze bohrte sich durch das Maul, spaltete die Schädeldecke und kam zwischen eine Reihe großer schwarzer Augen wieder zum Vorschein.

Lesa hatte ihren Speer und den Schild fallen lassen. Sie lag auf den Knien und zerrte wie wild an den Seidenfäden, die ihr Nase und Mund verklebten. Selia sah, dass sie keine Luft bekam.

Hinter ihren Schild geduckt, ließ Selia den Speer los, der klappernd über das Steinpflaster rollte, dann zog sie Lesas versiegeltes Messer aus deren Gürtel.

»Halt still!« Selia umfasste Lesas Kinn und durchtrennte die Seidenfäden, die ihren Mund bedeckten. Als Selia die Fäden mit einem Ruck abriss, waren sie voller Blut, aber Lesa konnte wieder atmen.

»Ich kann nichts mehr sehen!«, kreischte Lesa. »Mach das Zeug weg!«

Die Seide war mit ihrem Haar und der Haut verschmolzen. Sie zu entfernen würde ungeheuer wehtun, und vermutlich blieben entstellende Narben zurück. Aber es musste sein. Brine und seine Holzfäller hielten gemeinsam mit den Bürgerwehren von Stadtplatz und Torfhügel die Stellung, doch überall wimmelte es von Horclingen, und die würden die Schwäche spüren.

»Hol tief Luft und halte die Augen fest geschlossen.« Selia grub eine Faust in Lesas Haar, das am unteren Rand des Helms hervorquoll, mit der anderen Hand fasste sie in die klebrige Seide. Das Töten der Dämonen hatte sie mit frischer Energie versorgt, und sie strotzte vor Kraft. Mit einem beherzten Ruck riss sie die Spinnenseide, die sich bereits verhärtete, von Lesas Gesicht.

Lesas Schrei erschütterte sie bis ins Mark. Das vom Blut dunkle Gesicht spiegelte den zuckenden Schein des Feuers wider. Selia sah, dass sie zusammen mit der Seide Haare und Hautfetzen abgerissen hatte.

Und auch die stählerne Platte mit dem Gedankensiegel, die an Lesas Lederhelm angenietet gewesen war.

Dann traf Lesas Faustschlag sie mitten ins Gesicht.

»Was hast du dir dabei gedacht?«, brüllte Lesa, als Selia unter der Wucht des Hiebes nach hinten taumelte. »Dass du mich verführen könntest wie dieses Luder aus Südwache, nur dass es dieses Mal gutgehen würde?«

Selia versuchte, das Gleichgewicht wiederzufinden, aber Lesa trat ein Bein unter ihr weg. Hätte Selia sich nicht geistesgegenwärtig mit den Armen abgefangen, wäre sie mit dem Gesicht voran auf das Pflaster gestürzt.

Lesa gab ihr nicht die Möglichkeit, sich wieder aufzurichten. Zuerst verpasste sie ihr einen Tritt in den Bauch, dann hockte sie sich auf ihren Rücken, schob einen Arm unter ihr Kinn und drückte mit der freien Hand gegen ihren Kopf. Selia setzte sich zur Wehr, aber auch Lesa stand unter dem Einfluss der Magie und befand sich im Vorteil.

»Deine Liebe ist ein Fluch, unfruchtbare Selia«, wisperte Lesa heiser. »Jeder, den du liebst, wird vernichtet. Jetzt bin ich ebenfalls Dämonenfutter, so wie deine kostbare Anjy.«

Bei diesen Worten kochte eine unbändige Wut in Selia hoch. Unter Aufbietung all ihrer Kräfte stieß sie sich mit einem Fuß vom Boden ab und wälzte sich und Lesa auf die Seite. Lesa blieb die Luft weg, als sie mit Schwung auf die Pflastersteine krachte, doch sie behielt ihren Würgegriff bei, schlang ihre Beine um Selias Schenkel und klemmte sie fest.

Selia rammte ihre Ellenbogen in Lesas ungeschützte Seiten und spürte, wie eine Rippe brach. Doch solange sie von dem Dämon gesteuert wurde, schien Lesa keinerlei Schmerzen zu empfinden. Selia schlug wild um sich, und Lesa musste ihren Griff ein wenig lockern. Sofort schob Selia ihre Fingerspitzen in die Lücke zwischen ihrem Kinn und Lesas Arm. Lesa konnte ihren Griff wieder festigen, doch Selias Hand blieb unverrückbar an Ort und Stelle. Zwar war Lesa stark, doch ihre Stärke war gepaart mit Kaltblütigkeit. Selias Kraft hingegen entsprang einem glühenden Zorn, der genährt wurde von Emotionen.

Selia schmeckte Blut in ihrem Mund. Zähneknirschend vor Anstrengung versuchte sie, Lesas Arm von ihrer Kehle wegzudrücken. Es gelang ihr tatsächlich. Sie schnappte nach Luft und verdoppelte ihre Bemühungen. Nie und nimmer würde sie noch einen Menschen den Horclingen überlassen. Tibbets Bach durfte nicht einem Dämonenstock zum Opfer fallen. Sie würde kämpfen, kämpfen, KÄMPFEN!

Selia zwängte ihre andere Hand zwischen Lesas Arm und ihr Kinn, und plötzlich gab Lesa nach. Sie ließ Selia los und verpasste ihr einen Tritt. Selia rollte sich ab und stellte sich zitternd auf die Füße. »Das bist nicht du, Lesa. Ich habe auch den Horcling in meinen Gedanken gespürt. Werde wieder du selbst, Lesa. Kämpfe! Leiste Widerstand mit allem, was dir zur Verfügung steht!«

»Dem Prinzen kann man sich nicht widersetzen.« Jeorje tauchte neben Selia auf.

»Wir haben alles verloren.« Triumphierend hielt Lesa Selias Halskette aus Flusskieseln in die Höhe. Die starke Schnur war zerrissen, doch die Steine wurden durch Knoten an ihrem Platz gehalten, und die einzelnen Abstände waren akkurat berechnet. Wenn sie die Halskette wieder in ihren Besitz bringen konnte, gelänge es ihr vielleicht …

Sie wurde aus ihren Überlegungen gerissen, als der Dämon sich ihres Geistes bemächtigte und sämtliche Verteidigungsschranken durchbrach. Wie schon einmal tauchte der Dämon auch jetzt wieder in ihre düstersten Erinnerungen ein – Augenblicke der Scham, des Versagens, der Demütigung und der Schwäche.

Bei Anjy und Renna hatte sie versagt, doch für beide Frauen hatte sie sich mit all ihrer Entschlossenheit und Kraft eingesetzt. An diesen Erinnerungen labte sich der Dämon, er schwelgte darin, obschon sie mit einer Prise Stolz durchsetzt waren. Aber dann stieß er auf etwas, das noch köstlicher schmeckte.

Heirate mich, hatte Bil ihr vor vielen Jahren vorgeschlagen. *In Tibbets Bach sind warme Brüder genauso arm dran wie warme Schwestern. Das heißt aber nicht, dass wir allein bleiben müssen.*

Und Selia, deren Wille gebrochen war, hatte zugestimmt.

Die Gemeinde feierte diesen Bund, und sogar die Ältesten schienen zufrieden. Das Getuschel hörte auf. Aber Bil interessierte sich nicht für ihren Körper, und er ließ sie kalt. Ein paarmal tauschten sie im Bett lustlose Zärtlichkeiten aus, die Augen geschlossen, und stellten sich in Gedanken der Schöpfer weiß was vor, während sie versuchten, den Akt zu vollziehen und ein Kind zu zeugen. Manchmal klappte es, manchmal nicht, und schließlich gaben sie es einfach auf.

Bil gewöhnte es sich an, stundenlang zu verschwinden. Gelegentlich kam er erst kurz vor dem Dunkelwerden nach Hause. Einmal blieb er die ganze Nacht über fort, und Selia konnte vor Sorge nicht schlafen. Am nächsten Morgen trudelte er wieder ein, ohne ein Wort der Entschuldigung, denn was hätte er schon sagen sollen? Selia fragte ihn nie, bei wem er gewesen war, denn bestimmte Dinge bedurften keiner Erklärung. Sie war nicht dumm, und er wusste, dass sie Bescheid wusste.

Sie nahm es Bil nicht übel, dass er sich einen Liebhaber suchte, obwohl er nichts Besseres fand als heimliche Affären. Aber es wurmte sie, wenn Männer hinter ihrem Rücken kicherten und sie sich fragen musste, ob einer von ihnen ihrem Gemahl beigelegen hatte.

Nicht lange, und die Leute begannen von Neuem zu tuscheln. Dieses Mal benutzten sie einen Begriff, der sie den Rest ihres Lebens verfolgen würde.

Unfruchtbar.

Selia spürte, wie der Dämon sich an diesem Wort erquickte, es gierig in sich einsog wie kühlen Nektar. Dieser Begriff war mit einem Gefühl der Scham und des Selbsthasses verknüpft. Mit Verzweiflung. All diese quälenden Erinnerungen konnte sich der Dämon zunutze machen und gegen sie verwenden. Und durch sie gewann er Macht über das ganze Dorf, über die Leute, deren Sprecherin sie war.

Wie viele Menschen waren dem Gemetzel auf dem Marktplatz entkommen und harrten nun bis zum Morgengrauen an einem sicheren Ort aus? Was würde mit ihnen geschehen, wenn ihre Sprecherin zum Sprachrohr des Bösen würde? Zur Stimme des Horc?

Selia wehrte sich gegen die Macht des Seelendämons, doch ihr Zorn nährte zusätzlich dessen Kraft, und er erhöhte den Druck auf sie. Bei ihrer letzten Begegnung hatte sie erkannt, dass negative Gefühle seine Speise und sein Trank waren.

Aber hatte sie in ihrem Leben wirklich nichts anderes gekannt als Kummer und Schmerz? Ihre Niederlagen waren in den Teppich ihres Schicksals eingewoben, doch sie machten nur einen Teil des Gesamtbildes aus. Selia dachte an ihre Ehe mit Bil und erinnerte sich an Szenen, die der Horclingprinz verabscheute. Wie Bil sie zum Lachen brachte, wie er sie nach einem langen Tag mit frisch gebrühtem Tee verwöhnte. In Gedanken sah sie die wunderschönen, warmen Steppdecken, die ihr Heim geschmückt hatten, und sie empfand noch im Nachhinein Dankbarkeit, weil Bil ihren Haushalt tadellos führte und ihr den Rücken freihielt, damit sie sich um die Belange der Gemeinde kümmern konnte.

Bil war ihr ein guter Ehemann gewesen, und ihre Ehe hatte dreißig Jahre lang gedauert. Sie waren liebevoll miteinander umgegangen, auch wenn sie sich nicht geliebt hatten. Als er dann an Krebs starb, weinte sie bittere Tränen. Nicht wegen einer unerfüllten Ehe, sondern weil sie so viel gemeinsam gehabt hatten.

Selia merkte, wie der Dämon in einer Anwandlung von Ekel zurückschreckte. Er verlor die Kontrolle über sie, und sofort schlug sie in diese Kerbe. Wenn ihre Neigung tatsächlich ein Fluch war, warum fand sie dann immer wieder Menschen, die ihre Liebe erwiderten?

Sie dachte an Deardra – nicht an deren Verrat, sondern an die gemeinsam verbrachten, intimen Stunden, voller Vertrauen und Vertraulichkeiten. Sie hatten verbotene Gefilde erforscht, in der Hoffnung, bei irgendwem auf Verständnis zu stoßen.

Abermals regte sich der Dämon in ihrem Geist, zog sich vor diesen Gedanken zurück und versuchte, ihr wieder Erinnerungen aufzuzwingen, in denen sie sich entehrt und bloßgestellt fühlte.

Doch Selia wollte sich nicht mehr für das schämen, was sie war. Sie wollte keine Entscheidungen mehr bereuen, von denen sie wusste, dass sie richtig waren. Hätte man sie noch einmal vor die Wahl gestellt, hätte sie immer wieder so gehandelt. Stattdessen dachte sie an die leidenschaftlichen Momente, die sie mit Anjy verbracht hatte, und an Lesas ungestüme, wilde Liebe. Sie dachte daran, wie oft sie sich für die Menschen von Tibbets Bach eingesetzt hatte, ihre Probleme löste, angefangen von kleinlichen Streitereien bis hin zu Horclings-Angriffen. Sie konnte stolz auf sich sein, sie hatte ein sinnvolles, befriedigendes Leben geführt, ganz gleich, was Jeorje Südwächter oder der Dämonenprinz ihr einreden wollten.

Jetzt schickte der Dämon sich an, ihren Geist zu verlassen. Mit ihrer Willenskraft und der Fülle an schönen Erinnerungen und Gefühlen, die sie in diesem mentalen Kampf einsetzte wie Speer und Schild, hatte sie ihn besiegt.

Der Seelendämon flüchtete aus ihrem Körper, aber Selia klammerte sich an ihn und ließ sich mitzerren in die Gedankenwelt des

Horclingprinzen. Sie spürte seine Panik, als er sie abzuschütteln versuchte, doch er steuerte zu viele Drohnen, um sich auf den Kampf gegen sie konzentrieren zu können. Durch den Geist dieses Dämons vermochte sie auf einmal fremde Gedanken zu lesen, wusste, was in anderen Köpfen vor sich ging, ob in denen der Horclinge oder der Menschen, denn dieser Horclingprinz war mit allen verbunden. Und plötzlich kannte sie auch seinen Aufenthaltsort.

Der Dämon befand sich in unmittelbarer Nähe, hier auf dem Marktplatz. Er verbarg sich hinter einem Schleier aus Magie, aber nun konnte sie ihn sogar sehen, wenn auch nicht mit ihren eigenen Augen, sondern mit der Wahrnehmung ihres Geistes. Der Horcling war klein, kaum fünf Fuß groß. Er hatte einen riesigen Kopf, war feingliedrig gebaut, und seine langen, schmalen Krallen wirkten beinahe graziös.

Die mentalen Verbindungen, die diese Kreatur geknüpft hatte, lösten sich eine nach der anderen auf. Die Drohnen und die Menschen, die der Prinz gesteuert hatte, standen nicht länger unter seinem Einfluss, da er verzweifelt danach trachtete, Selia seinen Willen aufzuzwingen. In diesem Moment sah Selia vor ihrem geistigen Auge das Labyrinth aus Höhlen auf Mack Weides Land, in dem die menschlichen Gefangenen eingesperrt waren und auf die Ankunft der Königin warteten. Noch war es für eine Rettung nicht zu spät.

Doch sie selbst war vielleicht verloren. Mit jeder Drohne, die der Dämon aus seiner Macht entließ, wuchs seine Stärke, schwoll an zu einem Hügel – einem Berg. Der Dämon kämpfte darum, sie unter seine Kontrolle zu zwingen, umklammerte ihren Geist mit seinen mentalen Krallen und zerquetschte ihn allmählich. Ihr dämmerte die Erkenntnis, dass sie in diesem Kampf unterliegen würde, und diese Angst diente ihm als Labsal.

Ich reiße deine Schädeldecke auf und mache aus deinem Geist einen Festschmaus, kündigte er in Gedanken an.

Doch urplötzlich stieß die Klinge von Jeorjes Gehstock durch die Brust des Prinzen. Dann war Lesa da und hieb mit ihren gepanzerten Fäusten auf den kegelförmigen Kopf des Horclings ein.

Einen kurzen Augenblick lang fühlte Selia sich befreit, doch sie wusste, dass ihre Tortur damit nicht zu Ende war. Sie wusste, dass selbst schwerste Verletzungen nicht ausreichten, um einen so mächtigen Dämon zu töten. Hastig bückte sie sich nach der zerrissenen Kette aus Flusskieseln, die Lesa fallengelassen hatte. Und kaum schlossen sich ihre Hände um die mit Gedankensiegeln versehenen Steine, floh der Dämon endgültig aus ihren Gedanken.

Aber nur, um sich gleich darauf Jeorje und Lesa zuzuwenden. Die beiden erstarrten, als der Dämon sie erneut ins Visier nahm, doch Selia vereitelte seinen Versuch, sich in ihre Köpfe einzuschleichen. Sie holte mit der Kette aus wie mit einer Peitschenschnur und knallte sie dem Prinzen ins Gesicht. Die Siegel flammten auf und lenkten die Aufmerksamkeit des Horclings von seinen Opfern ab.

Abermals befreit vom Einfluss des Prinzen, riss Jeorje seinen Stock aus dessen Körper. Blitzschnell drehte er seine Waffe um und ließ den mit Schlagsiegeln verstärkten Griff auf den wulstigen Kopf niedersausen. Lesa setzte ihre Prügelattacken fort, während Selia ihre Kette um den dürren Hals des Horclings wickelte und sie zuzog wie eine Würgeschlinge.

Der Dämon hob eine Kralle und zeichnete ein Siegel in die Luft, das die anderen zurückschmetterte. Aber Selia hatte sich die Schnur der Kette um die Hände gewickelt und zog weiter. Sie ließ sich auf den Boden fallen und versuchte, den Horcling mit sich zu reißen.

Doch anstatt umzufallen, blähte sich das Ungeheuer auf und schwoll an zu der Größe eines Baumdämons. Selia wurde in die

Höhe gezerrt, bis ihre Füße in der Luft baumelten. Die Kordel grub sich schmerzhaft in ihre Hände, während die Siegel immer hellere Blitze sprühten. Mit seinen Krallen zerfetzte der Horcling ihren Körper, und dann stürmten sämtliche Dämonen aus der Umgebung in ihre Richtung, bestrebt, ihren Herrn und Gebieter zu beschützen.

Aber sie kamen zu spät, denn Jeorje und Lesa waren zur Stelle. Während sie dem Dämon ihren Speer ins Herz rammte, zertrümmerte er dem Horclingsprinzen mit der Spitze seines Stockes den Schädel.

Der Horcling gab einen seltsam erstickten Schrei von sich, der als Echo in dem aufbrandenden Gekreisch der Drohnen widerhallte. Der Prinz sackte in sich zusammen, und dann schien eine Schockwelle durch die anderen Horclinge zu laufen. Sie kippten um und blieben in gekrümmter Haltung liegen wie tote Fliegen auf einem Fensterbrett.

Schlagartig herrschte Ruhe auf dem Marktplatz. Außer dem Prasseln der Flammen und dem Stöhnen der Verwundeten war nichts zu hören.

Jeorje wandte sich Selia zu, in der Faust seinen Gehstock mit der Dolchspitze, die beinahe glühte vor Magie und mit schwarzem Schleim bedeckt war.

Selia stand vom Boden auf und straffte die Schultern. Sie trug weder eine Waffe noch eine Rüstung. Sollte Jeorje sie angreifen, konnte sie nicht mit Hilfe der anderen rechnen. Sie waren zu weit entfernt, um rechtzeitig eingreifen zu können.

Und sie war zu Tode erschöpft.

»Denkst du immer noch, ich hätte dieser Gemeinde nur Schande bereitet?«

Jeorjes und ihre Blicke trafen sich. Der alte Südwächter ließ seinen Stock in den Händen kreisen. »Ich hatte immer angenommen, der Horc hätte dich berührt.«

»Jetzt hast du diese Berührung ja am eigenen Leib erfahren«, sagte Selia. »Hat der Dämon dir den Wunsch eingepflanzt, einen anderen Mann zu lieben?«

Jeorje funkelte sie wütend an, aber er senkte seinen Stock. »Ich vergebe dir nicht, was du Anjy angetan hast.«

Selia stemmte die Hände in die Hüften. »Und ich vergebe dir auch nichts.«

»Ay, das ist nur recht und billig. Aber ich habe nie gewollt ...« Mit einer Handbewegung deutete Jeorje auf den verwüsteten Marktplatz, der mit menschlichen Leichen und toten Horclingen übersät war.

»Das hat keiner von uns gewollt«, pflichtete Selia ihm bei. »Es war die Stimme des Dämons, der aus uns sprach. Aber jetzt zeigen wir Schulterschluss und halten zusammen. Wir löschen die Brände und retten die Leute, die in dem Stock gefangen gehalten werden. Vielleicht können wir dann vergessen, was heute passiert ist.«

Jeorje blickte zum Podium. »Hast du bei der Abstimmung betrogen?«

Selia sah ihm in die Augen, als er sich wieder ihr zuwandte. »Nein.«

»Ay.« Rusco gesellte sich zu ihnen. Seine Rüstung war mit Menschen- und Dämonenblut besudelt, doch er machte ein verlegenes Gesicht. »Ich war das. Selia hatte nichts damit zu tun.«

»Zum Horc mit dir, Rusco!«, fluchte Selia.

Rusco zuckte die Achseln. »Wenn er gewonnen hätte, Sprecherin, wäre ich sein nächstes Opfer geworden.«

»Recht hat er«, gab Jeorje zu. »Aber das ist jetzt nicht mehr von Belang. Der Horcling hat mit uns gespielt wie auf einer Fiedel. Er hat mich hierhergeschickt, um Streit anzuzetteln. Und einen Vorwand zum Kämpfen hätten wir immer gefunden.«

Jeorjes Blick huschte zu Lesa, deren blutverschmiertes Gesicht in Selias Augen noch immer wunderschön war. »Wird das so weitergehen mit euch beiden?«

Selia verschränkte die Arme. »Ay.«

»Das ist so sicher wie der Sonnenaufgang«, trumpfte Lesa auf.

»Ich verurteile das nach wie vor!«

»Das kümmert uns nicht«, sagte Selia.

Jeorje nickte. »Dann sollten wir einfach so weitermachen wie bisher.«

»Nein«, widersprach Selia. »Es wird Zeit, dass wir es besser machen.«

SZENEN UND ERZÄHLUNGEN

Aus dem Roman *Das Lied der Dunkelheit* wurden ziemlich viele Szenen herausgestrichen. Einige mussten weggelassen werden, weil der Roman sonst zu umfangreich geworden wäre (für ein Erstlingswerk war das Buch sehr lang), um den Erzählfluss beizubehalten oder um auf Nebenhandlungen zu verzichten, die den Spannungsbogen nur unnötig unterbrochen hätten.

Doch viele dieser gestrichenen Szenen sind originelle kleine Geschichten, und ich bin froh, dass man mir die Gelegenheit gibt, sie in dieser herrlichen Sammlung zusammen mit meinen Kommentaren zu veröffentlichen. Das Beste an der vorliegenden Auswahl ist aber, dass diese Erzählungen in sich geschlossene Handlungen sind, und deshalb können sich sowohl neue Leser als auch treue Anhänger der Serie an ihnen erfreuen.

PROLOG
zu Das Lied der Dunkelheit

Einführung

Mit dieser Szene fing alles überhaupt erst an. 1999 besuchte ich einen Kursus, in dem es um das Schreiben von Fantasy-Literatur ging, und unsere Hausaufgabe lautete: »Schreiben Sie die erste Szene eines neuen Fantasy-Romans«. Also verfasste ich eine kleine Geschichte über einen Jungen namens Arlen, der sich immer nur so weit von zu Hause entfernen durfte, dass er noch vor Einbruch der Dunkelheit wieder zurückkehren konnte. Das hieß, wenn er frühmorgens aufbrach, musste er spätestens um die Mittagsstunde umkehren. Doch diese Einschränkung hatte einen ganz bestimmten Grund – nachts, bei Einbruch der Dunkelheit, kamen die Dämonen.

Um ehrlich zu sein, bastelte ich die Geschichte an einem einzigen Abend zusammen, schüttelte sie buchstäblich aus dem Ärmel, und nachdem ich meine Note bekommen hatte (ein *sehr gut* natürlich!), warf ich sie in eine Schublade und ließ sie dort jahrelang liegen. Damals arbeitete ich an einem anderen Buch, doch Arlen vergaß ich nie ganz, und immer wieder mal notierte ich mir ein paar Ideen, die seine Welt betrafen. Die gesamte Serie über den Tätowierten Mann erwuchs aus dieser knapp zweitausend Wörter umfassenden Geschichte.

Der Grund für die Streichung

Dieser Auftakt bildete den größten Streitpunkt zwischen mir und meiner Redakteurin. Sie vertrat hartnäckig die Ansicht, ein Prolog sei altmodisch, dieser hier sei obendrein in einem anderen Stil geschrieben als der Rest des Buches und passte nicht in das Konzept. Außerdem fand sie, er trüge nichts zur Handlung bei, das nicht an anderer Stelle eingefügt werden könnte. Ich war da ganz anderer Meinung, denn ich glaubte, der Prolog würde in idealer Weise ein Bild der Stimmung und des Schauplatzes vermitteln und gäbe einen wichtigen Einblick in die Persönlichkeit des jungen Arlen.

Über dieses Thema entspannen sich ein paar hitzige Debatten. Ich respektiere meine Redakteurin sehr und bemühte mich nach Kräften, ihren Standpunkt zu verstehen. Es dauerte eine Weile, bis ich meine persönliche Vorliebe für diese Szene so weit ablegen konnte, dass ich zu einer objektiven Einschätzung imstande war. Als es mir schließlich gelang, sah ich ein, dass meine Redakteurin Recht hatte, und ich strich die Szene. Mir scheint, dass das Buch als Gesamtwerk durch diese Kürzung gewinnt, obwohl mir diese Szene einfach ans Herz gewachsen ist. Es macht mich wirklich glücklich, sie endlich gedruckt zu sehen.

Die Szene

Als Arlen noch ein Junge war, spielte er immer bis kurz vor Einbruch der Abenddämmerung draußen, ehe er auf die Rufe seiner Mutter hörte und ins Haus lief. Für ihn gab es nichts Schlimmeres, als jede Nacht drinnen eingesperrt zu sein, und er war fest entschlossen, keine Minute Tageslicht zu verschenken.

Wenn er frühmorgens aufstand, war es noch dunkel, und vor dem ersten Hahnenschrei trat er über die Schwelle des Bauernhofs, in dem er und seine Eltern wohnten; gerade als die ersten Sonnenstrahlen die Hügelkuppen berührten, den sich rötenden Horizont erhellten und die Schatten für einen weiteren Tag verscheuchten. Seine Mutter verlangte von ihm, dass er danach bis hundert zählte, ehe er sich aus dem Haus wagte, aber er wollte einfach nicht gehorchen.

Unter freiem Himmel lockte das Abenteuer, aber Arlen wusste, dass seine Pflichten vorgingen. Es waren stets dieselben. Er schnappte sich den mit Stoff ausgekleideten Weidenkorb, der an seinem üblichen Platz direkt neben der Tür stand, rannte zum Hühnerstall und sammelte ungeachtet des empörten Gegackers der Hennen die Eier ein, wobei er so geschickt mit ihnen umging, als handele es sich um die bunten Bälle eines Jongleurs.

Danach flitzte er ins Haus zurück, stellte den Korb mit den Eiern dort ab, wo seine Mutter ihn finden musste, und war im nächsten Moment wieder draußen. Noch bevor sein Vater seine Latzhose überstreifen und seine Mutter ihr Nachthemd gegen ein Tageskleid austauschen konnte, hockte Arlen schon auf einem Schemel unter der ersten Kuh, die es zu melken galt. Die vollen Milcheimer ließ er einfach stehen und stürzte sich auf seine übrigen Pflichten, während sein Vater in aller Ruhe frühstückte. Das Brunnenhaus, der Vorratsschuppen für das Rauchfleisch, das

Räucherhaus und das Silo wurden hastig inspiziert, als sei er ein Windstoß, der durch das Anwesen fegte.

Dieses allmorgendliche Ritual hatte etwas Tröstliches an sich. Es stärkte seine innere Verbundenheit mit dem Land, eine Bindung, die jede Nacht gekappt wurde, wenn seine Mutter die Türen verbarrikadierte und sein Vater die Schutzsiegel an den Fenstern prüfte.

Er ließ die Tiere aus der Scheune, und mit leichten Rutenschlägen trieb er die Schweine in ihren Tagespferch und die Schafe auf die Weide. Die Schweine und das Pferd versorgte er mit Futter, um die Schafe brauchte er sich kaum zu kümmern. Selbst ohne die Hütehunde würden sie nicht hinter die durch Siegelpfosten abgesteckte Linie wandern, denn die Grasnabe dahinter war verbrannt und zerstört.

Doch es gab noch andere Aufgaben, denen er sich zwar nicht so häufig stellen musste, die ihm aber auch keinen Trost spenden konnten. Hin und wieder kam es vor, dass sich in der Abenddämmerung irgendein Tier nicht an dem Ort befand, an dem es hätte sein müssen, und dann war es verloren. Am nächsten Morgen fand er dann den in Stücke gerissenen Kadaver, den er hinter dem Abort vergrub.

All diese Arbeiten hatte Arlen schon tausendmal erledigt, und er ging so fleißig und geschickt vor, dass er normalerweise sämtliche seiner Pflichten schon im Laufe des Vormittags erfüllt hatte. Um die Zeit hielt sich sein Vater weit draußen auf den Feldern auf und kontrollierte die Siegelpfosten, also ging er ins Haus zurück, um sich das übliche Frühstück einzuverleiben – Hafergrütze, Eier und Speck –, das seine Mutter für ihn warm gehalten hatte. Er schlang alles hinunter, ohne sich eine Pause zum Atemholen zu gönnen. Mit einem großen Schluck Milch spülte er nach, dann sprang er schon wieder von seinem Stuhl hoch.

Seine Mutter hielt ihn fest, wie immer. Im Haus gab es dauernd etwas für ihn zu tun, und diese Arbeiten hasste er am meisten.

Aber da half kein Sträuben, und durch Lamentieren wurde der Kasten mit Feuerholz nicht voll, der Boden fegte sich nicht von selbst, und jemand musste ja die Bannzeichner-Ausrüstung mit neuen Holzkohlestiften ergänzen. »Von nichts kommt nichts«, pflegte seine Mutter ihn zu ermahnen.

Gegen Mittag hatte er dann endlich etwas freie Zeit für sich. Ehe sein Vater von den Feldern zurückkam und ihm weitere Pflichten auferlegen konnte, nahm Arlen sich eilig etwas Brot und Käse und sauste los, um sein Mittagsmahl zu verzehren. Genau wie beim Frühstück schmeckte er kaum, was er aß. Essen betrachtete er als Nahrungsaufnahme, und nichts weiter.

Wie weit komme ich heute?, fragte er sich stets, während er seinen Proviant verputzte. Erst in acht Stunden würde es dunkel werden, deshalb konnte er vier Stunden lang in jede beliebige Richtung marschieren. Der Stand der Sonne am Himmel verriet ihm, wann er umkehren musste.

Er trieb ein gefährliches Spiel, an dem sich keines der anderen Kinder aus Tibbets Bach beteiligte. Und nicht nur in dieser Hinsicht unterschied sich Arlen von ihnen. Alle anderen Leute gaben sich mit ihrem Leben im Dorf zufrieden und interessierten sich nicht dafür, was hinter dem nächsten Hügel lag. Auf diese Weise gingen sie kein Risiko ein. Sein Vater hielt diese Einstellung für klug, aber Arlen dachte anders darüber. Den Einwohnern von Tibbets Bach genügte es, von anderen Menschen zu erfahren, durch welche Gegenden eine Straße führte, was es im Wald oder hinter dem Fluss im Süden zu entdecken gab ... falls ein solcher Fluss überhaupt existierte. Arlen begnügte sich nicht mit Berichten aus zweiter Hand, er wollte lieber alles mit eigenen Augen sehen.

Bis wohin könnte ich es schaffen, wenn ich den ganzen Tag lang Zeit hätte?, grübelte er unentwegt. *Wenn ich morgens nicht auf dem Hof arbeiten müsste, nicht jedesmal gezwungen wäre, an einem bestimmten Punkt kehrtzumachen, um rechtzeitig vor dem Abend wieder zu Hause zu sein? Könnte ich einen sicheren Unterschlupf erreichen, ehe sie kommen?* Der Gedanke erregte und ängstigte ihn zugleich. Was mochte ihn erwarten, wenn er den Augenblick, in dem eine gefahrlose Heimkehr noch möglich war, verstreichen ließ und einfach immer weiterrannte?

Vielleicht probiere ich es heute aus.

Aber wenn die Sonne auf den Horizont zuwanderte, verließ ihn jedesmal aufs Neue der Mut, und dann merkte er, wie er sich unwillkürlich umdrehte und zurücklief.

Sobald das Haus in Sichtweite kam, verlangsamte er sein Tempo, trotz der Rufe seiner Eltern und trotz der Angst, die in ihren Stimmen mitschwang. Um diese Stunde des Tages fühlte er sich am lebendigsten. Er beobachtete, wie die Sonne am Himmel versank und durch die Drehung der Erde langsam aus seinem Gesichtskreis verschwand. Allmählich wurden die Schatten länger. Bis zur letzten Minute verweilte er, dann hetzte er so schnell ihn seine Beine trugen zum Haus, während ein berauschendes Prickeln von Furcht ihn überschwemmte, sein Herz zum Rasen brachte und seine Hände zittern ließ. In diesen wenigen Sekunden duftete die Luft frischer, und sein ganzer Körper vibrierte. Es gab keinen schöneren Anblick als die Rot- und Orangetöne der Abenddämmerung, keine beflügelnderen Geräusche als die Warnrufe seiner Eltern. Er stolperte über die Türschwelle, vorsichtig, um kein Siegel zu verwischen, dann drehte er sich um und sah zu, wie die Horclinge emporstiegen.

Nachdem die letzten warmen Sonnenstrahlen am Horizont verblasst waren und während der Erdboden die in ihm gespeicherte Hitze an die Luft abgab, stiegen die Flammendämonen aus dem Horc, um zu tanzen.

Schon sehr bald wurde Arlen in das Innere das Hauses gezerrt, die schwere Tür wurde geschlossen und der wuchtige Querbalken vorgeschoben (als ob das einen Horcling abhalten könnte!). Danach begutachtete Arlens Vater noch einmal die Siegel an den Fenstern und an der Tür, um sich zu vergewissern, dass keines verwischt oder zerkratzt war. Er erklärte Arlen zwar stets, dass eine dreimalige Kontrolle genüge, doch er konnte gar nicht anders, er musste immer noch ein viertes Mal nachschauen.

Für sein spätes Heimkommen wurde Arlen immer getadelt, mitunter setzte es sogar etwas mit dem Gürtel seines Vaters. Doch im Grunde wussten seine Eltern, dass keine Strafe ihren Sohn dazu bewegen konnte, seine Ausflüge einzustellen.

Nach der Bestrafung aß die Familie zu Abend, und später, wenn seine Mutter sich mit einer Strickarbeit beschäftigte und sein Vater Siegelpfosten schnitzte, durfte Arlen am Fenster sitzen und die Horclinge beim Tanzen beobachten. Sie sahen so anmutig aus, sogar schön. Manchmal erhaschte er einen Blick auf einen Winddämon, ein schemenhafter Umriss, der auf ledrigen Schwingen von oben herabstieß, beleuchtet von den glühenden Mäulern und Augen seiner feurigen Vettern.

Weniger hübsch anzusehen aber zum Glück auch weniger häufig waren die Felsendämonen; ihre massigen, kräftigen Körper steckten in einem Panzer, an dem selbst die stärkste Speerspitze zerbrach. Anstatt zu tänzeln, pirschten sie langsam über den Hof, die rasiermesserscharfen Zähne fletschend und auf der Suche nach Beute.

Arlen hatte noch nie einen Wasserdämon zu Gesicht bekommen, doch er kannte sie aus den Geschichten, die die Jongleure erzählten. Sie konnten den Rumpf eines Bootes zerschmettern und die unglücklichen Fischer unter Wasser ziehen. Allein bei der Vorstellung, in den Tiefen seines heimatlichen Sees könnten dunkle, schreckliche Kreaturen ihre Kreise ziehen, überlief Arlen ein kalter Schauer. Der Gedanke, einem solchen Ungeheuer zu begegnen, ängstigte ihn, und dennoch sehnte er sich danach, ans Wasser zu laufen und zu versuchen, einen Blick auf eines dieser Scheusale zu erhaschen.

In manchen Nächten griffen die Dämonen die Schutzsiegel an. Mit voller Wucht warfen sie sich gegen die Türen und Fenster, nur um durch die aufblitzende Magie zurückgeschleudert zu werden. Arlens Eltern zuckten nur selten zusammen, wenn so etwas passierte, denn im Laufe ihres Lebens hatten sie sich an derlei Vorkommnisse gewöhnt.

»Warum greifen sie immer wieder an, wenn sie die Sperre ja doch nicht durchdringen können?«, hatte Arlen seinen Vater einmal gefragt.

»Sie suchen nach Lücken im Netz«, hatte er ihm damals erklärt und sich zu ihm ans Fenster gestellt. »In jedem Schutzkreis gibt es welche. Ohne Ausnahme. Horclinge sind nicht intelligent genug, um die Siegel zu studieren und die Schwachpunkte zu entdecken, aber sie können blindlings dagegen anrennen und auf diese Weise Breschen finden. Du wirst nie erleben, dass ein Horcling in einer Nacht zweimal dieselbe Stelle attackiert.« Er tippte sich an die Schläfe. »Sie erinnern sich. Und sie wissen, dass mit der Zeit selbst die mächtigsten Siegel schwächer werden.«

Immer und immer wieder erhellte ein gleißendes Licht die Nacht, wenn die Horclinge die Siegel auf die Probe stellten. In winzigen Blitzen flammte Magie auf und tauchte den Hof vorübergehend in einen unheimlichen Schein, und dann konnte Arlen mit angehaltenem Atem beobachten, wie die Horclinge sich abmühten, das Brunnenhaus zu zerstören oder an das Räucherfleisch in dem Vorratsschuppen zu gelangen.

Sie verschonten auch die Scheune nicht, doch die war mit denselben starken Siegeln geschützt wie das Wohnhaus. Dann hörte Arlen, wie das Vieh vor Angst brüllte. Die Tiere würden sich nie an die Dämonen gewöhnen. Instinktiv wussten sie, dass es ihren

Tod bedeutete, sollten die Horclinge den Wall aus Schutzzeichen durchbrechen.

Arlen wusste es auch, aus leidvoller Erfahrung. Als er sieben war, hatte er mit ansehen müssen, wie die Dämonen einen ihrer Schäferhunde in Stücke rissen und dessen Eingeweide über den ganzen Hof verstreuten.

Horclinge töteten mit großer Begeisterung. Das Gemetzel bereitete ihnen Vergnügen.

Angeblich hatte es einmal eine Zeit gegeben, in der die Dämonen nicht so dreist waren. Eine Ära, in der die wirkungsvollsten Siegel noch nicht in Vergessenheit geraten waren; als die Dämonen die Macht der Menschen fürchteten und sich im Horc versteckten. Aber an diese Epoche, falls sie nicht nur ein Hirngespinst war, hätten sich nicht einmal mehr die Ur-Ur-Großväter der ältesten noch lebenden Menschen erinnern können, so weit lag sie zurück. Und die vermeintlich übermächtigen Siegel tauchten nur noch in den Erzählungen der Jongleure auf.

Während Arlen die Kreaturen beobachtete, die ihm schon wieder für eine Nacht seine Welt stahlen, träumte er davon, diese uralten Siegel wiederzuentdecken. Er träumte davon, in Gegenden zu reisen, die hinter Tibbets Bach lagen, und fasste den Entschluss, eines Tages zu diesem Abenteuer aufzubrechen, selbst wenn es bedeutete, dass er eine Nacht im Freien verbringen musste.

Bei den Dämonen.

BRIANNE

Einführung

Von allen Szenen, die gestrichen wurden, ist diese bei weitem meine liebste, mein armer, verschmähter Favorit. Sie findet in Kapitel dreizehn von *Das Lied der Dunkelheit* statt, gleich nach der Konfrontation zwischen Gared und Marick auf dem Marktplatz im Tal der Holzfäller. Mit dieser Szene wollte ich Leesha mit Brianne zusammenbringen, die eine ihrer besten Freundinnen war, bis die Ereignisse des ersten Abschnitts, in dem sich Leeshas Geschichte entfaltet, ihre Freundschaft zerstören. Außerdem sollte diese Episode veranschaulichen, wie selbstbewusst und mächtig Leesha geworden war, seit sie sich von der alten Bruna zur Kräutersammlerin ausbilden ließ.

Der Grund für die Streichung

Die Entscheidung, die Szene wegzulassen, lag voll und ganz bei mir. Weder meine Redakteurin noch irgendein Testleser oder sonst jemand hatte mir dazu geraten. Ich musste einfach den Umfang des Buchs reduzieren, und egal, wie sehr ich diese Szene liebe, sie besteht aus über dreitausend Wörtern und ließ sich so problemlos herauskürzen, dass niemand außer mir sie vermissen würde. Dass das Tal der Holzfäller für Leesha zu klein geworden war, konnte mittlerweile niemandem entgangen sein, und in der Szene passierte nichts, was den Rest der Geschichte hätte beeinflussen können.

Ich bereue die Entscheidung nicht. Die endgültige Fassung des Buches ist »abgespeckt«, und jede einzelne Szene treibt den Handlungsablauf voran. Diese Szene ist für den Plot jedoch unwichtig und stellt nur eine Abschweifung dar. Durch die Streichung geriet auch das Verhältnis, wie viel Erzählraum ich Leesha und Rojer gebe, ein wenig mehr ins Gleichgewicht, doch obwohl ich mir vorgenommen hatte, beiden gleich viel »Sendezeit« zu gewähren, kam Rojer immer noch zu kurz, und daran hat sich auch nichts geändert.

Nichtsdestotrotz liebe ich diese kleine Nebenepisode, und ich bin sehr zufrieden, dass ich sie nun doch noch Lesern präsentieren kann, die sie vielleicht genießen werden.

Die Szene

»Deine Heilkünste werden gebraucht«, erklärte Mairy.

»Fühlst du dich nicht wohl?«, fragte Leesha besorgt. Sie legte den Handrücken gegen Mairys Stirn, doch die schüttelte den Kopf und wich zurück. »Nein, es geht nicht um mich«, erwiderte sie.

»Ist eines deiner Kinder krank?«, hakte Leesha nach, musterte Mairys Sprösslinge und suchte nach Symptomen für eine angegriffene Gesundheit. »Oder Benn?«

Abermals schüttelte Mairy den Kopf. »Ich spreche von Brianne«, erklärte sie. »Sie klagt über Bauchschmerzen. Sie versucht zwar, es herunterzuspielen, aber ich sehe, wie sie immer wieder zusammenzuckt. Irgendetwas stimmt nicht mit ihr. Wir dachten, es sei vielleicht besser, wenn ich diejenige bin, die dich bittet, sie zu untersuchen.«

»Und wieso kommt ihr damit ausgerechnet zu mir?«, erkundigte sich Leesha. »Sonst wendet sie sich doch an Darsy, wenn sie etwas hat. Die ist die Kräutersammlerin ihrer Wahl.«

»Du sagst doch selbst, dass sich Darsy bei ihren Heilbehandlungen mehr aufs Raten verlässt als auf echtes Wissen«, entgegnete Mairy. »Und letzten Winter konnte sie Dug und Merrems Kind nicht retten.«

»Ich habe nie behauptet, dass es Darsys Schuld war«, betonte Leesha.

»Das war auch gar nicht nötig«, meinte Mairy. »Die halbe Stadt tuschelt darüber, wenn sie vorbeikommt. Brianne ist nur zu stolz, um dich um Hilfe zu bitten.«

»Selbst wenn sie es täte«, warf Leesha ein, »warum sollte ich sie ihr gewähren?«

»Weil sie krank ist und weil du eine Kräutersammlerin bist«, stellte Mairy fest.

»Seit fast sieben Jahren redet sie nur schlecht über mich«, versetzte Leesha ärgerlich. »Und vergiss nicht, dass sie sich große Mühe gegeben hat, mein Leben zu zerstören.« Sie wandte sich ab, doch die Schuldgefühle ließen ihr keine Ruhe. Kräutersammlerinnen schworen einen Eid, jedem zu helfen, der ihre Unterstützung brauchte.

»Sie hat um dich geweint«, flüsterte Mairy hinter ihr. »Wir alle haben geweint.«

Leesha drehte sich um. »Was meinst du damit?«

»An dem Morgen, als deine Mam in die Stadt kam und erzählte, du seist vor der Dunkelheit nicht nach Hause gekommen«, erwiderte Mairy. »Sie schickte die ganze Stadt los, um nach dir zu suchen …« Sie wandte den Blick ab. »Oder nach deiner Leiche.«

Als Leesha nicht antwortete, fuhr Mairy nach einer Weile fort: »Wir alle glaubten, du seist tot. Brianne machte sich Vorwürfe und behauptete, es sei ihre Schuld. Dann brach sie in Tränen aus. Wir versuchten, ihr klarzumachen, dass sie nichts dafür könne, aber sie war untröstlich.« Sie berührte Leeshas Schulter. »Sie wusste, was sie dir angetan hatte, Leesha.«

»Ich habe nie ein Wort des Bedauerns von ihr gehört«, erwiderte Leesha. »Im Gegenteil, seitdem hat sie noch schlimmer über mich gelästert als zuvor. Meinst du, ich wüsste nicht, was sie über mich in die Welt setzt?«

»Sie wollte dich um Entschuldigung bitten«, behauptete Mairy. »Auch Saira wollte dir sagen, wie leid es ihr tut.«

»Aber du warst die Einzige, die sich tatsächlich bei mir entschuldigt hat«, erwiderte Leesha.

»Jemanden mit Worten zu verletzen ist leicht«, zitierte Mairy eine von Leeshas früheren Bemerkungen. »Es ist ungleich schwerer, mit Worten zu heilen. Denk daran, dass du sie zuerst gekränkt hast.«

Leesha fühlte sich, als hätte sie einen Schlag ins Gesicht bekommen. Angenommen, Brianne war wirklich krank und brauchte ihre Hilfe? Würde sie ihr ihre Unterstützung verweigern? Oder ihrem Kind? Hatte Bruna jemals einen Menschen im Stich gelassen?

»Du hast Recht, Mairy«, räumte sie ein. »Natürlich komme ich mit und werde sehen, was ich für sie tun kann.«

»Da wäre noch etwas«, fügte Mairy hinzu.

Leesha stutzte und blickte die junge Frau an.

»Sie ist schwanger.«

Mairy schickte ihre Kinder nach Hause, und sie und Leesha steuerten auf das kleine Haus zu, das die Stadtleute gebaut hatten, als Brianne und Evin heirateten.

»Wie lange weiß sie es schon?«, erkundigte sich Leesha und marschierte so zügig drauflos, dass Mairy sich sputen musste, um mit ihr Schritt zu halten. Die Angst um das Ungeborene trieb sie an.

»Vor ein paar Wochen hat sie die ersten Anzeichen bemerkt«, erklärte Mairy. »Sie könnte jetzt im zweiten Monat sein. Erst in dieser Woche hat sie es Evin erzählt.«

»Gab es Probleme bei der ersten Schwangerschaft?«, fragte Leesha.

»Außer, dass sie dadurch gezwungen wurde, Evin zu heiraten?«, spottete Mairy. Leesha maß sie mit einem wütenden Blick.

»Das ist nicht lustig, ich weiß«, wiegelte Mairy ab. »Aber Callens Geburt verlief glatt. Man könnte sogar sagen, das war das Einzige an der ganzen Geschichte, das nicht mit Komplikationen verbunden war.«

»Evin wollte das Kind nicht«, stellte Leesha fest.

»Das ist noch milde ausgedrückt«, erwiderte Mairy mit Nachdruck. »Weder er noch Brianne hatten damit gerechnet, dass sie schwanger werden könnte. Sonst ging sie immer zu Bruna, um sich von ihr Pomeranzenblättertee geben zu lassen, aber nachdem du Brunas Schülerin wurdest … nun ja, sie meinte, eher würde sie sterben vor Scham.«

»Brianne war eine der Ersten, die sich Darsy zuwandten«, erinnerte sich Leesha.

»Aber Darsy weigert sich, diesen Tee zuzubereiten«, klärte Mairy sie auf. »Sie findet, das Verhüten von Schwangerschaften sei eine Sünde, und sie hat alle Frauen beim Fürsorger verpetzt, die den Tee trinken. Daraufhin hielt er eine große Predigt über die Pflicht der Menschen, fruchtbar zu sein und sich zu vermehren.«

»Ja, ich erinnere mich«, gab Leesha zu. Fürsorger Michel hatte wortgewaltig den Pomeranzenblättertee verdammt, obwohl er sich hütete, ein böses Wort gegen Bruna zu äußern, aus Angst, die ganze Stadt könnte erfahren, wie emsig er selbst dabei war, die Pflicht zur Zeugung von Nachkommenschaft zu erfüllen.

»Nun, das erklärt, warum Darsy als Hebamme so beschäftigt ist«, meinte Leesha. »Die Frauen, die ihre Dienste als Heilerin in Anspruch nehmen, werden sicherlich öfter schwanger als andere.«

»Aber das ist doch gut so«, wandte Mairy ein. »Bei uns im Tal der Holzfäller wohnen ohnehin viel zu wenig Leute.«

»Gegen das Kinderkriegen ist überhaupt nichts einzuwenden, solange Darsy dafür sorgt, dass es möglichst keine Totgeburten gibt«, fand Leesha.

»Manchmal macht Brianne dich für ihr Unglück verantwortlich«, platzte Mairy heraus.

»Mich?«, wunderte sich Leesha. »Was habe ich denn getan?«

»Deinetwegen hat sie sich geschämt, zu Bruna zu gehen und sich den Pomeranzenblättertee geben zu lassen«, erläuterte Mairy. »Und als sie dann schwanger wurde, zwang sie Evin, sie zu heiraten. Seitdem hat sie keinen glücklichen Tag mehr gehabt.«

»Das ist ungerecht«, protestierte Leesha. »Ich war diejenige, die in aller Öffentlichkeit gedemütigt wurde, und daran war sie schuld.«

»Nein, daran war Gared schuld«, berichtigte Mairy.

»Und dass Brianne schwanger wurde, ist Evins Schuld, nicht meine!«, schoss Leesha zurück.

Mairy nickte. »Vielleicht ist es an der Zeit, dass ihr beide euch einmal richtig aussprecht«, schlug sie vor.

Leesha schwieg eine geraume Weile. »Ich rede mit ihr, wenn sie auch dazu bereit ist«, gab sie schließlich nach.

»Eine von euch muss den Anfang machen«, warnte Mairy.

Abrupt blieb Leesha stehen. »Brianne hat keine Ahnung, dass ich kommen werde«, vermutete sie. Als Mairy keine Antwort gab, grinste sie. »Du hast dich ja zu einer richtigen Ränkeschmiedin entwickelt«, warf sie ihr vor.

»Das lernt man, wenn man Kinder hat«, räumte Mairy kichernd ein.

Mairy holte tief Luft und klopfte an die Tür. Im Inneren des Hauses erklang Lärm, aber niemand machte auf. Mairy klopfte ein zweites Mal an.

»Wer ist da?«, schrie Evin.

»Mairy!«, brüllte sie zurück.

Drinnen keifte eine Frauenstimme. »Lass mich in Ruhe!«, schnauzte Evin dann.

»Komm einfach rein!«, rief Brianne. »Die Tür ist nicht verriegelt!«

Mairy öffnete die Tür, und sie sahen einen verwahrlosten Haushalt. Zwei Wolfshunde liefen frei durch das größte Zimmer, und ein Teil der Einrichtung wies Bissspuren auf. Evin saß da, die Füße in den schmutzigen Stiefeln auf den Esstisch gelegt, und schnitzte.

Rings um ihn her bedeckten Holzsplitter den Boden. Brianne stand mit dem Rücken zur Tür und hackte Gemüse auf der Arbeitsplatte neben der Feuerstelle, die ihr als Küche diente. Callen, sechs Jahre alt und zerstrubbelt, als sei er eine halbe Ewigkeit nicht mehr gekämmt worden, klammerte sich mit einer Hand an den Rock seiner Mutter. Mit der anderen popelte er hingebungsvoll in seiner Nase herum.

»Entschuldige, dass dir keiner die Tür aufgemacht hat, Mairy«, begann Brianne, ohne sich umzudrehen. »Möge der Schöpfer verhindern, dass Evin mit seiner überflüssigen Schnitzerei in Rückstand kommt.«

»Wenn du hin und wieder zur Tür gingst, würdest du vielleicht ein paar Pfunde abschwitzen«, grummelte Evin. »Was hast du überhaupt hier zu suchen?«, fuhr er fort, doch dann hob er den Blick und sah Leesha eintreten.

»Nanu, nanu, wen haben wir denn da?«, staunte er, wobei er Leesha mit den Augen verschlang. Abrupt stand er von seinem Stuhl auf und klopfte sich die Holzspäne von der Kleidung. »Willkommen in unserem bescheidenen Heim.«

Brianne drehte sich um und sah die lüsterne Miene ihres Mannes. Als sie Leesha erkannte, zog sie ein wütendes Gesicht.

»Was will DIE hier?«, fauchte Brianne ärgerlich und ging mit dem Hackmesser in der Hand auf die Besucherinnen zu.

»Ich dachte, sie hätte vielleicht ein Mittel gegen deine Schmerzen«, erklärte Mairy.

»Ich habe niemanden um Hilfe gebeten«, knurrte Brianne. »Mir fehlt nichts. Es geht mir gut.«

»Man kann dir ansehen, dass du leidest«, widersprach Leesha. »Du bist viel zu blass, du atmest ungleichmäßig, und beim Laufen beißt du die Zähne zusammen.«

»Aber wenn sie doch sagt, dass ihr nichts fehlt«, mischte sich Evin ein.

»Brianne, ich bitte dich«, drängte Mairy, ohne auf Evins Bemerkung einzugehen, »lass dich von ihr untersuchen. Schon allein des Kindes wegen.«

»Mit dem Baby ist alles in Ordnung«, behauptete Evin.

»Raus hier!«, schnauzte Brianne.

»Brianne ...«, setzte Leesha an.

»Bist du taub?«, donnerte Evin. »Sie hat gesagt ...«

»Nein«, fiel Brianne ihm ins Wort. »*Du* sollst abhauen, Evin!«

»Das ist *mein* Haus ...«, plusterte er sich auf und stürmte auf die Frauen zu, aber Leesha schob eine Hand in eine der vielen Taschen ihrer Schürze, und als Evin die Bewegung sah, blieb er abrupt stehen.

»RAUS HIER!«, brüllte Brianne und warf das Messer nach ihm. Evin duckte sich unter dem Geschoss weg und funkelte seine Frau zornig an, aber er verdrückte sich in Richtung der Tür. Callen fing an zu weinen.

»Und nimm die verdammten Köter mit!«, kreischte Brianne. »Ich bin es leid, ständig ihre Scheißhaufen vom Boden aufzukehren!« Evin schnalzte mit der Zunge, und beide Tiere folgten ihm nach draußen.

Sobald er fort war, schien Brianne aufzuatmen. Sie kniete vor Callen nieder, doch dabei verzerrte sich ihr Gesicht vor Schmerzen. Sie hob einen Zipfel ihrer Schürze, um seine Tränen zu trocknen.

»Ist ja gut, mein Kleiner«, tröstete sie den Jungen. »Ist ja gut. Und jetzt geh und spiel mit deinen Bauklötzen.« Sie umarmte ihn, und dann lief Callen in die hintere Ecke des Raumes, wo jemand aus kleinen Holzstöcken eine winzige, einfache Blockhütte gebastelt hatte.

Brianne stemmte sich mühsam wieder in die Höhe, wobei sie abermals eine Grimasse zog. Ihre Gesicht war aschfahl. »Wahrscheinlich ist es dir eine Genugtuung, mich in diesem Zustand zu sehen«, wandte sie sich an Leesha. »Fett und elend, während du durch die Stadt spazierst, den Vögeln, die auf deiner Schulter sitzen, ein Liedchen trällerst und im Vorbeigehen jedem Mann den Kopf verdrehst.«

Leesha verbiss sich eine ärgerliche Entgegnung. »Am Leiden anderer kann ich mich nicht ergötzen, egal, um wen es sich handelt«, sagte sie. »Und jetzt setz dich hin, damit ich dich untersuchen kann.«

Brianne sträubte sich nicht, und als sie sich vorsichtig auf einen Stuhl niederließ, huschte wieder ein schmerzlicher Ausdruck über ihre Züge. Leesha blickte in ihre Augen und in ihren Mund, legte ihr eine Hand auf die Stirn, um zu fühlen, ob sie Fieber hatte, und prüfte ihren Puls.

»Sag Bescheid, wenn dir etwas wehtut«, forderte sie sie auf, und Brianne nickte. Dann fing sie an, sie mit geübten Fingern abzutasten, wobei sie Brianne die ganze Zeit über in die Augen blickte. Sie hatte bereits einen Verdacht, was diese starken Schmerzen verursachte.

»Aaah!«, schrie Brianne, als Leesha gegen ihre Rippen drückte.

»Zieh deine Bluse aus«, ordnete Leesha an.

»Muss das wirklich sein?«, fragte Brianne.

»Als wir noch Freundinnen waren, hattest du nie Hemmungen, dich nackt zu zeigen«, meinte Leesha.

»Damals hatte ich auch noch eine bessere Figur!«, schoss Brianne zurück.

»Runter mit der Bluse«, befahl Leesha. »Mairy, hilf mir.«

Brianne wehrte sich nicht, als die beiden Frauen ihr die Bluse über den Kopf zogen. Mairy schnappte nach Luft, als sie die gelben Blutergüsse sah, die Briannes Arme und den Rücken übersäten, und den schwarzen, handtellergroßen Fleck auf ihren Rippen.

»Genau das dachte ich mir«, bemerkte Leesha. »Zwei deiner Rippen sind gebrochen. Du hattest großes Glück, dass deine Lunge nicht durchbohrt wurde.«

»Kannst du sie wieder richten?«, erkundigte sich Brianne.

Leesha schüttelte den Kopf. »Rippen kann man nicht richten, man muss warten, bis der Bruch verheilt. Ich lege dir einen festen Verband an, damit sie gerade zusammenwachsen und die Bruchstellen sich nicht aneinander reiben, wenn du dich bewegst, aber eine Zeit lang musst du dich schonen. Das Beste wäre, wenn du im Bett liegen bleibst.«

»Für wie lange?«, wollte Brianne wissen.

»Ein paar Wochen«, antwortete Leesha und fing Briannes Blick auf. »Keine Widerrede!«, schnappte sie. »Wir schicken dir jemanden, der dir hilft, Callen zu versorgen, und der sich um den Haushalt kümmert. Sei froh, dass du nochmal so glimpflich davongekommen bist.«

»Beim Schöpfer!«, ächzte Mairy. »Was ist passiert, Bri?«

»Ich stand auf dem Holzstapel und habe die Dose mit der Farbe gehalten, während Evin die Siegel am Dach ausgebessert hat«, erzählte sie. »Dann bin ich ausgerutscht, und der halbe Stapel fiel auf mich herunter.«

»Bei der Nacht!«, entsetzte sich Mairy. »Warum hast du nichts gesagt?«

»Ich dachte, es wäre halb so schlimm«, behauptete Brianne.

»Hör mal, ich habe alles dabei, was ich brauche, Mairy«, erklärte Leesha. »Ich schlage vor, du gehst jetzt zu dir nach Hause, ehe die Kleinen noch irgendwelchen Unfug anstellen.«

Mairy warf Brianne einen Blick zu; die nickte zustimmend, und Mairy verabschiedete sich.

»Dämonenscheiße!«, legte Leesha los, als sie mit Brianne allein war. »Dieser Sohn eines Horclings hat dich geschlagen, und glaub bitte nicht, dass ich so blöd bin, dir diese Fantastereien abzunehmen, die du dir aus dem Arsch ziehst, als hättest du dich mit Bitterkraut beduselt.«

Schockiert starrte Brianne sie an. »Bei Bruna hast du Fluchen gelernt«, meinte sie mit gequältem Lächeln. »Die unschuldige kleine

Leesha, die ich kannte, hätte nicht mal gewusst, was diese Ausdrücke bedeuten.«

»Versuch nicht, vom Thema abzulenken«, warnte Leesha.

Brianne schaute ängstlich drein. »Was wirst du tun?«

»Zuerst lege ich einen Verband um die Rippen«, erklärte Leesha. Sie holte eine Rolle aus weißem Stoff aus ihrem Korb und fing an, Briannes Brustkorb knapp unterhalb der Brüste zu umwickeln.

»Ahhh! Bei der Nacht, das tut weh«, stöhnte Brianne.

»Wahrscheinlich nicht halb so sehr wie die Prügel, die du bezogen hast«, entgegnete Leesha. »Brianne, du musst dich jemandem anvertrauen. So kann das nicht weitergehen.«

»Es war nur dieses eine Mal«, behauptete Brianne.

Leesha schnaubte durch die Nase. »Das kaufe ich dir genauso wenig ab wie das Märchen mit dem Holzstapel. Ein Mann, der eine schwangere Frau schlägt, macht das nicht zum ersten Mal. Weiß Darsy Bescheid?«

Brianne schüttelte den Kopf. »Niemand weiß es. Vorher brauchte ich noch nie eine Kräutersammlerin.«

»Das muss aufhören, bevor du einen Fürsorger und einen Leichenbestatter brauchst!«, erwiderte Leesha.

»Was soll ich deiner Meinung nach denn unternehmen?«, fragte Brianne gereizt. »Es meinem Dad erzählen? Er und meine Brüder würden Evin umbringen. Im Ernst, sie würden ihn töten, und zur Strafe würde man sie dann über Nacht aus dem Dorf verbannen. Dann hätte Callen überhaupt keinen männlichen Verwandten mehr, und was soll dann aus mir werden?«

»Wende dich an Smitt«, schlug Leesha vor. »Der Rat könnte sich damit befassen.«

Brianne schüttelte vehement den Kopf. »Dad würde es trotzdem herausfinden, und dann nehmen die Dinge ihren Lauf.«

»Und wie stellst du dir deine Zukunft vor?«, fragte Leesha. »Willst du dich weiterhin verprügeln lassen, bis er dir oder deinem Ungeborenen eines Tages einen bleibenden Schaden zufügt? Oder sich an Callen vergreift?«

»Es wird nicht wieder vorkommen, Leesha«, beteuerte Brianne und drückte ihre Hand. »Er hat es mir versprochen. Und du musst mir schwören, niemandem davon zu erzählen.«

»Brianne ...«

»Schwöre es!«, forderte Brianne drängend. »Denke an deinen Eid!«

Leesha kniff leicht die Augen zusammen, aber ihr war klar, in welcher Zwickmühle sie steckte. Bilder von Elonas Gürtel geisterten durch ihren Kopf, und sie entsann sich nur allzu gut, dass ihr die Schmerzen immer erträglicher vorgekommen waren als die Schmach, jemandem ihre Not zu offenbaren. »Ich gebe dir mein Wort«, stieß sie dann zwischen zusammengebissenen Zähnen hervor.

Nachdem sie den Verband um die Rippen angelegt hatte, wählte sie eine Handvoll Wurzeln aus und gab sie Brianne. »Kau diese gegen die Schmerzen. Aber nur eine Wurzel pro Tag, auf gar keinen Fall mehr, sonst wird das Kleine sich bemerkbar machen.« Sanft tätschelte sie Leeshas Bauch. »Und zwar auf eine reichlich unangenehme Weise.«

»Ist dem Baby auch nichts passiert?«, fragte Brianne, den Tränen nahe.

»Dieses Mal ist noch alles gutgegangen«, beruhigte Leesha sie. »Aber wenn sich so etwas wiederholt, kann man für nichts garantieren.«

»Es passiert nie wieder, das schwöre ich dir«, bekräftigte Brianne.

»Ich glaube nicht, dass *du* es verhindern kannst«, entgegnete Leesha.

Evin lungerte im Hof herum, als Leesha die Hütte verließ. Mit seinen Blicken streichelte er ihren Körper, aber er blieb misstrauisch.

Einem jähen Impuls nachgebend, ging Leesha zu ihm, wobei sie den natürlichen Schwung ihrer runden Hüften bewusst noch ein wenig mehr betonte.

»Bald ist sie wieder wohlauf«, eröffnete sie das Gespräch. »Beim Sturz von dem Holzstapel hat sie sich ein paar Rippen gebrochen, aber wenn sie sich ein Weilchen schont, heilen sie von selbst wieder.«

»Von dem ... Holzstapel?«, begann Evin gedehnt, doch er fing sich rasch, und seine Zuversicht wuchs, als er drauflosplapperte. »Ja, richtig! Ein schlimmer Sturz war das! Ich habe ihr geraten, eine Kräutersammlerin kommen zu lassen, aber du kennst ja Brianne!«

Leesha schenkte ihm ein strahlendes Lächeln. »Und ob ich sie kenne!«, bestätigte sie.

Evin erwiderte das Lächeln. »Gut siehst du aus, Leesha«, säuselte er. »Du wirst von Tag zu Tag schöner.«

Leesha spähte in die Runde. Als sie merkte, dass sie allein waren, rückte sie näher an Evin heran und stellte sich auf die Zehenspitzen, so dass ihre Lippen sein Ohr berührten. »Lass uns hinters Haus gehen«, flüsterte sie. »Ich möchte dir etwas zeigen.«

Evins Grinsen vertiefte sich; er griff nach ihrer Hand und zerrte sie geradezu mit sich.

Sobald er glaubte, dass niemand sie beobachtete, fiel er über sie her, küsste sie gierig und betatschte ihre Brüste. Die Nadel in Leeshas Hand bemerkte er erst, als sie in seinem Nacken steckte.

»Was zum ...«, rief Evin, prallte zurück und schlug mit der Hand auf die Stichstelle. Er fing bereits an zu wanken.

»Das Gift wirkt sehr schnell«, klärte Leesha ihn auf und glättete ihre Bluse.

»Gift ...«, setzte Evin an, doch seine Beine knickten unter ihm ein, und er landete bäuchlings im Dreck, wo er sich in Zuckungen krümmte.

»Kannst du es spüren?«, fragte Leesha und kniete sich neben ihn, als der Anfall erst richtig begann. »Die schrecklichen Krämpfe und die Schmerzen? Wie deine Gliedmaßen zucken, weil du deinen Körper nicht mehr unter Kontrolle hast?«

Beruhigend klopfte sie mit der Hand auf seinen Rücken. »Aber keine Sorge, bald verlässt das Gift deine Muskeln.« Sie beugte sich tief über ihn, strich ihm zärtlich über das Haar und wisperte: »Es wandert direkt in deine Gedärme.«

Aus Evins Mund entwich ein leises Stöhnen.

»Ich habe Brianne mein Wort gegeben, diesen Vorfall für mich zu behalten«, fuhr Leesha in mildem Ton fort. »Kräutersammlerinnen schwören einen Eid, der sie zum Stillschweigen verpflichtet, und diesen Schwur werde ich nicht brechen. Doch das heißt nicht, dass ich die Dinge einfach auf sich beruhen lasse.«

Mit festem Griff packte sie seinen Haarschopf und drehte seinen Kopf in ihre Richtung. »Sieh mich an!«, befahl sie. Er unternahm einen schwachen Versuch, sich abzuwenden, aber sie ließ es nicht zu. Sie legte die freie Hand unter sein Kinn und drückte es gewaltsam hoch, um ihn zu zwingen, ihr in die Augen zu blicken.

»Denke gründlich nach, wenn du morgen heulend auf dem Abort hockst«, riet sie ihm. »Denn wenn ich noch ein einziges Mal Brianne oder eines der Kinder behandeln muss, weil du dich an ihnen vergriffen hast, dann wirst du es bitter bereuen. Verglichen mit dem, was dir dann blüht, sind die Folgen dieses Giftes eine Kleinigkeit. Ich sorge dafür, dass deine Knochen vor Schmerzen schreien und dein erbärmlicher kleiner Schwanz schrumpft, bis er aussieht wie eine runzlige Rosine. Du wirst am Stock humpeln, noch ehe du deinen dreißigsten Sommer gesehen hast.«

Aus entsetzt geweiteten Augen stierte Evin sie an. Schaumiger Speichel quoll aus seinem Mund, und eine Träne rollte über seine Wange.

Sie ließ ihn los und stand auf. Sein Kopf plumpste seltsam kraftlos in den Dreck zurück.

»Denke gründlich darüber nach«, wiederholte sie. Als sie sich umdrehte, stand sie Brianne gegenüber.

Sie erstarrte, als Brianne auf ihren Ehemann hinabblickte, der sich in Krämpfen am Boden wand, und danach Leesha anschaute. Ihre Blicke schienen sich eine Ewigkeit aneinander festzusaugen. Zum Schluss nickte Brianne einmal mit dem Kopf. Leesha erwiderte das Nicken, dann machte Brianne kehrt und watschelte in die Hütte zurück.

»Brianne ist mindestens in der siebten Woche schwanger«, erklärte Leesha. »Vor einer Woche erzählte sie es Evin, und kurz darauf verprügelte er sie. Dem Ungeborenen ist nichts passiert, aber bei ihr musste ich zwei gebrochene Rippen und jede Menge Blutergüsse behandeln.«

Bruna reagierte so gleichmütig, als hätte Leesha nichts Bedeutenderes verkündet, als dass es vermutlich bald regnen würde. »Sie hat dich sicher beschworen, niemandem etwas davon zu erzählen«, meinte sie dann.

»Woher weißt du das?«, erkundigte sich Leesha. Bruna wölbte eine Augenbraue und sah sie an, ohne sich jedoch zu einer Antwort zu bequemen.

»Und was hast du unternommen?«, fragte die Alte schließlich.

»Ich stach ihn mit einer Nadel, die ich in Schlupfschlangengift getaucht hatte, und drohte ihm an, beim nächsten Mal würde es ihm noch viel schlechter ergehen«, erzählte Leesha.

Bruna lachte gackernd und klatschte sich mit der Hand auf das Knie. »Das hätte ich nicht besser machen können!«, krähte sie.

»Der Bengel wird sie nie wieder anrühren, und ich wette, wenn er dich das nächste Mal sieht, pisst er sich vor lauter Angst in die Hose!«

»Genau das war meine Absicht«, räumte Leesha ein und wurde rot.

»Eines Tages werden meine Kinder bei dir in guten Händen sein«, erklärte Bruna zufrieden.

»Aber hoffentlich nicht so bald«, entgegnete Leesha.

»Nun, ein Weilchen wird es wohl noch dauern«, räumte Bruna mit einer Spur von Traurigkeit ein.

Ein Feiertag in Tibbets Bach

Ein schwerer Schlag durchzuckte Arlens Arme, als die Schneide der Axt sich in den Baumstamm fraß. Bereits die Kälte hatte den Jungen empfindlich gemacht, und die Erschütterung brachte seine Zähne zum Klappern. In der Ferne dröhnte das Große Horn und rief alle dazu auf, sich im Heiligen Haus zu versammeln.

»Du musst deinen ganzen Körper in den Hieb hineinlegen, Arlen, nicht nur mit den Armen zuschlagen«, riet Jeph. »Und versuch gar nicht erst, den ganzen Stamm mit einem einzigen Schlag zu fällen. Selbst Brine der Breite braucht für so etwas mehrere Anläufe.«

»Für diese Arbeit ist Arlen noch zu jung, Jeph.« Silvys Atem gefror in der kalten Luft zu einem weißen Nebel. Sie zog ihr abgetragenes Umschlagtuch fest um sich.

»Nein, bin ich nicht!«, widersprach Arlen. Er war neun Jahre alt. Er kämpfte darum, das Axtblatt aus dem Stamm zu lösen, und allein die Tatsache, dass er sich so anstrengen musste, strafte ihn Lügen.

»Ich weiß, dass du es schaffst«, sagte Jeph. »Aber der Tag der Sonnenwende ist kurz. Vielleicht sollte ich doch lieber …«

Arlen biss die Zähne zusammen, und mit einem letzten Ruck bekam er die Axt frei. Unter seinen Füßen knirschte der Schnee, als er zurücktaumelte. Ehe sein Vater ihm die Axt abnehmen konnte, machte er sich wieder über den Stamm her und hackte wie ein Wilder. Es war ein zehn Fuß hoher Goldholzbaum, das schönste Exemplar auf ihrem Land. Für den Tag der Sonnenwende war nur das Beste gut genug.

Beim Arbeiten wurde ihm warm. In einem Winkel schlug er die Axt gegen den Stamm und vergrößerte so nach und nach die Kerbe, genau wie sein Vater es ihm gesagt hatte. Seine Arme schmerzten, aber jeder Splitter, der sich von dem Baum löste, brachte ihn dem Sieg ein Stückchen näher.

Endlich ertönte ein lautes Knacken, und Arlen trat mit voller Wucht gegen den Stamm, wie er es bei den Holzfällern gesehen hatte. Außer Puste, aber triumphierend, flitzte er davon, um sich in Sicherheit zu bringen, während der Baum umkippte. Silvys Lächeln war aufrichtig, obschon in ihren Augen immer noch ein Ausdruck der Missbilligung stand.

Jephs anerkennender Schlag auf den Rücken warf den Knaben beinahe um. »Ich bin stolz auf dich, mein Junge.« Er blickte zu seiner Frau hin. »Hol das Fuhrwerk, Schatz, während Arlen und ich hier den Rest erledigen.«

Als Silvy davonstapfte, nahm Jeph die Axt und reichte Arlen eine kleine Säge. Jeph deutete mit der abgenutzten Schneide auf den Baum. »Ein richtiges Prachtstück, nicht wahr?«

Arlen nickte. Ein Weilchen betrachteten sie den Baum, dann fingen sie an zu arbeiten. Arlen sägte die Äste ab, während Jeph den Stamm in handlichere Stücke hackte. Silvy kam zurück, führte ihren alten Hengst Eisenhuf am Zügel, und fing an, die Äste auf den Karren zu laden.

Nach getaner Arbeit gingen sie ins Haus zurück und wuschen sich mit Wasser, das sie auf dem Herdfeuer erhitzt hatten, den Schweiß und das klebrige Baumharz von Gesicht und Händen. Danach legten sie ihre Siebenttag-Kleidung an und fuhren mit dem Karren zum Heiligen Haus von Torfhügel. Der gesamte Sprengel war da. Fuhrwerke säumten die Straße, während jede Familie die Scheite und Äste des von ihnen gefällten Sonnenwendbaums in den Kreis des Schöpfers warf, ringförmig angeordnete große Steine, die von den hier ansässigen Dörflern hundert Jahre vor Arlens Geburt herangeschleppt worden waren.

Die Südwächter gebärdeten sich wieder mal als Anführer. Zwar pflegten sie bei sich daheim in Südwache ihre eigenen Rituale und Zeremonien und würden auch nicht zur Feier bleiben, aber sie versäumten es nie, den Schöpfer mit der Opfergabe der von ihnen selbst gefällten Goldholzbäume zu ehren. Der greise Jeorje Südwächter stand neben dem Holzstapel und fuchtelte mit seinem Gehstock herum, während die Männer seiner Gemeinde das mitgebrachte Holz sorgsam auf die gigantischen Stämme schichteten, welche die Holzfäller tags zuvor ausgelegt hatten. Als schließlich die Bewohner der anderen Dörfer nach und nach eintrudelten, saßen die Südwächter schon wieder auf ihren Karren und fuhren heimwärts.

»Möge der Schöpfer verhüten, dass sie auch nur ein einziges Mal zusammen mit ihren Nachbarn singen und tanzen«, murmelte Jeph.

In der Gemeinde Tibbets Bach lebten an die hundert Familien, und Jephs Hof lag weit außerhalb von Stadtplatz, weshalb sie mit ihrem Karren so ziemlich am Ende der Schlange standen. Frierend warteten sie darauf, dass sie an die Reihe kamen; der Wind fegte eisig über den Hügel. Doch Arlen machte das nicht viel aus, er genoß den seltenen Anblick der hier versammelten Dörfler. Cobie Fischer, der Arlen dauernd piesackte, gab ein unglückliches Bild ab. Man hatte ihm das Haar mithilfe von Spucke glatt an den Kopf gekämmt, und sein Vater sorgte dafür, dass er Abstand hielt von Willum und Gart, seinen üblichen Spießgesellen, die gemeinsam mit ihm die übelsten Streiche ausheckten.

»Fröhliche Sonnenwende«, wünschte die Schmucke Coline und trat an Jephs Wagen heran, begleitet von ihren Kindern und ein paar Mädchen aus dem Dorf. Sie zogen einen Handkarren mit einem schweren Tonkrug, und Willums Schwester Aly verteilte heißen Apfelwein an Arlen und seine Eltern.

»Was zum Aufwärmen während der Warterei.« Aly warf Arlen einen schelmischen Blick zu. Er spürte, wie ihm das Blut ins Gesicht schoss, und wandte hastig den Blick ab.

Als es dann soweit war, ihren Baum abzuladen, musste Arlen auf den Holzstapel klettern, damit sie ihre Gabe obendrauf legen konnten. »Gib Acht auf deine Kleidung, Arlen«, rief Silvy ihm zu, doch er hörte kaum hin. Die lange Nacht rückte näher, und der Holzstoß war wichtiger als seine Sachen, die ihm zur nächsten Sonnenwende ohnehin nicht mehr passen würden.

Die Bänke im Heiligen Haus waren vollbesetzt, als sie eintraten und in einer der hintersten Reihen Platz nahmen. Die Familie Gerber saß eine Reihe vor ihnen, Harl neben seiner Frau und ihren drei Töchtern, und alle sangen Loblieder auf den Schöpfer. Das älteste der Gerber-Mädchen, Lanie, war sechzehn und sogar noch hübscher als Aly Fischer. Renna, mit ihren sieben Jahren das jüngste der Mädchen, drehte sich um und schenkte Arlen ein schüchternes Lächeln.

»Fröhliche Sonnenwende«, flüsterte er ihr lächelnd zu. Hoffentlich hatte sie nicht bemerkt, wie er ihre Schwester anglotzte. Rennas Lächeln zog sich in die Breite und entblößte ihre Zähne. Arlen fragte sich einen Moment lang, ob sie nicht noch hübscher sein würde als Lanie, wenn sie deren Alter erreichte.

Nach dem Singen und als die Kerzen angezündet waren, bestieg Fürsorger Harral die Kanzel und umklammerte die Brüstung mit seinen kräftigen, derben Pranken.

»Und so dürfen wir wieder einmal eine Sonnenwende feiern«, begann er. »Unter den wärmenden Hüllen entdecke ich viele neue

Gesichter, und das ist gut so. Aber noch zahlreicher sind die Abwesenden, die erst letztes Jahr von uns gegangen sind. Der Wind hat die Asche ihrer verbrannten Leiber zum Schöpfer getragen, doch die Erinnerung an diese Menschen bleibt in unseren Herzen, um uns zu führen und zu leiten, auf dass wir dereinst im Himmel wieder mit ihnen vereint sein mögen. Die Wintersonnenwende gleicht im Wesentlichen dieser Wahrheit«, fuhr Harral fort. »An diesem Tag treffen die traurige Vergangenheit und eine hoffnungsvolle Zukunft aufeinander. Zur Zeit der Sommersonnenwende schöpften wir aus dem Vollen, ernteten die Früchte, die das Licht uns brachte, und legten Vorräte an, die uns während der herannahenden Dunkelheit ernähren sollten. Nach der Sommersonnenwende war jeder einzelne Tag ein bisschen kürzer, ein bisschen kälter und ein bisschen beschwerlicher als der vorhergehende. Der Schöpfer ist es, der uns daran erinnert, wie kostbar diese Stunden der Helligkeit und der Wärme sind. Wie wertvoll jede Minute, ja, jede Sekunde, die unaufhaltsam vergeht.

Aber unsere Heimsuchung hat Grenzen. Denn Er nimmt uns nicht nur das Licht, Er gibt es uns auch zurück. Von jetzt an, bis wir uns in einem halben Jahr wieder hier versammeln, wird jeder Tag ein bisschen länger, ein bisschen wärmer und ein bisschen weniger beschwerlich sein.

Sofern wir die längste Nacht des Jahres überleben. Dies ist die letzte Prüfung, um unseren Glauben und unseren Mut auf die Probe zu stellen.

Und deshalb vereinen wir uns hier im Gesang, und jeder hat einen Baum als Geschenk an den Schöpfer mitgebracht. Wenn unsere Andacht beendet ist, begeben wir uns alle nach Stadtplatz und stechen Fässer mit Bier aus dem Sumpfland und aus Torfhügel an. Dazu verteilen wir die Vorräte, die wir in den Tagen der Fülle beiseite gelegt haben. Wer ein Musikinstrument beherrscht, soll aufspielen. Die Kinder sollen tanzen, und junge Männer und

Frauen geben einander Eheversprechen. Schulden werden beglichen, und Gesetzesverstöße verziehen.

Und heute Nacht, wenn sich die Dunkelheit herabsenkt und ihr alle sicher daheim in euren Betten liegt, entzünde ich den Holzstoß und blase das Große Horn, um die Stunden aufzuzeigen. Ich vertreibe die Finsternis aus euren Heimstätten.«

Nach diesen Worten stieg der Fürsorger von der Kanzel herunter und trat wieder an den Altar. Er atmete tief ein, ehe er die Lippen an das Mundstück des Großen Horns legte. Seine Backen wölbten sich, und selbst der Fußboden schien zu erbeben, als der Luftstrom durch die hölzernen Röhren in den Wänden des Heiligen Hauses fegte. Von dem mit Siegeln versehenen Turm auf dem Spitzdach des Hauses erscholl ein klarer Ton, der, wie Arlen wusste, meilenweit zu hören war, bis hin zum Hof seines Vaters und darüber hinaus.

In Stadtplatz geschah alles so, wie der Fürsorger es vorhergesagt hatte. Man hatte den Schnee vom Kopfsteinpflaster gefegt, ringsum brannten Feuer und vertrieben die ärgste Winterkälte. Keven Sumpfig und Fernan Torfstecher stritten sich – wie jedes Jahr – darüber, wer von ihnen das beste Bier braute, und luden alle ein, zu kosten und dann selbst zu entscheiden. Jeph leerte glücklich jeden Becher, den sie ihm in die Hand drückten, während Silvy mit der Schmucken Coline und Meada Torfstecher zusammenstand und ihrem Mann missbilligende Blicke zuwarf.

Lanie Gerber und ein paar der älteren Mädchen wurden von einer Gruppe junger Burschen umringt, die selbstgepflückte Blumensträußchen trugen, und deren gekämmtes Haar feucht am Kopf klebte. Die übrigen Kinder tobten sich auf dem freien Platz in einem Tanz aus, bei dem ständig die Partner wechselten.

»Das Licht schwindet, Junge. Gesell dich zu den anderen.« Arlen sah sich um und entdeckte Selia die Unfruchtbare, die gestrenge

Sprecherin von Tibbets Bach. Mit einem schiefen Lächeln schubste sie ihn in die ausgelassen tanzende Gruppe zurück.

Beni Tanner schnappte sich ihn, und gerade noch rechtzeitig fand er wieder in den Rhythmus, um sie bei der Taille zu packen und herumzuschwenken, ehe er das lachende Mädchen einem der Bengel aus Sumpfland in die Arme wirbelte. Arlen konnte genauso gut tanzen wie alle anderen und ertappte sich dabei, wie auch er lachend die einzelnen Schritte und Figuren vollführte. Die Mädchen lächelten bezaubernd, und ihre Haare waren mit Blumen geschmückt. Noch stand die Sonne hoch am Himmel.

Er sah Aly Fischer auf sich zu tanzen, und beim Gedanken, ihre Hand zu halten, wenn auch nur für wenige Augenblicke, bildete sich ein Kloß in seiner Kehle. Doch als sie die Arme nacheinander ausstreckten, krachte etwas Schweres gegen seine Schulter, warf ihn auf das Kopfsteinpflaster und trieb ihm die Luft aus den Lungen. Arlen schaute hoch und sah Cobie Fischer lachen, während er Aly herumschwenkte. Das Mädchen warf Arlen einen betrübten Blick zu, tanzte jedoch weiter.

»Das war gemein.« Arlen wandte sich um und sah Renna, die ihm ihre Hand entgegenstreckte. »Hast du dir wehgetan?«

»Mir fehlt nichts«, wiegelte Arlen ab, ergriff die Hand und ließ sich von Renna auf die Füße ziehen. Das Mädchen war klein, aber stärker, als sie aussah. »Cobie hat mich ständig auf dem Kieker. Eines Tages zahl ich es ihm heim. Das schwöre ich bei der Sonne.«

Renna nickte und grinste verschmitzt. »Mein Dad sagt, Jungs brauchen hin und wieder eine tüchtige Abreibung, damit sie nicht vergessen, sich gut zu benehmen.«

Sie ließ seine Hand nicht los, und Arlen ließ sich gerne von ihr zu den Tischen mit den Leckereien führen, um dort Butterkekse zu stibitzen.

»Die sind für den Nachtisch gedacht und dürfen erst nach der Abendmahlzeit gegessen werden«, warnte sie Rusco Vielfraß, der

Eigentümer des Gemischtwarenladens. Aber dabei zwinkerte er mit den Augen und kehrte ihnen absichtlich den Rücken zu, während Arlen und Renna je einen Keks in ihren Taschen verschwinden ließen und dann wegrannten.

Jeph sang immer noch »Oh welch lange, lange Nacht«, als sie an jenem Abend auf ihrem Karrem heimwärts fuhren. Selbst in nüchternem Zustand war Jeph ein schlechter Sänger, aber Arlens Bauch war gefüllt und sein Gesicht schmerzte, weil er stundenlang gelächelt hatte. Den ganzen Weg über sang er mit.

Silvy hatte sich fest in ihr Umschlagtuch gewickelt und beobachtete den lavendelfarbenen Himmel. »Wir sollten uns lieber beeilen. Gleich wird es ganz dunkel sein.«

Jeph nickte und schnalzte ein bisschen zu forsch mit den Leinen. Eisenfuß wieherte erschrocken und legte urplötzlich ein so scharfes Tempo vor, dass sie alle nach hinten geschleudert wurden. Jeph riss an den Zügeln – eher, um seine Balance zu halten als um das Pferd zu lenken –, und der Karren schwankte wild hin und her.

»So pass doch auf!«, schrie Silvy, als sie vom Fahrweg abkamen, doch es war bereits zu spät. Mit einem heftigen Ruck prallten sie gegen eine dicke Baumwurzel, und der ganze Wagen sprang in die Höhe. Krachend landete er wieder auf dem Boden, und der hintere Teil zerbarst. Arlen wurde aus dem Fuhrwerk herauskatapultiert und landete ungebremst auf dem verschneiten Boden. Eine Weile drehte sich die ganze Welt um ihn, dann ließ der Schwindel nach und er sah eines der Wagenräder, das sich gelöst hatte und langsam auf dem Weg zurückrollte, den sie gekommen waren.

»Arlen!«, brüllte Jeph, während er Silvy aufrichtete. Beide Eltern saßen noch auf dem Kutschbock. »Alles in Ordnung mit dir?«

»Ay«, erwiderte Arlen, stemmte sich in die Höhe und wischte sich Schnee und Matsch von seiner Siebenttag-Kleidung. »Mir ist nichts passiert. Ich hol das Rad …«

Jeph sprang vom Wagen und schwankte leicht, ehe er Tritt fasste. »Dazu ist jetzt keine Zeit«, sagte er und spähte prüfend unter den Karren. »Die Achse ist gebrochen. Vor Anbruch der Nacht kann ich den Schaden nicht reparieren. Das Beste wird sein, wir lassen den Wagen hier stehen und reiten so schnell wie möglich nach Hause. Eisenhuf kann uns drei ohne Mühe tragen, so weit ist die Strecke nicht.«

»Dass du aber auch jeden Becher leertrinken musstest, den sie dir in die Hand gedrückt haben«, schalt Silvy. »Du siehst ja, in welche Lage uns das gebracht hat.«

»Schimpf mit mir, wenn wir sicher hinter unseren Siegeln sitzen«, entgegnete Jeph und spannte das Pferd aus. Er schwang sich auf dessen Rücken und streckte die Hand nach Silvy aus, um ihr beim Aufsitzen zu helfen, als der Hengst abermals schrill wieherte. Dieses Mal jedoch vor Schmerzen, denn er begann nervös zu tänzeln. Arlen sah, dass er auf einem Bein lahmte.

»Ich glaube, Eisenhuf kann keinen von uns mehr tragen«, bemerkte Arlen.

Jeph spuckte aus. »Dann lassen wir den Wagen mitsamt dem Pferd zurück. Wenn wir uns sputen, können wir den Hof immer noch vor dem Dunkelwerden erreichen.«

»Dämonenscheiße!«, fluchte Silvy. Sie und ihr Bruder Cholie hatten in der Ansiedlung Stadtplatz eine Hufschmiede betrieben, ehe sie Jeph heiratete, und mit kundigem Auge betrachtete sie das verletzte Bein. »Ich werde nicht mein Lieblingspferd opfern, nur weil du kein Bier verträgst. Es ist nur eine Zerrung. Wir können einen festen Verband anlegen und Eisenhuf am Zügel nach Hause führen.«

Jeph blickte zum Himmel empor und öffnete den Mund, aber Silvy hielt ihn mit hoch erhobenem Zeigefinger in Schach. »Möge der Schöpfer mir beistehen, wenn du auch nur noch ein einziges Wort sagst, Jeph Strohballen.«

Es war beinahe stockfinster, als sie am Hof anlangten. Arlen spürte das Kribbeln in der Luft, als die Horclinge Ranken an die Oberfläche vorschickten, um die Lage zu prüfen.

»Gleich sind wir da«, sprach Silvy leise auf das Pferd ein und zog an den Zügeln. Sie alle waren müde und froren, doch der Anblick der nahen Zuflucht verlieh ihnen frische Kräfte.

»Lauf los und öffne die Scheunentür, Arlen«, befahl Jeph. »Silvy, du gehst direkt ins Haus.«

»Hab schon kapiert«, sagte Silvy.

»Wir haben keine Zeit mehr, das Tier zu versorgen«, sagte Jeph. »Jeden Augenblick können die Horclinge kommen.« Er griff nach den Zügeln und zerrte daran. Als Folge davon bäumte sich der Hengst auf und keilte nach hinten aus.

»Beim Horc, Jeph, was machst du da!«, schnauzte Silvy.

Arlen befand sich auf halbem Weg zur Scheune, doch er blieb stehen und sah entsetzt zu, wie seine Eltern sich abmühten, das Tier zu beruhigen. Rings um sie her, auf dem ganzen Hof, stiegen Nebelschwaden aus dem Boden auf.

»Dämonen!«, schrie er.

Sofort ließ Jeph die Zügel los und packte Silvy beim Arm. »Ins Haus! SOFORT!« Rücksichtslos schleifte er sie zum Haus, schnappte sich unterwegs Arlen und warf ihn sich über eine Schulter, ohne im Laufen innezuhalten.

Sie hatten fast schon den Schutz der versiegelten Verandastufen erreicht, als sich vor ihnen der erste Horcling zu einer stofflichen Gestalt verdichtete. Es war ein Winddämon, dessen wuchtige, lederartige Schwingen ihnen den Weg versperrten, als hätte er die Menschen noch gar nicht gesehen. Schlitternd blieben sie stehen.

»Ab in die Scheune«, flüsterte Jeph mit rauer Stimme. Doch als sie sich umdrehten, stellten sie fest, dass dieser Fluchtweg ebenfalls blockiert war. Zwei Felddämonen hatten sich ausgeformt: lang gestreckte, geduckte Kreaturen mit einem glänzenden Schuppenpanzer und Krallen, die Stahl zerfetzen konnten. Man sagte, kein Tier könne schneller rennen als sie.

Überall auf dem Hof nahmen Dämonen feste Gestalt an. Flammendämonen mit glühenden Augen hinterließen dampfende Pfotenabdrücke im Schnee, und ein Baumdämon erschien, beinahe so groß wie ihr Sonnenwendbaum. Seine langen Arme waren dafür geschaffen, Lebewesen einzufangen und in Stücke zu reißen.

Jählings blieb Jeph stehen, und sie alle hielten den Atem an. Der Hengst stampfte immer noch mit den Hufen und trat aus. Er wieherte vor Angst, als ihm der Gestank der Dämonen in die Nüstern stieg.

Laut kreischend stürzten sich die beiden Felddämonen auf das Pferd. Einer sprang ihm auf den Rücken und schlug seine Krallen in das Fleisch, der andere zermalmte eines der Beine. Der gellende Schrei, den der Hengst ausstieß, während er zu Boden gerissen wurde, klang beinahe wie der eines Menschen. Von allen Seiten hetzten Dämonen über den Hof, um sich an dem Gemetzel zu beteiligen.

Es gab keine Möglichkeit, unbemerkt die Scheunentür oder die Verandastufen zu erreichen, aber Jeph bewegte sich langsam rückwärts in dem Versuch, sich der Wand der Scheune zu nähern.

»Vorsicht«, flüsterte er. »Keine hastigen Bewegungen.« Endlich stießen sie mit dem Rücken gegen die Wand und schlichen so leise wie möglich um das Gebäude herum. Jedes Geräusch, das von ihnen hätte ausgehen können, wäre ohnehin untergegangen in den grauenvollen Schreien des Pferdes, das von den Dämonen bei lebendigem Leib aufgefressen wurde. Zappelnd wand Arlen sich von Jephs Schulter herunter, Silvy schlang ihre Arme um ihn und presste ihn fest an sich. Arlen spürte das heftige Pochen ihres Herzens und ihre flachen, kurzen Atemzüge.

»Rennen wir zum Haus?«, flüsterte Arlen.

»Sei still und beweg dich nicht!«, zischelte Jeph ihm zu. Er packte Arlen mit schmerzhaftem Griff beim Arm, als befürchte er, der Junge würde ihm nicht gehorchen und einfach drauflos laufen.

Bald verstummten die Schreie des Pferdes, und damit auch das ausgelassene Kreischen der Dämonen. Arlen hörte, wie der Schnee knirschte, als sie über den Hof pirschten. Ob sie die Menschen riechen konnten? Die Graubärte behaupteten, Horclinge könnten aus einer Meile Entfernung Angst wittern.

Hinter der Ecke der Scheune ertönte ein schnüffelnder Laut, begleitet von einem tiefen Knurren. Jeph bugsierte sie in die entgegengesetzte Richtung, doch als sie die andere Ecke erreichten, lauerten dahinter gleichfalls Horclinge. Sie konnten sich nirgendwohin flüchten, jeder direkte Weg in eine Zuflucht war blockiert. In wenigen Augenblicken würden sie genauso tot sein wie ihr Pferd.

Doch dann erscholl das Große Horn. Von der Spitze des Heiligen Hauses aus brauste der Klang über die Hügel. Auf Torfhügel schoss eine Stichflamme in die Höhe, deren gleißendes Licht die Blicke sämtlicher Dämonen auf sich zog. Wie gebannt starrten sie auf das Freudenfeuer und flitzten lärmend in dessen Richtung, angezogen von der Helligkeit und dem Lärm.

»Jetzt!«, befahl Jeph. »Lauft zur Veranda, und bleibt unter gar keinen Umständen stehen!«

Alle drei verließen ihre Deckung und rannten um ihr Leben. Ein Flammendämon, der noch dabei war, die verstreuten Überreste des Pferdes abzunagen, entdeckte sie und fing an zu kreischen. Er spuckte einen Flammenstrahl; der feurige Speichel brannte selbst dann noch, als er im Schnee einsank. Arlen schlug einen Haken und sauste weiter. Silvys Kleid fing Feuer, doch sie achtete nicht darauf und rannte schneller, als Arlen es in Anbetracht ihrer weiten Röcke für möglich gehalten hätte.

Sekunden später sprangen sie die Verandastufen hinauf und fanden so Zuflucht hinter den Schutzsiegeln. Jeph riss sich seine Jacke vom Leib und erstickte damit die Flammen auf Silvys Rock. Der Flammendämon spuckte ein weiteres Mal Feuerspeichel, doch die Ladung verteilte sich, als sie gegen das Siegelnetz prallte, und die Hitze durchdrang nicht den magischen Schutzwall. Der Horcling quäkte und attackierte die Siegel mit seinen Krallen. Die Angriffe lösten wahre Funkenschauer von Magie aus, doch der Dämon erreichte nichts. Die Siegel hielten.

Die grellen Blitze und das Getöse lockten andere Horclinge an, aber ganz gleich, welche Fehler man Jeph nachsagen konnte, er galt als einer der besten Bannzeichner in Tibbets Bach, und die Ausgeburten des Horc konnten ihnen nichts anhaben, als sie das Haus betraten und hinter sich die Tür schlossen.

Es war spät in der Nacht, und Arlen hörte immer noch, wie seine Eltern sich im Nebenzimmer stritten. Seine Mutter schrie ihn häufig genug an, doch noch nie hatte er erlebt, dass sie in diesem Ton seinen Vater anbrüllte.

Irgendwann kehrte dann endlich Ruhe ein. Doch diese Stille empfand Arlen als noch beängstigender. Die Schimpftiraden und das Gepolter erinnerten ihn daran, dass sie am Leben und in Sicherheit waren. Es schien ihm, als würde die Dunkelheit nach ihm greifen und ihn mit diesem Schweigen ersticken.

Doch dann dröhnte das Große Horn ein weiteres Mal. Bei Tag konnte der Ton einem Furcht einflößen, denn es war ein Signal, dass Dämonen in der Nacht zugeschlagen hatten und Menschen entweder Hilfe brauchten oder Leichen verbrannt werden mussten. In der nächtlichen Stille jedoch spendete das Große Horn einen Trost, der mit Worten nicht zu beschreiben war.

Er schlüpfte aus dem Bett, hüllte sich in die dünne Zudecke und tappte barfuß über den kalten Dielenboden in die Wohnstube. Das Feuer im Herd war heruntergebrannt, doch die glühenden Holzscheite spendeten noch ein bisschen Licht und Wärme, als er sich ans Fenster stellte.

Seine Eltern hätten ihn angeschnauzt, hätten sie ihn dabei erwischt, wie er die Läden öffnete, aber er wusste, dass die Siegel rings um das Fenster stark genug waren, um selbst einen Felsendämon abzuwehren. Obendrein war der Hof jetzt frei von Horclingen. In der Ferne leuchtete auf der Kuppe von Torfhügel das gigantische Freudenfeuer, das die Dämonen vertrieben hatte.

Arlen kuschelte sich am Fenster in seine Decke und sah zu, wie das Feuer die ganze Nacht lang brannte.

DIE HÖHLENDÄMONEN

334 NR

Endlich hob sich die Höhlendecke, und der Par'chin ging weiter, wobei er dem Geräusch von wild brodelndem Wasser folgte. Im nächsten Moment stieß er einen lauten Schrei aus. Ohne auf den Gefangenen zu achten, stürzte Jardir ihm nach. Er entdeckte seinen Freund, der frei in der Luft zappelte, gehalten von einer unsichtbaren Kraft. Jardir schleuderte ein Lichtsiegel in diese Richtung und erkannte, dass der Par'chin in einem riesigen Spinnennetz gefangen war. Die Fäden enthielten keine Spur von magischer Energie, weshalb er sie nicht einmal mit seiner durch die Krone verstärkten Sehkraft wahrnehmen konnte. Zweifelsohne hatte der Par'chin dieses Netz auch nicht gesehen und war geradewegs in die Falle gelaufen.

Das Lichtsiegel hatte ein schrilles Kreischen zur Folge, und ein gepanzerter Höhlendämon ließ sich auf seinen Freund fallen. Von den Beißwerkzeugen tropfte Gift. Der Leib des Dämons war so groß wie ein ausgewachsener Mann, doch seine acht langen Beine ließen ihn wesentlich größer erscheinen. Blitzschnell wickelten sich diese agilen Beine um die Beute.

»Bei der Nacht!«, brüllte der Par'chin, packte die Beißwerkzeuge und verhinderte, dass sie zuschnappten. Gleichzeitig kämpfte er darum, sich aus dem Netz zu befreien. Plötzlich zuckte er zusammen und schnappte nach Luft. Jardir sah, dass der Dämon seinen Stachel tief in den Rücken seines Freundes gebohrt hatte.

»Hilfe kommt!«, schrie Jardir und hetzte los, doch der *alagai* war nicht allein. Von oben stürzten sich Höhlendämonen auf ihn, während er versuchte, den Par'chin zu erreichen. Eine der Bestien durchbohrte er mit seinem Speer, ehe sie auf seinen Schultern landen konnte. Er schmetterte den Dämon zu Boden, doch dem gelang es noch, einen kräftigen Seidenfaden um ihn zu schlingen. Als Jardir sich gegen den nächsten Angriff mit einem gewaltigen Fußtritt zur Wehr setzte, verhinderte die Seidenschnur, dass der Tritt tödlich ausfiel. Die Kreatur wurde zurückgeschleudert und landete auf dem Rückenpanzer. Doch sie schüttelte sich nur, rollte sich zurück auf die Beine und schien ganz und gar unversehrt zu sein.

Zwei weitere Dämonen glitten heran und sausten im Kreis um Jardir herum, während sie ihn mit flüssiger Seide bespritzten. Jardir setzte seinen Speer ein und durchtrennte die Seidenstränge, die seine Gliedmaßen zu fesseln drohten, aber das dickflüssige, klebrige Zeug haftete an seiner Kleidung, seiner Haut und an der Waffe. Seine Beine verhedderten sich in der zähen Substanz. Er wirbelte den Speer des Kaji herum, um die Dämonen auf Distanz zu halten. Gleichzeitig versuchte er, seine eigenen Kräfte zu mehren und zu bündeln.

Der Par'chin befand sich in höchster Gefahr. Zwei der Kreaturen baumelten vor ihm und spannen ihn gemeinsam in einen seidenen Kokon ein. Seine Aura flackerte, er war nur noch halb bei Bewusstsein.

»Onkel!« Shanvahs Schrei wurde begleitet von einem Wurfglas, das sich in eines der vielen Augen des Höhlendämons bohrte, der Jardir bedrängte. Einem anderen *alagai* hackte Jardir ein Bein ab und nutzte den Schwung, um die Seidenfäden zu durchschneiden, die seine Beine fesselten. Mit einem Energiestoß aus dem Speer vernichtete er den nächsten angreifenden Dämon, dessen breiige Überreste in alle Richtungen spritzten.

Renna zerrte Shanjat in die Höhle und legte ihn mitsamt Alagai Ka an die mit Siegeln versehene Kette. Ein wuchtiger Schlag mit der Handkante genügte, um den Dorn am Ende der Kette in die Felswand zu treiben. Sie hatte nur Augen für ihren Gemahl, und Jardir wusste: wenn es hart auf hart käme, würde sie lieber den Gefangenen opfern als ihren Ehemann im Stich zu lassen.

Doch die Entscheidung wurde ihr abgenommen. Die Aura des Par'chin hatte an Kraft gewonnen. Ihre ungeheure Hitze verbrannte das Gift, bis schließlich der ganze Kokon in Flammen stand und aufplatzte. Der Par'chin packte einen der Höhlendämonen bei seinem haarigen Kopf und zerquetschte den Schädel. Dann ließ er den zuckenden, verstümmelten Leib los und wandte sich der anderen Bestie zu. Die Kreatur war so schlau, sich zurückzuziehen, doch jetzt loderte die Wut des Kriegers in dem Par'chin. Bereits früher hatte Jardir erlebt, wie sein Freund in eine regelrechte Raserei geriet, und er wusste, dass er dann nicht mehr zu halten war. Der Par'chin sprang auf das Spinnenwesen und zertrümmerte dessen gepanzerten Leib so mühelos wie eine Eierschale.

Plötzlich war Shanvah an seiner Seite. Sofort fühlte Jardir sich sicherer, als sie beide sich Rücken an Rücken stellten. »Gib Acht auf den Gefangenen!«, rief er Renna zu.

»Vorsicht! Gefahr von oben!«, schrie sie zurück. Jardir hob den Blick und merkte, dass die mit Tropfsteinen übersäte Höhlendecke von Spinnendämonen wimmelte. Er und der Par'chin schleuderten Hitzesiegel gegen die dämonische Brut, und dann regnete es rings um sie her brennende und kreischende *alagai*.

Renna behielt Alagai Ka im Blick, schleuderte aber auch verheerende Siegel. Sie zerschmetterte Dämonen und setzte ein riesiges Geflecht aus Spinnennetzen in Brand, das an den Tropfsteinen verankert war und sich quer durch die gesamte Höhle erstreckte.

Als der Kampf schließlich zu Ende war, hatten sie alle Brandwunden und andere Verletzungen davongetragen. Von oben bis unten waren sie besudelt mit schwarzem Dämonenblut, Seidenfäden und Asche. Trotz der Schleier, die sie sich über Mund und Nase gebunden hatten, raubte der Qualm ihnen schier den Atem. Sie glaubten, ersticken zu müssen.

»Beim Schöpfer!«, ächzte der Par'chin und lehnte sich mit dem Rücken gegen die Felswand, während er frische Energie in sich einsog. Aus dem Augenwinkel beobachtete er den Gefangenen, doch Alagi Ka gab sich immer noch fügsam.

Sie sammelten ihre Ranzen ein und setzten sich wieder in Marsch. Die wenigen noch lebenden Höhlendämonen hüteten sich, ihnen in die Quere zu kommen, sondern hielten wohlweislich Abstand.

Der bestialische Gestank haftete an ihrer Kleidung und an ihren Haaren, als sie ihre Reise fortsetzten, eine ständige Mahnung zur Wachsamkeit auf ihrem Weg hinab in den Abgrund.

EPILOG
zu Die Stimmen des Abgrunds

Der Königliche Gemahl regte sich, nachdem er so lange im Zentrum seines verborgenen Großsiegels ausgeharrt hatte.

Dem Ruf der Königin hatte er zuletzt doch nachgeben müssen, nicht einmal er war imstande gewesen, sich ihrem Befehl gänzlich zu widersetzen. Doch es gelang ihm, sich aus den Kämpfen herauszuhalten, bis die Jägerin sie zum Schluss tötete.

Auf diesen Moment hatte er nur gewartet. Plötzlich, nach Tausenden von Zyklen, war er von ihr befreit. Befreit von ihren niemals endenden Bedürfnissen, ihrer ständigen Kontrolle, ihren mentalen Forderungen, denen er Folge zu leisten hatte.

Er hatte gehofft, seine Kräfte mögen ausreichen, um sich einer der frisch geschlüpften, jungen Königinnen zu bemächtigen, doch der Kampf mit dem Entdecker und dem Erben hatte ihn zu sehr geschwächt. Und Magie allein vermochte ihn nicht zu heilen. Also rief er stattdessen einen Mimikrydämon zu sich. Gerade noch rechtzeitig gelang ihm die Flucht aus dem Stock.

Und dann berührte der Entdecker etwas, das eigentliche Herz der Macht, das selbst der Königliche Gemahl fürchtete. Bereits früher, in ferner Vergangenheit, hatten Angehörige des Seelenhofs versucht, sich diese Macht zunutze zu machen, ihr ihren Willen aufzuzwingen. Einige schafften es noch, ein allerletztes Mal kraftvolle Siegel zu wirken, doch am Ende hatte diese Macht einen jeden von ihnen verschlungen.

Dem Entdecker war dasselbe Los widerfahren. Einen flüchtigen Moment lang verfügte er über grenzenlose Macht, doch nun waren er, die Königinnen und der gesamte Seelenhof untergegangen.

Auf den Schwingen des Mimikrys flog der Königliche Gemahl in die Berge zu einer Brutstätte, die er vor Jahrhunderten heimlich angelegt hatte. Das dort lebende Vieh hatte keinerlei Verbindung mit der Außenwelt und verfügte über nichts, womit es sich gegen seinesgleichen verteidigen konnte. Beinahe freiwillig boten sie sich ihm als Nahrung an.

Nachdem er und der Mimikry gesättigt waren, zogen sie sich unter die Oberfläche zurück und suchten dort ein geheimes Großsiegel auf, wo sie ungestört magische Energie in sich aufnehmen konnten. Der Körper des Königlichen Gemahls begann sich bereits zu verändern. Ohne den unterdrückenden Einfluss einer Königin produzierte er Botenstoffe, sowohl magischer als auch physischer Art, welche der Mimikry sich einverleibte. Danach fielen beide in einen tiefen Schlaf, aus dem sie viele Zyklen lang nicht erwachten.

Als der Dämon sich dann endlich regte, sah er, dass der Mimikry sich in einen Kokon eingesponnen hatte, und er zischte vor Vergnügen. Er legte eine Hand auf die weiche Seide und spürte, wie der Dämon sich darunter bewegte. Ein gegabelter Stachel durchstieß die Seide, und ein gegliederter Schwanz riss den Kokon in der Mitte auf.

Schon jetzt überwältigte die Macht der jungen Königin seine Sinne, doch in diesem Fall begrüßte er ihre Dominanz, denn sie verhieß ihm den Sieg. Sie würde ihm kein Leid antun. Er stimulierte sie, und sie besprühte ihn mit einem Sekret, das ihn als ihren Gemahl kennzeichnete.

Die neue Königin brauchte Nahrung. Er selbst würde ihr das Vieh zuführen, denn sie konnte das Großsiegel nicht verlassen, solange sie sich nicht auf dem Höhepunkt ihrer Macht befand. Danach würde sie ihn mit einem Lockstoff dazu zwingen, sie zu begatten.

Die Eiablage würde die neue Königin töten. Sie würde keine Drohnen hervorbringen, nicht einmal Seelendämonen, sondern lediglich ein einziges, echtes Königinnenei ablegen. Dieses bedurfte abermals der Stimulation durch den Königlichen Gemahl. Die dann geschlüpfte wahre Königin würde ihn ebenfalls nötigen, sich mit ihr zu paaren. Später musste er sie ständig füttern, während in ihrem neuen Stock ihr Leib anschwoll und ihre Beine verkümmerten.

Die Menschlinge hatten sich ein paar Jahre des Friedens erkauft. Die Drohnen, die nun ohne Anführer waren, würden die Oberfläche weiterhin plündern, doch ohne die Seelendämonen konnten die nun so kriegerischen Menschlinge ihren Vorteil kontinuierlich ausbauen, bis sie womöglich nahe daran waren, die Dämonen gänzlich zu vernichten.

Dies war schon einmal geschehen, zu Zeiten des verhassten Kavri. Der war dem endgültigen Sieg näher gewesen als der Königliche Gemahl den Erben hatten wissen lassen. Nie hätte er es gewagt, ihm diese brisante Kunde mitzuteilen. Es war nicht das erste Mal, dass der Königliche Gemahl mit einem Mimikry geflohen war, um einen neuen Stock zu gründen.

Doch war die neue Königin erst einmal befruchtet, konnte der Königliche Gemahl wieder seine Macht über die verbliebenen Drohnen ausüben. Er konnte sie in den Stock zurückholen, während neue Generationen von Drohnen im Leib der Königin heranreiften, um ihre Anzahl zu vergrößern.

Und wenn es dann so weit war, würde es die nächste Rückkehr geben.

ANHANG

KRASIANISCHES LEXIKON

Abban am'Haman am'Kaji: Ein reicher Händler, ein *khaffit*, der sowohl mit Jardir als auch mit Arlen befreundet ist. Während seiner Ausbildung zum Krieger wurde er verkrüppelt.

Ahmann asu Hoshkamin am'Jardir am'Kaji: Ahmann, Sohn des Hoshkamin, aus der Blutlinie des Jardir vom Stamm der Kaji. Herrscher über ganz Krasia. Viele Menschen halten ihn für den Erlöser – siehe *Shar'Dama Ka*.

***Ajin'pal (Blutsbruder)*:** Bezeichnet die Bindung, die ein Junge in der Nacht eingeht, in der er zum ersten Mal im Labyrinth kämpft. Er wird an einen *dal'Sharum*-Krieger gefesselt, damit er beim ersten Angriff der Dämonen nicht wegläuft. Danach wird ein *ajin'pal* als Blutsverwandter betrachtet.

***Ala*:** (1) Die vollkommene Welt, die von Everam erschaffen und von Nie besudelt wurde. (2) Boden, Lehm, etc.

***Alagai*:** Der krasianische Begriff für Horclinge (Dämonen). Die wörtliche Übersetzung lautet »Alas Plage«.

Alagai hora: Dämonenknochen, aus denen die *dama'ting* magische Gegenstände herstellen, zum Beispiel mit Siegeln versehene Würfel, die sie benutzen, um die Zukunft vorherzusagen. *Alagai hora* gehen in Flammen auf, wenn sie dem Sonnenlicht ausgesetzt werden.

Alagai Ka: Alter krasianischer Name für den Gemahl der *Alagai'ting Ka*, der Mutter der Dämonen. *Alagai Ka* und seine Söhne waren angeblich die mächtigsten Dämonenfürsten, Generäle und Hauptmänner in Nies Streitmacht.

Alagai'sharak: Der heilige Krieg gegen die Dämonen.

Alagaischwanz: Eine Peitsche, bestehend aus drei geflochtenen Lederstreifen mit scharfen Dornen an den Enden, die tief in das Fleisch des Opfers eindringen sollen. Wird von den *dama* für Prügelstrafen benutzt.

Alagai'ting Ka: Die Mutter aller Dämonen, die Dämonenkönigin in den krasianischen Mythen.

Aleverak: Greiser, einarmiger *Damaji* vom Stamm der Majah. Einer der bedeutendsten lebenden *sharusahk*-Großmeister.

Amanvah: Jardirs und Ineveras älteste Tochter, eine *dama'ting*. Verheiratet mit Rojer Schenk.

Andrah: Krasias säkularer und religiöser Machthaber, untersteht nur dem Erlöser und der *Damajah*.

Anochs Sonne: Versunkene Stadt, ehemaliges Machtzentrum des Kaji, des ersten *Shar'Dama Ka*. Wurde wiederentdeckt von Arlen

Strohballen, der dort die uralten Kampfsiegel fand und sie der Welt zurückgab.

Asavi: *Dama'ting* vom Stamm der Kaji. Als *nie'dama'ting* war sie Ineveras Rivalin. Melans Geliebte.

Ashan: *Dama* Khevats Sohn und Jardirs bester Freund während seiner Ausbildung im Sharik Hora. Ashan ist *Damaji* des Kaji-Stamms und gehört zu Jardirs innerem Kreis. Verheiratet mit Jardirs ältester Schwester, Imisandre. Asukajis und Ashias Vater.

Ashia: Jardirs Nichte, eine *Sharum'ting*. Ashans und Imisandres Tochter. Verheiratet mit Asome. Mutter von Kaji.

Asome: Jardirs zweitältester Sohn von Inevera. *Dama*. Bekannt dafür, dass er »nichts erben wird«. Verheiratet mit Ashia. Kajis Vater.

***Asu*:** »Sohn« oder »Sohn des«. Wird als Vorsilbe benutzt, wenn der vollständige Name genannt wird, zum Beispiel: Ahmann asu Hoshkamin am'Jardir am'Kaji.

Asukaji: Ashans ältester Sohn, den er mit Jardirs ältester Schwester Imisandre gezeugt hat. Erbe des Kaji-Stamms. *Dama*.

Aufpasser: Aufpasser sind *dal'Sharum*, die den Stämmen der Krevakh und der Nanji angehören. Sie werden im Gebrauch besonderer Waffen ausgebildet, dienen als Kundschafter, Spione und Attentäter. Jeder Aufpasser trägt eine unten mit Eisen beschlagene, ungefähr zwölf Fuß lange Leiter und einen kurzen Stoßspeer mit sich. Die Leitern sind leicht, biegsam und widerstandsfähig. Ihre Enden lassen sich ineinanderstecken (Vaterteil oben, Mutterteil unten), sodass man viele Leitern miteinander verbinden kann. Aufpasser sind exzellente Akrobaten. Sie können eine senkrecht stehende Leiter hinaufrennen, ohne sich festhalten zu müssen, und auf der obersten Sprosse balancieren.

Baden: Reicher und mächtiger *dama* vom Stamm der Kaji. *Push'ting*. Man weiß, dass er mehrere Gegenstände mit *hora*-Magie besitzt.

Basar, Großer: Der größte Handelsbezirk in Krasia, gleich hinter dem Hauptstadttor gelegen. Er wird ausschließlich von Frauen und *khaffit* betrieben.

Belina: Jardirs *dama'ting*-Gemahlin vom Stamm der Majah.

Bido: Lendentuch, das die meisten Krasianer unter ihren Gewändern tragen. Am bekanntesten ist der Bido als das einzige Kleidungsstück der Knaben und Mädchen, die sich in der Ausbildung befinden.

Chabbavah: *Dal'ting*-Frau, die bei dem Versuch, in den Rang einer *Sharum* erhoben zu werden, ums Leben kommt.

***Chin*:** Außenseiter/Ungläubiger. Die Bezeichnung gilt auch als Beleidigung, denn damit gibt man zu erkennen, dass man die so bezeichnete Person für feige hält.

***Chi'Sharum*:** Erwachsene Männer aus den Grünen Ländern, die zu alt sind, um den *Hannu Pash* zu durchlaufen, werden in einen *chin'sharaj* gesteckt und dort ausgebildet. Diejenigen, die die Ausbildung zu Ende bringen, werden in den Rang von *chi'Sharum* erhoben. Normalerweise werden sie in einem Kampf als »Kanonenfutter« verheizt.

Cielvah: Abbans Tochter. Wurde von Hasik vergewaltigt. Abbans Rache bestand darin, Hasik kastrieren zu lassen.

Coliv: Krevakh-Aufpasser. Amanvahs Leibwächter.

Couzi: Ein hochprozentiger, gesetzlich verbotener krasianischer Schnaps mit Zimtgeschmack. Wegen seiner starken Wirkung wird er in winzigen Bechern serviert und sollte in einem Zug getrunken werden.

***Dal*:** Vorsilbe, bedeutet »ehrenwert«.

***Dal'Sharum*:** Die krasianische Kriegerkaste, der die meisten Männer angehören. *Dal'Sharum* werden nach Stämmen eingeteilt, die von den *Damaji* geführt werden. Kleinere Einheiten unterstehen einem *dama* und einem *kai'Sharum*. *Dal'Sharum* tragen schwarze Gewänder, einen schwarzen Turban und einen Nachtschleier. Alle erhalten eine Ausbildung im waffenlosen Nahkampf (*sharusahk*), sie lernen mit dem Speer zu kämpfen und Schildformationen zu bilden.

***Dal'ting*:** Fruchtbare, verheiratete Frauen oder ältere Frauen, die Kinder geboren haben.

***Dama*:** Ein Heiliger Mann Krasias. *Dama* sind sowohl religiöse als auch weltliche Führer. Sie kleiden sich in weiße Gewänder und tragen keine Waffen. Alle *dama* sind Meister im *sharusahk*, der krasianischen Kunst des waffenlosen Nahkampfs.

***Damajah*:** Dieser Titel steht ausschließlich der Ersten Gemahlin des *Shar'Dama Ka* zu.

***Damaji*:** Die zwölf *Damaji* sind die religiösen und weltlichen Führer ihrer jeweiligen Stämme und dienen dem *Andrah*/*Shar'Dama Ka* als Minister und Ratgeber.

***Damaji'ting*:** Die Stammesführerinnen der *dama'ting* und die mächtigsten Frauen in Krasia.

***Dama'ting*:** Krasias Heilige Frauen, die auch als Heilerinnen und Hebammen fungieren. *Dama'ting* kennen die Geheimnisse der *hora*-Magie, können in die Zukunft sehen und werden allgemein geachtet und gefürchtet. Wer einer *dama'ting* ein Leid zufügt, wird mit dem Tode bestraft.

***Domin Sharum*:** Die wörtliche Übersetzung lautet »zwei Krieger«. Der *Domin Sharum* ist ein Zweikampf, der nach den strengen Regeln des Evejanischen Gesetzes durchgeführt wird.

Draki: Krasianische Währung.

Einsamer Weg: Der krasianische Ausdruck für den Tod. Alle Krieger müssen den einsamen Weg zum Himmel beschreiten. Unterwegs begegnen ihnen Versuchungen, und sie müssen Prüfungen bestehen, um zu beweisen, dass sie Mut haben und tatsächlich würdig sind, vor Everam zu treten und von ihm gerichtet zu werden. Geister, die vom Wege abweichen, sind verloren.

Enkaji: *Damaji* vom mächtigen Stamm der Mehnding.

Enkido: Eunuch, Diener und *sharusahk*-Ausbilder der Kaji-*dama'ting*. Wird Amanvahs persönlicher Leibwächter. Kommt bei einem Angriff durch einen Mimikrydämon ums Leben.

Erlöschen des Mondes: (1) Für die Krasianer ein monatliches, drei Tage andauerndes religiöses Fest, welches bei Neumond sowie an dem Tag davor und danach abgehalten wird. Der Besuch des Sharik Hora ist Pflicht, und Familien verbringen diesen Tag gemeinsam, sogar die Söhne werden aus dem *sharaj* geholt. In diesen Nächten verfügen die Dämonen angeblich über mehr Kraft, und man sagt, dass dann *Alagai Ka* an die Oberfläche steigt. (2) Die drei Nächte des Monats, in denen es so dunkel ist, dass die Seelendämonen an die Oberfläche kommen.

Evejah: Das Heilige Buch Everams, vor ungefähr dreitausend Jahren von Kaji, dem ersten Erlöser, geschrieben. Der Evejah ist in einzelne Abschnitte eingeteilt. Jeder *dama* schreibt während seiner Ausbildung zum Geistlichen mit seinem eigenen Blut eine Kopie des Evejah.

Evejan: Name der krasianischen Religion. Wörtlich: »Die dem Evejah folgen«.

Evejanisches Gesetz: Das kriegerische religiöse Recht, das die Krasianer den *chin* auferlegen. Es soll Ungläubige eher durch Androhung von Strafe als durch Bekehrung dazu zwingen, den Geboten des Evejah zu folgen.

Everalia: Jardirs dritte Gemahlin vom Stamm der Kaji.

Everam: Der Schöpfer.

Everams Füllhorn: Nachdem im Jahr 333 NR Fort Rizon mitsamt seiner ausgedehnten landwirtschaftlich genutzten Umgebung eingenommen wurde, gab man dem Stadtstaat zu Ehren des Schöpfers den Namen Everams Füllhorn. Es ist der krasianische Stützpunkt in den Grünen Ländern.

Everams Licht: Siegellicht. Außerdem der durch Siegel verstärkte Blick, der es ermöglicht, sonst unsichtbare Magieströme zu sehen.

Exerziermeister: Elitekrieger, die *nie'Sharum* ausbilden. Exerziermeister tragen die übliche schwarze Tracht der *dal'Sharum*, aber ihre Nachtschleier sind rot.

Fahki: Abbans Sohn, ein *dal'Sharum*. Er wird dazu erzogen, seinen Vater zu hassen, weil dieser ein *khaffit* ist.

***Gai*:** Plage, Dämon.

***Gaisahk*:** Eine Form des *sharusahk*, die Arlen erfunden hat, um mit seinen eintätowierten Siegeln die größtmögliche Wirkung zu erzielen.

***Ginjaz*:** Opportunist, Verräter.

Grüne Länder: Krasianischer Name für Thesa (das Land nördlich der krasianischen Wüste).

***Hannu Pash*:** Wörtlich »Pfad des Lebens«. Er bezeichnet die Zeit im Leben eines Knaben zwischen der Trennung von seiner Mutter und der Entscheidung, welcher Kaste (*dal'Sharum*, *dama* oder *khaffit*) er einmal angehören wird. Es ist eine Zeit intensiven und brutalen körperlichen Trainings und religiöser Unterweisung.

Hanya: Jardirs jüngste Schwester, vier Jahre jünger als er. Verheiratet mit Hasik. Sikvahs Mutter.

Hasik: Jayans Leibwächter, der Schande über sich gebracht hat. Wurde von Abban kastriert. Trägt den Spitznamen »Pfeifer«, weil er wegen eines ausgeschlagenen Zahns pfeift, wenn er ein »s« ausspricht.

***Heasah*:** Prostituierte.

***Hora*-Magie:** Jede Form von Magie, bei der man Körperteile von Dämonen benutzt. Knochen oder auch Blut dienen zum Beispiel als Magiespeicher.

Horn des Sharak: Ein Horn, das zu zeremoniellen Zwecken eingesetzt wird. Es wird zu Beginn und am Ende eines *alagai'sharak* geblasen.

Hoshkamin: Ahmann Jardirs Vater, verstorben. Auch Jardirs dritter Sohn, den Inevera ihm geboren hat.

Hoshvah: Jardirs mittlere Schwester, drei Jahre jünger als er. Verheiratet mit Shanjat. Shanvahs Mutter.

Hundertschaft: Die *kha'Sharum* und *chi'Sharum*-Krieger, die Abban unterstehen. Der Name leitet sich von den hundert *kha'Sharum*-Kriegern ab, die Jardir ihm zugestanden hat. Abban hat ihre Anzahl jedoch weit erhöht.

Ichach: *Damaji* vom Stamm der Khanjin.

Imisandre: Jardirs älteste Schwester, ein Jahr jünger als er. Verheiratet mit Ashan. Asukajis und Ashias Mutter.

Inevera: (1) Jardirs mächtige Erste Gemahlin, eine *dama'ting* vom Stamm der Kaji. Außerdem bekannt als *Damajah*. (2) Krasianischer Ausspruch, der so viel bedeutet wie »Everams Wille« oder »So Everam will«.

Jamere: Abbans Neffe, ein *dama* und möglicherweise sein Erbe.

Jardir: Der siebente Sohn des Kaji, des Erlösers. Die Blutlinie, der Jardir angehört, war einst sehr mächtig und überdauerte dreitausend Jahre. Von der Anzahl der Mitglieder und dem ehemaligen Ruhm blieb nicht viel übrig, bis der letzte Sohn aus diesem Geschlecht, Ahmann Jardir, der Familie wieder zu Ehre und Ansehen verhalf.

Jayan: Jardirs erstgeborener *Sharum*-Sohn, dessen Mutter Inevera ist. *Sharum Ka.*

***Jiwah*:** Gemahlin

***Jiwah Ka*:** Erste Gemahlin. Die *Jiwah Ka* ist die erste und am meisten respektierte Gemahlin eines Krasianers. Sie kann gegen nachfolgende Eheschließungen Einspruch erheben, und alle anderen Gemahlinnen müssen sich ihr unterordnen.

***Jiwah Sen*:** Gemahlinnen von niedrigerem Rang. Sie dienen der *Jiwah Ka* eines Mannes.

***Jiwah'Sharum*:** Wörtlich »Gemahlinnen der Krieger«. Diese Frauen werden für den großen Harem der *Sharum* gekauft, wenn sie im gebärfähigen Alter sind. In diesem Harem zu dienen gilt als große Ehre. Alle Krieger haben Zugang zu den *jiwah'Sharum* ihres Stammes, und man erwartet von ihnen, dass sie viele Kinder zeugen, damit der Stamm Krieger hinzugewinnt.

Jurim: *Kai'Sharum.* Einer der Speere des Erlösers, der zusammen mit Jardir ausgebildet wurde. Vom Stamm der Kaji.

***Kad'*:** Vorsilbe, bedeutet »von«.

***Kai'Sharum*:** Hauptmänner des krasianischen Militärs. Die *kai'Sharum* erhalten eine besondere Ausbildung im Sharik Hora und führen im *alagai'sharak* ihre jeweiligen Einheiten an. Wie viele *kai'Sharum* ein Stamm hat, hängt von der Anzahl seiner Krieger ab. Manche Stämme haben viele, andere nur ein paar. *Kai'Sharum* tragen die schwarze *dal'Sharum*-Kluft, aber ihre Nachtschleier sind weiß.

***Kai'ting*:** Jardirs Mutter, seine Schwestern, Nichten und *Sharum*-Töchter. *Kai'ting* tragen zu ihrer schwarzen Tracht einen weißen Schleier. Wer eine *kai'ting* angreift, wird mit dem Tode bestraft oder verliert die Gliedmaße, mit der der Angriff erfolgte.

Kaji: Der Name des ursprünglichen Erlösers und Patriarchen vom Stamm der Kaji, auch bekannt als *Shar'Dama Ka*, der Speer des Everam, und unter verschiedenen anderen Bezeichnungen. Vor ungefähr dreitausend Jahren vereinte Kaji die damalige bekannte Welt in einem Krieg gegen die Dämonen. Sein Machtsitz war die verlorene Stadt Anochs Sonne, aber er gründete auch Fort Krasia. Kaji besaß drei berühmte Artefakte: (1) Der Speer des Kaji – der Metallspeer, mit dem er Tausende von *alagai* tötete. (2) Der Umhang des Kaji – ein Umhang, der ihn für Dämonen unsichtbar machte, sodass er unbehelligt durch die Nacht wandern konnte. (3) Die Krone des Kaji – mit ihr konnte Kaji Auren und Gedanken der Menschen erkennen.

Kajivah: Mutter von Ahmann Jardir und seinen drei Schwestern, Imisandre, Hoshvah und Hanya. Auch bekannt als die Heilige Mutter. Obwohl sie keine Ausbildung als Geistliche genossen hat, ist ihr religiöser Einfluss auf das gemeine Volk beachtlich. Die einfachen Leute vergöttern sie.

Kasaad: Ineveras Vater. Verkrüppelter *khaffit*. Ehemaliger *Sharum*.

Kaval: Gavram asu Chenin am'Kaval am'Kaji. Exerziermeister vom Stamm der Kaji. Einer von Jardirs *dal'Sharum*-Ausbildern während seines *Hannu Pash*. Wird von einem Mimikrydämon getötet.

***Khaffit*:** Ein Mann, der ein Handwerk ausübt, anstatt Geistlicher oder Krieger zu werden. Der niedrigste Rang, den ein Mann in der krasianischen Gesellschaft einnehmen kann. Ausgeschlossen vom *Hannu Pash*, müssen *khaffit* sich in gelbbraune Gewänder kleiden wie Kinder und ihre Wangen rasieren zum Zeichen, dass sie keine Männer sind.

***Kha'Sharum*:** Körperlich kräftige *khaffit*, die Jardir zu einfachen Fußsoldaten ausbilden ließ. Bekleidung, Turbane und Nachtschleier der *kha'Sharum* sind von gelbbrauner Farbe, um ihren Status als *khaffit* anzuzeigen.

***Kha'ting*:** Unfruchtbare Frauen. Geringste Kaste, der eine Frau in Krasia angehören kann.

Khevat: Ashans Vater. Der mächtigste *dama* in Krasia.

Kleine Schwestern: So nennt Inevera ihre Schwestergemahlinnen.

Krieg unter dem Antlitz der Sonne: Wird auch als Sharak Sun bezeichnet. Ein Krieg, der in ferner Vergangenheit geführt wurde. In seinem Verlauf eroberte Kaji die damals bekannte Welt und einte sie für den Sharak Ka.

Kronenblick: Verbesserte Sicht, herbeigeführt durch die Siegel in der Krone des Kaji.

Lifan: Schwächlich aussehender und eine Brille tragender *kha'Sharum* von den Sharach, der als Fahkis und Schustens Lehrer fungiert. Gehört Abbans Hundertschaft an.

Maji: Jardirs zweiter Sohn mit einer Gemahlin aus dem Stamm der Majah. Ein *nie'dama*, der einmal mit Aleveraks Erben um den *Damaji*-Thron der Majah kämpfen soll.

Manvah: Ineveras Mutter. Gemahlin des Kasaad. Als Korbflechterin eine erfolgreiche Geschäftsfrau.

Mehnding: Der größte und mächtigste Stamm nach den Majah. Die Mehnding sind Spezialisten auf dem Gebiet weitreichender Waffen. Sie bauen Katapulte, Schleudern und Skorpione, die beim *sharak* eingesetzt werden, brechen und befördern Steine, die als Geschosse dienen, stellen die Skorpionbolzen her etc.

Melan: Gehört dem Stamm der Kaji an. *Dama'ting*. Qevas Tochter und Kenevahs Enkeltochter. Ineveras frühere Rivalin. Asavis Geliebte.

Nachtschleier: Ein Schleier, den die *dal'Sharum* während des *alagai'sharak* tragen, um ihre Identität zu verbergen. Ein Symbol dafür, dass in der Nacht alle Männer gleichwertige Verbündete sind.

Neuer Basar: Ein nach dem Vorbild des Großen Basars in Fort Krasia eingerichteter Markt in den Außenbezirken von Everams Füllhorn.

Nie: (1) Der Name der Zerstörerin, Everams Gegenspielerin, Göttin der Nacht und der Dämonen. (2) Eine Verneinung. (3) Vorsilbe, die benutzt wird, um krasianische Kinder in der Ausbildung zu bezeichnen.

Nie'dama: *Nie'Sharum*, die eine Ausbildung zum *dama* erhalten.

Nie'dama'ting: Ein krasianisches Mädchen, das zur *dama'ting* ausgebildet wird, aber noch zu jung ist, um ihren Schleier zu nehmen. *Nie'dama'ting* stehen bei Männern wie bei Frauen hoch im Ansehen, im Gegensatz zu *nie'Sharum*, die noch weniger wert sind als *khaffit*, bis sie den *Hannu Pash* beendet haben.

Nie Ka: Wörtlich »Erster unter den Geringsten«, Bezeichnung für den Anführer einer *nie'Sharum*-Klasse, der als Leutnant der *dal'Sharum*-Exerziermeister die anderen Jungen befehligt.

Nies Abgrund: Wird auch als Horc bezeichnet. Die aus sieben Ebenen bestehende Untere Welt, in der *alagai* sich vor der Sonne verstecken. Jede Ebene wird von einer anderen Dämonenart bevölkert.

Nie'Sharum: Wörtlich »keine Krieger«. So nennt man Knaben, die auf die Exerzierplätze geschickt werden, damit man beurteilen kann, für welchen Lebensweg sie sich eignen, für den eines *dal'Sharum*, eines *dama* oder eines *khaffit*.

Nie'ting: Unfruchtbare Frau. Die niedrigste Stufe in der krasianischen Gesellschaft. Auch bekannt als *kha'ting*.

Oot: Warnender Ausruf der *dal'Sharum*. Bedeutet so viel wie »Achtung« oder »Dämon nähert sich«.

Par'chin: »Tapferer Außenseiter«. Lediglich Arlen Strohballen wird so genannt.

Push'ting: Wörtlich »falsche Frau«. Krasianisches Schimpfwort für homosexuelle Männer, die Frauen völlig ablehnen. In Krasia wird

Homosexualität toleriert, solange diese Männer trotzdem Kinder zeugen und zur Erhaltung des Stammes beitragen.

Qasha: Jardirs *dama'ting*-Gemahlin vom Stamm der Sharach.

Qeran: Einer von Jardirs *dal'Sharum*-Exerziermeistern während seines *Hannu Pash*. Gehört dem Stamm der Kaji an. Wird später verkrüppelt. Abban nimmt ihn in seine Dienste, damit er seine *kha'Sharum*-Hundertschaft ausbildet. Fungiert außerdem als Abbans Leibwächter und Berater.

Savas: Jardirs Sohn, den er mit seiner Gemahlin vom Stamm der Mehnding gezeugt hat. Ein *dama*.

Schädelthron: Besteht aus den Schädeln verstorbener *Sharum Ka* und ist mit Elektron beschichtet. Der Thron bezieht magische Energie aus dem Schädel eines Seelendämons, die einen Bannbereich erzeugt, der Dämonen daran hindert, in die innere Stadt von Everams Füllhorn einzudringen. Der Schädelthron ist der Machtsitz des krasianischen Herrschers.

Schweinefresser: Gilt in Krasia als schwere Beleidigung und bedeutet *khaffit*. Nur *khaffit* verzehren Schweinefleisch. Schweine werden als unreine Tiere betrachtet.

Shalivah: Krasianisches Mädchen, das in Shamavahs Gasthof im Tal der Holzfäller arbeitet. Kavals Enkelin. Rojer hat ihr gegenüber Schuldgefühle, weil ihr Vater zu Tode kam, als er Rojers Leben rettete.

Shamavah: Abbans *Jiwah Ka*. Sie spricht fließend Thesanisch und erhält den Auftrag, Abbans Geschäfte in der Talgrafschaft zu beaufsichtigen.

Shanjat: Ein *kai'Sharum* vom Stamm der Kaji, der zusammen mit Jardir ausgebildet wurde. Anführer der Speere des Erlösers und verheiratet mit Jardirs mittlerer Schwester, Hoshvah. Shanvahs Vater.

Shanvah: Jardirs Nichte, eine *Sharum'ting*. Tochter von Shanjat und Hoshvah.

Sharach: Der kleinste Stamm in Krasia, hat zu einem gewissen Zeitpunkt nicht einmal ein Dutzend Krieger. Jardir bewahrte den Stamm vor dem Aussterben.

***Sharaj*:** Plural *sharaji*. Kaserne für Jungen im *Hannu Pash*. Gleicht einem militärischen Internat. Die *sharaji* sind rings um die Exerzierplätze angeordnet, und es gibt einen *sharaj* für jeden Stamm. Der Name des Stammes ist ein Präfix, gefolgt von einem Apostroph, deshalb lautet die Bezeichnung für den *sharaj* des Kaji-Stamms Kaji'*sharaj*.

Sharak Ka: Wörtlich »Der Erste Krieg«. Gemeint ist der große Krieg gegen die Dämonen, den der Erlöser nach Beendigung des Sharak Sun beginnen wird.

Sharak Sun: Wörtlich »Der Krieg unter dem Antlitz der Sonne«. Während dieses Krieges eroberte Kaji die damalige bekannte Welt und vereinte sie für den Sharak Ka. Man glaubt, Jardir müsse dasselbe vollbringen, wenn er den Sharak Ka gewinnen will.

***Shar'dama*:** *Dama*, die den *alagai'sharak* kämpfen und damit gegen das Evejanische Gesetz verstoßen.

***Shar'Dama Ka*:** Wörtlich »Der Erste Kriegerpriester«. Die krasianische Bezeichnung für den Erlöser, der erscheinen wird, um die Menschheit von den *alagai* zu befreien.

Sharik Hora: Wörtlich »Gebeine der Helden«. So heißt der große Tempel in Krasia, der aus den Knochen gefallener Krieger gebaut wurde. Dass seine Gebeine präpariert und dem Tempel hinzugefügt werden, ist die höchste Ehre, die ein Krieger erringen kann.

***Sharukin*:** Wörtlich »Kriegerposen«. Eingeübte Folge von Bewegungsabläufen für den *sharusahk*.

***Sharum*:** Krieger. Die *Sharum* tragen eine schwarze Kluft, die von innen oftmals mit Platten aus gebranntem Ton gepanzert ist.

***Sharum Ka*:** Wörtlich »Der Erste Krieger«. In Krasia ein Titel für den weltlichen Führer im *alagai'sharak*. Der *Sharum Ka* wird vom *Andrah* ernannt, und von der Abenddämmerung bis zur Morgendämmerung sind die *kai'Sharum* sämtlicher Stämme ausschließlich ihm und keinem anderen unterstellt. Der *Sharum Ka* hat seinen eigenen Palast und sitzt auf dem Speerthron. Er trägt die schwarze Tracht der *dal'Sharum*, aber sein Turban und sein Nachtschleier sind weiß.

***Sharum'ting*:** Kriegerin. Meistens bezeichnet man so Ineveras Leibwächterinnen. Wonda Holzfäller, eine *chin*, war die erste Frau, die von Jardir als *Sharum'ting* anerkannt wurde.

***Sharusahk*:** Die krasianische Kunst des unbewaffneten Nahkampfs. Es gibt verschiedene *sharusahk*-Schulen, abhängig von Kaste und Stamm, aber alle bestehen aus brutalen, wirkungsvollen Techniken, die darauf abzielen, den Gegner zu betäuben, zu verkrüppeln oder zu töten.

Shevali: *Dama*. Dient *Damaji* Ashan als Berater.

Shusten: Abbans Sohn, ein *dal'Sharum*. Er wird dazu erzogen, seinen Vater zu hassen, weil dieser ein *khaffit* ist.

Sikvah: Hasiks Tochter, die er mit Jardirs Schwester Hanya gezeugt hat. Amanvahs Leibdienerin. Wird Rojer als zweite Gemahlin angeboten.

Skorpion: Ein krasianisches Wurfgeschütz. Der Skorpion ist eine riesige Armbrust, die mit Federn anstatt Seilen gespannt wird. Mit ihr schießt man Speere mit dicken Schäften und wuchtigen Spitzen ab (Skorpionstachel) und kann auf eine Entfernung von bis zu tausend Fuß Sanddämonen und Winddämonen töten, selbst wenn die Geschosse nicht durch Siegel verstärkt sind.

Skorpionstachel: Die Bolzen für die Skorpiongeschütze. Es handelt sich um gigantische Speere mit großen Eisenspitzen, die mit einem Parabelschuss den Panzer eines Sanddämons durchschlagen können.

Soli: Ineveras Bruder, ein *dal'Sharum*. *Push'ting*. Cashivs Geliebter. Wird von Kasaad umgebracht.

Speere des Erlösers: Eliteeinheit, Ahmann Jardirs persönliche Leibwachen. Diese Einheit setzt sich zum größten Teil aus den *Sharum* zusammen, die schon Jardirs alter Truppe im Labyrinth angehörten.

Speerthron: Der Thron des *Sharum Ka*, erbaut aus den Speeren früherer *Sharum Kas*.

Stämme: Anjha, Bajin, Jama, Kaji, Khanjin, Majah, Sharach, Krevakh, Nanji, Shunjin, Mehnding, Halvas. Die Vorsilbe *am'* wird benutzt, um sowohl die Familie als auch den Stamm zu nennen, zum Beispiel Ahmann asu Hoshkamin am'Jardir am'Kaji.

Tachin: *Dama*-Sohn des Jardir, vom Stamm der Krevakh.

Thalaja: Jardirs zweite Gemahlin aus dem Stamm der Kaji. Mutter von Icha und Micha.

***Tikka*:** Großmutter; liebevolle, familiäre Bezeichnung.

***'ting*:** Suffix, bedeutet »Frau«.

Untere Stadt: Riesiges Netz aus mit Siegeln geschützten Kavernen unterhalb von Fort Krasia, in dem nachts die Frauen, Kinder und *khaffit* eingesperrt werden, um sie vor den Dämonen zu schützen, während die Männer kämpfen. In Everams Füllhorn ist man noch dabei, eine solche Unterstadt zu bauen.

***Vah*:** Wörtlich »Tochter« oder »Tochter des«. Wird als Suffix benutzt, wenn ein Mädchen nach Mutter oder Vater benannt wird (wie bei Amanvah), oder als Präfix bei dem vollen Namen (wie bei Amanvah vah Ahmann am'Jardir am'Kaji).

Wüstenspeer: So nennen die Krasianer ihre Hauptstadt, die im Norden unter dem Namen Fort Krasia bekannt ist.

***Zahven*:** Alter krasianischer Begriff. Kann »Rivale«, »Nemesis« oder »Ebenbürtiger« bedeuten.

Jardirs

Manvah — Kasaad

Soli (verstorben)

Damajah Inevera von den Kaji — Ahmann Jardir

Hoshvah

Sharum'ting-Tochter Shanvah

Dama'ting-Tochter Amanvah

Sharum-Sohn Jayan

Leesha Papiermacher

Ungeborenes Kind, Geschlecht unbekannt

Thalaja

Everalia

Sharum-Sohn Icha

Damaji'ting Belina von den Majah

Sharum-Sohn Sharu

Damaji'ting Qasha von den Sharach

Dama-Sohn Maji

Damaji'ting Umshala von den Khanjin

Dama-Sohn Hallam

Damaji'ting Justya von den Shunjin

Damaji'ting von den Mehnding

Damaji'ting von den Krevakh

Dama-Sohn Savas

Damaji'ting von den Nanji

Dama-Sohn Tachin

Damaji'ting von den Halvas

Dama-Sohn Mazh

Damaji'ting von den Jama

Damaji'ting von den Anjha

Damaji'ting von den Bajin

Stammbaum

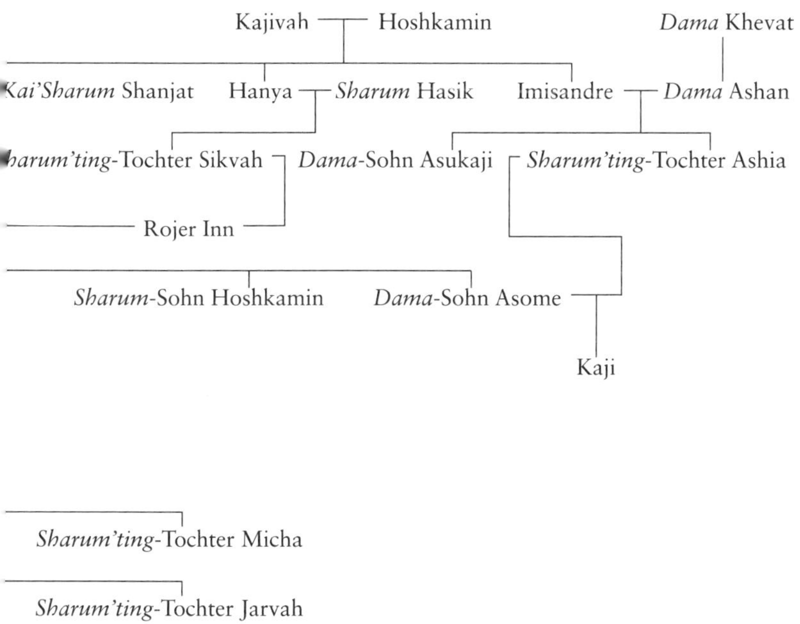

Aufgeführt sind die Familienmitglieder des Ahmann Jardir, *Shar'Dama Ka* und Herrscher über Krasia.

Es werden lediglich im Text namentlich genannte Personen aufgezählt. Mit Hilfe von Vorhersagen der *dama'ting* brachte jede der Gemahlinnen des *Shar'Dama Ka* während der ersten drei Jahre nach der Vermählung zwei Knaben und ein Mädchen zur Welt. Nachdem sie diese Pflicht erfüllt hatten, wurden sie auf natürlichem Wege schwanger. Die meisten dieser Kinder sind noch nicht volljährig.

GRIMOIRE DER SIEGEL

Einführung

Siegel sind magische Symbole, deren Ursprung im Laufe der Zeit in Vergessenheit geriet. Lange hielt man sie für eine Art Aberglauben, doch ihre Macht wurde wiederentdeckt, als die dämonischen Horclinge nach einer Abwesenheit von mehreren Tausend Jahren zurückkehrten und die Welt heimsuchten.

Die Siegel allein besitzen keine Macht. Aber die Dämonen sind angefüllt mit Horc-Magie, und Siegel saugen einen Teil davon ab, um die so gewonnene Energie gegen die Horclinge einzusetzen. Die gängigsten Siegel sind Schutzsiegel, sie dienen der Verteidigung und Abwehr, doch es gibt auch ein paar Schutzzeichen mit einer anderen Wirkung, und theoretisch kann man für jeden Zweck ein Siegel herstellen, um ein bestimmtes Ergebnis zu erzielen. Erst vor Kurzem entdeckten die Menschen Angriffssiegel, mit denen man Dämonen tatsächlich Schaden zufügen kann, ein höchst bedeutsamer Fund, da Horclinge gegen herkömmliche Waffen nahezu immun sind und sich von fast jeder Verletzung sehr schnell wieder erholen.

Schutzsiegel

Schutzsiegel saugen Magie aus den Dämonen, um eine Barriere, einen Bannbereich, zu bilden, welche die Horclinge nicht durchdringen können. Siegel wirken am stärksten, wenn sie gegen die spezielle Dämonenart verwendet werden, für die sie bestimmt sind, und meistens benutzt man sie zusammen mit anderen Siegeln in Schutzkreisen. Wird solch ein Zirkel aktiviert, werden sämtliche Dämonen mit Gewalt aus seinem Wirkungsbereich vertrieben. Beispiele:

Schutzsiegel gegen: Lehmdämonen
Erstmalig erwähnt in: *Der große Basar*
Beschreibung: Lehmdämonen sind beheimatet in den von der Sonne ausgedorrten Lehmebenen am Rande der Krasianischen Wüste. Vom Körperbau her gleichen sie einem Hund mittlerer Größe, sie verfügen über kräftige Muskeln und sind durch dicke, überlappende Panzerschuppen geschützt. Ihre kurzen, harten Krallen ermöglichen es ihnen, fast jede Felswand hinaufzuklettern und sogar kopfüber unter einem Vorsprung zu hängen. Dank ihrer orange-braunen Färbung können sie, für einen Betrachter unsichtbar, mit einer Lehmziegelmauer oder einer Lehmfläche verschmelzen. Der stumpfe Kopf eines Lehmdämons ist so hart und widerstandsfähig, dass er nahezu jedes Material zertrümmern kann, er spaltet sogar Stein und zerbeult dünnen Stahl.

Schutzsiegel gegen: Flammendämonen
Erstmalig erwähnt in: *Das Lied der Dunkelheit*
Beschreibung: Flammendämonen besitzen Augen, Nüstern und Mäuler, die in einem trüben orangefarbenen Licht glühen. Sie sind die kleinsten Dämonen, ihre Körpermaße variieren zwischen der Größe eines Kaninchens bis zu der eines kleinen Jungen. Wie alle Dämonen sind sie bewehrt mit langen, gebogenen Krallen und Reihen rasiermesserscharfer Zähne. Ihre Panzerung besteht aus starren, spitzen Schuppen, die einander überlappen. Flammendämonen können in kurzen Stößen Feuer spucken. Ihr feuriger Speichel brennt intensiv, sobald er mit Luft in Kontakt kommt, und kann fast jede Substanz entzünden, sogar Metall und Stein.

Schutzsiegel gegen: Mimikry-Dämonen

Erstmalig erwähnt in: *Das Flüstern der Nacht*

Beschreibung: Mimikry-Dämonen sind die Elite-Leibwächter der Seelendämonen (Horcling-Prinzen), und man hält sie für die intelligentesten und mächtigsten Dämonen, die nur noch von den Prinzen selbst übertroffen werden. Ihre natürliche Form ist nicht bekannt, aber sie sind imstande, die Gestalt eines jeden Lebewesens anzunehmen, einschließlich anderer Dämonenarten, und sie können sogar die Kleidung und Ausrüstungsgegenstände der Menschen imitieren. Diesen Dämonen mangelt es jedoch an Kreativität und Fantasie, deshalb beschränken sie sich normalerweise darauf, sich in Kreaturen zu verwandeln, denen sie selbst begegnet sind (es sei denn, ein Seelendämon leitet sie an). Einer ihrer Lieblingstricks besteht darin, einen verletzten Menschen zu mimen und Qualen vorzutäuschen, um die Beute, auf die sie es abgesehen haben, zu unvorsichtigen Handlungen zu verleiten.

Schutzsiegel gegen: Seelendämonen

Erstmalig erwähnt in: *Das Flüstern der Nacht*

Beschreibung: Seelendämonen, auch als Horcling-Prinzen bekannt, sind die Generäle und Strategen der Dämonen. Körperlich sind sie schwach, und ihnen fehlt fast gänzlich die physische Panzerung, die die anderen Horclinge so unangreifbar macht, dafür besitzen sie ungeheure mentale und magische Kräfte. Sie können in den Verstand eines Menschen eindringen und ihn kontrollieren, sich telepathisch verständigen und kraft ihrer Gedanken töten. Indem sie Siegel in die Luft zeichnen und sie mit der ihnen innewohnenden Magie befrachten, können sie nahezu jede von ihnen gewollte Wirkung erzielen. Die anderen Horclinge, ob groß oder klein, befolgen ohne zu zögern jeden mentalen Befehl, den die Seelendämonen ihnen erteilen, und um ihre Gebieter zu schützen, opfern sie bereitwillig ihr Leben. Da selbst reflektiertes Sonnenlicht ihnen schadet, steigen die Horcling-Prinzen nur in den drei Nächten der Neumondphase an die Oberfläche, wenn die Dunkelheit am tiefsten ist.

Schutzsiegel gegen: Felsendämonen

Erstmalig erwähnt in: *Das Lied der Dunkelheit*

Beschreibung: Felsendämonen sind die Giganten unter den Horclingen, und ihre Größe reicht von sechs bis zwanzig Fuß. Diese ungeschlachten Kolosse gleichen Bergen aus Sehnen und scharfen Kanten, und ihre wuchtigen schwarzen Panzer sind mit knochigen Auswüchsen und Buckeln übersät. Sie bewegen sich in gebeugter Haltung auf zwei mit Klauen bewehrten Füßen, ihre langen, knorrigen Arme enden in Pranken, deren Krallen so groß sind wie Schlachtermesser, und im Maul sitzen mehrere Reihen dolchähnlicher Zähne. Keine bekannte physische Kraft kann einem Felsendämon etwas anhaben.

Schutzsiegel gegen: Sanddämonen

Erstmalig erwähnt in: *Das Lied der Dunkelheit*

Beschreibung: Sanddämonen sind mit den Felsendämonen verwandt, allerdings haben sie kleinere und wendigere Körper. Dennoch gehören sie zu den kräftigsten und am stärksten gepanzerten Horclingen. Ihr Schutzkleid aus winzigen, scharfen Schuppen ist von schmutzig gelber Farbe und bietet im körnigen Sand die perfekte Tarnung. Sie laufen auf vier Beinen. Reihen aus in Segmente gegliederten Zähnen ragen aus den Kiefern hervor wie eine Schnauze, während die schlitzförmigen Nüstern weit hinten liegen, direkt unter den großen, lidlosen Augen. Mächtige, von der Stirn ausgehende Knochenwülste schwingen sich in einem Bogen hoch über den Kopf und durchbrechen als spitze Hörner die geschuppte Haut. Sie zucken unablässig mit den Brauen, um ihre Augen frei von dem Sand zu halten, den der ewig wehende Wüstenwind vor sich hertreibt. Sanddämonen jagen in Rudeln.

Schutzsiegel gegen: Schneedämonen
Erstmalig erwähnt in: *Brayans Gold*
Beschreibung: Schneedämonen gleichen von ihrer Gestalt her den Flammendämonen. Sie kommen vor in den kalten Regionen des Nordens und im Hochgebirge. Durch ihr gänzlich weißes Schuppenkleid sind sie im Schnee nicht zu erkennen, und die Flüssigkeit, die sie spucken, ist von so niedriger Temperatur, dass alles, worauf sie trifft, sofort gefriert, noch ehe sie verdunsten kann. Stahl, der mit Frostspeichel in Berührung kommt, wird mitunter so spröde, dass er zerbricht.

Schutzsiegel gegen: Sumpfdämonen

Erstmalig erwähnt in: *Das Lied der Dunkelheit*

Beschreibung: Sumpfdämonen findet man in Sümpfen und im Marschland. Es handelt sich um eine amphibische Form von Baumdämonen, die sowohl im Wasser als auch in den Bäumen zu Hause sind. Sumpfdämonen haben ein grün und braun geflecktes Äußeres, das es ihnen ermöglicht, völlig in ihrer Umgebung aufzugehen. Oftmals verstecken sie sich im Schlamm oder flachen Gewässern, um auf Beute zu lauern. Sie spucken einen dicken, klebrigen Schleim, der jedes organische Material verwesen lässt.

Schutzsiegel gegen: Wasserdämonen

Erstmalig erwähnt in: *Das Lied der Dunkelheit*; tauchen erstmalig auf in: *Das Flüstern der Nacht*

Beschreibung: Wasserdämonen variieren von der Größe her, und man bekommt sie nur selten zu Gesicht. Ihre Körper sind lang und schmal, Hände und Füße besitzen Schwimmhäute und sind mit scharfen Krallen versehen. Atmen können sie nur unter Wasser, aber für kurze Zeit können sie auftauchen. Wasserdämonen können sehr schnell schwimmen und fressen gern Fisch, obwohl ihre Lieblingsbeute warmblütige Säugetiere sind, besonders Menschen, die die Kühnheit besitzen, nachts in einem Boot unterwegs zu sein.

Schutzsiegel gegen: Winddämonen
Erstmalig erwähnt in: *Das Lied der Dunkelheit*
Beschreibung: Winddämonen haben eine Schulterhöhe, die ungefähr der Größe eines hochgewachsenen Mannes entspricht, aber die aus dem Kopf sprießenden rippenähnlichen Fortsätze ragen noch einmal acht bis neun Fuß in die Höhe. Ihre kräftigen, langen Schnauzen gleichen Schnäbeln, doch darin verbergen sich Reihen von fingerdicken Zähnen. Ihre Haut ist ein zäher, elastischer Panzer, an dem jede Speer- oder Pfeilspitze abprallt. Diese widerstandsfähige Substanz reicht als dünnere Membran von den Flanken bis an die Unterseiten der Arme und bildet die Flughaut. Die ausgestreckten Schwingen erreichen manchmal die dreifache Größe des Körpers, und an den Gelenken sitzen bösartige, gebogene Krallen, mit denen ein Winddämon im Sturzflug einem Mann den Kopf abtrennen kann. Auf dem Boden bewegen sich Winddämonen langsam und tollpatschig, doch in der Luft beweisen sie eine beachtliche Geschicklichkeit; sie können aus dem Sturzflug heraus angreifen und die Richtung ändern, ehe sie mit dem Boden in Berührung kommen, und so ihre Beute mitnehmen.

Schutzsiegel gegen: Baumdämonen
Erstmalig erwähnt in: *Das Lied der Dunkelheit*

Beschreibung: Baumdämonen hausen in Wäldern. Nach den Felsendämonen sind sie die größten und stärksten Horclinge, und wenn sie sich auf den Hinterbeinen aufrichten, messen sie fünf bis zehn Fuß. Sie besitzen kurze, muskulöse Hintergliedmaßen und lange, sehnige Arme, die sich vortrefflich zum Erklettern von Bäumen und dem Springen von einem Ast zum anderen eignen. Ihre kleinen, aber kräftigen Krallen durchbohren mühelos selbst die dickste Borke. Ihre Panzerung gleicht von der Struktur und Farbe her Baumrinde, und sie haben große, schwarze Augen. Normales Feuer vermag Baumdämonen nichts anzuhaben, doch sie verbrennen schnell, wenn man sie in Kontakt mit Substanzen bringt, die eine stärkere Hitze entwickeln, wie Magnesium oder Feuerspeichel. Baumdämonen töten unverzüglich jeden Flammendämon, den sie sehen, und zum Jagen bilden sie oftmals Gruppen, die auch Rotten genannt werden.

Kampfsiegel

Kampfsiegel saugen Magie von einem Dämon ab, schwächen an der Kontaktstelle seinen Schutzpanzer und formen die gewonnene Energie in eine offensive Kraft um. Diese Kraft kann auf unterschiedliche Weise wirken. Einige Beispiele:

Kampfsiegel: Stoß/Schlag

Erstmalig erwähnt in: *Das Lied der Dunkelheit*

Beschreibung: Dieses Siegel verwandelt die Horcling-Magie in eine Kraft, die die Wucht eines Aufpralls oder einer Erschütterung verstärkt. Je heftiger der ursprüngliche Hieb geführt wurde, umso mehr Energie wird zurückgeworfen. Dieses Siegel kann auf jeder stumpfen Waffe angebracht werden.

Kampfsiegel: Schneiden

Erstmalig erwähnt in: *Das Lied der Dunkelheit*

Beschreibung: Ritzt man dieses Siegel in eine Klinge ein, wird diese schärfer, und die Waffe zerschneidet glatt den Panzer und das Fleisch eines Horclings.

Kampfsiegel: Druck

Erstmalig erwähnt in: *Das Lied der Dunkelheit*

Beschreibung: Von Drucksiegeln geht eine gewaltige Presskraft mit einer immensen Hitzeentwicklung aus. Diese Energie verstärkt sich, je länger das Siegel in Kontakt mit einem Dämon bleibt. Der Tätowierte Mann hat in jede Handfläche eines dieser Siegel eintätowiert, und im Buch wird beschrieben, wie er damit den Kopf eines Dämons zusammendrückt, bis der Schädel platzt.

Andere Siegel

Man kennt viele Siegel, von denen man nicht weiß, wozu sie dienen, denn irgendwann im Lauf der Zeit geriet ihre Bedeutung in Vergessenheit. Um sie zu testen, muss man sie mit einem Dämon in Kontakt bringen, und verständlicherweise mangelt es an Freiwilligen, die bereit wären, auf diesem Gebiet zu forschen. Ein paar Beispiele: